JAN VAN HELSING

STEFAN ERDMANN

W0087718

WHISTLE BLOWER

Insider aus Politik, Wirtschaft, Medizin, Polizei, Geheimdienst, Bundeswehr und Logentum packen aus!

amadeus-verlag.com

Vom Autor ist außerdem erschienen:

Buch 3 – Der Dritte Weltkrieg
1996, Amadeus Verlag
Unternehmen Aldebaran
1997, Amadeus Verlag
Die innere Welt
1998, Amadeus Verlag
Die Akte Jan van Helsing
1999, Amadeus Verlag
Die Kinder des neuen Jahrtausends
2001, Amadeus Verlag
Hände weg von diesem Buch!
2004, Amadeus Verlag
Wer hat Angst vor'm schwarzen Mann?
2005, Amadeus Verlag

Die Cheops-Lüge (DVD)
2007, secret.TV
Die Jahrtausendlüge
2008, Amadeus Verlag
Das Eine Million Euro Buch
2009, Amadeus Verlag
Geheimgesellschaften 3
2010, Amadeus Verlag
Hitler überlebte in Argentinien
2011, Amadeus Verlag
Politisch Unkorrekt
2012, Amadeus Verlag
Bevor Du Dich erschießt, lies dieses Buch!
2015, Amadeus Verlag

Copyright © 2016 by
Amadeus Verlag GmbH & Co. KG
Birkenweg 4
74576 Fichtenau
Fax: 07962-710263
www.amadeus-verlag.com
E-Mail: amadeus@amadeus-verlag.com

Druck:
CPI – Ebner & Spiegel, Ulm
Satz und Layout:
Jan Udo Holey
Umschlaggestaltung:
Amadeus Holey

ISBN 978-3-938656-90-7

INHALTSVERZEICHNIS

Vorwort

Liebe Leserinnen und Leser,

eigentlich hätte dieses Buch bereits 2011 unter dem Titel „Dieses Buch muss brennen!" erscheinen sollen. Was kam dazwischen?

Es war im Februar 2011, als ich ein Manuskript eines Arztes aus der Nähe von Hannover zugesandt bekam, das einen äußerst spannenden Inhalt aufwies. Der Großvater dieses Arztes polnischer Abstammung war dereinst Dolmetscher für deutsch-polnisch, aber nicht für irgendwen, sondern für Politiker und hochgestellte Persönlichkeiten wie Willy Brandt, Gräfin zu Dönhoff, Herrn Krupp und andere. Als Dolmetscher war er bei diversen intimen politischen und wirtschaftlichen Gesprächen als solcher tätig und somit auch Augen- und Ohrenzeuge recht brisanter Informationen, die dort behandelt wurden. Was er erfuhr, hatte er niedergeschrieben. In Kurzform: Es gibt eine elitäre Machtstruktur im Hintergrund des Weltgeschehens, eine Gruppe dynastischer Familienclans in Verbindung mit privaten Bankiersfamilien und diversen alten Adelsgeschlechtern, die im Hintergrund die wirtschaftspolitischen Geschicke auf der Welt steuern bzw. versuchen, diese nach ihren Vorstellungen zu lenken.

Wer meine bisherigen Publikationen kennt und ähnliche in dieser Richtung, wird sagen: *„Ja, kennen wir, ist ein alter Hut – die Illuminaten und ihre Neue Weltordnung."* Richtig! Dennoch war das Interessante, dass dieser Dolmetscher – der sein Vermächtnis in Form von Briefen an seinen Enkel hinterließ, mit der Bitte, diese nicht vor seinem Tode zu veröffentlichen – auch Namen nannte. Hier war ein Insider, ein sogenannter „Whistleblower", ein „Skandalaufdecker", also jemand, der mit dabei war und aus erster Hand berichtete. Das ist ein Unterschied zur Recherche von Sachbuchautoren der Verschwörungsliteratur wie die meinige beispielsweise, die meist auf Forschungen basiert, die man sich mühsam erarbeiten muss, da natürlich keiner der „Verschwörer" daran interessiert ist, dass deren Wirken nach Außen dringt. Das mir damals vorliegende Manuskript war in dieser Form somit ein Glücksgriff.

Ich berichtete meinem Freund Stefan Erdmann davon und fuhr nach einem persönlichen Treffen mit dem Arzt direkt zu Stefan weiter, um mit ihm den Inhalt des Manuskripts und weitere Informationen, die ich vom Autor erhalten hatte, zu besprechen. Stefan und ich hatten ja bereits im

Buch „Politisch unkorrekt" ein Interview mit Ben Morgenstern, dem Sohn eines südafrikanischen Illuminaten, veröffentlicht und wollten erneut nach Südafrika fliegen und ein weiteres mit ihm führen. Da kam uns die Idee, dass man das Manuskript des Arztes mit den Enthüllungen seines Großvaters mit dazuzupacken könnte. Somit hätten wir zwei sog. „Whistleblower" gehabt. Unsere Südafrika-Reise war eigentlich schon geplant, da traten wir recht spontan eine Südamerikareise an, die unser Leben und vieles unserer bisherigen Recherchen auf den Kopf stellen sollte.

Stefan und ich reisten durch Uruguay, Brasilien, Paraguay, bis in den Süden Argentiniens und wieder zurück und wollten dann in der deutschen Kolonie *Colonia Independencia* in der Nähe von Asuncion einen Herrn interviewen, der behauptete, dort eine deutsche „Flugscheibe" gesehen zu haben, also eine der Fliegenden Untertassen, mit denen zum Ende des Zweiten Weltkriegs Techniker und Wissenschaftler aus Deutschland in die Antarktis und nach Südamerika geflohen sind. Das entpuppte sich leider als Misserfolg, da der Herr inzwischen verstorben war. Stattdessen begegneten wir dann mehreren Augenzeugen, die Adolf Hitler und Martin Bormann nach 1945 in Südamerika getroffen haben wollen. Wir trafen uns mit den Buchautoren Abel Basti und Mariano Llano und dem damaligen Ex-Präsidenten und Putschisten Lino Oviedo und vielen anderen und brachten dann zusammen mit Abel Basti 2011 das Buch „Hitler überlebte in Argentinien" heraus, das insgesamt 23 Zeugen aufführte – davon 9 direkte Augenzeugen –, die behaupteten, Hitler in Südamerika getroffen zu haben. Das Buch wird bis heute mehr oder minder totgeschwiegen, nicht einmal ein einziger Hetz- oder Kontraartikel ist erschienen. Warum? Liegt es daran, dass der eine oder andere der im Buch genannten Augenzeugen bereits bei der britischen BBC ausgesagt hat und als glaubwürdig empfunden wurde? Oder liegt es daran, dass man gegen diese Menschen – die aus verschiedenen gesellschaftlichen Schichten kommen – nur schlecht oder gar nicht argumentieren kann, weil sie eben nur das schildern, was sie selbst gesehen oder mit Adolf Hitler zusammen erlebt haben?

Nachdem das Buch erschienen war, hatte ich den in Paraguay lebenden deutschen Journalisten Rainer Tilch, der auch im Buch mit aufgeführt ist und dessen ehemaliger Chef – der Herausgeber einer deutschen Zeitung –, Martin Bormann bis zu dessen Tode 1971 gepflegt hatte, dazu gewinnen können, als „Detektiv" weiter in Paraguay zu recherchieren und neue Informationen, die Stefan und mir zugetragen wurden, direkt vor Ort zu überprüfen. So gelangten wir an ein weiteres Foto von Hitler in Paraguay. Doch noch viel spannender war, dass sich der Sohn von Franz Ruffinengo bei uns meldete. Ruffinengo ist der Mann, der Martin Bormann 1946 in Genua aufs Schiff nach Argentinien brachte und ihm den Pass vom Vatikan aushändigte, um auf der sog. „Rattenlinie" Europa zu verlassen. Bei einem persönlichen Treffen mit dem Sohn Ruffinengos zeigte dieser uns ein Dankesschreiben von Martin Bormann an Franz Ruffinengo mit der Unterschrift Bormanns. Die Unterschrift haben wir graphologisch untersuchen lassen, und sie stellte sich als echt heraus. Aber der Knaller war ein Treffen mit einer älteren, aber sehr wachen Dame, die als Krankenschwester tätig war und den Mann bis zum Tode gepflegt hatte, der Adolf Hitler auf dem U-Boot nach Argentinien begleitete. Es liegen fünf Fotos von Hitler sowie Auszüge der Gesprächsprotokolle zwischen Hitler und seinem Begleiter vor. Die Dame möchte verständlicherweise nicht genannt sein, ebenso wenig wie die Familie des Militärs, der Hitler auf der Überfahrt begleitete, da dessen Familie nicht nur blauen Blutes, sondern auch heute noch in Deutschland sehr angesehen ist. Mein Versprechen, den Namen der Dame, den des Hitler-Begleiters sowie dessen Familie nicht zu veröffentlichen, werde ich halten. Es ist ohnehin egal, ob wir nun 23 oder 24 Zeugen haben. Diejenigen, die es nicht wahrhaben wollen, werden durch einen weiteren Zeugen auch nicht von ihrer Meinung abweichen. Zudem werden die Fotos von den Kritikern ohnehin als Fälschungen abgetan.

Aber warum erzähle ich Ihnen das? Nun, weil genau das dazu führte, dass ich das Manuskript des polnischen Arztes nicht mehr verlegen wollte, denn dessen Großvater – der Übersetzer für deutsch-polnisch – hatte nach den diversen übersetzten Gesprächen mit Politikern und anderen Persönlichkeiten die Ansicht vertreten, dass Hitler beim Stauffenberg-Attentat am 20.7.1944 ums Leben gekommen und durch einen Doppelgänger ersetzt worden war. Das widersprach nun unseren Recherche-Ergebnissen und den Aussagen der Augenzeugen, die wir interviewten. Dies besprach ich mit dem Arzt und er las dann auch das Hitler-Buch, blieb aber weiterhin bei der Doppelgänger-These. Somit entschied ich mich am Ende, das Manuskript nicht zu veröffentlichen bzw. in das gemeinsame Buchprojekt mit Stefan einzubinden, würde mich aber freuen, wenn der genannte Arzt einen Verlag findet, der sein Manuskript verlegt, da es doch etliche interessante Informationen enthält.

Unser Whistleblower-Buchprojekt hatten wir dann ruhen lassen, ich selbst veröffentlichte 2012 „Politisch unkorrekt", und Stefan arbeitete mit Dr. Dominique Görlitz an Untersuchungen in der Großen Pyramide in Gizeh, was den beiden nicht nur juristischen Ärger, Hausdurchsuchungen und einen internationalen Haftbefehl einbrachte, sondern in einem Buch und einem Film zum Thema gipfelte.[1] Erst als ich im März 2015 mein letztes Buch „Bevor Du Dich erschießt, lies dieses Buch!" abgeschlossen hatte, entschlossen wir uns, das angefangene Projekt nun zu Ende zu bringen. Bei mir kam hinzu, dass ich während der Recherche zum letztgenannten Werk einige höchstinteressante Zeitgenossen getroffen hatte – darunter einen langjährigen Mitarbeiter des BND (*Bundesnachrichtendienst – Auslandsgeheimdienst*) sowie einen vom MAD (*Militärischer Abschirmdienst – Geheimdienst der Bundeswehr*) – und durch diese wiederum andere Insider aus verschiedenen Bereichen. Solche Gelegenheiten ließ ich mir natürlich nicht entgehen, und ich habe einen nach dem anderen aufgesucht, wobei es mir gelang, die meisten dazu zu überreden, mir ein Interview zu geben. Die Interviews mit diesen – auf Neudeutsch – „Whistleblowern" möchten wir in diesem Buch mit Ihnen teilen. Das lange Interview mit Ben Morgenstern führte Stefan, alle anderen führte ich. Die Interviews wurden auf Band aufgenommen und können einem Zweifler gerne auf Wunsch im Verlag vorgespielt werden. Ausnahmen sind Stefans Interview mit Ben Morgenstern und das mit der ehemaligen Zollbeamtin Marion Regner, welches ich mit ihr via E-Mail führte. (Übrigens sind die Tonbänder mit dem Freimaurer aus „Geheimgesellschaften 3 – Krieg der Freimaurer" auch weiterhin verfügbar. Ich betone dies deshalb, weil es doch tatsächlich Leser gibt, die behaupten, dass es diesen Freimaurer gar nicht geben würde und ich mir das alles selbst ausgedacht habe. Solche Leute lassen sich auch nicht von Fotos von diesem Herrn überzeugen, die ich ab der zweiten Auflage veröffentlichte.)

Der im Moment bekannteste „Whistleblower" ist der ehemalige NSA-Mitarbeiter Edward Snowden, der im Sommer 2013 interne Geheimdienst-Dokumente und -Informationen mit der Öffentlichkeit teilte, die dazu führten, dass er heute in Moskau Schutz genießt, damit er in den USA nicht verurteilt und inhaftiert werden kann. Auch ich hatte Versuche unternommen, mit Edward Snowden ein persönliches Gespräch zu führen. Mir ging es dabei aber weniger um die Veröffentlichungen zur NSA-Affäre und deren Abhörmaßnahmen in anderen Ländern, wie beispielsweise der bundesdeutschen Regierung, sondern mir ging es um die Verifizierung zweier Aussagen, die angeblich von Edward Snowden stammen sollen und so außergewöhnlich und ungeheuerlich sind, dass sie kaum einer glauben mag.

Anfang 2014 kursierte im Internet die Behauptung, dass Edward Snowden angeblich dem russischen Geheimdienst unwiderlegbare Beweise dafür geliefert habe, dass es nicht nur eine außerirdische Intelligenz gäbe, sondern eine Gruppe *„großer weißer Außerirdischer"*, die seit 1945 mit der US-Regierung in Kontakt stehe und diese insgeheim auch regieren würde. Diese Meldung kam von der iranischen Nachrichtenagentur *Fars News Agency*, die sich wiederum auf *www.whatdoesitmean.com* bezog. Nun, bereits nach kurzer Recherche findet man heraus, dass es sich um eine Zeitungs-Ente handelt. Doch noch eine weitere Meldung ging durchs Netz, die man Edward Snowden zuschrieb (*The Internet Chronicle*, 5.7.2013): Es gebe angeblich neben der menschlichen eine weitere Rasse auf der Erde, die seit Jahrtausenden im Erdmantel leben würde. Sie würde mit ihren Raumschiffen vom Meeresboden aufsteigen und dann in den Weltraum fliegen. Da der normalen Wissenschaft ballistische Tracking-Systeme und Tiefsee-Sonar nicht zur Verfügung stehen würden, hätte diese auch keine Kenntnis von diesen Vorgängen. Diese „Innerirdischen" seien intelligenter als der Mensch, und der US-Präsident würde immer über die Aktionen dieser Spezies informiert werden. Deren Technologie sei der unsrigen weit voraus und wir bei einem möglichen kriegerischen Konflikt definitiv unterlegen. Es gebe einen Plan, Raketensprengköpfe in der Erdkruste zu platzieren, die nach innen zünden sollen. Dies sehe man als einzige Möglichkeit, sich zur Wehr zu setzen.

Nun, auch diese Meldung sehe ich als Falschmeldung, doch bei der Recherche stieß ich auf eine tatsächliche Äußerung Snowdens mit Brisanz: *„Je mehr Snowden das tatsächliche Geschäft der NSA erkannte – und vor allem, je mehr er ‚wahre Informationen' las, darunter den Generalreport über die ‚genehmigungsfreie Überwachung' aus der Ära Bush –, desto mehr realisierte er, dass es in Wirklichkeit zwei Regierungen gab: diejenige, die gewählt wird* *und die andere, die geheime Regierung, die aus dem Dunklen heraus regiert.* "[2] Das berichtete die Journalistin Janet Reitman in einem 2013 erschienenen Artikel über Glenn Greenwald und Edward Snowden. Greenwald ist der Journalist, der die von Edward Snowden übermittelten Dokumente zum streng geheimen NSA-Überwachungsprogramm *PRISM* aufbereitete und Anfang Juni 2013 in der britischen Tageszeitung *The Guardian* zusammen mit einem Interview Snowdens veröffentlichte.

Genau darüber hätte ich gerne mit Edward Snowden gesprochen. Denn ich bin mir sicher, dass er nicht nur von der NSA als dieser *„Macht im Hintergrund"* sprach. Wir erfahren gleich mehr dazu, wenn wir den Aussagen des Schweizer Geheimdienstmannes in Kapitel 4 folgen.

Solche Interviews selbst zu führen – wenn möglich bei den Interviewten zu Hause – ist enorm wichtig, da man dann einen persönlichen Eindruck erhält: Wie lebt er, wie sieht sein Zuhause aus, wie geht er mit seinen Kindern oder mit der Frau um usw.? Das Wichtigste, was Stefan und mich – und logischerweise auch Sie – interessiert, ist die Glaubwürdigkeit des Interviewten. Wir haben mehrere Interviews in diesem Buch nicht verwendet, da genau das, nämlich die Seriosität, nicht gewährleistet ist. Eines davon führte ich mit dem angeblichen Sohn eines Mitglieds der *Men in Black* (MIB). Als solche wurden in den späten 1950er-Jahren Männer in schwarzen Anzügen bezeichnet, die kurz nach UFO-Sichtungen oder Begegnungen mit Insassen solcher Flugkörper bei Augenzeugen auftauchten und diese einschüchterten bzw. zum Schweigen brachten. Das fünfstündige Interview mit dem jungen Mann ist mehr als spannend und deckt einen großen Teil der UFO-Thematik ab bis hin zu geheimen Militärbasen auf dem Mars. Aber ich wünsche mir von dem jungen Mann ein persönliches Treffen mit einem seiner Kontaktleute. Erst dann kann ich dessen Aussagen wirklich ernst nehmen. Kommt es dazu, gibt es in „Whistleblower – Band 2" auch dieses Interview zu lesen.

Sie mögen sich vielleicht fragen, wie ich an all diese Leute gelange. Nun, zum einen habe ich bis dato zirka 1.000.000 Bücher in deutscher Sprache verkauft, und diese wurden zudem in bis zu 12 andere Sprachen übersetzt, was dazu führt, dass ich eine Menge Leserpost erhalte. Darunter sind dann Briefe wie folgender, der ohne Absender am 17.9.2015 einging:

„Sehr geehrter Herr van Helsing,
ich kenne nun einige Ihrer Publikationen und ziehe den Hut vor Ihren Rechercheergebnissen und dem Mut, den Sie trotz der Repressalien und Hetzartikel gegen Ihre Person weiter aufbringen. Ich selbst war viele Jahre beim Bundesgrenzschutz und wurde aufgrund meiner Einsätze im Kosovo eingeladen, auch nachrichtendienstlich tätig zu werden, was ich aufgrund meiner familiären Situation imstande war anzunehmen, und bin bis dato für diesen Nachrichtendienst tätig. Was Sie in Ihrem letzten Buch beschrieben haben, dass Sie an einem Punkt angelangt waren, dass Sie keine Lust mehr verspürten, weitere Aufklärungsarbeit zu leisten, kann ich nachvollziehen, da ich mich im Moment in einer ähnlichen Situation befinde. Ich habe über Jahrzehnte überzeugt meinem Land gedient, zweifle aber nun, aufgrund verschiedener Erkenntnisse und Einblicke, die ich bekam, an meiner Arbeit.

Im Rahmen meiner nachrichtendienstlichen Tätigkeit habe ich von einer vertrauenswürdigen Quelle erfahren, dass sich in sämtlichen Einrichtungen von US-amerikanischen Nachrichtendiensten (CIA, NSA, DIA) kein Angehöriger eines anderen Dienstes frei bewegen kann, sondern ausnahmslos von mindestens ein bis zwei Angehörigen des dafür zuständigen Verbindungsorgans auf allen Schritten und Wegen – selbst auf die Toilette – begleitet werden. Bei den Einrichtungen der deutschen Geheimdienste in Deutschland hingegen ist es so, dass sich US-Dienste und sogar der MOSSAD frei bewegen können – ohne Begleitung. Das ist, als wären wir deren Untergebene in unserem eigenen Land. Ich hatte das irgendwann einmal bei zwei Kollegen angesprochen, und es wurde mir erklärt, dass die BRD immer noch ein besetztes Land sei und wir keine Souveränität hätten, man das aber nur hinter vorgehaltener Hand sagen dürfe.

Was mir im Sommer 2015 aufgefallen war ist, dass über 2.000 gepanzerte britische Fahrzeuge von England nach Deutschland auf ehemalige britische Stützpunkte verlegt wurden – angeblich weil die Lagerung hier billiger sei als auf der Insel. Zufällig ging diese Verlagerung mit der Ukraine-Krise einher. Das ist kein Zufall. Und wir Deutschen haben auch hier wieder nichts zu melden. Auch die US-Truppen haben 2015 Flugzeuge auf die Luftwaffenstützpunkte in der BRD verlegt. In einem souveränen Land benötigt man dazu das Einverständnis desselben und die entsprechenden Verträge. Und wie ich nun durch meine eigenen Recherchen herausgefun-

den habe, gibt es solche Verträge. Und zwar gibt es Geheimverträge mit den USA, durch die die aus dem Grundgesetz 1990 entfernten Artikel fortbestehen. Zu diesen Geheimverträgen kann ich zudem dieses berichten: Als durch Edward Snowden aufgedeckt wurde, dass nicht nur deutsche Unternehmen, sondern auch unsere Politiker inkl. der Bundeskanzlerin abgehört werden, kam es zu einem Aufschrei unter diesen. Da fasse ich mir wirklich ans Hirn über diese Scheinheiligkeit und Verlogenheit des Politikerpacks. Wir haben mit der NSA seit 1963 ein Abkommen, dass wir genau das tun, nämlich Einzelpersonen sowie Unternehmen abzuhören und die Daten auszutauschen.

Ich habe noch andere Sachverhalte herausgefunden:

1. *Bei der Rückgabe der von den US-Streikräften genutzten Liegenschaften an uns ist die BRD vertraglich verpflichtet, den Zeitwert als Kaufpreis zu entrichten. Tatsächlich bezahlen wir aber den Neuwert. Wir bezahlen die Errichtung sämtlicher US-Einrichtungen und bei der Rückgabe bezahlen wir denselben Betrag noch einmal.*
2. *Sämtliche Leopard-Panzer eines deutschen Panzerbataillons gingen für den symbolischen Preis von 1 € an Polen.*
3. *In einem Heeresinstandsetzungswerk musste der Leiter nagelneue Leopard-Panzer aufgrund der Abrüstungsverträge mit dem Schweißbrenner vernichten, während er in der Halle nebenan fast schrottreife Leos für Millionen Euros wieder instandsetzen musste. Ein Tausch der Kampffahrzeuge war ihm nicht erlaubt.*

Das kann man alles nicht glauben und es lässt mich wirklich an meiner Arbeit zweifeln. Die aktuelle Situation mit den Flüchtlingen ist für mich besonders erschütternd, da ich weiß, dass von der Bundeswehr bereits die Mehrheit der Verbände, insbesondere der Kampfeinheiten aufgelöst wurden. Von ehemals 96 Panzerbataillonen sind noch 4 übrig. Mit den anderen Kampfverbänden ist man genauso umgesprungen. Wie man mit der bis zur absoluten Wehrlosigkeit ‚reformierten' Bundeswehr das Territorium der Bundesrepublik verteidigen will, ist mir ein Rätsel. Dabei hat das Bundesverfassungsgericht die Verteidigungsfähigkeit unseres Landes in den Verfassungsrang erhoben. Dahinter steckt Absicht. Das betrifft jedoch nicht nur die Bundeswehr, auch die Polizei wurde dezimiert.

Da ich aufgrund meiner Tätigkeit auch mit hohen Vertretern der Polizei-organe zu tun habe, weiß ich, dass den Polizisten von oben ein Maulkorb verpasst wurde, was die Entwicklung der organisierten Kriminalität durch ausländische ,Facharbeiter' angeht sowie kriminelle Delikte und Vergewal-tigungen durch Asylanten. Das darf die Polizei in ihrem Bericht nicht mehr erwähnen. Warum? Weil es Unruhe unter den Bio-Deutschen schaffen könnte – was ja auch angebracht wäre! Aber unsere Bundesregierung hat Druck von den USA. Wir haben das zu akzeptieren, da das Deutschland der Zukunft – ähnlich den USA selbst oder Frankreich oder England – ein Multikulti-Staat werden soll. Homogene Völker sind nicht mehr er-wünscht.

Weil diese Entwicklung in diese Richtung verläuft, haben meine Kamera-den und ich uns legal bewaffnet, weil wir davon ausgehen, dass es zu bür-gerkriegsähnlichen Zu- bzw. Aufständen kommen wird. Es ist nur eine Frage der Zeit, dass der erste Schuss fallen wird, so wie es ein britischer Po-litiker bereits gefordert hat. Kein vernünftiger Mensch will so etwas, aber ich bin inzwischen der Überzeugung, dass das nicht mehr zu verhindern sein wird.

Aber das haben Sie ja in Ihren Büchern auch schon beschrieben, dass es so kommen wird. Aber unsere Regierung lebt hier in einer völlig anderen Welt, als gäbe es kein Morgen.

Ich hoffe, in einem Ihrer nächsten Bücher noch mehr zu den Hintergrün-den zu erfahren. Sollte ich meinerseits etwas Neues in Erfahrung bringen, so erlaube ich mir, Ihnen wieder zu schreiben."

Spannend, nicht wahr? Und auch Stefan bekommt als Autor von 5 ei-genen Büchern Leserpost, und gemeinsam ist über die letzten 20 Jahre ein tolles Netzwerk an Lesern und Freunden entstanden, die sich gerne mit neuen Informationen an uns wenden. Einiges davon ist in bereits erschie-nene Bücher eingeflossen, doch für dieses Buch haben wir diese Wissens-träger nochmals bemüht, uns unsere Fragen zu beantworten, da die drama-tischen Umstände in unserem Land dies erfordern – nicht zuletzt durch die Flüchtlingssituation, internationale Wirtschaftsabkommen wie TTIP oder die geplante Umstellung auf bargeldlosen Zahlungsverkehr und eine damit einhergehende lückenlose Überwachung der Bürger.

Zu den schwarzen Balken im Buch

Ja, auch ich schreibe seit meinen Buchbeschlagnahmungen im Jahre 1996, nach mehreren Hausdurchsuchungen und einem zehnjährigen Gerichtsverfahren wegen angeblicher Volksverhetzung mit der „Schere im Kopf". Ich schreibe nicht das, was ich schreiben möchte und auch könnte, sondern ich schreibe so, dass die Bücher auch auf dem Markt bleiben. Meine Interviewpartner hatten mir zum Teil Namen genannt und auch Fotos und Dokumente gezeigt, die Politiker sowie „Personen des öffentlichen Lebens" bei kriminellen Handlungen zeigen oder deren Mitwirken bei geheimen Militäroperationen – oder bei irgendwelchen Sauereien...

Ich verfüge über Insiderwissen aus nachrichtendienstlichen Kreisen, welches ich aber nie veröffentlichen könnte. Wieso? Weil mir dann genau das widerfährt, was wir bereits zur Genüge aus der Geschichte kennen, nämlich dass man nicht den Schuldigen, sondern den *Überbringer einer schlechten Nachricht* getötet hat. Im Englischen kennt man das als „killing the messenger". Unter diesem Titel wurde 2015 die Geschichte des Investigativjournalisten Gary Webb verfilmt. Dieser wurde 1996 vor allem durch seine Artikelserie *Dark Alliance* bekannt, in der er Verbindungen des US-amerikanischen Auslandsgeheimdienstes CIA zum organisierten Drogenhandel beschrieb. Obwohl er Augenzeugen interviewte und über Originaldokumente verfügte, die seine Recherchen belegten, wurde er durch andere große US-Zeitungen zerrissen. Man kehrte sein Privatleben nach außen – man kramte irgendwelche privaten Fettnäpfchen aus, in die er mal getreten war –, man bedrohte ihn, überzog ihn mit Hausdurchsuchungen, streute verschiedene Gerüchte, sodass er schließlich seine Arbeitsstelle verlor und in seiner Zunft nie mehr Fuß fassen konnte. 2004 wurde der Pulitzer-Preisträger mit zwei Kopfschüssen tot aufgefunden. Todesursache laut Behörden: Selbstmord.

Die Diskussion, die Gary Webb durch die Nennung von Namen und Fakten losgetreten hatte, wurde geschickt abgelenkt, und man machte *ihn*, als den „Überbringer der schlechten Nachricht", zum Buhmann.

Ähnlich erging es auch mir mit meinen ersten beiden Büchern über Geheimgesellschaften und deren Wirken im Hintergrund des wirtschaftlich-politischen Weltgeschehens. Ich hatte Namen und Fakten genannt, was meine Bücher zwischen 1994 bis 1996 zu Bestsellern machte. Plötzlich wurde eine Schmutzkampagne losgetreten, mein Privatleben nach außen gekehrt und dies dann so hingedreht, dass möglichst viel Schlechtes an mir haften blieb, damit die Leser sich von mir abwenden. *„Nein, nein, es gibt keine Verschwörung. Dann wären wir ja alle über Jahrzehnte oder gar Jahrhunderte belogen worden. Nein, das ist nicht möglich. Es muss etwas mit dem Überbringer der Botschaft nicht in Ordnung sein. Der ist ja auch viel zu jung. Wie will er mit 26 Jahren an ein solches Wissen gekommen sein? Das geht ja gar nicht.“*

Ist es nicht so? Und was ist mit Edward Snowden oder Julian Assange geschehen? Anstatt dass bei der NSA Köpfe rollen, will man die Whistleblower einsperren und bestrafen, also diejenigen, die die „schlechte Botschaft" übermittelt haben. Ist das nicht grotesk? Und was mir widerfahren ist, erfahren auch andere Autoren, die brisante Informationen veröffentlicht oder Themen behandelt haben – vor allem in Deutschland. Man macht sie schlecht, man bringt sie in Misskredit, was oftmals dazu führt, dass sich der eigene Arbeitgeber von ihnen abwendet und die berufliche Existenz auf dem Spiel steht.

Das heißt kurzum: Durch das Veröffentlichen vieler „schlechter Botschaften" setze ich nicht nur mich, sondern auch meine Interviewpartner einer enormen Gefahr aus. Wir sind allesamt zu kleine Lichter, als dass wir uns gegen diese Kräfte wehren könnten. Deswegen habe ich einen Anwalt aufgesucht und es wurde mir angeraten, über bestimmte Namen schwarze Balken zu legen bzw. die Interviewtexte an – leider, leider, leider – etlichen Stellen so umzuformulieren, dass nicht erkennbar ist, um wen es sich handelt (wer zum Beispiel Waffengeschäfte im großen Stil getätigt, Steuern über Stiftungen am Fiskus vorbeigelotst, Drogen vertickt hat oder sogar an einem Mord beteiligt war). Oh Mann, Sie können sich kaum vorstellen, wie es ist, wenn man Namen und Beweise über so etwas vor sich liegen hat und genau weiß – auch aus Rücksicht auf die eigene Familie –, dass man das nie veröffentlichen kann.

Aber gut, wie dem auch sei: Sie werden dennoch an manchen Stellen erahnen können, um wen es sich handelt. Doch geht es mir hier auch nicht in erster Linie darum, einzelne Menschen in die Pfanne zu hauen. Mit diesem Buch möchten wir – Stefan, die Interviewpartner und ich – auf viele Missstände aufmerksam machen sowie auf kaum bekannte Ereignisse im Hintergrund des Weltgeschehens. Wer diese erkennt – und das ist nach diesem Buch nicht mehr von der Hand zu weisen –, der kann einen wertvollen Nutzen daraus ziehen und Entscheidungen treffen, die sein Leben in eine andere Richtung führen. Mehr dazu dann im Nachwort...

Ich möchte Sie nun gar nicht länger auf die Folter spannen. In diesem Buch finden wir Interviews mit Insidern aus den Bereichen Politik, Pharma, Freimaurerei, Hochfinanz, Industrie, Militär und Geheimdienst sowie zum Thema Souveränität Deutschlands, Musikindustrie und Vieles mehr. Wieso dieser Mix? Weil das Leben vielschichtig ist, ebenso wie die Leserschaft. Neben politik-interessierten Männern lesen auch gesundheits- und ernährungsbewusste Frauen unsere Bücher sowie immer mehr junge Menschen. Deshalb haben wir uns bemüht, auch jemanden zu finden, der zum Thema Sport oder Musik etwas zu sagen hat, was man sonst in der Öffentlichkeit nicht erfährt.

In diesem Sinne wünsche ich Ihnen nun spannende Stunden mit unseren Gesprächspartnern.

Ihr

Jan van Helsing

Kulturbereicherer, Raketentechniker und Kriminelle
– über die wahren Zustände in Asylantenheimen

Am 14.12.2015 führte ich ein Gespräch mit einem Angehörigen eines hohen Bundeswehrstabes im Rang eines Oberst, der in seiner jetzigen Position für die subsidäre Hilfeleistung der Bundeswehr für Asylanten in einem deutschen Bundesland zuständig ist. Da er auch weiterhin diese Tätigkeit ausübt, habe ich auf seinen Wunsch hin diverse Angaben zu den Örtlichkeiten geschwärzt. Das Gespräch wurde auf Tonband aufgezeichnet. Es gilt zu beachten, dass dieses Interview *vor* den Sexualübergriffen von muslimischen Flüchtlingen in Köln, Hamburg und anderen Städten an Silvester 2015 geführt wurde!

Sehr geehrter Oberst, vielen Dank, dass Sie mir Ihre Zeit widmen und sich bereit erklärt haben, mir etwas über die wirkliche Situation in den Asylantenheimen zu berichten.

Gerne. Ich war erst gestern mit dem Oberstleutnant ██████ unterwegs, der war für 6 Wochen für mehrere tausend Flüchtlinge zuständig. Und es ist dramatisch, was bei uns los ist. Vor allem vor dem Hintergrund, dass viele davon gar nicht auf der Flucht sind, sondern Arbeit suchen und deswegen zu uns kommen.

Sie meinen, es sind gar nicht so viele Raketentechniker, Facharbeiter und Mediziner dabei, wie es uns immer erzählt wurde?

Nein, viele sind Analphabeten, und etliche können sich auch gar nicht ausweisen, geschweige denn eine abgeschlossene Ausbildung für irgendetwas nachweisen. Die Situation ist katastrophal. Und der Oberstleutnant sieht das genauso. Es wird ja auch momentan ohne Ende Recht gebrochen, wenn es um Beschaffungen geht, also wenn etwas für die Heime angefordert wird. Plötzlich wird nicht mehr nach Geld gefragt. Da gibt es auch keine Beschaffungsanfragen mehr, so wie es vorgeschrieben ist. Es werden auch keine vergleichenden Angebote mehr eingeholt. Da wird nur noch gekauft, ohne Rücksicht auf Verluste. In einem Fall ging es beispielsweise um eine Duschanlage, da hat dieser

Mensch vom Regierungspräsidium angerufen – den Namen weiß ich nicht mehr –, und der fragte nur: *„Können Sie liefern? Ja. Wann?"* Er fragte nicht nach dem Preis. Das sind Korruptionsskandale ohne Ende, die könnte man reihenweise zur Anzeige bringen...

Ja, da werden plötzlich jede Menge Gesetze außer Kraft gesetzt. Aber nicht für uns Deutsche, die hier jahrzehntelang Steuern zahlen, sondern für Menschen, die sich teilweise nicht registrieren lassen und somit illegal hier aufhalten. Mein Ältester hatte mal in der Straßenbahn sein Ticket vergessen und durfte 40 Euro Strafe zahlen. Wenn aber von den Asylanten einer erwischt wird, passiert gar nichts. Da sollen die Kontrolleure die Augen zudrücken. Ich weiß das aus unserer Nachbarstadt Ellwangen. Dort sind auch mehrere tausend Flüchtlinge untergebracht. Kommen wir aber zurück zu Ihnen. Was genau ist Ihre Tätigkeit im Moment?

Ich bin verantwortlich für die subsidäre Hilfe des Bundes zur zivilen Seite, einschließlich der Hilfsorganisationen. Das mache ich jetzt seit einigen Jahren und habe somit in die Sicherheitsstruktur unseres Bundeslandes und zum Bund einen relativ guten Einblick. Damals, bei dem Anschlag in New York am 11. September 2001, war ich in einer entsprechenden Verwendung.

Sie haben aufgrund Ihrer Tätigkeit den direkten Kontakt zu den Personen, die für die großen Auffangzentren in Deutschland verantwortlich sind. Wie sind Sie dazu gekommen?

Ich bin angerufen worden und wurde gefragt, ob ich solche Zentren als Berater der Bundeswehr unterstützen wolle. Ich lehnte jedoch aus rechtlichen Gründen ab, da es durchaus berechtigte Zweifel am grundgesetzlichen Auftrag gibt. Das DRK (Deutsches Rotes Kreuz) hat die Oberhoheit durch Staatsverträge und managt die Masse der Lager. Damit verdienen die auch ihr Geld mittlerweile. Für jeden Asylanten kriegen sie eine Kopfpauschale für die Unterkunft, für die Betreuung und zusätzlich für die Nahrungsmittel.

Und dann haben sie erneut das Grundgesetz gebrochen, durch den Bundeswehreinsatz im Inneren. Dieses Subsidiärprinzip, dass man zuerst einmal seine Ressourcen ausschöpft, ist da komplett nicht eingehalten worden. Das Rote Kreuz hätte da zunächst einmal andere Hilfsorganisationen fragen müssen. Wenn sie es selbst nicht schaffen, gehen wir an die Johanniter-Unfallhilfe ran oder an den Arbeiter-Samariterbund und was es da sonst noch an Organisationen gibt. Und erst, wenn die sagen, dass sie nicht mehr können, dann kann man sagen: *„Okay, es ist Notstand oder eine Katastrophe, dann greift der Bund ein."*

Das ist ja das Nächste: Ein Einsatz der Bundeswehr im Inneren ist da überhaupt nicht gegeben. Juristisch gesehen ist das ein klarer Verstoß. Deswegen hat auch der Kamerad, der mir das mitgeteilt hat, ganz klar gesagt, dass er da aussteigt und nicht mehr dabei sein will, wenn so ein Bruch unserer geltenden Rechtsauffassung besteht.

Und im Rahmen dessen hat man festgestellt, dass in ███████ beispielsweise etliche Röntgengeräte aufgebaut sind. Warum? Man röntgt wegen Tuberkulose (TBC)! Aber offiziell tauchen diese Tuberkulosefälle in der Statistik überhaupt nicht auf. Das wird bewusst totgeschwiegen, um die Bevölkerung nicht zu beunruhigen! Durch Zufall hat mir eine Röntgenassistentin vom Krankenhaus erzählt, dass sie dort achtzig Schwarzafrikaner geröntgt hatte, und davon waren fünf positiv. Ich will nun kein Schwarzseher sein, aber wenn man das mal hochrechnet: 5 von 80! Wie viele sind das dann bei beispielsweise 200.000 Schwarzafrikanern, die 2015 gekommen sind?

Es wird de facto etwas verschwiegen in unserer Gesellschaft. Dann hat diese Assistentin bestätigt, dass es außer den genannten 5 schon etliche andere Fälle mit Tuberkulose gab. Das sind ja nun tatsächlich meldepflichtige Vorgänge, aber man meldet es einfach nicht. Dann war letzte Woche samstags im Klinikum eine Weiterbildung von Medizinern für Krankheiten, die nicht typisch für unsere Region sind. Auf Nachfrage hatte man dann dargelegt, dass es einige Fälle von Tuberkulose gäbe, dass man sie behandeln könne usw. Aber das sind ernsthafte Fälle, und die sind einfach da! Das verschweigt man der Bevölkerung!

Ich habe gehört, nicht nur TBC, sondern auch Masern und HIV.

Richtig. Auch AIDS ist da. Ich habe dann mit einem Kardiologen gesprochen, einem Dr. ▮▮▮, der hat in ▮▮▮▮▮▮ eine Praxis und ist aber einen Tag pro Woche in ▮▮▮▮▮▮ an der Uniklinik. Der hat das auch bestätigt: Tuberkulose und andere Krankheitsbilder, die uns die Flüchtlinge ins Land bringen. Also es sind einige Dinge, die an unserer Bevölkerung vorbeigehen.

Was können Sie noch berichten?

Der genannte Oberstleutnant ist schon wieder von der Aufnahmestelle weg, er hat nach sechs Wochen gesagt, dass er da nicht mehr mitmacht. Er will bei einem Rechtsbruch nicht dabei sein. Dann kam der Nächste, der hatte das drei Wochen lang mitgemacht, dann ist auch der wieder weggewesen. Und der Mann, der jetzt den Posten innehat, der ist politisch korrekt. Von dem hört man nichts, gar nichts.

Dann haben wir das zweite Problem: Wir waren einmal freitagnachts drin zur Kontrolle, da waren in einem Gebäude 400 Syrer. Ich habe mich dann noch gewundert, wieso mitten in der Nacht Taxis in dem Lager herumfahren und VW-Busse und Pkws. Am nächsten Morgen bekam ich dann einen Anruf, dass es nur noch 48 Syrer sind, die restlichen sind in der Nacht verschwunden. Keiner weiß, wo die hin sind. Das ist doch der Wahnsinn! Diese ursprüngliche Fallzahl von 400 Syrern wurde jedoch noch weiterhin gemeldet – und zwar für eine längere Zeit –, und es wurde auch weiterhin die Kopfpauschale kassiert. Das hatte die vom Roten Kreuz gar nicht interessiert, dass da ein entsprechender Verlust vorhanden ist. Es gab dann vor etwa 2 bis 3 Wochen eine Zählung. Der Grund war, dass sich die Küche darüber beschwert hat, dass Essenspakete nicht abgeholt wurden – und das, obwohl manche Insassen doppelt essen. Es ging um über eintausend Pakete, die nicht abgeholt wurden. Daraufhin wurde eine Zählung durchgeführt, auch in den Wohnungen. Und Tatsache: Es fehlten über eintausend Flüchtlinge, die waren einfach weg. Und niemand weiß, wohin! Einfach verschwunden. Von knapp mehreren tausend Insassen. Es war ungefähr ein Drittel. Eines ist klar: Für jeden, der registriert war, bekommt das System Geld.

Aber von den Taxifahrern kann man doch Informationen erhalten, wo die Asylanten hingefahren sind...

Nein, die Taxifahrer gehören derselben Volksgruppe an, die sagen gar nichts. Das ist ja ein Clan mit einer richtigen Struktur dahinter, einer Parallelstruktur. Wenn man das mal überträgt – die Zahl habe ich jetzt unlängst aufgeschnappt –, müssen es alleine in unserem Bundesland zirka 40.000 Flüchtlinge sein, die verschollen sind. Das ist die offizielle Zahl.

Ich selbst war am 15.9.2015 in München und führte ein Interview mit einem Insider zum Thema Dämm-Mafia. Als ich am Hauptbahnhof vorbeigefahren bin, war es dort ziemlich ruhig. Von meinem Interviewpartner erfuhr ich dann Folgendes: Er war auch die letzten Wochenenden dort gewesen, und er kennt den für die Asylanten zuständigen Mann von der SPD, der zu diesem Zeitpunkt auch dort war, um die Leute in Empfang zu nehmen. Er sprach mit ihm, und es kam dann heraus, dass die Taxifahrer die ankommenden Flüchtlinge irgendwo hinfahren. Die sollten eigentlich zum Olympiazentrum, kamen aber nie dort an. Die sind mit den Taxis in eine ganz andere Richtung weggefahren.

Es laufen ja auch jede Nacht Züge bei uns in der Stadt ein – das ist im Moment immer noch so. Und von den 1.000 Flüchtlingen, die ankommen, gehen 700-800 ins Lager und 200 verschwinden bereits am Bahnhof. Also was da abläuft, ist nicht mit Worten zu beschreiben. Auch das kann man jetzt wieder hochrechnen auf die 1 Million Flüchtlinge. Das sind Massen, die untertauchen. Und wie viele davon sind potentielle Terroristen?

Der Punkt ist doch, wenn wir die nicht registrieren, dann bekommen sie doch auch kein Geld.

Vielleicht brauchen die kein Geld. Im Rahmen einer Messerstecherei, die bei uns im Lager stattfand, hat man bei den Syrern die Spinde aufgemacht, und da waren Anzüge drin, Lackschuhe, Aktentaschen, Handys, Laptops. Es existiert hier eine Subkultur, und man weiß nicht, was die vorhaben. Zufall ist das ganz sicher nicht! Das hat System!

Ich bin auch in Arbeitsgruppen mit der Polizei und dem Staatsschutz. Im August 2015 hatte ein Polizeioberer eines anderen Bundeslandes berichtet, dass sie alleine im August 3.000 Asylanten in deren Landkreis hatten. Davon sind 10% hochkriminell. Und diese 300 Mann beschäftigen die dortige Polizei mit mehreren tausend Beamten rund um die Uhr bis zum Anschlag. Insgesamt haben wir in unserem Bundesland zirka 40.000 untergetauchte Asylanten. Und viele Dinge werden auch gar nicht mehr registriert.

Und was sagt die Presse dazu – lügt sie wieder?

Nun, nehmen wir ein Beispiel zur Hand: Der Chefredakteur unserer Tageszeitung, das ist eigentlich ein politisch Linker. Momentan wird er angegriffen, weil er sehr offen berichtet. Er wollte dem Gerücht mit dem Schwarzfahren nachgehen. Denn die Deutsche Bahn lässt ja jeden fahren, der ein Asylant ist, wenn er einen Pass hat. Der Journalist hat dann nachgefragt, ob die Asylanten in ███████ schwarzfahren bzw. ob die kontrolliert werden. Da haben die Verkehrsbetriebe ganz groß gesagt: *„Klar werden sie kontrolliert."* Darüber hat dann der Journalist auf seinem Blog berichtet und dazugeschrieben, dass es ja unanständig wäre, wenn die Asylanten keine Fahrscheine lösen müssten, und der normale Arbeitnehmer, auch der Sozialhilfeempfänger, muss einen Fahrschein lösen.

Doch der Journalist hätte nachfragen müssen, was passiert, wenn der Schwarzfahrer erwischt wird. Der Ureinwohner oder der Bio-Deutsche oder auch der eingedeutschte Italiener, die kriegen dann ihr Ticket, müssen aber dann die 60 Euro nachbezahlen. Und wenn sie nicht bezahlen können, kriegen sie einen Strafzettel. Bei den Asylanten ist das anders: Die werden namentlich registriert, dann geht das an die Lagerleitung. Ich war da selbst dabei, als eine Liste kam mit über 60 Mann, die an einem Tag erwischt worden sind. Der Lagerleiter hat dann gesagt: *„Geben Sie denen halt die Information, dass die Personen im Lager sind, aber machen können wir da nichts."* Zu einer Strafverfolgung kommt es dann nicht mehr.

Das hat sicher auch etwas mit dem Kosten-Leistungsfaktor zu tun, den die Polizei hat.

In unserem Bundesland muss die Polizei – das habe ich am Wochenende vom Ersten Kommissar bestätigt bekommen –, wenn sie ein Ermittlungsverfahren einleitet, im Vorfeld abwägen, welcher Kostenaufwand entstehen wird z.b. mit Übersetzer/Dolmetscher, mit Telefonschaltung etc. Wenn das Kosten-Nutzen-Verhältnis negativ ausfällt, dann wird nicht ermittelt.

Das muss man sich einmal vorstellen, das ist die Auflösung des Rechtsstaates!

Wenn man das von unserem Polizeibezirk auf ganz Deutschland überträgt, dann ist das ein Wahnsinn. Das heißt im Grunde genommen: Da ist so ein libanesischer Clan, der sehr undurchlässige Strukturen hat. Wenn dann ein Riesenaufwand betrieben werden müsste, fragt man sich, was am Ende dabei herauskommt. Nichts. Dann wird das eingestellt bzw. dann wird gar nicht erst ermittelt.

Vielleicht noch ein kleines Gegenbeispiel hierzu, um die Stimmung noch etwas weiter zu senken: Am Wochenende hatte ich im Schwarzwald eine Dame getroffen, die berichtete, dass sie in ihrem Garten einen Fahnenmast mit der gehissten Landesflagge stehen hat. Jetzt kamen zwei Polizisten zu ihr – sogar in ihr Geschäftsbüro – und hatten gefragt, ob ihr dieser Fahnenmast gehören würde. Sie bestätigte dies und bekam erklärt, dass sie nicht berechtigt sei, die Landesflagge zu hissen und mit einem Zwangsgeld von 80 Euro rechnen müsse, wenn sie diese nicht abhängen würde.

Wenn man den Bundesadler drauf hat, ist es eine Dienstflagge. Diese dürfen nur vor Dienstgebäuden beflaggt werden. Jetzt muss man das mal gegenüberstellen: Auf der einen Seite wird bei der Strafverfolgung von Asylanten nicht ermittelt, und andererseits kommen zu einer Deutschen zwei Polizeibeamte wegen so einer Lappalie.

Das ist hochinteressant, dass es so etwas gibt. Das glaubt man ja gar nicht. Nun ist es ja so, dass sich so etwas schnell herumspricht, vor allem in Zeiten des Internets. Gerade vor einer Woche berichtete mir ein Bekannter, der eine Pferdekoppel hat, dass sich bei ihm drei Asylanten in seinem Schuppen bei der Pferdekoppel an seinem Werkzeug bedienten. Er ging hin, sprach sie darauf an, was ihnen einfallen würde, und bekam nur ein blödes Grinsen und den Stinkefinger gezeigt. Er ging zurück ins Haus, holte ein Gewehr – er ist Jäger – und hielt ihnen das vors Gesicht. Dann hatten sie die Flucht ergriffen. Das waren Asylanten aus unserer Unterkunft in Fichtenau. So etwas macht schnell die Runde. Sie können sich vorstellen, wie bei uns in der Umgebung die Stimmung gegenüber diesen „Flüchtlingen" ist. Seiner Nachbarin hatten sie übrigens die Garage ausgeräumt. Das war eine der „Gutmenschinnen". Die hat ihre Meinung auch geändert.

Und wenn wir gerade dabei sind: Ein Freund aus Babenhausen hatte erzählt, dass bei denen in die türkische Kneipe ein Schwarzafrikaner reinkam und sagte: „Guck einmal, meine Uhr habt ihr bezahlt, hähähä." Die Türken haben ihn daraufhin verprügelt, dann war das Thema erledigt. Fakt ist, dass durch solche Aktionen der Hass einfach steigt.

Ich würde es nicht als Hass bezeichnen, für mich ist es eher Unzufriedenheit. Es ist eine Frechheit. Früher hat es im Dorf öfter mal gerumpelt, z.B. wenn ein Dummkopf einem Mädchen auf den Po gefasst hat, dann hat es gefunkt. Ich würde es nicht als Hass, sondern mittlerweile als normale Reaktion bezeichnen. Aber es geht noch weiter. Ich habe da noch Informationen vom ehemaligen Leiter eines Finanzamtes. Der hat mir vor Jahren, als ich schon 5-6 Jahre dort war, folgende Geschichte erzählt: In einer Großstadt wollten sie gerade den türkischen Gewerbetreibenden auf die Finger schauen, denn bei denen gibt es ein Parallel-Geldsystem. Das läuft folgendermaßen: Ein Türke hat beispielsweise eine Autowerkstatt. Der deutsche Kunde bekommt eine Rechnung für die Reparatur ausgehändigt, der türkische Kunde hingegen keine, denn er braucht keine. Da wird Schwarzgeld erwirtschaftet, und deswegen wundert man sich, warum so viele Häuser aufgekauft werden. Das offizielle Rechnungssystem ist das System für das Finanzamt, aber es gibt noch ein zweites System, bei dem keine Rechnungen gestellt werden, inklusive Hausbau, Renovierungsarbeiten etc. Hier wollte das Finanzamt mal an die Materie rangehen, aber dann sind die plötzlich von oben gestoppt worden. Es hieß, dass *in diesem Personenkreis keine tieferen Ermittlungen geführt werden*". Das sind so rudimentäre Informationen, die man so nebenbei bei den Finanzämtern mitbekommt.

Da fragt man sich, warum Leute immer noch SPD und Grüne wählen...

Die wissen das nicht. Noch so eine Sache mit der Kriminalität: Ich hatte mal den Chef unserer Kripo gefragt, wie hoch denn der Ausländeranteil in den Landesgefängnissen ist. *„Haben wir schon 50%?"* Da hat er gelacht und meinte, wenn man die reine Ausländerquote nimmt, sind wir bei 65%. Und wenn man diejenigen dazurechnet, die eigentlich gar keine Bio-Deutschen sind, die irgendwann mal einen Pass bekommen haben, dann sind wir bei 85%. Und das entspricht der Kriminalitätsquote, die kann man übertragen.

Was sagen die Polizisten selber?

Die Polizisten sagen ganz klar, dass sie, wenn sie morgens in die elektronischen, täglichen Vorkommnisberichte reinschauen, die meisten Namen nicht aussprechen können – das sind fast alles Ausländer. Die Stimmung ist dementsprechend...

Das war doch neulich auch in Bremen der Fall, wo die Polizisten den Innenminister ausgelacht haben... Aber warum geht kein Polizeibeamter an die Sache ran?

Ganz klar und einfach: Das ist das Beurteilungssystem der Polizei. Wenn ein Polizeibeamter auf einen Missstand hinweist, dann kriegt er entweder eine schlechte Beurteilung – wenn er jung genug ist – und es wird angedroht: *„Passen Sie auf, wenn Sie Ihr Verhalten nicht entsprechend anpassen, dann kriegen Sie eine Beurteilung, mit der Sie eine Polizeikarriere vergessen können."*, oder er wird an irgendeine Dienststelle versetzt, wo er nicht hin will. Oder sie bekommen ihre Zulage gestrichen oder werden vom Tagesdienst in den Schichtdienst überführt. Und deswegen sind auch die Polizeibeamten so ruhig, weil sie entsprechenden Repressalien ausgesetzt sind. Die Polizisten schützt ja auch niemand. Beim Bund kann sich ein Wehrpflichtiger an den Wehrbeauftragten wenden, und der forscht nach. Aber die Polizisten sind schutzlos.

Aber die Polizeioberen sehen doch auch, was Sache ist.

Ein hoher Polizeiführer hat kürzlich eine klare Ansprache gehalten. In der Besprechung waren auch führende Juristen regionaler Gerichte anwesend, und er hat ganz klar gesagt: *„Ich stelle die Lage so dar, wie sie sich polizeilich darstellt und nicht politisch korrekt."* Er hat auch angesprochen, wie die Kriminalität aufgeteilt ist, welche Entwicklung wir in unserem polizeilichen Zuständigkeitsbereich haben werden – gerade mit den Ausländern und entsprechend mit der Geburtenrate. Er hat dann gesagt, welche Konflikte präsent sind, was die aus den Maghreb-Staaten das kontrollieren. Beim Drogenhandel aus Schwarzafrika sind Erkenntnisse vorhanden, dass dieser von außerhalb der Bundesrepublik gesteuert wird. Hier wird ein System erkennbar, dass da Partikularinteressen von außerhalb gesteuert werden, um beispielsweise die Schwarzafrikaner in den Drogenhandel in den Lagern einzubinden. Das läuft folgendermaßen: Die Drogenware fliegt von außen über den Zaun, die nehmen sie auf und verticken sie. Und dann muss irgendwo das Geld fließen. Der Drogenhandel wird von außerhalb gesteuert.

Was war die Reaktion auf die klare Ansage des Polizeioberen?

Man kann es nicht glauben. Da waren nur die Leiter der Landes- und Bundesbehörden eingeladen, aber keine Journalisten. Ich bin mir sicher, dass alle Richter an den Amts- und Landgerichten die gleichen Erfahrungen gemacht haben. Die wissen doch, wer das Klientel ist. Aber wenn sie die Wahrheit ansprechen, dann werden sie in eine Ecke gedrängt, in die sie gar nicht hingehören. Die Journalisten könnten das in einem falschen Licht darstellen, deswegen wurden sie nicht eingeladen.

Aber hat das jetzt eine Konsequenz? Er hat es ausgesprochen, aber wird da auch etwas getan? Wird die Polizei aufgestockt?

Nein. Jetzt geht ja der Wahlkampf los, dann stellen sie momentan jeden ein. Wenn vor einem Jahr oder zwei noch Leute abgelehnt wurden, stellen sie jetzt bei der Polizei alles ein, was kommt.

Was ist mit Journalisten generell? Kriegen die einen Maulkorb?

Also was den Begriff der „Lügenpresse" angeht, so bin ich da eher distanziert. Ich glaube, die Journalisten werden mit Informationen gefüttert, die sie haben *sollen*. So wie beim Blog des zuvor erwähnten Journalisten. Der fragte beispielsweise auch nach den über eintausend verschwundenen Flüchtlingen aus unserem Lager. Er fragte beim Regierungspräsidium nach und erhielt die Antwort, dass die von nichts wüssten – und wenn, dann wäre das minimal. Auch das Innenministerium sagte, dass sie von nichts wissen. Freilich ist es bekannt gewesen, aber der Journalist hat die offiziellen Stellen aufgesucht und die falschen Informationen erhalten. Er kann ja nur schreiben, was er kennt... Wer ist jetzt schuld?

Die offizielle Seite, die Presseabteilung einer Behörde, gibt ja nur die Information heraus, die sie rausgeben darf, und der Journalist geht halt in Treu und Glauben davon aus, dass die Information korrekt ist. Aber auch der Presseabteilung fehlen viele Informationen. Deswegen ist die Presse nur zum Teil eine Lügenpresse.

Das ist Teil des ganzen Systems. Mein Informant vom *Länderspiegel* (ein ARD-Magazin; A.d.V.) hat mir das System einmal erklärt. Früher hatte man viele festangestellte Redakteure. Da war man als Journalist auch abgesichert vom Geld her, vom Unterhalt. Heute ist die Anstellung systemkonform gemacht. Man besetzt den Redaktionsstuhl des Chefredakteurs mit einem politisch korrekten Redakteur – diesen Profiteuren entsprechend –, und dazu holt man den „freien Journalisten". Der Freie schreibt dann im Sinne des Chefredakteurs bzw. im Sinne des Systems, und dann muss er auch im geforderten Sinne schreiben, weil man ihm sonst seinen Job kündigt bzw. seine kontinuierlichen Aufträge. Der Freie kann natürlich nur das schreiben, was er auch verkaufen kann. Und das ist das System. So ist unser System aufgebaut. Damit ist die vierte Macht der Journalisten im Grunde genommen neutralisiert, weil sie abhängig geworden sind.

Wie beurteilen Sie die Regionalwahl in Frankreich im Dezember 2015 und die Ergebnisse von Marine LePen? In den Medien wurde berichtet, dass sie die Wahl verloren hat.

Tja, das wäre nun wieder eher ein Beispiel für die tatsächliche „Lügenpresse" bzw. Täuschungs- oder Verdummungspresse. Der *Front National* ist klar die stärkste Fraktion, aber die deutschen Zeitungen schreiben von einer Wahlschlappe. Das liegt nun eher daran, dass die meisten Journalisten bzw. Zeitungen politisch links ausgerichtet sind. Deswegen wird immer kontra-rechts oder kontra-national getrimmt. Das war ja auch mit der Demonstration in Leipzig am 12.12.2015, als die Linken so ausgerastet sind. Im Mainstream hieß es nur „*Vermummte, Vermummte*". Das Wort „links" oder „linksextrem" kam in sämtlichen Artikeln nicht vor. Erst stand da „*Neonazis haben...*", und dann stand da nur noch „*Vermummte haben...*" Erst am nächsten Tag, als auch andere Zeitungen darüber berichteten, wurde Klartext gesprochen, nämlich dass es „*linke Randalierer*" waren.

Die Redakteure gehen davon aus, dass die Leute alle blöd sind und bei „Vermummten" gleich an die Rechten denken. Aber das zieht nicht mehr. Wenn Sie sagen, dass die jetzige Polizei durch die Kriminellen unter den Asylanten komplett ausgelastet ist, muss man eben mehr Polizisten einstellen, oder nicht?

Moment, die Reduzierung des Polizeipersonals geschah ja durch die Politiker und Landesministerien. Diese waren es, die die Mannstärke bei Bund und Land heruntergefahren haben. Insgesamt waren das bei den Ländern mehr als 10.000 Polizeibeamte in den letzten fünfzehn Jahren. Des Weiteren hat man jahrelang sehr wenige eingestellt. Es gab 2 bis 3 Jahre kaum Neueinstellungen, und heute sagt man: „*Jetzt stellen sie wieder 3.000 ein.*" Was man verschweigt, ist erst einmal, wie viele man die letzten Jahre weniger eingestellt hat und wie viele gleichzeitig in Pension gegangen sind. Nur am Beispiel meiner Stadt: Hier gehen etwa 100 Beamte in Pension, aber es kommen nur etwa 80 neue. Das heißt, es wird eine komplette Schicht weniger. Und das ist das eigentlich Verwerfliche, dass die Polizei immer mehr ausgedünnt wird.

Aber dann gehen sie hin und machen einen Aufstand wegen einer Fahne. Das kann es doch nicht sein, da sieht man, dass da Fehlleitungen sind. Bei der Fahne kriegen sie keinen großartigen Widerstand. Das war ja eine Deutsche.

Deswegen! Der Deutsche passt sich an und ist noch obrigkeitshörig.

Noch! Der frühere BKA-Chef, den ich auch kenne, war früher in meinem Zuständigkeitsbereich. Die haben ja nicht umsonst diesen Aufruf gemacht. Der frühere Präsident des Bundesamtes für Verfassungsschutz war ja auch dabei. Und die warnen eindringlich vor einer Radikalisierung des Mittelstandes.

Die ist schon da, finde ich.

Wir befinden uns momentan in einer völligen Aufhebung des uns bekannten Rechtssystems. Die Involvierung reicht bis zur Justiz, alles ist von oben gedeckelt, auch bei der Bundeswehr. Es sind vielleicht noch 1-2 Brigadegeneräle dabei, aber die Mehrheit ist vorher durchgeprüft. Beim Oberst hört es auf. Alles andere ist politisch korrekt, genauso in den Nachrichtendiensten. Sie müssen das ja mal flächendeckend sehen. In den Presseorganen – ob nun bei den Agenturen, alles bis runter – ist alles auf Linie.

Interessant ist eine Info, die inzwischen auch bestätigt ist: Ein Bekannter von mir rief mich an und sagte, er habe einen Asylanten aus Syrien zur Behandlung (Physiotherapie) da gehabt, der ihm erklärte: *„Mir ist von einem Deutschen in Syrien versprochen worden, dass ich ein Haus, ein Auto und eine Arbeitsstelle bekomme."* Egal, ob das jetzt tatsächlich ein Deutscher war oder ein Mossad- oder CIA-Agent, der sich als Deutscher ausgab: Tatsache ist, dass das alles bewusst gemacht wird und jemand vor Ort das schürt.

Was hat denn die UNO gemacht? Die UNO hat doch vom einen auf den anderen Monat den Betrag um 60% gekürzt, der für die Versorgung der Flüchtlinge pro Flüchtlingslager zur Verfügung gestellt wurde, und das geht zeitgleich einher mit dieser Information von den falschen Versprechungen. Mit diesem in siebzehn Sprachen veröffentlichten Anwerbungsvideo, das von der Bundesregierung kommt, hauen sie in dieselbe Kerbe. Also da kann man doch gar nicht mehr zweifeln, so viele Zufälle gibt es doch gar nicht.

Die Frage ist ja nun: „*Was steckt dahinter?*" Dass die Amis uns ganz gezielt destabilisieren wollen und den Euro bzw. die ganze Eurozone, weil es ihnen in den USA selbst bescheiden geht, das ist eine Sache. Bloß dass unsere eigenen Leute...

Ich habe mir darüber lange Gedanken gemacht. Als der Euro im Jahr 2002 eingeführt wurde, war ich oft in Amerika, und da stand der Wechselkurs bei 1,48 oder 1,36 und ging runter auf 1,10. Da war mir klar, dass der Euro ein Ersatzwährungssystem gewesen wäre (für den Dollar; A.d.V.). Viele sagten dann: „*Prima, wir holen uns Euro anstatt Dollar.*" Daraufhin haben die Amerikaner erkannt, dass sich etwas in der Welt verändert, was ihnen nicht gefallen hat. Der Dollar hat inzwischen an Macht verloren. Nun hat man Griechenland in die EU aufgenommen. Das war auch ein Angriff auf die europäische Währung, denn Griechenland hätte gar keinen Euro bekommen dürfen. Das hatte damals die amerikanische Bank Goldman-Sachs fabriziert, die die Griechen beraten und die Zahlen gefälscht hatte. Und solche Naivlinge wie unser damaliger Finanzminister Eichel sind darauf reingefallen. Auf diese Weise hat man den Euro zu einer Monopoly-Währung gemacht. Der nächste Punkt ist, dass Europa durch diese vielen Nationalstaaten die Möglichkeit hat, dass sie ihre Forschungsgebiete zusammenlegen und Amerika dadurch benachteiligen. Die Finnen sind gut in der Forschung, generell die skandinavischen Länder, auch die Polen, Tschechen und Österreicher. Somit ist dieses Europa trotz einer Monopoly-Währung wirtschaftlich in der Lage, High-Tech auf den Markt zu bringen. Viele fragen sich inzwischen, was denn noch amerikanische High-Tech-Produkte sind. Eigentlich gar nichts mehr. Die Luftfahrtindustrie und IT? Mittlerweile haben auch die Russen gute Flugzeuge, auch die Chinesen. Dann stellt sich die Frage, welche weiteren Möglichkeiten es gibt, Europa zu destabilisieren. Das kann man im Grunde genommen nur, wenn man den Stärksten attackiert, und das auf wirtschaftlicher und sozialer Ebene. Und wenn Sie die Professorin Greenhill nehmen, mit ihrem

Buch „Massenmigration als Waffe", dann passt alles zusammen. In diese Richtung geht es meiner Ansicht nach. Schwächt man Deutschland, schwächt man Europa. Durch diese Menschenmassen, die man nach Europa schickt, wird der Sozialhaushalt aufgebläht, es werden Ressourcen gebunden – und die werden ja im Augenblick auch gebunden. Das sind im Moment schon 30 Milliarden Euro.

2016, wenn das Programm mit Lehrern und allem, was da noch dazukommt, anläuft, sind wir bei 50 Milliarden, die für die Asylanten ausgegeben werden

Die Zahl spielt jetzt keine Rolle, aber ich binde im Augenblick Ressourcen, und diese Ressourcen kann ich nicht mehr in die Infrastruktur stecken. Nehmen wir die Schulbildung: Wenn ich strategisch über einen längeren Zeitraum denke, müssen diese Flüchtlingskinder ja auch eingeschult werden. Es gibt ja keine Sonderklassen für Asylanten, sondern die werden in das normale Bildungssystem eingegliedert. Dadurch wird wiederum das Bildungsniveau verringert. Ich kenne einen aktuellen Fall vom Gymnasium in unserer Stadt. Da wird beispielsweise das Thema *Koordinatentransformation*, was für die Mechanik wichtig wäre, vom Lehrplan gestrichen. Immer mehr wird vom Lehrplan gestrichen, damit das Niveau an die Schwächeren angepasst wird, und so wird auch entsprechend das Niveau unserer Hochschulen gesenkt – gezielt! Das ist meines Erachtens eine langfristige Strategie, nämlich, wie man dieses „alte Europa" nachhaltig schwächen kann. Und das Kernland von Europa ist Deutschland, und durch unsere Wischiwaschi-Politik schwächen wir Deutschland elementar. Das, was wir jetzt kriegen, wird uns nachhaltig die nächsten Jahrzehnte beschäftigen, in jeder Hinsicht.

Ich traf eine Professorin von der Universität Rostock, die hat aufgehört zu unterrichten, weil durch dieses Bachelor- und Master-System – mit der Aufgabe von Vordiplom und Diplom – bereits das Niveau unserer Universitäten deutlich heruntergefahren wurde.

Ja, so ist das System. Ich verdränge es manchmal auch. Man kann ja gar nicht glauben, was da alles abläuft. Ein Kamerad von mir, ein hochintelligenter Mann, macht die ganzen Sicherheitsüberprüfungen beim Bund.

Er sagt, dass es einen europäischen Zentralcomputer gibt, in dem alle digitalisierten Fingerabdrücke gespeichert sind. Dieser Rechner kann innerhalb von einer Sekunde 500.000 Fingerabdrücke abgleichen. Würden alle Asylanten, egal wo sie in Europa über die Grenze kommen, registriert werden, könnte man sie jederzeit lückenlos zuordnen und identifizieren. Auf diese Weise können abgelehnte oder bereits abgeschobene Flüchtlinge bei einer erneuten Einreise in den EU-Raum sofort erkannt werden. Dieses System gibt es seit 2000 und heißt *EURODAC*. Tatsache ist aber, dass zum einen von vielen Flüchtlingen die Fingerabdrücke nicht aufgenommen werden und zudem das besagte Computersystem nicht flächendeckend eingesetzt wird, also nicht so eingesetzt wird, wie es eigentlich müsste. Es ist mir, wie auch meinen Kameraden, ein Rätsel, wieso das so ist. Steckt dahinter eine Absicht oder sind das solche Dilettanten?

Wenn man nochmals über die strategische Sache nachdenkt: Es geht erstens um den Euro, zweitens haben wir die Flüchtlingskrise, und der dritte Punkt ist Russland. Die mitteldeutschen Bundesländer hatten über die Jahre hinweg eine sehr enge Beziehung zu Russland. Das war ja auch ein Vorteil für unsere Industrie. Aber die Sanktionen gegen Russland sind völlig hirnrissig, die schwächen auch wieder Deutschland.

Und dann kommt „zufällig" das VW-Desaster...

Das ist ja schon seit Jahren bekannt. Bei Abgasuntersuchungen erkennt die Software während der Abgasprüfung, wann beim Diesel ein Gasstoß kommt – in dem Augenblick schaltet sich der Prüfzyklus ein. Momentan werden die deutschen Motoren am Beispiel von VW von Amerika vorgeführt, weil sie angeblich bei diesen Abgaseinstellungen nicht handeln. Ich weiß das von einem Freund aus der Motorenentwicklung. Die sagen: Die deutschen Motoren sind nicht schlecht, aber was vom Ausland reinkommt – auch Ami-Motoren –, das kann man absolut vergessen. Und die Amis haben genau das gleiche Problem. Jetzt haben sie halt VW ausgewählt als entsprechende Staatsmarke und konstruieren hier einen massiven Angriff gegen die deutsche Industrie. Das ist einer mehrerer Bausteine, bei denen man behaupten kann, dass es sich um eine Destabilisierung der deutschen Infrastruktur handelt. Dahinter steckt eine Strategie. Es ist ein strategisch angesetzter Angriff. So viele Zufälle gibt es nicht. Und bei den Amerikanern sowieso nicht.

Sie haben vorhin gesagt, dass der Mittelstand radikalisiert wird. In welcher Form? Von der politischen Einstellung her?

Wenn ich einige im Freundeskreis sehe, die in den letzten Jahren sehr staatstragend waren, vor 20 Jahren, die wählten bislang die CDU. Aber die sind enttäuscht. Wir sprechen von Leuten, die unser Land schützen. Oder die Ärzte: Wenn ich mich heute bei Ärzten umhöre, dann verachten die das System mittlerweile enorm, weil es ihnen direkt auf den Geldbeutel geht. Wenn ein Chirurg für einen Patienten pro Quartal 4,50 Euro bekommt oder ein Zahnarzt fürs Ziehen eines Zahnes beim Kassenpatienten 8 Euro kriegt, dann kannst Du das doch vergessen. Beim Privatpatienten hingegen kann er voll berechnen, dann sind das bis zu mehrere hundert Euro, die er fürs Spritzen, Nähen und die Nachbehandlung erhält. Deshalb sagen viele Ärzte, dass unser System ein sozialistisches System geworden ist, in dem uns Fremde vorschreiben, was wir verdienen dürfen. Somit ist die Ärzteschaft im Land kritisch. Da herrscht teilweise eine richtiggehende Verachtung, wenn man sieht, welche Fachleute wir als Gesundheitsminister haben. Selbiges sehe ich bei Rechtsanwälten. Die sehen das ja auch als Teil der Rechtspflege und sagen: *„Hoppla, wir halten uns an Recht und Gesetz, und auf einmal werden hier mit den Asylanten gewisse Dinge einfach ausgehebelt.“* Das ist der Mittelstand, der früher konservativ wählte.

Was wählen die dann heute nach Ihrem Eindruck?

Ich denke schon, dass viele dann AfD wählen. Ich kenne auch einige, die sagen: *„Wir wählen aus Prinzip die NPD, nur um dieses System vorzuführen.“* Aber meistens sagen sie, dass sie überhaupt nicht mehr wählen gehen, weil sie das System an sich verachten. Die Politiker scheren sich doch einen Teufel darum, was das Volk will. Ich kenne aber auch Leute, die wählen links. Die sagen sich: *„Da gehe ich lieber in Richtung von Sahra Wagenknecht.“* Die sind auch von den Altparteien enttäuscht, von SPD, von CDU – von der FDP braucht man ja gar nicht mehr zu reden. Das ist kein Hass, sondern eine Verachtung des Systems.

Zum Thema *Bildung* kann ich auch etwas beitragen: Der frühere Geschäftsführer vom Philologenverband hat gesagt, er habe jede Woche fünf Anträge zur Bildung von Privatschulen auf seinem Schreibtisch. Die gebildeten Deutschen nehmen ihre Kinder raus aus dem Staatsbildungssystem, weil es nichts taugt.

Ich hatte letzte Woche ein Gespräch mit einer Rektorin aus unserer Stadt und stellte fest: Auch die Lehrerschaft radikalisiert sich, und zwar dahingehend, dass viele Frauen, also Lehrerinnen, gerade mitbekommen, dass sie irgendwelche Schüler aus muslimischen Ländern haben und die jungen Kerle es verweigern, mit der Lehrerin zu reden, weil sie eine Frau ist. Dann kommen die Eltern in die Schule, und der muslimische Vater verweigert ihr den Handschlag. Der will von ihr nichts wissen, sondern geht gleich zum Rektor. In der Grundschule ist das generell ein Problem. Dann sagen die Lehrer sich: *„Hoppla, was passiert denn da in unserer Gesellschaft?"* Und wir – wir Deutsche – sind nicht bereit, da Einhalt zu gebieten. Es traut sich kaum einer zu sagen, dass das so nicht geht. Da merkt man schon, dass unsere politische Kaste Angst vor dem hat, was da im Augenblick passiert. Man sieht es auch in der CDU, wenn dann ein junger Abgeordneter was sagen will: *„Pass auf, da läuft was aus dem Ruder!"* Und der Kauder, der Steigbügelhalter von Frau Merkel, oder der Strobl, gehen dann gegen Abgeordnete vor, die einfach ihre Meinung aussprechen. Das ist ein Unding. Das kriegen ja inzwischen immer mehr in unserer Gesellschaft mit.

Gibt es irgendeinen Plan? Was ist, wenn es noch schlimmer wird und eskaliert? Gibt es da einen der sagt, was dann gemacht werden soll? Wird dann geschossen?

Ich habe keine Schriftstücke gelesen, aber ich bin von einem Kameraden darauf angesprochen worden. Nach Auswertung des Anschlags gegen den Verlag in Paris kam heraus, dass es nicht 80.000 Polizisten waren, die zum Einsatz kamen, sondern es waren nur 20.000, der Rest war Militär. Offenbar hat man im Ministerium eine Arbeitsgruppe gebildet, um das zu besprechen. Ich bin noch nicht dahintergekommen, um welche Abteilungen es sich handelt. Aber der Kamerad hatte mir gesagt, dass man intern bereits darüber spricht, dass man mal drüber nachdenken muss, wie die Bundeswehr die innere Sicherheitsstruktur unterstützen könnte. Die Polizei ist jetzt schon am Limit. Wenn man sieht, dass sie schon viele Sachen nicht mehr ahnden, sondern nur noch schwereren Delikten nachgehen... Man hat ja immer unterschieden zwischen der Hol-Kriminalität und der Bring-Kriminalität. Die Bring-Kriminalität ist, wenn der Bürger anruft, und die Hol-Kriminalität ist, wenn der Polizeibeamte aus eigenen ermittlungstaktischen Ansätzen die Sache aufklärt. Im Moment ist diese Hol-Kriminalität gegen null, die haben wir nicht mehr. Die Polizei arbeitet nur noch den Notfallplan ab.

Dann haben wir die höhere Polizeiführung angesprochen, und die meinte, als wir dieser die aktuelle Situation schilderten, dass sie das auch so sehen würde, nämlich dass die Polizei gar nicht dazu in der Lage wäre, die Bürger zu schützen, wenn es einen regionalen Flächenbrand geben würde. Wenn es beispielsweise in mehreren Städten mit Asylbewerberheimen, regional und überregional, zu Unruhen kommen würde, könnte die Polizei diese gar nicht mehr entsprechend ruhigstellen. Eine Trennung innerhalb der Lager (nach Ethnien) versucht man gerade. Im Augenblick läuft das so: Wenn irgendwo eine Unruhe ist, fahren die Polizisten massiv rein, mit 20, 30, 50 Streifenwagen, um die Unruhe sofort im Keim zu ersticken. Das ist die einzige Methode. Brodelt es an zwei oder drei Orten gleichzeitig, gibt es ein Problem. Mittlerweile muss jedes Revier immer einen Beamten oder eine Streife abstellen, die bei einer Alarmierung sofort losfährt. Ich habe das am letzten Samstag noch einmal gehört. Die stellen auch Polizeibeamte ab, die jetzt konsequent in den Lagern sind.

Ich habe mit einem Polizisten gesprochen, der mir vom ersten Einsatz in einer großen Auffangstelle berichtet hat, als dort eine Massenschlägerei stattfand und die Asylanten mit Eisenstangen bewaffnet aufeinander losgegangen sind. Er hat nur gesagt, dass die Kollegen unisono berichtet hätten, dass sie Todesangst hatten und sich die Frage stellten: *„Wie wehren wir uns, was können wir tun, wenn sich diese Masse mit den Eisenstangen plötzlich gegen uns wendet?"* Also diese psychische Belastung, die ist gar nicht von den Oberen berücksichtigt. Irgendwann früher oder später wird es dazu kommen, dass mal einer schießt.

Wenn ein Polizeibeamter in Notwehr schießt, ist es nicht auszuschließen, dass er von dem aufgebrachten Mob gelyncht wird. Ich habe in unserem Lager auch die Beobachtung gemacht, dass sich unter den Asylanten militärische Strukturen bilden. Ich stand da in Uniform, und dann kamen vier Mann, wie eine Streife der französischen Bereitschaftspolizei, die in einer Viererreihe quer die Straße im Asylantenheim entlanggelaufen sind – die müssen wohl aus Maghreb, also aus Marokko, Algerien oder Tunesien gewesen sein. Die haben die komplette Breite der Straße beansprucht und alles, was entgegengekommen ist, ist denen aus dem Weg gegangen. Die hatten alle vier sandfarbene Kampfstiefel getragen, ganz leger, natürlich offen, die Schnürsenkel abgezogen, und einen Flecktarnanzug, der wohl aus Libyen stammt, weiß-grün-grau gefärbt. Dazu trugen sie einen quergestreiften Pullover. Alle waren gleich angezogen, sahen wie uniformiert aus. Und die Schwarzafrikaner sind denen aus dem Weg gegangen. Wobei man sagen muss, dass die Schwarzafrikaner diejenigen sind, die noch für 1 Euro arbeiten. Die machen sauber. Sie sind die letzten in der Kette. Die Syrer, die Araber und die ganzen anderen Moslems, die führen sich tatsächlich auf wie Herrenmenschen. Ich habe mal versucht, einen *Human Intelligence*, also einen V-Mann, aus Ghana zu werben. Dieser hatte mir dann nach längerem Zutun erzählt, wie es im Lager abgeht. Er sprach von der Rangordnung, dass die Schwarzafrikaner im Grunde genommen die letzten in der Hierarchie seien. Sie werden nicht als Menschen wahrgenommen, sie sind nur Arbeitstiere, sie sind diejenigen, die die Aufträge ausführen. In der Rangordnung ganz oben stehen die Syrer wegen ihrer Bevorzugung, und dann kämpfen in der Rangordnung die Afghanen und die Pakistanis gegeneinander. Das sind die Clanstrukturen. Dort gibt es Clanführer, die dann mit der Lagerleitung verhandeln wollen. Und unabhängig davon gibt es dann noch die Georgier, die sind richtig hartgesotten. Aber die Georgier sind bewusst hier, und das sind überwiegend Kriminelle. Warum sollten Georgier politisch verfolgt werden? Die kommen mit dem ganzen Tross mit.

Also meines Erachtens sind wir dieser Struktur nicht mehr gewachsen. Als Mutmaßung: Was würde passieren, wenn hier die Struktur zusammenbrechen würde? Würde dann wieder ein Hilferuf kommen nach Amerika oder nach Frankreich? Will man dann wieder ein Besatzungssystem einführen? Wenn man darüber nachdenkt, dann sind das elementare Probleme in unserer Gesellschaft. Wir sind ja nicht geistig minderbemittelt, und wir waren alle staatstragend in unserer Position. Ich finde, wenn Recht und Gesetz vorhanden sind, muss man sich dran halten. Das gilt für alle.

Aber die Rechtsordnung ist in der Auflösung, und sie wird von oben her aufgelöst. Wie man sieht, gibt der Innenminister diese und jene Weisung, dass dies und das nicht gemacht werden darf...

Also ich bin der festen Überzeugung: Von dem Tag an, an dem der erste Polizist auf eine so brutale, bestialische Weise getötet wird, wie es der IS zu tun pflegt, kippt es in Deutschland. Dann gibt es auch Tote auf der anderen Seite. Und dann kommt das Thema Zwangsunterbringung bzw. Zwangsbeschlagnahme. Das wird noch „lustig". Es gab jetzt einen Versuch in Lüneburg, ein Privathaus zu beschlagnahmen, doch das Gericht hat das nicht zugelassen. Die Reaktion der Regierung bzw. des Landes war: *„Dann erlassen wir eben ein Gesetz!"* Aber ein Gesetz muss sich immer am übergeordneten Grundgesetz orientieren. Und da hebeln sie alles aus. Sie sehen bloß nicht, dass die Rechtsordnung ja auch für sie selbst gilt. Schauen wir in die Geschichte zurück: Wenn die Rechtsordnung aufgehoben wurde, hat nur noch die Willkür geherrscht.

Es geht nicht nur ums Familienverlieren. Es verlieren momentan viele Menschen ihre Existenz, wenn man sieht, dass sie gerade in den großen Fabriken oder in den Banken 30% ihres Personals liquidieren. Da sind Menschen dabei, die sind um die 40, haben eine Familie gegründet und verlieren jetzt ihre Existenz. Gleichzeitig sehen sie, dass die Deutsche Bank trotzdem noch Gewinne macht. Auf der anderen Seite sehen sie dann, dass kriminelle Asylanten laufen gelassen werden und man denen noch eine Wohnung besorgt, wohingegen sie selbst nichts geschenkt bekommen. Da wird der Boden reif für Ungutes. Oder bei Mercedes-Benz: Die machen permanent Gewinne, andererseits gibt es Kürzungen. Wenn Du plötzlich aus dem Haus raus musst, Dein Auto nicht mehr bezahlen oder den Kindern nichts mehr bieten kannst – das ist dann der Punkt, an dem unser Mittelstand, oder was man noch als Mittelstand bezeichnen kann, sagt: *„Wir verachten unsere politische Kaste!"* Wir hatten all die Jahrzehnte eine klare Werteordnung, und die ist jetzt außer Kraft gesetzt.

Das ist die gleiche Sache in den USA mit den Opfern der Lehman-Pleite, die ihre Häuser, ihre Existenzen und teilweise auch die beruflichen Anstellungen verloren haben. Viele konnten ihre Hypotheken nicht mehr bedienen und standen irgendwann auf der Straße. Das sind dann die, die sich gegen das System wenden, indem sie Repräsentanten, wie z.B. Polizisten, sehen und sofort auf sie schießen. Die USA haben genug Probleme im eigenen Land, nicht umsonst haben die 850 Aufnahmelager.

Ich kenne Polizisten, die waren bei *Stuttgart 21* beim Wasserwerfereinsatz mit dabei, als es richtig zur Sache ging, und die sagen sich heute: *„Warum sollen wir jetzt noch unseren Kopf hinhalten? Wir halten uns beim nächsten Mal zurück."* Kein vernünftiger Polizeibeamter setzt Leib und Leben ein, für was denn? Und das ist der Punkt bzw. hier sehe ich die Gefahr, dass kriminelle Elemente bei uns sagen: *„Hoppla, dieser Staat ist schwach, weil diejenigen, die uns entgegentreten müssten, nicht mehr bereit dazu sind."*

Ja, das ist genau das, was viele von denen denken.

Also weiten die ihre Einflusssphäre immer weiter aus, und damit wird die Unsicherheit auch in der Bevölkerung weiterhin zunehmen. Es stellt sich dann auch noch die Frage, ab wann nach irgendeiner Institution gerufen wird, nach der „starken Hand".

Das ist auch die Clanbildung, man sagt ja, dass es in Berlin einen SPD-Abgeordneten gibt, der sagt, dass sich die Clanstrukturen in Berlin immer mehr ausbreiten, weil der Staat zurückweicht. Aber der Staat muss ja zurückweichen, weil er keine Kapazitäten mehr hat.

Nicht anders ist es in Frankfurt. Die Polizei ist total unterwandert.
O.k., es sieht also nicht so gut aus. Bei mir im Bekanntenkreis bewaffnen sich die Leute, gehen in den Schützenverein. Da bekommt man nach einem Jahr die Waffenbesitzkarte. Aber ist das die Lösung? Was raten Sie mir?

Das muss jeder für sich selbst entscheiden. Ich weiß, das hilft nicht groß weiter. Ich erwarte jedenfalls das Schlimmste, außer es kommt zu einer massiven Kehrtwende in der Politik.

Danke für dieses interessante, wenn auch etwas demotivierende Gespräch. Aber wenn man den Tatsachen nicht ins Auge sieht, hat man gar keine Chance.

Geheimdienste haben Zugriff bei Mobilfunkanbietern

Ein guter Bekannter ist seit vielen Jahren für einen der großen Mobilfunkanbieter tätig. In einem Gespräch erzählte er mir im August 2015 von ein paar Merkwürdigkeiten, die ich Ihnen nicht vorenthalten möchte. Der Name des Unternehmens ist zweitrangig, da das, was er hier beschreibt, für alle deutschen Anbieter gilt. Und da er weiterhin für das Unternehmen tätig ist, möchte er auch nicht namentlich genannt sein. (Das Gespräch wurde auf Band aufgezeichnet.)

Du bist seit 12 Jahren bei diesem Mobilfunkanbieter beschäftigt.

Ja, ich arbeite hier als Entwickler und Berater in der Hauptgesellschaft in Nordrhein-Westfalen und habe, was die technischen Themenbereiche angeht, einen recht guten Einblick.

Und es ist Dir etwas aufgefallen, was dem normalen Mitarbeiter nicht bewusst ist – und schon gar nicht dem Kunden.

Ja, da ich auch im Security-Bereich tätig und in neue Entwicklungen involviert bin, fielen mir zwei Sachen besonders auf: Zum einen wurde vor etlichen Jahren – man hatte damals ▇▇▇▇▇ eingeführt, das war 2006 – die Abrechnungssoftware umgestellt. Damals wurden die alten Systeme durch ein System der israelisch-amerikanischen Firma *Amdocs* ersetzt. Alle hatten sich gewundert, dass das Unternehmen ein komplettes Abrechnungssystem aus Israel holte, da es auch genügend deutsche Produkte gab und man ja auch ein eigenes funktionierendes hatte. Aber es gab damals eine Ausschreibung und die Firma *Amdocs* hatte gewonnen.

Was ist Deine Vermutung, wieso dies geschehen ist?

Ich denke, um besser an die Kundendaten zu kommen – also für Geheimdienste. Die Umstellung auf Server/Client-Architektur ermöglicht die einfachere Nutzung von Standardprogrammen und Netzwerkprotokollen, mit der man Zugriffe auf Kundendaten durchführen kann. Über externe Schnittstellen können sich somit Dritte Zugang zu den wichtigen Daten verschaffen. Ob das absichtlich geschehen ist, kann ich natürlich nicht sagen. Fakt ist aber, dass es so ist.

Das sollte an und für sich nicht im Interesse der Firma liegen.

Das ist klar. Dazu muss man wissen, dass Mobilfunk in der Regel verschlüsselt ist. Es gibt sogenannte Verschlüsselungscodes. Das heißt, dass diese Luftbrücke verschlüsselt ist, wenn man von der Antenne zum Device, also zum Handy telefoniert. Aber von der Basisstation geht es runter zu einem Kabel, und das Kabel geht zum Mutterkonzern. Dadurch sind die Gesprächsdaten im Netz und jeder kann hineinschauen. Befindet sich der Datenknoten im Netzwerk des Mutterkonzerns, dann gibt es spezielle Schnittstellen, durch die man an die Kundenbewegungsdaten herankommt. In diesem Fall brauchen die Geheimdienste die komplizierten und gleichzeitig teuren Entschlüsselungstechniken nicht mehr, denn man geht direkt an die Quelle. Ich hatte auch mit Mitarbeitern gesprochen – verschiedene Techniker –, auch diese wissen von dieser Möglichkeit.

Wir sprechen von Daten anzapfen?

Ja! Es benötigt natürlich bestimmter Zugangsberechtigungen, die Details kenne ich nicht, aber es gibt in diesem Raum die technische Vorbereitung für die Möglichkeit, an das Netzwerk anzudocken. Das ist der Hauptknotenpunkt, an dem die records, die „billing-records", zusammenlaufen. Hier sind alle Daten vorhanden, wer mit wem telefoniert hat und wie lange. Und dann gibt es natürlich noch die Möglichkeit, Gespräche live mitzuschneiden, was etwas aufwendiger ist. Dann ist hier auch der Zugang zur Data, also zum Inhalt von SMS, MMS, E-Mails und whatsapp-Nachrichten, die über das Smartphone versandt oder empfangen werden.

Hierzu kann ich eine Episode eines Freundes berichten. Der Gute hatte die Steuerfahndung zu Besuch – unberechtigterweise übrigens! –, und man begrüßte ihn mit den Worten: „*Guten Morgen Herr Schulze, wir sind etwas überrascht, Sie in der Rübenstr. 12 vorzufinden. Sie wohnen doch in der Selleriestr. 13, dort haben Sie doch das Haus gekauft.*" Mein

Freund entgegnete: „*Nein, das Haus habe ich nicht gekauft. Ich hatte zwar Interesse, habe mich dann aber für die jetzige Wohnung entschieden. Wie kommen Sie denn überhaupt darauf?*" Dann legte der Steuerfahnder die kompletten SMS-Protokolle des Handys seiner Frau und von seinem eigenen in ausgedruckter Form auf den Tisch. Da stand alles, was sie sich in den letzten Jahren geschrieben hatten. Per SMS hatten mein Freund und seine Frau sich darüber ausgetauscht, ob sie das Haus kaufen wollen und waren sich über den Kauf auch einig geworden – hatten sich dann aber in letzter Minute umentschieden, dies aber nicht mehr via SMS kommuniziert. Lustigerweise wohnte in diesem Haus zum Zeitpunkt der Hausdurchsuchung ein Mann mit demselben Nachnamen. Deswegen gingen die Steuerfahnder dann dorthin. Mein Freund ist bei dem Mobilfunkanbieter Kunde, bei dem Sie arbeiten...

Es ist also so, dass die Polizei, die Steuerfahndung und diverse Geheimdienste hier Zugang haben?

Ja. Ich weiß von einem der Security-Leute, dass nicht nur der BND da war, sondern auch amerikanische Dienste. Ich persönlich vermute, dass auch der MOSSAD da war. Es ist ja auch eine israelische Software.

Das zeigt ja auch deutlich, dass wir uns in einem Besatzungsstatus befinden und ausländische Nachrichtendienste bei uns tun und lassen können, was sie wollen.

Dazu kann ich jetzt nichts sagen. Damit kenne ich mich nicht aus.

Und die Dienste haben einen Zugang?

Die müssen sich anmelden, die Details kenne ich nicht. Ich weiß das von einem Techniker, das war damals noch im alten Firmengebäude in der NRW-Zentrale. Das System hieß MNC-System (*Mobile Network Code* des Mobilfunkproviders, unterscheidet O2-Kunden beispielsweise von Telekom- oder Vodafone-Kunden; A.d.V.). In diesem Flur bin ich damals einmal an dem genannten Raum vorbeigegangen, und dieser war mit einer Stahltür verschlossen. Da kommen nur bestimmte Leute rein. Wer hier hineinkommt, hat Zugriff auf das ganze System. Es ist also genau gesagt nicht nur ein einzelner Raum, sondern mehrere. Doch wie genau die Zugangsberechtigungen sind, kann ich nicht sagen.

Aber ich vermute – denn das war ja 2006 –, dass man hier nicht mehr unbedingt vor Ort sein muss, um Kundendaten anzuzapfen, sondern man dafür einen remote-Zugang benutzt, und dadurch die Daten auch von außerhalb abrufen kann. So ist es beispielsweise bei der NSA, die haben einen direkten Zugang zu unseren Daten. Ein Kollege berichtete mir, dass es mit denen ein Abkommen gäbe.

Ich möchte zu alledem aber auch bemerken, dass das, was ich bei uns im Unternehmen gesehen habe, bestimmt alle Mobilfunkanbieter betrifft – also das mit dem Abhören. Vermutlich *müssen* die das machen und haben keine andere Wahl. Ich will ja hier nicht meinem Arbeitgeber schaden. Es ist die Entwicklung, in die wir gehen, die mich beunruhigt, die Überwachung, die Datenspeicherung, die Bewegungsprofile, die erstellt werden, all das.

Was kannst Du mir noch berichten?

Es gibt bei unserem Unternehmen einen Dienst, der es ermöglicht, stark verschlüsselt zu telefonieren und auch Daten auszutauschen. Das ist ein System, bei dem man doppelt verschlüsselt telefonieren kann. Man telefoniert hier nicht normal, sondern wenn man die Nummer des Kunden anruft, erkennt das System sofort, ob das Gegenüber auch über ein solches Spezialtelefon, ein „Frau-Merkel-Telefon", verfügt, und dann wird das Gespräch gesondert über ein spezielles Serversystem umgeleitet und verschlüsselt. Es ist also über das Funksignal verschlüsselt und andererseits noch über das firmeninterne System, welches nochmals die Sprache codiert. Das Problem ist nur, dass dies alles auf dem Server von genau der Firma ankommt, die das managt. Und genau dort kann wieder angezapft werden…

Dieses verschlüsselte Programm wird dem Kunden in Zukunft für teures Geld angeboten werden, und dieser wiegt sich in Sicherheit. Und wer benötigt solch ein verschlüsseltes System? Derjenige, der etwas zu verbergen hat beispielsweise. Aber die NSA und der MOSSAD haben wieder Zugang zu allen Daten – eben über den Server. Das weiß aber der Kunde nicht.

Ein Freund schrieb mir folgende Geschichte: *„Der IT-Spezialist Markus K. war zirka eine Woche auf einer Bergtour, ohne die Möglichkeit, das Handy aufzuladen. Natürlich hält die Batterie des Handys nicht so lange und war nach einiger Zeit leer. Nach der Rückkehr und neuerlichem Aufladen waren auf seiner ‚Tracking-App' jedoch die Daten der kompletten Tour abrufbar, obwohl ja die Batterie zu dieser Zeit längst leer war!"*

Was sagst Du dazu?

Nun, offiziell kann ein ausgeschaltetes Handy nicht geortet werden. Dennoch ist es möglich, wenn sich die SIM-Karte und der Akku im Telefon befinden. In der Kombination des Datenspeichers mit dem Akku ist das Telefon weiterhin aktiv. Es kann zwar nicht mehr eingeschaltet und damit telefoniert werden, doch ein Signal wird dennoch an den nächsten Mobilfunkmasten gesendet. Erst wenn der Akku entfernt wurde, ist das nicht mehr möglich. Vor diesem Hintergrund sollte man einmal darüber nachdenken, wieso man bei immer mehr Smartphones den Akku nicht mehr entfernen kann...

Ja, wer die Pläne der Illuminaten kennt, der weiß, wohin die Reise geht – totale Überwachung! Wie sieht die Zukunft der Smartphones generell aus?

Viele Menschen sprechen von einem Mikrochip, der den Menschen eingepflanzt werden soll. Das wird wohl so sein. Aber inzwischen hat das Smartphone die Überwachung übernommen. Man kann heute jedes Gespräch aufzeichnen, alle Daten, die aus dem Smartphone kommen und gehen. Man hat dadurch genaue Bewegungsprofile des Nutzers, weiß, welche Websites er besucht hat oder mit wem er wann und wo gesprochen hat. Auch hat man die Fotos, die der Nutzer auf dem Smartphone abgespeichert hat – aus dem Urlaub, mit der Freundin, Intimes... In Zukunft wird man mit dem Smartphone bezahlen, man wird das Smartphone über den Fingerabdruck oder die Iris im Auge entsperren. Somit sind auch diese Daten – also der Fingerabdruck – gespeichert und vom System dem Nutzer zugeordnet. Perfekt geplant!

Was zuvor die Polizei eingefordert hat, bekommt man nun freiwillig vom Smartphone-Nutzer. Man wird im Supermarkt mit dem Handy bezahlen, oder die S-Bahn erkennt, wann der Nutzer eingestiegen und wann er wieder ausgestiegen ist und bucht die Bahngebühr von der Telefonrechnung ab.

Man sieht, welche Rolle die Mobilfunkanbieter spielen, die sind der Schlüssel zu totaler Kontrolle. Und wer dort Zugang zu den Daten hat, tja...

Danke für diese Informationen!

Gerne...

Weiterführende Informationen zum Thema finden Sie im Quellenverzeichnis unter [3].

Stiftungen und Vereine:
Wie Großkonzerne und Hilfswerke Steuern sparen

Im Zuge meiner Recherchen zum Thema *Kindesmissbrauch in der Kirche* und *Homosexualität im Vatikan* gab mir mein Vater den Tipp, doch Herrn S. zu kontaktieren, der ein begeisterter Leser meiner Bücher ist und sich über einen Anruf freuen würde. Mein Vater hatte bei ihm ein Seminar besucht zum Thema „Wie gründe ich eine Stiftung?" und „Welche steuerlichen Vorteile hat eine Vereinsgründung?" Gesagt, getan, telefonierten wir miteinander und vereinbarten ein Treffen am 10.9.2015 bei mir im Verlag. Was Sie nun erfahren werden, wird Ihren steuerlichen Horizont definitiv erweitern!

Herr S., bitte berichten Sie mir kurz etwas aus Ihrem Leben und wie Sie zu dem gekommen sind, was Sie heute tun – Stiftungen und Vereine für reiche Menschen zu gründen.

Nun, bereits als Jugendlicher hatte ich versucht, mich über gewisse Themen zu informieren und habe viel gelesen. Vor allem Insiderliteratur, die Ende der 1980er-Jahre zunehmend auf den Markt kam. Meine berufliche Laufbahn startete ich mit einer kaufmännischen Lehre, bin aber seither selbstständig, wobei die jetzige Branche, die Vereine und Stiftungen, die vierte Branche und die bislang spannendste ist. Und von den Kontakten und vom Netzwerk her die adäquateste.

Heute habe ich ganz gute Kontakte bis ins Rathaus einer deutschen Großstadt sowie zu diversen Behörden in Berlin, was mir einen sehr guten Einblick in das ermöglicht, was heute hinter den Steuer-Kulissen so läuft. Von den FC-Bayern-Spielern und auch vielen anderen Fußball-Profis haben viele eine Stiftung. Und das nicht nur aus humanitären Gründen...

Ja, danke. Das behandeln wir dann gleich. Was aber war der Auslöser für den Branchenwechsel zum Bereich der Stiftungen?

Ab 1987 war ich in der Autobranche unterwegs. Mein Partner und ich betrieben einen Großhandel für französische PKWs, hauptsächlich Peugeot, aber auch Renault und Citroën. Glücklicherweise fiel in diese

Zeit der 9. November 1989, denn ab dem 10. November wollten 17 Millionen DDR-Bürger ein Westauto haben. Da hat ein Goldrausch eingesetzt für zirka eineinhalb Jahre. Und als alle mit Autos versorgt waren – die Plattform war ein Händler in Dresden –, ging das Geschäft in Prag/Tschechien weiter bis 1995. Dort ist der Goldrausch noch viel größer geworden, weil damals in Prag ein paar Russen mit viel Geld unterwegs waren. Anfang der 1990er-Jahre hat sich dann alles mehr in Richtung Russland verteilt. Und natürlich haben wir von den Geschäften, die wir in Tschechien getätigt hatten, nichts dem deutschen Fiskus abgegeben. Wir hatten zwar noch die Firma in Deutschland, aber alles, was darüber hinaus gelaufen ist, wurde nicht in Deutschland versteuert. Und 1997, wie das manchmal so im Leben läuft, hatte ich den Feind unter der eigenen Bettdecke – in weiblicher Form. Ich war zu redselig, und als es zur Trennung kam, hat die gute Dame mich bei der Steuerfahndung angezeigt. Die Folge waren über zwei Jahre hinweg das ganze Prozedere mit Hausdurchsuchung, Aktenbeschlagnahmung, konfisziertem PC usw. – unglaublich. Das gipfelte dann im Jahr 2001 darin, dass man mich wegen der Geschichte für 30 Tage inhaftiert hat. Denn wenn Du das dem Finanzamt nicht glaubhaft machen kannst, dann wirst Du geschätzt, und zwar rückwirkend. Ich bin also 12 Jahre rückwirkend geschätzt worden. Von 1987 bis 1999. Und wenn Du die Summe nicht bezahlen kannst, die das Finanzamt berechnet hat und gern von Dir hätte, dann hast Du ein Problem – und zwar ein größeres Problem, denn es gibt kein schlimmeres Vergehen in diesem Land, als den deutschen Fiskus um Geld zu betrügen.

Nachdem ich das ganze Prozedere über die zwei Jahre hinweg erlebt hatte, dachte ich mir, dass da etwas nicht stimmen kann mit diesem System. Just zu diesem Zeitpunkt habe ich Ihre Bücher über Geheimgesellschaften gelesen, und da wurde mir klar, *was* hier nicht stimmt. Ich habe mich gefragt, was diese Geheimgesellschaften da machen und *warum* die das machen und habe mich daraufhin mit Recht und Gesetz beschäftigt. Auf diese Weise fand ich zum Beispiel heraus, dass es in Deutschland keine *Verfassung* gibt, sondern nur ein *Grundgesetz* – und solche Dinge. Und dann habe ich geglaubt, ich wäre Robin Hood und dass ich mich mit denen anlegen müsste, dass ich dem Finanzamt gegenüber der Sieger sein könnte. Aber das hat den allen nicht so gefallen, deswegen haben sie mir, wie bereits erwähnt, dreißig Tage staatlichen Zwangsurlaub verordnet. Ich habe alles versucht, um das zu verhindern, mit Anwälten und Gnadengesuch bei der bayerischen Landesregierung. Die Wartezeit beträgt aber ca. neun Monate, bis das Gnadengesuch überhaupt bearbeitet wird usw. Es blieb mir also nicht erspart... Ich schäme mich noch heute dafür, denn jede Minute im Gefängnis ist eine zu viel. Andererseits hat mir dies eine Sichtweise und verschiedene Erfahrungen beschert, die ich heute nicht mehr missen möchte. Vor allem schätze ich heute die Freiheit umso mehr. Es ist genau das Gleiche mit der Gesundheit. Wer einmal richtig krank war, der weiß, was Gesundheit ist.

Ich hatte beispielsweise da drinnen einen Polizisten kennengelernt, der seine Frau mit seinem besten Freund im Bett erwischt hat. Im Affekt hat er sie beide erschossen. Und er hat zu mir gesagt: *„Ich weiß, da hat irgendwas bei mir mal für 1 oder 2 Sekunden ausgesetzt, und ich weiß, dass man niemanden umbringen darf, aber ich hab es trotzdem getan."* Der stand dazu. Dann lernte ich einen Unternehmer kennen, der Aushilfsfahrer beschäftigt hatte, die nicht angemeldet waren. Den hatte einer verpfiffen, also hat man ihm 5 Monate Gefängnis verpasst – und so weiter, Leute wie Du und ich. Das glaubt man nicht, wenn man es nicht selbst erlebt hat. Und vom Bewusstsein her bekommst Du einen anderen Fokus – Dein Standpunkt ändert sich. Das ist eine unbezahlbare Erfahrung, die ich in diesen 30 Tagen dort drin machen durfte, in jeglicher Hinsicht. Und als ich wieder rausgekommen bin, dachte ich, ich müsste das Spiel weiter betreiben und mich mit den Behörden, Gerichten und gerade auch mit den Finanzämtern anlegen, denn ich war immer selbstständig. Und dadurch hatten sie mich auf dem Radar.

Dann bin ich zu einem der größten deutschen Verlagshäuser gekommen und habe da unter anderem für den Konzern in dessen Stiftung gearbeitet, aber nicht sehr lange. Ich kannte einen gut, der war in einer gehobeneren Position, der sagte: *„Sei für uns auf Provisionsbasis unterwegs."* Dort habe ich mitbekommen, dass in der Stiftung des Konzerns über 300 Leute hauptberuflich beschäftigt sind, jeden Tag von morgens bis abends. Der Konzern hat über 80 weitere Unterstiftungen. Dieser Konzern hat jetzt im ersten Halbjahr 2015 etwa 8 Milliarden Euro Umsatz gemacht, hat aber seinen Gewinn dabei um 7% gesteigert. Das geht meiner Meinung nach nur, wenn man die Gemeinnützigkeit verschiedener Konstrukte nutzt. Und das machen die mit über achtzig Stiftungen. Die machen „Zustiftungen". Die Spendengelder, die Verwendungszwecke, werden als Zustiftung deklariert, das ist offiziell erlaubt, also von einer Stiftung in die andere. So verschieben sie die Gelder. Dieser Konzern bezahlt deshalb weniger als 1% Steuern in diesem Land. Es gibt etwa einhunderttausend Stiftungen in Deutschland, davon sind ca. 80% nicht bekannt.

Warum ist das so?

Weil die Leute sie für ihre eigenen Zwecke benutzen. Eigene Zwecke heißt: Häuschen, Vermögen, Immobilien schützen vor dem Zugriff, vor wem auch immer. Das bedeutet auch, im großen Stil Steuern zu sparen – es ist sozusagen auch eine Art von Geldwaschanlage. Im Vergleich dazu gibt es den sogenannten „besonderen Verein", man nennt ihn auch „Partei", die letztendlich nichts anderes als ein Verein ist. In einer Partei braucht man bis zu 50.000 Euro pro Aktion nicht zu deklarieren. Woher stammt das Geld? Was machst Du damit? Das müssen die Großen alles nicht nachweisen und kriegen es noch über ihre eigenen Spenden subventioniert. Das ist eine unglaubliche Gelddruckmaschine, was aber nur die Politiker, die Wirtschaftsbosse, die Fußballer, Schauspieler, wer auch immer nutzen, die Großkopferten eben. Die sind es, die in der Hauptsache diese Konstrukte verwenden.

Und Sie vermitteln das in Ihren Seminaren?

Das ist es, was ich tue: Ich gebe Leuten die Informationen, die jederzeit von jedem nachvollzogen werden können. Denn das sind ja keine Geheimnisse, das kann jeder selbst nachrecherchieren. Auch ich nutze es. Und aufgrund dieser Information sagen manche Leute: *„Können Sie uns bei der Gründung eines Vereins oder einer Stiftung unterstützen?"* Auch durch die Hilfe von Fachleuten in Kooperation bekommen sie diese von uns unterschriftsreif erstellt.

Und was kostet so etwas?

Kosten tut es gar nichts, wir nehmen nichts und stellen daher auch keine Rechnungen. Die Leute machen eine freiwillige Spende in eine unserer Einrichtungen. Nach Zuteilung gibt es weitere Informationen, welche Möglichkeiten man mit Stiftungen und Vereinen hat, welche Formulare weiter benötigt werden usw. Das hat zur Folge, dass ich sehr viel unterwegs bin, Vorträge halte und viele Einzelgespräche mit den Menschen führe. Über uns haben interessanterweise auch schon Anwälte und Steuerberater Stiftungen und Vereine gegründet, das finde ich gut. Vor allem treffe ich auch höchst interessante Menschen. Ich hatte z.B. für einen vermögenden Unternehmer ein Konzept erstellt, wie er aus einer ehemaligen Bundeswehrkaserne ein Asylantenheim machen kann. Oder auch andere, höchst interessante Projekte werden an mich herangetragen.

Da wird er sich keine Freunde machen, wenn da Asylanten reinkommen...

Aber man kann es im Moment nicht verhindern, das hat System. Das macht man, um unter anderem... (er zögert)

Erzählen Sie!

Sie wissen, der Erste und der Zweite Weltkrieg sind aus dem Grund installiert worden, um die Wirtschaftskraft des Deutschen Volkes zu schwächen.

Das ist bekannt. Schon Winston Churchill hat in seinen Memoiren geschrieben: *„Das unverzeihliche Verbrechen Deutschlands vor dem Zweiten Weltkrieg war der Versuch, seine Wirtschaftskraft aus dem Welthandelssystem herauszulösen und ein eigenes Austauschsystem zu schaffen, bei dem die Weltfinanz nicht mitverdienen konnte."*

Ja, aber da gibt es auch noch andere Zitate von ihm. Dann hat man vierzig Jahre lang die DDR installiert, um genau das zu erreichen, also das Volk zu schwächen. Dann kam die Wende – eine wirkliche „Wiedervereinigung" gab es nicht, es fehlen ja noch die Ostgebiete. Es kam also der

Mauerfall – und der Preis dafür war die D-Mark. Dabei hatten auch Helmut Kohl und Hans-Dietrich Genscher entscheidend mitgewirkt. Die D-Mark haben wir nicht mehr seit dem 1.1.2002. Jetzt haben wir nicht einmal einen Geldschein, das ist nur ein Zahlungsmittel, denn auf jedem Euroschein steht das Copyright-Zeichen. Das wissen die Leute nicht, das muss man sich einmal genau anschauen. Also das heißt, wenn Du jetzt dieses Zahlungsmittel fälschst, bist Du nur dran wegen Copyright-Verletzung, nicht wegen Geldfälschung, interessanterweise. Nun geht das Spiel weiter, denke dran: Islamisierung, aber auch Griechenland! Die EU ist ja nur deshalb installiert worden. Die EU ist letztendlich auch nur ein Treuhand-Konstrukt, ähnlich wie eine Treuhandstiftung. Sie geben das Geld aus und füllen sich die Taschen. Es ist eine Umverteilung des Geldes von unten nach oben, und der Steuerzahler bezahlt die Zeche. Sonst nichts.

Das ist die EU, und Griechenland ist nur Mittel zum Zweck, denn das Geld kommt ja nicht beim Bürger an, sondern bei den Politikern und bei den Banken und beim Militär – auch da werden nur Gelder verschoben und hauptsächlich aus Deutschland herausgezogen. Und die nächste Nummer ist jetzt die Migration, also die Flüchtlingsschwemme. Und wenn man mal schaut, ich kriege es ja von München mit, ich kriege es von Gießen mit, auch anderweitig – ich war da, wollte den Kommunen ein Konzept vorstellen, wie man es anders anstellen könnte, da sagten die zu mir: *„Herr S., ums Geld geht es nicht, Geld ist genug da."* Aha, das ist ja eine höchst interessante Aussage.

Ja, um was geht es denn dann?

Es geht um eine Umvolkung. Und wenn man mal genau hinsieht: Das sind zu 90% junge Männer zwischen 15 und 35 Jahren. Den Gedanken darf ich auf Dauer gar nicht weiterdenken. Und das Spiel geht die nächsten Jahre so weiter. Das plant man ganz bewusst. Und was man noch plant ist, dass man die Zwangshypothek auf die Immobilien durchsetzt. Und auch eine Zwangsanleihe auf die Sparguthaben. Wenn man diese Dinge jetzt in ein gemeinnütziges Konstrukt überträgt, z.B. in einen gemeinnützigen Verein oder eine gemeinnützige

Stiftung, dann hat es den Vorteil, dass das dann nicht geht. Dein Eigentum und Dein Vermögen ist dann geschützt.

Das bedeutet, dass ich eine Zwangshypothek oder eine Zwangsanleihe auf mein Hab und Gut dadurch verhindern kann, wenn ich dieses in eine gemeinnützige Stiftung einbringe?

Ja, allerdings darf die Immobilie nicht belastet sein.
Man will uns Deutschen viel nehmen – auch unsere Identität. Früher hätte man das „Rassenvermischung" genannt, aber der Begriff „Umvolkung" sagt das gleiche aus. Die Ausdünnung des deutschen Volkes – ja, darum geht es. Das Landratsamt ist an Interessenten von uns herangetreten und hat ihnen für die Kaserne einen Mietvertrag über 10 Jahre angeboten. Ein Mietvertrag über zehn Jahre für eine leerstehende Bundeswehrkaserne! Überleg mal, was das heißt. In München kommen täglich hunderte und zum Teil auch tausende Asylanten an, das ist ein Irrsinn. Was macht man mit den Leuten? Die tragen ja nichts zum Sozialsystem bei. Arbeiten dürfen sie ja gar nicht. Die werden eingekleidet, Jeanshosen, Marken-Turnschuhe, Handys, iPhone, alles ist da. Und die dürfen in den Supermärkten – das muss man sich mal vorstellen – offiziell klauen, und die Gemeinde bzw. das Landratsamt bezahlt dann dafür. Das kann nicht gut gehen, und deswegen erkennen die Leute mehr und mehr, dass sie etwas für sich tun müssen. Sie müssen ihr Eigentum und ihr Vermögen schützen. Und ein paar Steuern wollen sie möglichst auch sparen. Kein Problem. Alles, was ich den Leuten sage, liegt zu 100% innerhalb von Recht und den gesetzlichen Spielregeln. Man muss nur wissen, wie. Durch diese Informationen und vor allem durch Handeln können Menschen ihre Vermögen und ihr Eigentum schützen, egal mit welchem Einkommen und aus welcher Schicht.

Sie waren also bei dem großen Verlagskonzern und haben dort das Stiftungsgeflecht entdeckt. Die bezahlen im Endeffekt keine Steuern. Hat Ihnen das jemand erklärt, oder sind Sie da selbst draufgekommen?

Erschreckenderweise habe ich die „richtigen" Machenschaften durch die Hilfsorganisation ███ kennengelernt. Ich bin „undercover" als geringfügig beschäftigter Mitarbeiter in diese Hilfsorganisation rein, weil ich wissen wollte, was da läuft. Das war von mir beabsichtigt, und das habe ich sieben Monate lang praktiziert. Es werden für diese Einrichtung politische Etats zur Verfügung gestellt, um deren Zwecke zu unterstützen. Und von diesem Kuchen schneiden sich alle ein Stück ab. Und das, was unten übrig bleibt für den, der es wirklich braucht, ist erschreckend wenig. Aber wenn Du in dem System nicht mitspielst, dann lässt man Dich das spüren. Ich habe zum Beispiel Morddrohungen erhalten, weil ich das System der ████ aufdecken wollte. Ich habe die Fakten in der Hand und wollte das veröffentlichen. Tja, nach der Morddrohung habe ich es dann sein gelassen.

Ich kam zu diesem Zeitpunkt zu der Erkenntnis, dass es keinen Sinn ergibt, *gegen* irgendetwas zu sein – gegen die Finanzämter, gegen die Banken, gegen die Systeme. Wenn Du durchkommen willst, und zwar vernünftig und geschützt, musst Du ein Teil dieses Systems werden. Und das geht fast nur, indem Du eine eigene Stiftung oder einen eigenen Verein hast, zumindest ist das meine feste Überzeugung. So – jetzt hatte ich aber kein Geld, denn Geldmangel ist ja die Volkskrankheit Nummer 1. Aber heute weiß ich, wie man Stiftungen gründen kann ohne einen Cent. Das ist deshalb möglich, weil es für Treuhandstiftungen lediglich vertragliche Grundlagen gibt. Vereine sind durch Vereinsrecht geregelt, aber Treuhandstiftungen haben nicht die rechtlichen Grundlagen wie Vereine. Das war mein Ansatz, hier machte ich mich durch eigene Recherche schlau und benötigte ein Jahr, bis ich meine erste Stiftung hatte. Die Satzung umfasst vierzehn DIN-A4-Seiten. Heute erstellen wir Stiftungskonstrukte mit zwei DIN-A4-Seiten. Das ist genau das Gleiche, wenn man weiß, wie es geht.

Ich hatte also nun meine erste eigene Stiftung in der Hand und wusste nicht, was ich damit machen soll. Dann begann ich damit, Spenden zu sammeln, zumindest versuchte ich es. Es hat mir im ersten halben Jahr aber kein Mensch etwas gespendet. Mir mit meiner „Ich-Stiftung"… das macht keiner. Dann hatte ich kapiert: Stiftungen sind nicht dazu da, um Spenden einzusammeln. Das, was da z.B. an Weihnachten passiert, wenn die Fernsehsender zu einem Spendenmarathon aufrufen („Ein Herz für Kinder" usw.), das ist irgendwie Volksbelustigung, sonst nichts. In Wahrheit geht es um etwas ganz anderes. Du darfst von jedem Euro, den Du mit der Stiftung einnimmst, offiziell ein Drittel für

eigene Zwecke nutzen, ohne dass es deklariert werden muss. Zum Beispiel hat ein ehemals sehr ranghoher Politiker mit Ministerposten mehr
als zehn eigene Stiftungen. Jetzt stell Dir vor, es kommt eine Zuwendung in Stiftung A. Du darfst ein Drittel für Dich nutzen. Jetzt machst
Du eine sogenannte „Zustiftung“, so nennt es sich im Fachjargon, wenn
eine Stiftung an eine andere Stiftung etwas spendet. Stiftung A stiftet an
Stiftung B. Stiftung B darf sich ein Drittel von der Zuwendung nehmen,
macht eine Zustiftung in Stiftung C. So läuft das Spiel!
Und alle großen Stiftungen bewegen auf diese Weise Gelder. Das, was
sie nach außen hin fürs Volk machen, das sind die Spendenmarathons
an Weihnachten im Fernsehen. Darum geht es in der Hauptsache gar
nicht, das ist bloß Kinderfasching. Die Stiftungen spenden sich untereinander Gelder, auch, um damit Steuern zu sparen. Das macht auch die
Stiftung von ███████████████, mit denen hatte ich übrigens schon
mehrfach zu tun. Das, was da geschieht, z.B. mit Charitys, alles ehren-
amtlich, toll schickimicki, sehen und gesehen werden. Die Großkopferten... Es wollen alle nur mitschwimmen, viele sind Trittbrettfahrer. Und
dieser Mann hängt mit dem anderen Ex-Fußballer ████████ mit drin,
in seiner Stiftung. Nur leider haben sie einen Fehler gemacht. Der █
████ hat geglaubt, er wäre unangreifbar. Aber er ist aus den eigenen
Reihen verpfiffen worden. Die Namen dürfen nicht genannt werden,
weil alle vom System gedeckelt sind. Er war in der JVA █
█████. Ich kenne einen gut, das ist ein sehr naher Verwandter vom
Gefängnisdirektor. Das sind Insiderinfos. Der ████████ hat auf der
Krankenstation zwei eigene Zimmer gehabt. Der ist nie mit einem anderen Häftling in Berührung gekommen. Da waren extra Leute von der
JVA abgestellt, die sich nur um ihn gekümmert haben. Davon ist nichts
nach außen gedrungen.
Da gibt es unter anderem eine Schweizer Bank, mit der der Fußballver-
ein zusammenarbeitet, in der auch █████ Repräsentant ist, der in Zürich sitzt und der hauptberuflich für das Fernsehen tätig ist. Der █████
████ sitzt unter anderem auch im Stiftungsbeirat der █████
█████-Stiftung. Da sitzt übrigens auch der █████████ drin, von
█████████████████. Wobei der ████ eine eigene Stiftung hat,
wie alle fünf ███-Gründer. Alle haben ihre eigene Stiftung. Die sind alle finanziell jenseits von gut und böse. So sind die Zusammenhänge.

In dem einen Fall hängen auch hohe Parteifunktionäre einer bekannten Partei mit drin, die auch andere Ämter in Deutschland außerhalb ihrer Partei bekleiden und die dafür sehr gut bezahlt werden. Und wenn man sich jetzt über bestimmte Banken in Bayern etwas detaillierter informiert und recherchiert, so erkennt man gewisse Zusammenhänge zwischen Politik, Fußball, Vereinen, Schwarzgeld und Psychiatrie. Man denke hier nur an Gustl Mollath. Einen Politiker habe ich selbst zum Thema Stiftungen beraten und in dessen Umfeld auch eine erstellt. Er wollte selbst nicht öffentlich in Erscheinung treten.
(Herr S. hat mir an dieser Stelle im Detail erklärt, wie er den Politiker beraten hatte, wie Immobiliendeals abgewickelt und Wahlfälschung betrieben wurde, was ich aber leider nicht bringen kann. Das ist echt ärgerlich...)

Zurück zum Hilfswerk: Es wird also Geld verschoben im ganz großen Stil.

Ja, alle herrschen hier mit. Und wenn Du versuchst, etwas aufzudecken und zu veröffentlichen, bist Du in Lebensgefahr. Das war ich. Es gab Morddrohungen. Da war ein anonymer Brief im Briefkasten. Ich habe dann mit allen großen Zeitungen verhandelt, aber es haben alle abgelehnt, darüber etwas zu schreiben, obwohl ich alles beweisen konnte.

Sie hatten bei unserer Autofahrt vorhin erwähnt, dass Sie eine hochrangige Person einer großen Behörde kennen, die von einer „Dämm-Mafia" in Deutschland spricht.

Ja, die Person hat mir gegenüber übrigens auch bestätigt, dass wir nicht souverän sind – also Deutschland. Nun, zu der Wärmedämmungsgeschichte hat sie mir erklärt, dass hier viele Leute mit Geldkoffern unterwegs sind, um die Politiker zu schmieren. Und einer, der am meisten die Hand aufhält, ist der Grünen-Politiker ███████████. Wir werden verarscht und belogen.

Aber was ist nun die Dämm-Mafia?

Nun, es läuft folgendermaßen ab: Wir haben in Deutschland ein Gesetz, dass nicht nur Neubauten bestimmten Dämm-Normen unterworfen sind, sondern auch Altbauten der Energiesparverordnung (EnEV) unterliegen und deswegen energetisch saniert werden müssen. Das hat nun zwei Aspekte zur Folge. Zum einen betrifft es die Eigentümer: Angenommen, Ihr bestehendes Haus ist bereits abbezahlt und nun müssen Sie Ihr Haus komplett dämmen. Wenn Sie das Geld für die Sanierung nicht zur Verfügung haben, müssen Sie bei der Bank einen Kredit aufnehmen und sich damit verschulden. Sie geraten wieder in eine Anhängigkeit. Und was ist, wenn Ihnen die Bank das Geld nicht gibt? Dann kann es sein, dass Sie Ihr Haus verkaufen müssen – wenn Sie Pech haben, unter Preis.

Und nun betrachten wir uns das aus Sicht eines Mieters: Wenn Ihr Vermieter das Haus umbauen lässt, wird er danach die Miete erhöhen (müssen), damit er seine Raten an die Bank begleichen kann. Eventuell sind Sie aber nicht in der Lage, die erhöhte Miete zu bezahlen und müssen deshalb auszuziehen. Fakt ist, dass sich die Leute in den Großstädten sowieso schon die Miete nicht mehr leisten können. Schau Dir z.B. München an, das ist ein klassisches Beispiel. Über die Altersarmut brauchen wir erst gar nicht zu reden. Und der Knaller wird sein, dass wir uns die Häuser und die Wohnungen, die wir gebaut und über 50 Jahre lang abbezahlt haben, nicht mehr leisten können. Dann muss man aus dem eigenen Haus oder aus der eigenen Wohnung raus. Und was die Banken zwangsversteigern, das wird dann umgebaut zu lukrativen Eigentumswohnungen, oder es kommen Flüchtlinge rein. Die Flüchtlinge müssen ja auch irgendwo wohnen. Das ist das Spiel, und das deutsche Volk bezahlt wieder mal den Preis. Und die meisten sind so dumm und wissen es nicht oder wollen es nicht begreifen.

(Hinweis: Ich hatte am 15.9.2015 mit der genannten „Behörden-Person" ein dreistündiges Interview zum Thema Dämm-Mafia geführt, welches ich aber vorerst nicht veröffentlichen möchte, da zum einen zu viele Namen genannt werden und ich zum anderen den Informanten in Gefahr bringen könnte.)

Angela Merkel hat kein Interesse, die Macht abzutreten?

Ich kann nur sagen, was ich aus Berliner Kreisen erfahren habe: Demzufolge wird gemunkelt, dass Frau Merkel den EU-Vorsitz übernehmen könnte und dass Ursula von der Leyen die neue Bundeskanzlerin werden soll, doch auch Julia Klöckner ist im Gespräch. Und es mag so kommen, dass Schwarz-Grün auf Bundesebene koaliert. Herr Özdemir ist im Gespräch für einen Ministerposten, auch Namen wie Volker Bouffier aus Hessen fallen. Diese Informationen sind überwiegend aus dem Inner Circle aus Berlin. Ich kenne einen Abgeordneten einer größeren Partei gut, und da erfährt man manchmal gewisse Dinge. Zwar nicht immer direkt, doch eben auch deutlich indirekt. Aber ob es am Ende so kommt, kann man kaum sagen. Es kommt natürlich mit darauf an, wie es mit der Flüchtlingsinvasion weitergeht und ob wir nicht vorher noch bürgerkriegsähnliche Zustände bekommen.

Haben Sie aus diesen Kreisen auch noch andere Details zu den Flüchtlingen erfahren?

Ja, zum Beispiel, dass die Bundesregierung für jeden, der hier hereinkommt und als Flüchtling registriert wird – legal oder illegal –, um die zehntausend Euro Kredit von der EZB bekommen soll. Pro Flüchtling sollen sie sich zehntausend Euro abholen – und die Zeche zahlt der deutsche Steuerzahler. Das ist die EU, das ist die BRD.

Und dann werden sie wieder abgeschoben, und das Geld ist kassiert?

Ja, ist doch ein prima Geschäft... Haben Sie mitbekommen, dass man unlängst 5.000 syrische Blankopässe gefunden hat? Das sagt sehr viel aus. Woher haben die Leute das Geld für die Reise? Es kommen ja nicht alle mit dem Boot über das Mittelmeer. Und wenn sie doch keine Pässe haben, wieso werden die auf keinem Flughafen oder sonst irgendwo kontrolliert? Wie geht das? Dafür muss es Weisungen geben, und die gibt es von ganz oben.

Sind unsere Politiker nur Erfüllungsgehilfen?

Das wird meiner Absicht nach alles in Übersee entschieden. Das entscheidet der Ami, die wollen uns wirtschaftlich schwächen. Doch wen interessiert das schon? Die Deutschen sind leider zu zwangsprogrammierten Angsthasen mutiert. Aber auch wenn man das Geld anlegt und es Zinsen trägt, muss das doch alles zurückbezahlt werden. Das ist ein Kredit. Die Zeche zahlt der deutsche Steuerzahler. Das wird dann z.B.

so deklariert, dass man mal wieder 80 Milliarden Euro nach Griechenland schiebt, wo dann wiederum nur vielleicht 10 Milliarden ankommen, und die anderen 70 werden anders verschachert. Das ist das Spiel. Aus diesem Grund will man ja eine europäische Zentralregierung, damit man solche Machenschaften durchführen kann. Was glauben Sie, warum TTIP kommt? Wir werden über die Nahrungsmittelkette krank gemacht, um wiederum auf die Pharmaindustrie angewiesen zu sein, das ist der Grund. Viele Ärzte sind gekauft. Und die machen aus dem Grund mit, weil sie die Hand aufhalten, weil sie davon profitieren, weil sie ihre Rente, ihre Pensionen haben wollen. Ich habe kürzlich vor dem Chef eines Finanzamts gesessen und er hat zu mir gesagt: *„Herr S., Sie haben in allem Recht, aber ich will hier auf dem Stuhl in Rente gehen, ich will meine Pension haben."*

Wieso waren Sie dort?

Ich war wegen eigenen Angelegenheiten bei ihm, weil ich der Ansicht bin, dass Steuern nur Schenkungen sind, was sie in Wirklichkeit ja sind. Die BRD ist kein Staat, das haben ja z.B. Herr Schäuble und auch Barack Obama in Ramstein selbst öffentlich verkündet.

Gut, vielen Dank so weit. Wir hatten zuvor im Auto schon so nebenbei darüber gesprochen, dass der Vatikan auch so ein Sauhaufen ist – gerade wegen all des Missbrauchs, der unter den Teppich gekehrt wird. Erzählen Sie das bitte noch einmal.

Ich war als Kind Ministrant, so etwa elf Jahre alt, und da gab es den Beichtunterricht und die Beichte im Beichtstuhl. Da hat sich der Pfarrer im Beichtstuhl von den Buben bedienen lassen – oral. Also unser Pfarrer aus der Gemeinde, wo ich herkomme. Das war ja damals ein Tabuthema, das wusste ja keiner. Man hat sich ja als Kind nicht getraut, irgendjemand etwas zu erzählen. Das blieb alles unter uns. Wenn Du daheim etwas davon erzählt hättest, wärst Du ja noch verprügelt worden. So etwas glaubt Dir ja keiner. Ich war zum Glück nicht davon betroffen, aber ich habe es mitbekommen, und da ist für mich eine Welt zusammengebrochen.

Später habe ich dann angefangen, mich intensiver damit zu beschäftigen. Mach Dir mal Gedanken über die Aufzeichnungen von früher, aus der Bibel zum Beispiel. Die ersten vierhundert Jahre vom Jahr 0 bis 200 gab es keine Aufzeichnungen. Die gab es nicht! Wo haben sie die Geschichten alle her, wenn sie zweihundert Jahre nichts aufgeschrieben haben? Es gibt keinen definitiven Beweis, dass Jesus Christus überhaupt gelebt hat. Was für Geschichten erzählen die? Und warum glauben das so viele Menschen? Die katholische Kirche ist ein Verein, die segelt unter Vereinsrecht, der größte Verein weltweit mit etwa 1,2 Milliarden Mitgliedern. Die Kirchensteuer wird ja jetzt direkt abgeführt. Wie haben die das geschafft, welche Märchen erzählen die den Leuten?

Und was haben Sie herausgefunden?

Generell ist es so, dass das, was sie uns seit Jahrhunderten erzählen, niemand beweisen kann. Wir müssen das alles so hinnehmen und glauben. Es gibt keinen wirklichen Beweis für Jesus Christus. Es gibt keinen Beweis für die Geschichten, die Jesus erlebt hat und die in der Bibel stehen. Es gibt Kirchenschriftliches auf Latein erst seit dem 4. Jahrhundert n.Chr. und griechische Texte seit Mitte des 2. Jahrhunderts n.Chr. Wenn das in den knapp 200 Jahren seit dem angeblichen Tod von Jesus keiner aufgeschrieben hat, dann hat ja irgendwann mal einer damit angefangen. Wo kommen die Geschichten her? Erkläre mir das.

Na ja, es gibt ja diverse Schriften wie die Qumran-Rollen, die von Jesus berichten, die man in der Zeit zurückdatieren kann. Dann gibt es eine Stelle im babylonischen Talmud, in der es heißt, dass *„Jesus in einem Kessel voller kochender Exkremente"* sitzt. Wieso soll er da sitzen, wenn es ihn nie geben hat? Es muss da jemand gewesen sein, der damals jemandem richtig auf die Füße getreten ist.

Das kann schon sein, dass das da so steht, aber das ist doch kein Beweis. Auch das Turiner Grabtuch ist umstritten. Aber egal. Für mich ist die katholische Kirche und der Vatikan alles andere als heilig. Ein Beispiel dazu, das ich selbst erlebt habe: Ich war in einem Kloster im Süden von Bayern zu Gast und machte die Bekanntschaft einer Dame, die mit ei-

nem der Mönche ein sexuelles Verhältnis hatte. Das war etwa 1999. Da dachte ich mir: *„Was läuft denn hier ab, was machen die?"*
Eine andere Begebenheit ergab sich an einem Feiertag mit einem anderen Mönch, Pater ████████, der ist immer noch in diesem Kloster. Dort befindet sich auch ein Gastronomiebetrieb, wo auch Feiern stattfinden, an denen zum Teil Mönche teilnehmen. Da war ich zweimal dabei und habe mit dem genannten Mönch dunkles Bier getrunken – bis früh um sechs. Dadurch hat dieser Mönch die Morgenandacht verpasst. Da habe ich ihn dann u.a. in Bierlaune gefragt: *„Sag einmal, wie macht ihr das, ihr gelobt Armut, Gehorsam und Keuschheit. Wie ist es biologisch möglich, diese Keuschheit ein Leben lang aufrechtzuerhalten?"* Das wollte ich wissen. Und da hat er sich halt ein bisschen verplappert, der Gute. So nach dem Motto: *„Wir haben schon Sex und so weiter."* Das hat er dann zwar ein bisschen relativiert, aber er hatte sich mal eben verplappert. Und ich weiß z.B. auch, dass auch manche Nonnen Sex haben, weil ich auch eine ehemalige Nonne kenne. Übrigens kann ein Mönch, der das ewige Gelübde, die „ewige Profess" abgelegt hat, den Orden nur verlassen, wenn es der Papst absegnet. Und zwar nur der Papst! Dann können sie raus, wenn er es zulässt. Später habe ich den Michael Tfirst aus Österreich kennengelernt, der den kompletten Missbrauchsskandal in der österreichischen katholischen Kirche aufgedeckt hat, der selber jahrelang missbraucht wurde. Er hat zwei Selbstmordversuche hinter sich. Er ist aus dem Turm im Kloster Göttweig rausgesprungen und hat es überlebt, zum Beispiel. Der Abt Groër lebt jetzt nicht mehr. Der soll nach Aussage von Michael richtig zur Sache gegangen sein und ihn jahrelang missbraucht haben – so wie andere Klosterschüler. Aufgrund seiner Aussagen hat er etwas ins Rollen gebracht, und es wurde eine Kommission gebildet, die aber im Prinzip auch wieder von der Kirche installiert wurde. Da hatte ich sehr viel mitgekriegt. Es wurden große Summen eingesetzt, um die Opfer ruhigzustellen. Und wenn sie dann immer noch nicht den Mund halten, dann passieren halt andere Dinge, schlimme Dinge. Die Stiftungsmissionen oder die Vereinsgründungen, die nutzen sie ja, um nach außen hin so auftreten zu können. In Wahrheit geht es mir ja um andere Dinge. Ich habe ja ähnliche Beweggründe wie Sie – dass der Mist mal veröffentlicht wird und sich dadurch das Bewusstsein der Menschen ändert.

Nun, ich kann da auch noch eine Geschichte dazu beitragen. Ein enger Freund aus Österreich berichtete mir im Sommer 2015, dass er mit einem Pater einer österreichischen Großstadt bekannt ist, der viele Jahre im Vatikan tätig war, dann aber nach Österreich zurückkam. Er meinte meinem Freund gegenüber, dass *„er im Vatikan hätte weit aufsteigen können, wenn er sein Ärschlein öfters hingehalten hätte. Im Vatikan gäbe es eine schwule Clique bis hoch in die Kardinalsränge".* Ich hatte drei Anläufe unternommen, den Pater zu einem Interview zu bewegen, leider vergeblich. Aber wie ist das mit der Vereins-Stiftungsstruktur des Vatikans?

Man munkelt, dass es etwa 50 eigene Vatikan-Stiftungen gibt, von denen es in Wahrheit aber nur zwei sein sollen. Von den anderen existieren nur die Bankkonten, die befinden sich auf der eigenen Bank, der IOR *(Istituto per le Opere di Religione)*, das ist die Vatikanbank mit Bankkonten in Panama, interessanterweise. Die *Crédit Suisse* in der Schweiz ist mit dem Vatikan verbunden. Deswegen sind die Stiftungskonten des Vatikans auch bei diesem Geldinstitut.

Die Stiftungen gibt es tatsächlich?

Von zweien weiß man, dass es sie gibt, auf die angeblich auch der italienische Ministerpräsident Zugriff hat. Dreh- und Angelpunkt ist Sizilien, wobei der Kardinal von Sizilien auch der Kopf der Mafia sein soll.

Na ja... Ob das wirklich so ist?

So wurde es mir vermittelt. Fakt ist: Der Vatikan ist der reichste Staat der Welt. In Deutschland ist die katholische Kirche der größte Grundbesitzer, den es gibt. Alleine das Bistum Limburg hat ein Vermögen von 4 Milliarden Euro veröffentlicht. Bekannt wurde Bischof Tebartz-van Elst und seine Umbaugeschichten am Dom von Limburg im Jahr 2013. Statt der geplanten 2,5 Millionen Euro hat er 31,5 Millionen für den Umbau verbraucht. Wir haben 27 Bistümer in Deutschland, da kann man sich ausrechnen, welche Gelder die besitzen. Man munkelt, dass ein Drittel von allen Immobilien in Rom dem Vatikan gehört. Und der *Opus Dei* (geheimer Orden des Vatikans; A.d.V.) ist ein Konstrukt des Vatikans, des Vatikans intern und der...

Da fällt mir eine Aussage des schwulen Theologen David Berger ein, der davon sprach, dass er als Experte für den mittelalterlichen Denker Thomas von Aquin von mehreren rechtskonservativen Gruppen als Vortragsgast eingeladen worden war. Dort sprach er vor Sedisvakantisten, den Petrusbrüdern und dem Opus Dei. Er hat erzählt, dass es bei solchen Treffen auch um eine angebliche *„jüdische Weltverschwörung"* ging.

Der Vatikan hat unter anderem den Zweiten Weltkrieg mitfinanziert. Und warum der installiert wurde und von wem, weiß man auch. Man weiß beispielsweise, dass Rudolf Heß 1941 nach England geflogen ist wegen Friedensverhandlungen, und dann war er anschließend in Spandau. Doch Heß durfte niemals freikommen, denn dann hätte er die Wahrheit erzählt. Deswegen wurde er in seiner Zelle umgebracht. Heß hätte erzählt, wie es wirklich war – auch über den Bärtigen...

Ich weiß, worauf Sie anspielen. 2011 hatte ich das Buch von Abel Basti über Hitlers Überleben in Südamerika verlegt, an dem auch Stefan Erdmann und ich mitgeschrieben haben. Diese Sache durfte nie herauskommen... Und was den Vatikan angeht, so haben Stefan und ich den Sohn des Mannes getroffen, der Martin Bormann im Frühjahr 1946 in Genua aufs Schiff Richtung Argentinien gebracht und ihm einen Pass vom Vatikan ausgehändigt hatte. Wir konnten das Dankesschreiben von Bormann an Ruffinengo ansehen und später von Bormanns Unterschrift ein graphologisches Gutachten erstellen lassen.

Und?

Was glauben Sie? Ist doch klar... Das war bzw. ist nur einer von mehreren Beweisen. Bormann war 1971 in Paraguay verstorben. Und 1972 hat man dann „zufällig" bei Kabelarbeiten der Post in Berlin den Leichnam Bormanns gefunden. So ein Pech aber auch, dass der Tote rote Erde an sich kleben hatte. Die gibt es in Berlin nicht, aber in Paraguay... Aber das scheint nur wenige zu interessieren.

Ich hatte ja zuvor meinen Bekannten von der Behörde erwähnt. Der spricht immer wieder davon, dass es eine Untergrundbewegung in Deutschland gibt, lässt aber keine Details dazu raus.

Bleiben Sie da bitte dran. Und vielen Dank für dieses Gespräch, ich hoffe, Sie halten mich auf dem Laufenden...

Aber sicher doch!

Liebe Leserinnen und Leser, es ist für mich sehr ärgerlich, dass ich den Text dieses Interviews doch erheblich kürzen musste, aber mein Interviewpartner hat derart viel Insiderwissen im Bereich der Stiftungen und Vereine – zum Teil eben über große Unternehmen sowie über deutsche Politiker, die da mitverdienen –, dass wir die Befürchtung haben, dass uns ein ähnliches Schicksal wie das von Gustl Mollath ereilen könnte. Aber das ist es nicht wert.

Ich erlaube mir noch anzumerken, dass Herr S. kein Dampfplauderer ist, denn ich selbst bin seit dem 30.12.2015 Inhaber einer gemeinnützigen deutschen Stiftung (*Jan-van-Helsing-Stiftung*), die mir exakt sechs Wochen nach Antragseinreichung erteilt worden war.

Ein Kontakt ist über den Verlag möglich: amadeus@amadeus-verlag.com

Abteilung 322 – Geheimoperationen in der Schweiz

Am 1.2.2016 hatte ich die Gelegenheit, einen Herrn kennenzulernen, der 12 Jahre für eine Spezialeinheit des Schweizer Geheimdienstes tätig war. Das fünfstündige Gespräch fand in der Nähe von Luzern statt und wurde von mir auf Band aufgezeichnet. Ich habe mir erlaubt, es zu komprimieren, um das wirklich Wesentliche in den Vordergrund zu bringen. Halten Sie sich fest, denn was Sie nun erfahren werden, ist wirklich grenzwertig.

Georg, am besten ist es, wenn Sie mir berichten, wie alles angefangen hat bzw. wie Sie in den Geheimdienst geraten sind.

Ich bin in der Nähe von Stans bei Luzern aufgewachsen. Mein Vater war Fuhrunternehmer, meine Mutter arbeitete im Pflegeheim. Ich selbst hatte eine tolle Kindheit, war auf dem Bauernhof tätig und habe dann eine Ausbildung zum Heizungsinstallateur gemacht. Und dort habe ich dann den Ronny kennengelernt, der mich dann zum Nachrichtendienst reinbrachte. Ronny war zehn Jahre älter, und wir hatten während der Mittagspause oft „gehoselt" – bei euch sagt man „ringen" –, haben uns also mit Kampfringen die Zeit vertrieben. Ich war damals schon sehr kräftig und war im Fitnesscenter und betrieb Kampfsport – damals war ich 17 Jahre alt. Das war zum Spaß, da haben alle Monteure mitgemacht, das war recht familiär. Und ich habe meistens gewonnen.

Wer war dieser Ronny?

Nun, offiziell war er bei den Gebirgsgrenadieren. Er war aber auch beim *Luftwaffennachrichtendienst* (LWND), was ich zum damaligen Zeitpunkt aber noch nicht wusste. Er hatte am Wochenende oft Vorführungen und Berichterstattungen für Bundesräte und dergleichen gehalten, auch bei Staatsbesuchen. Und er hat mir eines Tages erzählt, dass die Schweizer Berge ausgehöhlt sind und dass wir auch deutsche Tornados und russische MIG-29 dort stationiert haben, die sich in solchen Militärbasen in den Bergen befinden würden, sowie russische Panzer – um diese zu untersuchen und mögliche Schwachstellen zu finden und diese dadurch im Kriegsfall besser abwehren zu können. Mit der Zeit hat er mir dann immer mehr erzählt und wollte mich damit testen, ob ich das alles herumerzähle oder ob ich ein Geheimnis bewahren könne. Das hatte ich nicht getan, und so entstand dann ein gewisses Vertrauensverhältnis zwischen uns. Und eines Tages fragte er mich dann, ob ich Interesse hätte, beim Geheimdienst mitzumachen.

Seien Sie so gut und erklären Sie mir kurz, wie sich der Armeedienst bei euch von der deutschen Bundeswehr unterscheidet. Wir hatten ja bis vor ein paar Jahren in Deutschland eine Wehrpflicht bzw. konnte man einen Zivildienst verrichten, der zu meiner Zeit 18 Monate dauerte.

Bei uns macht man die RS, die Rekrutenschule. Früher ging das 21 Wochen, und danach hatte man alle zwei Jahre einen WK, einen Wiederholungskurs, von zwei bis drei Wochen Länge. Dazu kam jedes Jahr das Schießtraining. Früher waren wir um die 200.000 Mann und zu meines Vaters Zeiten 650.000. Zunächst gibt es die Aushebung, bei der man durchgecheckt und zugeteilt wird – eben zur Armee, Luftwaffe usw. Und wenn man die 21 Wochen als Soldat hinter sich hat, hat man den WK. In dieser Zeit bezahlt die Armee den Lohn. Das macht man, bis man seine Dienst-Tage hat. Und je nachdem, welchen Rang man im Militär hat, dauern dann die Dienst-Tage entsprechend lange. Das kann man dann frühestens mit 31 Jahren beenden. Man kann dann die gesamte Ausrüstung abgeben, darf es aber auch behalten. Auch die Waffe kann man behalten. Da jeder Schweizer, der wehrpflichtig war oder ist, eine Waffe besitzt, stehen wir im Sicherheitsranking in der Welt weit oben. Und diese Soldaten bzw. Ex-Soldaten können sofort einberufen werden. Führungsoffiziere bekommen im Falle eine Mobilmachung andere Befehle als die normalen Soldaten. Dann gibt es noch verschiedene Arten der Mobilmachung, aber das führt uns jetzt weg vom eigentlichen Thema. In meiner Abteilung, in der *322*, war 2004, 2005 und 2006 damals das Theater mit der Geheimarmee in der Schweiz – wieder einmal wurde die Sau durchs Dorf getrieben und ein Grund gesucht, um die damals bestehenden Geheimdienststrukturen zu beenden.

War das die GLADIO? (Anmerkung: *GLADIO* war der Deckname für eine geheime paramilitärische Einheit der NATO in Italien. Diese sollte im Fall einer Invasion von Truppen des Warschauer Paktes Guerilla-Operationen und Sabotage gegen die Invasoren durchführen.)

Nein, das war Ende 1990. Es gab ja bereits im selben Jahr die Probleme, als die Geheimarmee P-26 aufgeflogen ist. 2004 hat man dann meinen Bereich probiert auszuheben.

Das machen wir aber besser der Reihe nach. Der Ronny war also Gebirgsgrenadier zur Zeit der Wehrpflicht, war dann Heizungsmonteur und darüber hinaus beim Geheimdienst.

Ja. Die Grenadiere sind schon Spezialeinheiten bei uns. Es gibt die normalen Grenadiere, und die härtesten sind die Gebirgsgrenadiere.

Ronny sagte also dann, dass Sie mal mitkommen sollen?

Nein, nein. Nicht gleich. Er erzählte irgendwann, dass er eine andere Ausbildung als die normalen Soldaten hatte und was sie da alles gemacht haben. Dadurch wollte er mich neugierig machen – was ihm auch gelang. Und so nahm er mich dann zum ersten Mal zu einer Schulung mit. Ach ja, zuvor gab es noch eine kleine Prüfung zu absolvieren. Es hieß, es sei bei uns ein Vergewaltiger aus der Haft entlassen worden und bei einem Fest – dem Winkelriedfest in Stans – mussten wir den abpassen und des Feldes verweisen – nicht verprügeln, aber vertreiben. Das war dann sozusagen mein Eintrittsticket, denn dieser angebliche Vergewaltiger war einer vom Geheimdienst, der testen wollte, ob wir das tatsächlich taten und wie wir uns dabei anstellten.

Was geschah dann?

Ich bekam einen Brief zugesandt mit einer Einladung zu einem Kollegium, zu einem Informationsabend. Das war damals der Nachrichtendienst *Einheit 323*. Dort wurde man beobachtet, und die haben geschaut, wie sie uns einteilen können, in welche Einheit. Ich war damals, im Sommer 1992, 17 Jahre alt, als ich angeworben wurde und dann auch entschied, diesen Weg zu gehen. Und dann gab es regelmäßige Kurse, bei denen wir geschult wurden. Man hat uns erklärt, was wirklich auf der Welt läuft – mit Europa, mit Russland usw. Und da hatte es mein komplettes Weltbild verbogen. Wir mussten auch über all das Stillschweigen bewahren.

Worum ging es in den Kursen?

Begonnen hatte es mit Analysen, Gefahrenanalyse, Kriminalistik, Taktiken der Überwachung, der Infiltration, der Informationsbeschaffung sowie der Spionage und Gegenspionage. Man sprach über die Manipulation von Menschen und Gruppen bzw. die Manipulation allgemein. Die Arbeit von Geheimdiensten: lügen, täuschen, maskieren, desinformieren. Dann lernten wir etwas über Körpersprache. Zum einen nach Paul Ekman, aber auch nach Carl Huter. Man hat uns Testprogramme gezeigt, Bilder und Vorträge, wie man das anwendet. Also über die Körpersprache, wie man sein Gegenüber einschätzt oder auch manipulieren kann. Auch lernten wir viel über Sprache und wie man psychologisch auf Menschen einwirken kann. Dann lernten wir die Physiognomie nach Carl Huter, wie man den Charakter eines Menschen aus dem Gesicht erkennen kann, vor allem das Negative. Was bedeutet eine fliehende Stirn, ein hervorstehendes Kinn, eine dicke Nase usw. Ekman wiederum spricht von 7 Grundgefühlen, die Menschen haben können, in die man die Menschen einteilen kann, was sie gerade denken.

Bei der Psychologie war es auch interessant, weil uns erklärt wurde, dass die anerkannte Psychologie ein totaler Mist sei, zur Verdummung der Leute. Das wäre alles viel einfacher, als wir denken, hieß es. Da hatten wir dann schon gestaunt. Man kennt das ja nur so, dass Psychologie ganz schwierig sei und man viele Jahre studieren müsse. Dort wurde es uns in ein paar Wochenenden beigebracht, dass das auch ganz anders geht. Es wurde uns erklärt, dass man die Menschen durch die anerkannte Psychologie bewusst krank und verrückt macht – auch durch die damit einhergehenden Psychopharmaka. Natürlich gibt es dann noch Unterschiede zur Gruppendynamik und Gruppenpsychologie, aber das ist nicht der Grund unseres Zusammentreffens, Herr van Helsing. Es wurde jedenfalls gesagt: Die einzige Psychologie, die es gibt, ist die Körpersprache. Danach kann man die Menschen diagnostizieren und auch dementsprechend einteilen. Paul Ekman ging im Speziellen aufs Lügen ein, wie man erkennen kann, ob jemand lügt usw.

Die heutige Psychologie wird zudem oft dazu verwendet, unliebsame Personen verschwinden zu lassen. Wenn Du dem System gefährlich wirst, kommst Du in die Klappsmühle. Das geht ganz schnell.

Wie ging es dann weiter?

Dann gab es wieder theoretischen Unterricht, und wir waren inzwischen schon etwas aussortiert worden. Ein paar hatten nicht durchgehalten, und wir bekamen dann Geschichtsunterricht – der wahren Geschichte, der Geschichte der Geheimdienste und der Ereignisse, die im Hintergrund der Welt ablaufen. Und das ist nun der Hauptgrund, wieso ich an Sie, Herr van Helsing, herangetreten bin.

Was hat man Ihnen erzählt?

Zum Beispiel wurde erklärt, dass der *Kalte Krieg* überhaupt nicht kalt war, sondern heiß. Die Russen waren wohl gar nicht so schwach, wie es immer hieß. Bei den Russen soll es zwei Lager geben: Es gibt die Khasaren und die richtigen Russen, die christlich-orthodox sind. Unter diesen beiden soll ein Kampf herrschen. Und diese Khasaren sollen Teil einer weltweiten Verschwörung sein.

Welche Art von Verschwörung?

Es hieß, dass diese Khasaren den „Weltkommunismus" wollen. Das sind die Rothschilds, die Schiffs, Warburgs – die Big-Bankers – auch Goldman-Sachs usw. Das wurde uns damals gesagt. Es gäbe ein paar Familien, die die Rohstoffe besitzen, die die Gold- und Diamantminen besitzen und das Goldfixing in London machen würden. Denen würden auch die großen Firmen in Hollywood gehören sowie Yahoo, Facebook, Twitter, Google, Reuters, Bloomberg usw. Und sie würden an der Spitze der amerikanischen Zentralbank FED sitzen.

Und was kann man sich unter dem „Weltkommunismus" vorstellen?

Die wollen eine Art zentraler Weltregierung, in der alles überwacht und kontrolliert ist.

Und nur die Khasaren?

Nein, die Ausbilder hatten erklärt, dass da auch Familien wie Rockefeller, DuPont, Collins, Bush, Windsor und andere verwickelt seien. Das sind ja Christen – zumindest auf dem Papier. Und der Vatikan soll auch irgendwie mit drinhängen. Viel mehr ins Detail sind sie dann nicht gegangen. Es wurde von „den Bankern" gesprochen, von Monopolen, von Clans, aber eben auch von den Khasaren, die ja ursprünglich aus Russland kamen. In diesem Kontext wurde das damals erwähnt. Uns wurde gesagt, dass die Russen an sich schon in Ordnung seien, wir mit denen auch Kontakt hätten, und Teile von denen aktiv gegen diese Bande in Amerika kämpfen würden. Denn deren Pläne seien nicht gut für uns.

Also da bin ich jetzt echt verwundert, dass Ihnen so etwas erzählt wurde. Das sind ja richtige „Verschwörungstheoretiker"... So etwas erzählt ein Ausbilder des Geheimdienstes?

Ja, aber eben nur im kleinen Kreis. Das war ja nichts Öffentliches. Ich und auch die anderen waren ja ebenso überrascht, so etwas zu hören. Ich war ja bis dahin ein einfacher Arbeiter und politisch eher uninteressiert.

Gut. Was ist Ihnen noch erzählt worden?

Ein Bereich war die autonome Stromerzeugung, da einige der militärischen Anlagen in der Schweiz unabhängig von Öl und Gas funktionieren.

Aha, das ist ja spannend. Sie meinen die „Freie Energie"?

Ja. Dazu hat man uns gesagt, dass es das schon lange gibt, schon seit Nikola Tesla, aber von der Wirtschaft nicht zugelassen wird. Die Menschen würden sich ja dann nicht mehr im Hamsterrad drehen. Das ist nicht gewollt. Es ist gewollt, dass wir Sklaven sind. Es gibt aber nicht nur solche Motoren, mit denen man zu Hause seinen eigenen Strom produzieren oder auch ein Elektroauto unabhängig machen kann, sondern es gibt auch Ersatztreibstoffe – also einen Ersatz für Benzin oder Diesel. Es gibt Systeme, bei denen hinten am Auspuff Wasser herauskommt. Und unser Ausbilder bestätigte auf meine Nachfrage, dass sie in den militärischen Anlagen solche Motoren in Gebrauch sind.

Ich hatte vor vielen Jahren den Winterthurer Erfinder Hans Wiederkehr besucht, der auch solche Motoren entwickelt hatte, mit denen in den

1950er-Jahren mehrere Omnibusse in Zürich gefahren sein sollen – mit Wasser.

Ja, das ist alles in den Schubladen verschwunden. Es wurde gesagt: *„Stellt euch einmal vor, ihr hättet gratis Strom und Treibstoffe und könntet euch frei bewegen. Das wollen die Herrschenden nicht."* Vor allem gibt es aus dem Nahen Osten Verstrickungen mit der Schweiz bezüglich Öl-handel, und es wurde berichtet, dass die Schweiz ein starkes Interesse daran hat, dass es auch so bleibt. Man hat uns mehrmals gesagt, dass das alles eine riesige Lügerei ist, die wir uns nicht vorstellen könnten. Zu-dem ist der Kanton Zug ein Hotspot des weltweiten Öl- und Rohstoff-handels.

Dann kamen wir zum Thema Desinformation. Es war ganz klar, dass man die Leute blöd halten will, man will ihnen nichts erzählen und sie als Sklaven halten, nichts anderes. Und wenn man ihnen das sagt, wer-den sie sauer.

Warum denn?

Warum? Weil sie ja verarscht werden, und wenn man ihnen das sagt, fühlen sie sich betrogen, und sie fühlen sich von Dir beleidigt. So funk-tioniert das System! Man bringt ihnen das in der Schule bei. Wenn Du in der Schule etwas nicht weißt, wirst Du ausgelacht. Und wenn man den Normalbürgern erklärt, dass sie die ganze Zeit belogen worden sind, dann sind sie sauer, und zwar auf Dich, der es ihnen sagt. Um zu vermeiden, dass Du in der Schule ausgelacht wirst, lernst Du alles. Das ist wie mit dem Begriff „Verschwörungstheoretiker". Da wird gelacht. *„Nein, ich bin doch kein Verschwörungstheoretiker, haha. Zu solchen gehö-re ich nicht."* Wenn 20 andere mich auslachen, dann muss ich wohl falsch liegen. So denken die Leute. Und das ist die Illusion bei der De-mokratie. Man hat das Gefühl: Wenn alle das machen, dann liegt man richtig. Das ist aber nicht so.

Wie viele wart ihr noch in der Ausbildungs-Gruppe, als euch das erzählt wurde?

Da waren wir schon recht stark ausgesiebt. Wir waren dann noch zu dritt. Uns wurde es dann knallhart gesagt: Es ist alles gelogen, es gibt keine Wahrheit da draußen. In den regionalen Nachrichten erfährt man schon noch die ungefilterte Wahrheit, damit man die Illusion behält, dass man uns etwas Wahres erzählt. Aber sobald es über das Regionale hinausgeht, wird gelogen. Dazu haben sie uns dann auch Beispiele gebracht. Zum Beispiel hatten die Amerikaner Ende der 1970er-Jahre immer behauptet, dass sie unschlagbar wären, vor allem aufgrund ihrer vielen Atomwaffen. Dabei hatten sie von den Russen ständig eins auf den Deckel bekommen. Die Russen hatten ja Kosmosphären mit Strahlenkanonen. In den 1980er-Jahren gab es doch überall in den USA und Europa diese großen Löcher im Boden. Da hieß es, dass die UFOs das gemacht hätten. Das waren aber die Russen, die hatten ihre Neutronenwaffen ein bisschen getestet und die Amis vorgeführt. Übrigens haben die Russen diese Kosmosphären vor wenigen Jahren wieder in Betrieb genommen. Vor ein paar Jahren sind diese ominösen Löcher wieder aufgetaucht. Im Uralgebirge gibt es einige der Waffensysteme. Dort befindet sich die russische Version der *Area 51*. Und über Putin – das hatten sie uns damals auch schon gesagt – meinten sie, dass das einer der Guten sei. Damals war ja noch Boris Jelzin an der Macht, und den nannten sie eine Marionette der Rothschilds, dessen Auftrag es sei, Russland kaputtzumachen. *„Aber der nächste Präsident wird einer von uns sein."*

Das hatte wer gesagt?

Das war unser Ausbilder, der Herr Matti. Und es wurde uns erklärt, dass es ein weltweites Netzwerk an Leuten gäbe, die den herrschenden Clans entgegensteuern. Deswegen würde man so auf Putin einschlagen. Putin habe mit den khasarischen Oligarchen wie Chodorchowski und Beresowski aufgeräumt. Chodorchowski sei auch ein Handlanger der Rothschilds gewesen, erklärte man uns. Es gibt sogar Leute innerhalb der CIA, der NSA und anderer Geheimdienste, die gegen ihre eigene Regierung agieren. Edward Snowden hatte einmal in einem Interview gesagt, dass er immer noch für die NSA arbeiten würde. Dann fragte der Reporter, wie er das wohl meine, und Snowden erklärte, dass er den Auftrag bekommen hatte, all das zu veröffentlichen, mehr könne er aber dazu nicht sagen. Einige dieser Whistleblower bekommen wirklich einen Befehl, das zu tun. Edward Snowden war ja nur ein kleiner Mitarbeiter, der ein paar Infos gehackt hatte. Und wie hat er das gemacht? Bei einer NSA hackt man sich nicht so einfach ein. Er bekam dazu die Passwörter ausgehändigt. Diese hat er abgespeichert und ist damit und mit vielen anderen Unterlagen abgehauen – im Auftrag. Das ist auch der Grund, weshalb er überhaupt noch lebt.

Wenn heute irgendein Geheimdienst jemanden ausschalten will, dann tut er es. Dazu gibt es ja die „Sniper", die Zielpersonen auch aus großer Entfernung ausknipsen, ebenso bei Putin oder Assad. Wenn die jemanden wirklich loswerden wollen, dann tun sie es. Und nachdem sie noch da sind, haben sie offenbar einen Zweck zu erfüllen.

Ich weiß nicht. Wenn sie den Putin jetzt erschießen würden, würde es noch schlimmer werden. Überlegen Sie mal, wenn ein Oberpsychopath und Amerika-Hasser wie Schirinowski die Macht übernimmt. Der ist unberechenbar. Putin ist zwar ein Feind der USA, aber er ist berechenbar und besonnen.

Mir hat ein Informant erzählt, dass der eigentlich mächtige Mann Medwedew sei, der noch aus der Zarenfamilie abstamme, aber Putin das bessere Charisma habe.

Ja, es ist schon öfters in der Geschichte so gewesen, dass der Sklave den König und der König den Sklaven spielt. Das ist doch vor allem in der heutigen Politik so, dass die, die vorne stehen, gar nichts zu sagen haben. Das hat doch euer Seehofer einmal gesagt, dass diejenigen, die entscheiden, nicht gewählt sind, und diejenigen, die gewählt werden, nichts zu entscheiden haben. Die Frage ist doch: Wer steht hinter dem Vorhang?

So, jetzt wird es spannend. Was hat euer Ausbilder dazu gesagt?

Es sind die „Teuflischen" oder „Satanischen", die Rothschilds, Rockefellers, J.P. Morgans und wie sie alle heißen. Sie ziehen die Fäden im Hintergrund, und das bis in den Vatikan und in andere Religionen hinein. Angefangen hatte es mit der Gründung der USA und die Machtübernahme durch Adam Weishaupt. Wer sich diesem Satanisten-Haufen widersetzt, wird getötet. Siehe dazu Kennedy, Lincoln, Garfield und McKinley, und es gab Attentate auf Jackson, Theodore Roosevelt, Ronald Reagan usw. Heute wird man nicht gleich umgebracht, sondern stirbt den medialen Tod über die Massenmedien. Wer nicht spurt, wird zuerst in den Medien mit Dreck beworfen, und wenn das nicht reicht, gibt es einen „Selbstmord", einen „Unfall" oder einen Herzinfarkt per Mikrowelle. Es geht um das Auge in der Pyramidenspitze (der Dollar-Pyramide; A.d.V.). Das Auge symbolisiert den Geist hinter dem Plan zur Erlangung der Weltherrschaft. Ob das nun Luzifer ist oder die Rothschilds, ist dabei belanglos. Es geht um das geistige Gebäude, das errichtet wurde, und dafür steht das Auge.

Das hatte der Herr Matti so gesagt?

Genau so hat er es gesagt. Sie wurden nicht die „Illuminaten" genannt, sondern die „Satanischen". *„Die Khasaren und die satanischen Freimaurer"*, so sprachen sie immer. Die Freimaurerei sei eigentlich ein Orden, der über bestimmte Riten die Mitglieder in das Weltgeschehen einweiht. Er sagte, dass die drei Pyramiden von Gizeh neben ihrem eigentlichen Zweck auch für Einweihungsriten genutzt wurden. Und es wurde uns auch erklärt, dass die Pyramiden älter seien als man es uns sagt, vermutlich älter als 10.000 Jahre, und dass die große Pyramide ein multifunktionales Gebäude war. Der Pharao Cheops habe sie höchstens renoviert.

Wurde gesagt, von wem sie erbaut worden waren?

Von den Atlantern. Er hat gesagt, dass das ganze Freimaurerzeug von den Atlantern käme und dass man verschiedene Gerätschaften und Dokumente in den Pyramiden versteckt hatte. Dort gäbe es noch viele andere Räume, die sie auch schon lange geleert hätten. Dann wurden auch die Tempelritter erwähnt, die die Bundeslade gefunden hatten. Vor allem hätten aber die Tempelritter auch andere Sarkophage gefunden mit atlantischen Schriften. Dieses Wissen wurde vor der Sintflut, bei dem auch Atlantis untergegangen war, an mehreren Orten in Sicherheit gebracht. Es ist erbauliches Wissen, es kann aber auch destruktiv eingesetzt werden. Es enthält viel Wissen über den Aufbau des Universums, über die „Götter", die uns besuchten, Kommunikationsgeräte, Techniken zum Bau von sehr großen Gebäuden, wie die Pyramiden in Ägypten oder in Südamerika, Heilverfahren und Vieles mehr. Uns wurde gesagt, dass der Hauptgrund, wieso die Bibliothek von Alexandria abgefackelt wurde, der war, dass sich unter diesen Schriften auch atlantische Schriften aus den Pyramiden befanden.

Ja, das ist bekannt, darüber hatten Stefan und ich ja schon geschrieben.

Ja, und es gibt auch Funde von den Hypoboräern, aber man will nicht, dass der heutige Mensch davon weiß. Denn in den atlantischen Schriften steht auch, wer wir wirklich sind.

Und wer sind wir?

Lichtwesen, die sich materialisiert haben. Und das ganze Leben, das wir hier führen, ist ein Spiel. Überlegen Sie mal, wenn die Leute das erfahren würden, dass das Leben nur ein Spiel ist. Dann spielen die doch nicht mehr bei dem jetzigen System mit. Die spielen dann, was sie spielen wollen – und die Satanischen wollen, dass wir alle Sklaven sind. Und warum wollen sie das? Sie wollen eine Herrscherrasse und eine Sklavenrasse. Und von wem haben sie das? Von einer Gruppe Außerirdischer. Er sprach von einer Gruppe großer, bleicher Wesen, die die kleinen Grauen versklavt hätten.

Hat er tatsächlich etwas über Außerirdische gesagt?

Ja, es gibt wohl eine ganze Reihe von Außerirdischen, die die Erde besuchen. Und auch die Schweiz habe davon Kenntnis. Medwedew hatte sich einmal dazu geäußert, als er Präsident wurde. Eine Reporterin fragte Medwedew, ob je Außerirdische auf unserem Planeten gelandet seien. Im Spaß antwortete Medwedew dann, dass man als Präsident zwei Koffer übereignet bekäme: einen mit den Atomunterlagen und einen mit den Infos über die Außeririschen. Nun, aber war das wirklich Spaß? Uns wurde nämlich 1994 von unserem Ausbilder ein Buch auf russisch gezeigt, in dem von zirka 40 verschiedenen außerirdischen Rassen gesprochen wurde, die in diesem Buch auch abgebildet waren. Darüber hinaus gebe es noch weitere Rassen, die aber nicht in dem Buch gezeigt waren. Und das war kein Spaß! Das war ein Buch des KGB für deren Rekruten. Die meisten der Rassen sind menschenähnlich, andere sind kleine und graue, grau-braune und bräunliche Humanoide, manche wiederum reptilienartig. Eine der Rassen wurde exakt so beschrieben, wie die indischen Götter abgebildet werden, mit blauer Haut.

Hatte Ihr Ausbilder gesagt, ob uns diese Außerirdischen wohlgesonnen sind?

Er sagte, dass uns die meisten wohlgesonnen seien, uns aber nicht helfen würden, weil wir das selber regeln müssten. Und die großen Bleichen, Braunhaarigen wären die Herrscherrasse über eine Vereinigung von Sklavenrassen. Diese wollen wohl das Universum beherrschen. Ein Name oder Herkunftsort wurde uns nicht genannt, nur, dass sie ein Dreieck mit einem roten Punkt in der Mitte als Symbol verwenden würden. Und es gebe eine Gegenseite zu diesen, die aufpassen werden, dass nicht noch mehr von denen kommen. Sie werden angeblich von dieser Gegenseite bekämpft und sind mit denen im Krieg.

Ich bin wirklich erstaunt…

Also das war damals ein absoluter Schock für uns. Wir saßen da drin und schauten den Ausbilder an, um herauszufinden, ob er sich wohl einen Spaß mit uns erlaubt. Wir dachten, es ist vielleicht ein Test, ob wir allen Mist glauben. Bis er uns dann Dias aus dem Buch gezeigt hat, auf denen die Außerirdischen abgebildet waren. Ich dachte echt, ich bin im falschen Film. Es wurden von diesen Grauen verschiedene Rassen gezeigt. Interessant fand ich, dass die im Internet meist nackt gezeigt werden, aber auf den Bildern, die wir sahen, waren die angezogen.

Es wurde erklärt, dass eine der negativen Gruppen die Amerikaner seit Jahrzehnten beraten würde und die Russen würden auch beraten werden, und das auch schon seit Jahrzehnten. Die Destruktiven gingen also den Unterlagen zufolge, die uns gezeigt worden waren, nach Amerika, und das, weil sie in Russland offenbar Widerstand bekommen hatten. Das war ja angeblich auch der Grund, wieso es 1956 eine Kooperation zwischen den *Reichsdeutschen* (Deutsche, die mit U-Booten und Flugscheiben ab 1945 in verschiedene Teile der Erde geflohen sind, vor allem in die Antarktis, auch als *Dritte Macht* bezeichnet; A.d.V.) und den Russen gab. Die Reichsdeutschen hatten Kenntnis von den destruktiven Kräften. Das Vertrauen gegenüber den Russen entstand angeblich aufgrund des Friedensvertrags mit der DDR, weil die Russen die DDR 1955 souverän gemacht hatten – auf dem Papier. Und die Russen hatten sehr schnell gemerkt, was die Amerikaner in Wirklichkeit wollten. Es gibt ja viele Berichte über die UFOs und dass die NATO immer überfordert gewesen wäre. Das waren aber die Reichsdeutschen, nicht Außerirdische. Und die Reichsdeutschen hatten den Russen dann die Radartechnik und die elektronischen Waffen gebracht. Das ist der wahre Grund, wieso die Russen den Amerikanern um 10 bis 15 Jahre voraus sind – noch heute.

Bleiben wir bei den Reichsdeutschen. Wann wurde euch das mitgeteilt?

Das war zu jenem Zeitpunkt, als die geschichtlichen Schulungen weitergingen. Es wurde uns erzählt, dass es bei den Deutschen ab 1944 absehbar war, dass sie den Krieg nicht gewinnen würden, und es wurden in verschiedenen Ländern Basen errichtet, wo sie Menschen und Material hinverbracht hatten. Eine der Basen war am Nordpol.

Sie meinen doch eher den Südpol.

Nein, den Nordpol. Dort hatten sie auch eine Basis. Und dann eine am Südpol, die man als *Neuschwabenland* kennt. Das war damals die größte. Die gingen aber auch nach Argentinien und Spanien. Die hatten sich überall ein bisschen verteilt. Der Hauptproduktionsort war am Südpol. Dort hat man auch die Technologie hinverbracht, um weitere U-Boote und Flugscheiben zu bauen. Dort bekamen sie Kontakt zu einer innerirdischen Rasse. Es wurden uns damals Karten von *Asgard* gezeigt – einem Kontinent im Inneren der Erde – mit einem Kanal, durch den die Deutschen unter dem Eis mit einem U-Boot dort hinkamen. Die Russen sind im Besitz dieser Karten. Unser Schweizer Geheimdienst hat sie auch.

Ja, ich kenne das. Valery Uvarov und ein anderer Russe haben das auf *YouTube* veröffentlicht. Obwohl ich da persönlich so meine Zweifel habe, was die Karte angeht, vor allem auch in Bezug auf das blaue Büch-

lein, das beschreibt, wer alles aus dem Reich mitgenommen werden durfte: Männer ohne Familie, die niemand vermisst. Was mich skeptisch macht, ist die Art, wie in das Büchlein geschrieben wurde. Es wurde nämlich nicht in altdeutscher Schrift geschrieben, sondern in einer moderneren Form. Das lässt mich zweifeln.

Gut, ob die Karten, die von den Russen veröffentlicht wurden, echt sind, kann ich nicht sagen, das ist mehr als 20 Jahre her. Aber man hatte uns damals auch Dokumente und Filme gezeigt, in Bezug auf den deutschen Stützpunkt in der Antarktis. Auf einem zirka 2 bis 3 min. Video sah man ein amerikanisches U-Boot, das steil aus der Wasseroberfläche herausschoss, also ein Notauftauchmanöver. Eine Fliegende Untertasse kam auch aus dem Wasser geschossen und kreiste durch das Wasser und durch die Luft um das U-Boot herum, wodurch das U-Boot stark zu schwanken begonnen hatte. Eine Luke wurde dann geöffnet und eine weiße Fahne herausgehalten. Dann flog die Fliegende Untertasse mit hoher Geschwindigkeit davon. Es gab damals mehrere Verletzte mit Knochenbrüchen aufgrund von Stürzen, wurde uns vom Ausbilder mitgeteilt. Man zeigte uns auch Fotografien und Videos von verschiedenen UFOs und USOs – UFOs, die sich unter Wasser bewegen – in der Region der Antarktis. Uns wurde erklärt, dass es zwei Portale gäbe, eines am Nord- und das andere am Südpol. Das wären Portale in eine Art andere Dimension und man würde eine besondere Technik benötigen, um dort hineinzugelangen. In die innere Welt soll es in der Antarktis mindestens zwei Zugänge geben, einen unter Wasser und einen in der warmen Klimazone der Antarktis, die auch Admiral Byrd beschrieben hatte. Es wurde uns gesagt, dass es generell auch heute viel Flugverkehr in der Antarktis gäbe, weltraumtaugliche Flugschiffe aus der Innererde sowie Reichsdeutsche – vermutlich auch von Außerirdischen.

Ist der Begriff „Hohlwelt" gefallen?

Ja. Man hatte uns ja diese Karten gezeigt. Spannend finde ich persönlich alte Aufnahmen der NASA, als sie im Weltraum Experimente mit Orangensaft gemacht haben. Es kam nur ein Schlückchen aus der Flasche heraus, aber es bildete sich ein im Verhältnis größerer Ballon, also ein Hohlkörper. Deswegen erscheint es für mich nur mehr als logisch, dass die Erde auch hohl ist, denn das ist die Art, wie sich Körper im Universum formen. Das ist aber wie gesagt meine eigene Ansicht.

Uns wurde jedenfalls vom Ausbilder gesagt, dass die Deutschen über solch ein Portal ins Erdinnere eingedrungen sind und dort Leute von dort getroffen haben. Auf den Karten, die uns gezeigt wurden – die übrigens ein klein wenig anders aussahen als die, die die Russen im Internet zeigen –, wird nicht von einer Zentralsonne gesprochen, sondern von einem Zentralgestirn und einem Zentraluniversum.

Sie haben also gesagt, dass die Reichsdeutschen mit den Innerirdischen Kontakt aufgenommen hatten.

Ja, und auch, dass Hitler überlebt hatte. Ein Mann, der so in der Öffentlichkeit steht, der bringt sich doch nicht um. So ein Blödsinn. Jedenfalls hatte er von den Reichsdeutschen gesagt, dass das überwiegend die SS war, die intern als *Schwarze Sonne* bezeichnet wurden. Das kennen Sie ja besser als ich.

Ja, aber sprechen Sie weiter.

Das war eine Absplittung vom Rest, der offenbar auch ein Interesse hatte, das deutsche Kaiserreich wieder auferstehen zu lassen. Das war auch ein Grund, wieso sie später mit den alten Zarenverbindungen in Russland Kontakt aufgenommen hatten. Die Reichsdeutschen hatten damals eine bereits so weit fortgeschrittene Technik, dass sie die Amerikaner problemlos ausspionieren konnten. So haben sie auch sehr schnell herausgefunden, dass sie mit der deutschen Zivilbevölkerung, die den Krieg überlebt hatte, nicht sonderlich gut umgingen – im Gegenteil. Man hatte hunderttausende Deutsche und Kriegsgefangene verhungern lassen. Und auch für die Zukunft war geplant, die restlichen Deutschen auszurotten, und wenn das nicht ginge, sie dann auszubeuten, sie zu degenerieren und nach und nach durch gezielte Immigration von Ausländern zu ersetzten. Die Russen waren – *nach* Stalin wohlgemerkt – den Deutschen wesentlich wohlgesonnener. Stalin war ja auch nichts anderes als eine Rothschild-Puppe bis Breschnjew, erklärte unser Ausbilder. Breschnjew wäre der erste gewesen, der den Khasaren gesagt hatte: *„Haut ab, sonst knallen wir euch ab.“* Breschnjew war der erste

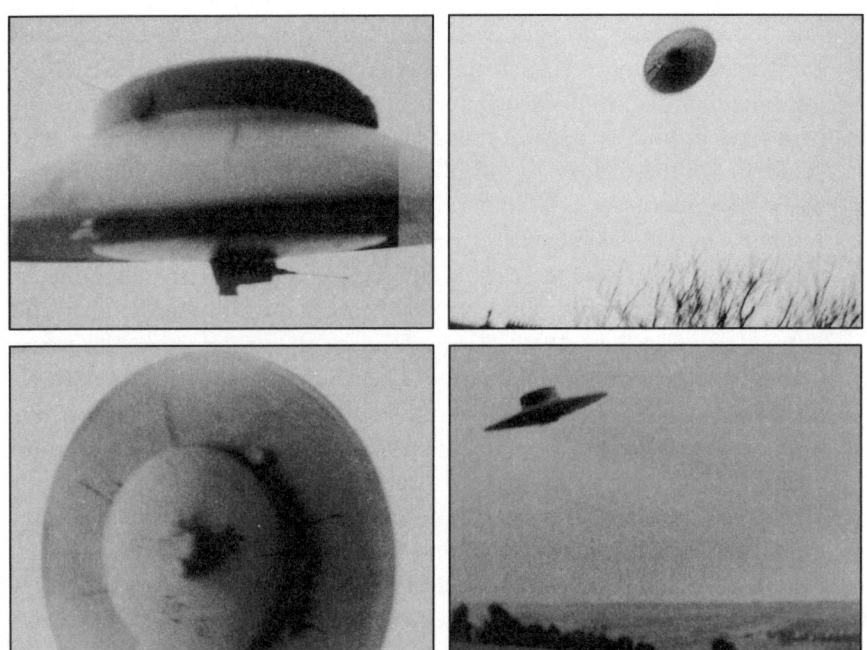

Abb. 1 bis 4: Deutsche diskusförmige Flugzeuge aus der Zeit zwischen 1933 und 45. Links ist eine *Haunebu-II*-Vorversion mit Balkenkreuz abgebildet, rechts ein *VRIL 7*. Zum Ende des Zweiten Weltkriegs flohen tausende Wissenschaftler und Techniker an verschiedene Orte der Welt. Sie nahmen einige dieser Flugscheiben mit und brachten auch die Baupläne vor den Alliierten in Sicherheit.

richtige Russe. Bei Gorbatschow bin ich mir da nicht so sicher. Uns hatte man gesagt, dass er zu Breschnjew gehören würde, aber ich habe da so meine Zweifel.

O.k., Ihre Behauptung ist bzw. die Ihrer Ausbilder, dass die Reichsdeutschen an eine bestimmte Gruppierung in Russland herangetreten sind, weil sie ja als „Reichsdeutsche" nicht mehr auf der Weltbühne auftreten konnten. Sehe ich das richtig?

Deutschland hatte den Krieg verloren und konnte sich mit zirka 10.000 bis 15.000 Mann retten. Diese Zahl wurde uns damals genannt. Die meisten davon waren neben Soldaten auch Wissenschaftler, Techniker, Testpiloten usw. Das waren alles Leute, die keine Familien mehr hatten.

Die bekamen dann am Südpol Zuflucht ins Erdinnere. Ob es jetzt dort ein Neuberlin gibt, weiß ich nicht. Uns wurde gesagt, dass sie aufgenommen wurden, weil sie sich auch ordentlich und respektvoll benommen hatten, und es wären Freundschaften zu den Innerirdischen entstanden. Ob diese eines Tages auf der Erdoberfläche eingreifen werden, das weiß keiner.

Ich muss hier ein wenig ausholen zu einem ganz anderen Thema – Prophezeiungen. Das mag jetzt etwas unseriös klingen, hat aber einen recht wichtigen Hintergrund. Die meisten kennen die Prophezeiungen von Fatima aus dem Jahr 1917, als drei Kinder in diesem portugiesischen Ort eine Marienerscheinung hatten. Diese übermittelte den Kindern eine Botschaft, die in drei Geheimnisse aufgeteilt war, von denen nur zwei bis zum heutigen Tage veröffentlicht worden sind. Das sogenannte *Dritte Geheimnis von Fatima* hält der Vatikan zurück – angeblich auf Druck der Jesuiten. Das im Jahre 2000 eröffnete „Dritte Geheimnis" durch den damaligen Papst ist eine Herabspielung. Nun weiß man ja, dass der Vatikan von der Schweizergarde beschützt wird. Und da gibt es Verbindungen zu unserem Schweizer Geheimdienst. Auf diese Weise gelangte einiges Wissen in die Hände meines Ausbilders, der wiederum einen Teil an uns weitergab.

Und das wäre?

Die Jesuiten werden meiner Ansicht nach falsch dargestellt. Sie geben den Amerikanern gewisse Pläne und Informationen aus dem Geheimarchiv des Vatikans, mit dem klaren Wissen, dass diese es eh wieder übertreiben werden und es nicht richtig verwenden. Die Jesuiten sagen sich, wenn wir den Amerikanern nicht helfen, werden sie uns fressen. Also tun wir so, als würden wir ihnen helfen und spielen bei diesem Spiel mit und geben ihnen nur bestimmte Informationen, die die Amerikaner falsch verwenden werden, weil sie es meistens übertreiben.

Was steht nun drin im dritten Geheimnis?

Nun, ich weiß nur das, was uns gesagt wurde, und das wird wohl auch nur ein Teil sein. Aber es soll zu einem Dritten Weltkrieg kommen. Es wurde behauptet, dass dieser Dritte Weltkrieg um das Jahr 2017 herum sein soll. Aber es steht auch ausdrücklich drin, dass es darauf ankommt, wie die Menschen sich entwickeln, denn dann kann es abgewendet werden. Es muss also nicht unbedingt einen Krieg geben. Es ist beschrieben, dass eine Flammenflut kommt, dass Vulkane hochgehen und andere Naturkatastrophen eintreffen. Es steht wohl drin, dass die Menschen sich ihre Freiheit mit viel Blut erkaufen müssen, das muss aber kein Krieg sein. Es können auch blutige Aufstände damit gemeint sein. Es ist aber auch von einer Reinigung die Rede. Vielleicht müssen auch gewisse Dinge passieren, wer weiß?

Die Jesuiten und der Papst hatten aufgrund des Inhalts entschieden, dass es besser wäre, das nicht zu veröffentlichen, um zu verhindern, dass sich die Menschen genau darauf konzentrieren und es zu einer selbsterfüllenden Prophezeiung wird.

Es gibt noch andere Prophezeiungen, von denen etwa ein Drittel veröffentlicht wurde. Zu erwähnen wäre da Garabandal oder Akita in Japan. Diese sind dem Wortlaut von Fatima sehr ähnlich, bei weitem aber nicht so düster. (Im spanischen Garabandal hatten von 1961 bis 1965 vier Mädchen zahlreiche Marienerscheinungen, und im japanische Akita hatte die christliche Schwester Agnes Katsuko Sasagawa 1973 drei Botschaften von der Gottesmutter erhalten.; A.d.V.)

Ich hatte ja in meinem Buch „Der Dritte Weltkrieg" 100 Prophezeiungen veröffentlicht.

Aber es gibt noch zwei Drittel, die man geheim gehalten hat. In einer war auch der Mord an Kennedy erwähnt – mit Ort und Datum. Man meinte damals, es sei ein Witz, heute wissen wir es besser. Und für die kommenden Jahre sind etliche Ereignisse angekündigt. Aber ob sie eintreffen werden? Der Matti hatte immer von dem 17.3.2017 gesprochen, dass da etwas Wichtiges passieren würde. Und deswegen sind die Amerikaner so beunruhigt und geben so Gas mit ihren weltweiten Interventionen. Aber ich glaube, dass die Amis gar nichts erreichen werden.

Kommen wir nochmals zu der erwähnten *Dritten Macht* zurück.

Ja, in den Prophezeiungen wird eine Dritte Macht erwähnt, die eingreifen wird. Ob es sich hierbei um die Reichsdeutschen handelt, kann ich nicht sagen. Es ist die Rede von einer „Dritten Macht", einer übergeordneten Macht. Es gibt viele Prophetien, in denen solche Begriffe verwendet wurden und einen Eingriff von einer unbekannten Kraft oder Macht beschreiben. Dieser Eingriff soll im Falle eines Dritten Weltkriegs und großer Umweltkatastrophen erfolgen.

Sie sagen, die Reichsdeutschen hatten mit dem Zarenreich Kontakt. Die Zarenfamilie wurde ja von den Bolschewiken umgebracht. Wer ist denn da noch vorhanden?

Es war ja nur die Herrscherfamilie, die umgebracht wurde, nicht aber all die anderen Verwandten. Und die leben noch. Das sind ja nicht nur 20 oder 30 Leute, wir reden von mehreren hundert, die in dieser Struktur vorhanden sind. Klar wurden auch welche von den Khasaren Trotzki und Lenin gejagt, aber die haben die meisten nicht erwischt. Die hatten immer einen Plan B und haben auch immer dafür gesorgt, dass sie an Technologie kommen, um sich zu schützen. Vor allem hatten die Zaren einen großen Sympathisantenkreis auch innerhalb der Sowjets.
Witzig fand ich auch die Berichte von dem Matti, wie die Russen diverse neue Technologien einführen. Die sagen dann nach außen hin, dass sie einen neuen Raketentyp oder einen neuen U-Boottyp testen, dabei ist das schon ein Training, eine Einschulung. Die sind immer einen Schritt voraus. Die testen nicht einen Prototypen, sondern die haben schon die ganze Staffel und testen nun die Piloten darin. Zum Beispiel bei dem russischen Tarnkappensystem *Pak-Fa*.

Sie unterscheiden also zwischen den Sowjets und den Zarenfamilien, die aber zum damaligen Zeitpunkt und auch heute gar keinen Einfluss haben – politisch.

Ja, es wurde uns gesagt, dass sie der Zarenfamilie das Wissen gegeben haben. Wie genau das verlaufen ist, kann ich nicht sagen. Vielleicht lief das über den Südpol, denn die Amis waren mit Admiral Byrd nicht die Einzigen, die dort waren. Der Herr Matti sagte, die Russen waren auch dort, nur nicht bewaffnet wie Byrd, und nahmen mit den Reichsdeutschen Kontakt auf. Es ist also nicht so, dass die Reichsdeutschen einfach mal nach Russland geflogen sind. Den Bolschewiken konnten sie ja nicht vertrauen, den Zarenleuten schon. Mit dem russischen Geheimdienst soll es dann ein geheimes Abkommen gegeben haben, was mit einer Technikübergabe im Jahre 1956 besiegelt worden sein soll: Wissenschaftler, Unterlagen, Pläne und Technologie. Bei der übergebenen Technik soll es sich um Radartechnik und Skalarwaffen, versch. Flugscheiben-Techniken, Strahlenwaffen und Satelliten-Pläne gehandelt haben. Ebenso Schutzvorrichtungen und Techniken zur Abwehr mit Skalar- und Radartechnik.

Das war sozusagen der Geschichtsteil unserer Ausbildung, um uns einen Überblick über das zu geben, was so auf der Welt passiert. Wie stark sind die Russen, was läuft wirklich im Hintergrund, wer sind die Herrscher dieses Planeten? Wem gehören die größten Banken, bei wem sind Staaten verschuldet, wer sind die reichsten Familien auf der Welt?

Was kam dann?

Dann kam zur Sprache, dass es hier nicht wirklich um gut und böse geht, sondern es geht hier knallhart um die Weltherrschaft. Was kann man nun dagegen tun? Wenn man die Waffe in die Hand nimmt, macht man genau das, was sie wollen. So wurde uns gesagt, dass wir friedlich bleiben, aber so viel wie möglich zivilen Ungehorsam praktizieren sollen. Also dem System davonlaufen. Auch das ist prophezeit, dass die Leute einfach nicht mehr mitmachen werden, dass sie einfach ihre Steuern nicht mehr bezahlen, dass sie dem System davonlaufen.
Es gibt Prophezeiungen, in denen steht ganz klar, dass sich die jungen Menschen nicht mehr an die Regeln halten werden und dem System Paroli bieten. Es stand auch darin, wie genau man sich dagegen wehren kann. Und es steht auch darin, dass die Herrscher, die Teuflischen, nicht gewinnen werden. Im Notfall wird es einen göttlichen Eingriff geben in dieses Spiel. Und man darf nie vergessen, dass es sich um ein „Spiel" handelt. Und ein Spiel hat Spieladministratoren, die auch einmal eingreifen können, wenn das Spiel aus dem Ruder läuft.

Das heißt, die Ausbilder, die euch das erzählten, wussten ganz genau, was läuft.

Die wissen das, ja.

Und die haben offenbar auch eine etwas kritische Ansicht alldem gegenüber, oder?

Man muss schon sagen, dass unsere Ausbilder teilweise ziemlich hohe Militärränge hatten. Wir waren ja kein Schießbudenverein. Wir wurden ausgebildet, um Politiker und Wirtschaftsbosse zu beschützen, wir waren eine Spezialeinheit. Und unsere Ausbilder waren Top-Leute, die uns zu Top-Agenten ausbilden sollten. Und die hatten natürlich bei diesem Spiel mitgespielt, so wie es die Politik verlangte, aber die hatten durchaus ihre eigenen Ideen. Dazu kommen wir aber später noch. Die haben nebenbei schon damit begonnen, eine Gegenkraft zu den Satanischen aufzubauen – eine Gegenkraft zu dem bestehenden System.

Ich muss nochmals nachfragen: Die *Abteilung 322* war nicht Teil des offiziellen Nachrichtendienstes?

Nein, das war eine geheime Abteilung, so wie die P-26, P-27 oder GLADIO. Die *Einheit 323* hingegen hat es offiziell gegeben, die hatten auch entsprechende Abzeichen am Revers. Die *Einheit 323* war Teil des *Militärischen Nachrichtendienstes*. Unsere Ausbilder waren allen Diensten übergeordnet und haben bei uns „Auszubildenden" geschaut, in welche der etlichen Abteilungen man uns stecken konnte, wo man Verwendung für uns hatte. Manche kamen in Büros, andere zur Überwachung. Einer kam zum Auslandsgeheimdienst, weil er mehrere Sprachen sprach, ich kam zum härteren Bereich. Es gab ja auch den NATO-Geheimbereich, zu dem auch GLADIO gehörte, die gab es offiziell ja auch nicht. Und nebenbei haben sie die GLADIO einfach kopiert und etwas Eigenes begonnen. Und dazu gehörte der Bereich *322*, dem ich angehörte. GLADIO gibt es übrigens heute immer noch, nur unter einem anderen Namen. Die *Abteilung 322* war ja nur eine Abteilung unter vielen. Wie bei der P-26 und P-27, da gab es auch dutzende Abteilungen und/oder Einheiten mit verschiedensten Bezeichnungen.

Mein Freund, der Urs, den Sie ja auch noch kennenlernen werden, der war ja in der NATO drin. Er war in England und in Osteuropa als Geheimdienstmann tätig. Der war zwar in der NATO und hatte genau die gleiche Ausbildung wie ich, aber eben im Militärbereich. Auf jeden Fall gab es unsere Abteilung bis 2006, als die Nachrichtendienste in der Schweiz umstrukturiert worden sind. Die *Abteilung 322* hat es offiziell ebenso wenig gegeben, wie die P-26 und P-27, die 1990 aufgeflogen sind. Wir sind geheime Spezialeinheiten gewesen. Aber es gab ja noch viel mehr. Es gab bestimmt um die 20 Splittergruppen.

Eine andere Sache: 2003 ist ja die Schweiz in eine Firma umgewandelt worden und ist heute unter www.upik.de (DUNS-Nr: 483439811; A.d.V.) zu finden. Vieles wurde wieder aus dem Internet herausgenommen, aber ich besitze Screenshots davon. Der Geheimdienst wusste das damals schon und hatte bestimmte Unterlagen von unseren Spezialeinheiten weggeschafft. Und 2006 hat ja dann der *Nachrichtendienst des Bundes* (NDB) – das ist der neue Geheimdienst der Schweiz – den *Dienst für Analyse und Prävention* (DAP) weggeputscht. Der DAP war meine Anlaufstelle, über den bekam ich meine Anweisungen. Innerhalb des DAP gab es eine Gruppe für Staatsschutz, denen ich meine Informationen übergeben hatte. Manchmal auch dem SND (*Schweizer Nachrichtendienst*), je nachdem, von welcher Wichtigkeit meine Informationen waren.

Wie oft kamt ihr während der Ausbildung zusammen?

Das war verschieden. Meistens waren es Blöcke von zwei Wochen mit jeweils drei Unterrichtsabenden. Ich ging ja währenddessen normal zur Arbeit. Dann gab es zwischendrin theoretische Prüfungen, z.B. zu Paul Ekman. Und je nach Auszeichnung wurde dann eingeteilt. Alle bekamen im Bereich des Nachrichtendienstes eine Zuteilung, das war dann aber erst später. Mein Freund Willi kam beispielsweise zur Militärpolizei. Andere kamen zur *Einheit 323*. Die waren eher zuständig dafür, die Bevölkerung zu informieren. Die standen an einem Infostand beim Besuchstag bei der RS. Da wurde auch schon für den Dienst angeworben. Ich hingegen kam zur *Abteilung 322*. Dazu kommen wir gleich.

Wann begann dann die physische Ausbildung?

Im Sommer 1993, es war glaube ich Mai, rückte ich das erste Mal für drei Wochen ein. Ich hatte mir in dieser Zeit Urlaub genommen, um mit dabei sein zu können. Es ging jetzt um das physische Training. Man wurde an die Grenze gebracht, an die Grenze des Erträglichen. Man wollte sehen, wer aufgibt und wer nicht. Ich war einer von dreien, die bis zum Ende durchgehalten hatten und dann eben zu dieser *Spezialeinheit 322* kamen. Es wurde zum Beispiel Nahkampf geübt, ähnlich wie beim MOSSAD. Wir hatten alle schon Kampfsport hinter uns und wurden nun angeleitet, dies am Gegner einzusetzen – auch tödlich.

Nun muss man sich das so vorstellen: Wir sind nicht morgens um 6 Uhr geweckt worden und gingen abends um 10 Uhr ins Bett, denn schon am ersten Tag hieß es, dass wir nicht auf dem Rücken schlafen sollten, sonst würden wir es bereuen. Warum, das erfuhren wir in der zweiten Nacht, als die Ausbilder über uns herfielen und mit Gummiknüppeln auf uns einschlugen. Wenn man auf dem Bauch liegt, tun die Schläge nicht so weh als wenn sie auf den Bauch treffen. Da kann man nicht mehr atmen. Ziel der Aktion war es, wirklich aus dem Tiefschlaf heraus hundert Prozent Leistung bringen zu können. Auch wenn man zur Toilette ging, musste man achtsam sein. Es kam schon mal vor, dass ein Besenstil in die Hacken geschlagen oder eine geöffnete Packung Mehl ins Gesicht gedrückt wurde. Daran kann man ersticken. Das war wirklich extrem. Man hat in solchen Momenten wirklich Todesangst. Es war auch immer ein Notarzt dabei. Es wurde hier keine Rücksicht genommen – was man übrigens am Anfang auch unterschreiben musste. Nicht, dass man dann jemanden anzeigen konnte. Es gab aber immer die Möglichkeit, sofort wieder auszusteigen.

Dann wurden wir im Personenschutz ausgebildet, wie man zum Beispiel Wirtschaftsleute unauffällig bewacht, wie man ein Gelände einschätzt, wie man Gegner erkennt. In diesen drei Wochen hatte ich vielleicht 10 Stunden geschlafen. Man war fix und fertig. Die haben uns an die physische und mentale Grenze gebracht, uns desorientiert. Wir wurden in einem permanenten Stresszustand gehalten. Es hätte ja jederzeit wieder so ein Knüppel kommen können. Das ist schon extrem, denn man verliert die Orientierung. Man achtet nicht mehr auf Namen oder wo man sich befindet, sondern ist immer auf sich selbst und das Jetzt fokussiert. Wir selbst hatten auch keine Namen, sondern Zahlen als Kennzeichnung. Und die wurden auch immer wieder gewechselt. Das machte einen zusätzlich konfus. All das wirkte auf das Unterbewusstsein.

Nach diesen drei Wochen hatten wir dann wieder Abendkurse, aber nicht mehr im Kollegium, sondern in der Militäranlage in Stans-Oberdorf oder in Obwalden auf dem Glaubenberg. Hier wurde nun das intensiviert, was wir zuvor alles gelernt hatten. Wir wechselten dann zum Gotthart, dann waren wir auch in Thun zum Training, immer in militärischen Anlagen. Wir waren auch in einer unterirdischen Anlage, von denen es in der Schweiz mehrere gibt, zum Beispiel im Lungern, im Kanton Obwalden. Manche Berge sind regelrecht ausgehöhlt, z.B. der Bürgenstock. Eine weitere Anlage befindet sich auf dem Pilatus. Dort befindet sich eine High-Tech-Anlage auf mindestens zwei Stockwerken. Dann kam wieder ein Block mit Theorie. Es ging darum: Wie schützt man die Zielperson, wie ist das aufgebaut usw. Wie entdecke und entlarve ich feindliche Agenten. Hier war die Gesichtslehre von Huter und Ekman von Vorteil, weil man damit Absichten erkennen kann – schießt er oder schießt er nicht usw. Dann lernten wir, gezielte Schüsse abzugeben. Es gibt einen bestimmten Punkt unterhalb der Schulter, wenn man dort trifft, kann der Feind nicht mehr schießen. Wenn man ins Herz schießt, kann es noch zu einem Schuss kommen, weil sich der Gegner verkrampfen kann, beim Kopfschuss nicht mehr. All das lernten wir. Oder wie man einen gefangengenommenen feindlichen Agenten befragt. Man bietet beispielsweise Kaffee an, denn Koffein löst die Zunge. Oder rauchen, auch das lockert. Und wir lernten, dass das Verhalten auch die Krankheiten steuert. Jemand, der immer Angst hat oder Wut aufbaut, der muss sich nicht wundern, dass er beispielsweise Krebs bekommt. So etwas in dieser Art. Wenn man also ein Objekt zur Befragung vor sich hat, dann schaut man zunächst, ob der gesund ist. Wenn nicht, kann man das gegen ihn verwenden. Wenn man weiß, dass er Arthrose haben könnte und deswegen Schmerzen hat, dann schaut man, dass er einen unbequemen Stuhl kriegt... Und wenn Du Schmerzen hast, dann kann man eine Schmerztablette anbieten. Dann ging es weiter, wie man LSD oder Ähnliches ins Wasser mischt, um jemanden gesprächig zu machen. Das lernt man bei der Polizei logischerweise nicht. Weiter ging es damit, wie man Leute manipulieren kann, um sie dazu zu bringen, dass sie einem Sachen erzählen, die sie sonst niemandem erzählen würden. Das lernt man über Paul Ekmans Technik, sein Gegenüber zu spiegeln, wodurch man Vertrauen schafft. Oder zum Beispiel, dass man dem Gegenüber einen Gefallen tut, dann ist der andere einem etwas schuldig. Das muss man nicht mal sagen, dass läuft unterbewusst ab.

Manchmal hatten wir während des zivilen Lebens Übungen und Schulungen, bei denen wir fast nicht geschlafen haben. Das zog sich manchmal bis zu zwei Wochen hin. Damals waren wir in Stans-Oberdorf oder auf dem Glaubenberg in der jeweiligen Kaserne. Einmal hatten wir eine Übung, da mussten wir uns als „Busch" tarnen und die Kaserne observieren. Wir mussten alles im Kopf protokollieren, indem wir uns selbst eine Geschichte erzählten, also eine Art Erinnerungspalast errichteten. Es hieß, man müsse für etwa zwölf Stunden dort verweilen und werde dann kontaktiert. Nach zwölf Stunden kam nichts. Wer sich dann von sich aus meldete, wurde für die weitere Ausbildung an einen anderen Ort gebracht, man kam sozusagen in eine andere Ausbildungseinheit. Ich selbst hatte mich nach den zwölf Stunden nicht gemeldet. Nach achtzehn Stunden wurde ich schließlich gerufen, und ich ging dann in die Kaserne zurück. Die erste Frage der Ausbilder war: *„Warum haben Sie sich nicht nach zwölf Stunden gemeldet?"* Ich antwortete: *„Ich wusste nicht, ob es Probleme gab oder ob Feind vor Ort war."* Die nächsten Fragen gingen dann um Aktivitäten, die ich beobachtet habe. Nach dieser Übung kamen nur noch drei für die weitere Ausbildung in der Spezialeinheit weiter.

Hatten Sie dadurch die Prüfung bestanden?

Wir alle hatten die Prüfung bestanden, aber durch die verschiedenen Reaktionen bzw. Verhaltensweisen wurden wir in verschiedene Teilbereiche weitergeleitet. Ich hatte durch mein Verhalten gezeigt, dass ich ein logischeres Denken in Gefahrensituationen aufweise. Die anderen, die nach 12 Stunden zurückgingen, waren eher „Düpflischisser" und sind wohl eher analytisch ausgerichtet, typische Befehlsempfänger eben.

Dann kam ein erneuter Drei-Wochen-Kurs Anfang 1994, da ging es dann anders ab. Es ging darum, Menschen bewusst zu manipulieren – inklusive Folter, Waterboarding usw.

Das wurde euch anhand von Filmen gezeigt?

Nein, nein, an uns! All das musste man selbst erleben, damit man einerseits weiß, wie es dem Gefolterten geht und zum anderen, damit man selbst resistent wird, sollte man selbst einmal gefoltert werden. Wir sollten verhörsicher werden. Und es ging um Programmierung. Es wurde mit LSD oder mit Barbituraten gearbeitet, die man gespritzt bekam, und dann wurden die Hirnströme mit dem Stroboblitzer abgeglichen und mit Bildern, die wir unterbewusst einprogrammiert bekamen. Was sie dort einprogrammiert haben, weiß ich nicht mehr genau, aber es wurden Symbole, zeitliche Gegebenheiten, Worte und Auslöser eingepflanzt, dazu noch Verhaltensweisen bei bestimmten Auslösern. Ich weiß nur noch, wie ich auf diesem Stuhl saß, zwischendurch wurde man mit Waterboarding oder mit Elektroschocks gefoltert. Das war für mich das Schlimmste, weil man dann überhaupt nicht mehr atmen kann. Aber auch beim Waterboarding kann auch der Härteste nicht widerstehen – 30 bis max. 45 Sekunden höchstens, dann ist Schluss.

Wenn man gefoltert wird, schaltet sich das Oberbewusstsein aus, damit sich die Schmerzschwelle senkt. Die Herzfrequenz sinkt, welche die Schmerzempfindung lindert. Und somit wird auch die Gegenwehr vermindert. Auf diese Weise werden auch die Attentäter programmiert, die sog. Manchurian-Kandidaten. Angeblich werden in Guantanamo auch geeignete Inhaftierte zu Terroristen umprogrammiert.

Der Unterschied zu uns war, dass wir ja unter Betreuung an all das herangeführt wurden, wir hatten ja nicht solch ein schlimmes Trauma, wir wurden ja darüber aufgeklärt, was und wieso man das mit uns macht. Aber jemand, der beispielsweise aus einer Psychiatrie kommt und dem man das antut, den hat man in zwei Wochen programmiert. Und der weiß dann nichts mehr davon. Der meint dann ein paar Wochen später, dass er wirres Zeug geträumt habe, dabei war das real.

Euch wurde also schon gesagt: *„Wir machen jetzt dies und das, da müsst ihr durch."*?

Ja.

Wurdet ihr dabei gefilmt?

Nein, nein, um Gottes Willen. Beweise gibt es da keine. Es hatte auch von den anderen keiner zugeschaut. Das war schon diskret. Aber man hatte nach diesen Wochen dann eine gewisse Beurteilung bekommen, und es wurde klar, wo sie einen hinschicken, in welche Einheit. Ich wurde ein V-Mann im Bereich Rechtsextremismus, Drogenhandel und Rocker.

Nach diesem Kurs lernten wir dann auch viel über die Verfassung. Und zwar nicht das, was drin steht, sondern das, was *nicht* drin steht. Es wurde der Unterschied zwischen einer *Verfassung* und dem *Völkerrecht* erklärt. Es wurde ganz klar erklärt, dass meinen Bereich betreffend – also die Drogen –, in der Schweizer Verfassung kein Wort darüber stehen würde, dass Drogen verboten seien. In einer richtigen Verfassung steht, dass jeder tun und lassen kann, was er will, solange er niemanden schädigt. Nun gibt es ein Problem: Wenn jemand Drogen verkaufen will, so gibt es in der Verfassung kein Verbot dazu. Und dann kamen sie auf die *Gesetze* zu sprechen. Gesetze sind nur Bestimmungen von der Verfassung, das heißt, es gibt keine Gesetze. Es gibt die Verfassung, und das ist das Gesetz, und alles andere sind Bestimmungen. Und wenn nun jemand kommt und behauptet, dass Drogen verboten seien, dann ist das ein völliger Blödsinn. Das geht auch gar nicht, denn eine Droge ist ein Auszug aus einer Pflanze und ist somit medizinisch. Man kann höchstens sagen, dass es süchtig macht, kann es aber niemandem verbieten, es zu konsumieren.

Ist das jetzt speziell auf die Schweiz bezogen?

Ja und nein. Es ist überall dort, wo es eine Verfassung gibt. Das Problem ist vielmehr, dass wir in Europa Verfassungen haben, die überhaupt nicht mehr gültig sind. Die wurden abgeändert. Einen *Völkerbund* gibt es auch nicht mehr, das ist jetzt die *UNO* – eine private Vereinigung durch Rockefeller gegründet. Es wurde uns von unseren Ausbildern gesagt: „*Wenn ihr die Verfassung begreifen wollt, dann lest den Bundesbrief.*" Also die Übersetzung dazu. Im Bundesbrief steht ganz klar drin, dass man ein Bündnis mit anderen Regionen macht und dass man zusammensteht, wenn man angegriffen wird. Sollten sich aber die Mitglieder des Bundes untereinander betrügen, dann kann man es auch wieder lösen. Viel mehr steht da nicht drin, dass man halt niemanden schädigen soll usw. Und heute hat man eine Verfassung, die 5 cm dick ist. Wozu? Es stehen jedenfalls viele Sachen drin, die gegen das Persönlichkeitsrecht verstoßen. Das hat man uns gesagt.

Dann erklärten die Ausbilder: „*O.k., es gibt Drogen. Was passiert, wenn wir den Leuten die Drogen wegnehmen? Dann holen sie sich die Drogen im Ausland selbst oder von Leuten, die aus dem Ausland kommen. Dann hat man alleine in Zürich tausend Dealer vom In- und Ausland, die dann gegeneinander um die Territorien kämpfen und am Ende aufeinander schießen. Es wäre doch besser, wenn das legalisiert wäre, dann liefe das sauber. Aber man will das nicht, sonst funktioniert die Wirtschaft nicht. Deshalb fördern wir bestehende Schweizer Gruppierungen und Organisationen, die sich am unauffälligsten verhalten und auf Gewalt weitestgehend verzichten.*"

O.k. Kommen wir nochmals auf die Verfassung zu sprechen. Es wurde also erklärt, dass natürliche Drogen legal wären. Was wurde euch noch erklärt?

Also bei der Verfassung war ganz klar, wenn wir die Wirtschaft nicht hätten, wie wir sie haben, dann würde viel wegfallen, wie beispielsweise die Prostitution. Das wäre gar kein Thema. Warum machen das die Frauen? Die brauchen Kohle. Gibt man ihnen Kohle, gehen sie nicht auf den Strich.

Oder siehe das Bodenrecht: Die haben ganz klar gesagt, dass jeder Mensch ein Recht auf Boden hat. Da kann doch nicht jemand kommen und sagen, dass Du das bezahlen musst. Das geht nicht, das steht auch nicht im Bundesbrief. Man hatte uns in kurzen Sätzen erklärt, dass das, was hier läuft, keine Eidgenossenschaft mehr ist, sondern es sich um eine Illusion handelt – damit man schön brav glaubt, dass man mit einer Wahl etwas bewirken kann. Wer regiert, wird jedoch von anderen bestimmt.

Das war schon ein Schock für uns, als sie das gesagt haben. Oder auch im Straßenverkehr. Das sind Regelungen, das ist alles in Ordnung, aber wenn man nun Regelungen nicht einhält und es passiert nichts, könnte man eigentlich auch keine Buße geben – zum Beispiel wenn man zu schnell gefahren ist. Es muss an und für sich jeder selbst wissen, wie schnell er fährt. Man hatte das eingeführt, weil sich die Versicherungen beklagt hatten. In der Verfassung steht auch nicht, dass man ein Fahrzeug versichern muss. Das obliegt eigentlich dem Einzelnen. Der Mensch muss sich so entwickeln dürfen, wie er will, solange er niemanden schädigt…

Tatsache ist aber nun, dass wir Wirtschaftsleute haben, die uns schädigen, und das ist alles verfassungswidrig. Das hatten die uns erklärt und zum Beispiel die Chemie genannt. Wie kann es sein, dass ein Pharmariese Stoffe aus der Natur patentieren lässt? Auch der Begriff der *Demokratie* ist etwas Illusionäres. Es ist ein Konstrukt, bei dem man uns sagt, dass wir uns anpassen müssen und dass wir wählen dürfen. Aber ich darf mich nicht entwickeln, wie ich will. Dann geht es weiter mit der Schulpflicht, das steht auch nicht im Bundesbrief. Und so haben sie uns erklärt, dass 1865 mit der Gründung des Bundes eigentlich die Eidgenossenschaft gestorben ist. Sie meinten, dass es schon eine gute Sache sei, wenn man miteinander zusammenarbeiten und wirtschaften würde, aber braucht man dann gleich so ein dickes Gesetzesbuch? Das nützt doch nur den Regierenden und den Hintergrundmächten, aber nicht dem Volk.

Ich bin echt baff, Georg. Ich kann das kaum glauben. Das ist ja regelrechte Ketzerei, die da betrieben wird. Ich meine, die sollten ja euren Staat vertreten. Das sind doch Militärs, die die Schweiz schützen sollten…

Das waren alles Geheimdienstler, die uns das beigebracht haben, die in ihrem Denken offenbar freier waren als andere. Und wie gesagt, da waren richtig hohe Militärs mit dabei und auch Divisionäre. Und wenn es morgen zu einem Aufstand in der Schweiz käme – evtl. wegen der Flüchtlinge –, dann weiß ich nicht, ob sie die Regierung verteidigen würden oder vielmehr das Schweizer Volk. Vielleicht würden sie die Regierenden als allererstes verhaften.

Übrigens fand gestern Abend in Zürich – das weiß ich von Nick, da sein Vater der Chef eines Coop-Marktes ist –, eine geheime Krisensitzung aller großen Supermarktbetreiber statt. Dabei ging es um den Umgang mit eventuellen Plünderungen und Diebstählen durch Banden oder andere kriminelle Elemente. Es ging auch darum, wie man sich verhält, wenn das Militär kommt und die Nahrungsrationen-Verteilung überwacht und koordiniert. Wie müssen sich die Angestellten verhalten, wenn jemand mit einer Bombe oder mit Gewalt droht usw. Es wurde auch besprochen, wie die Bewachung durch die Armee aussehen wird. Und es ging auch um sicherheitstechnische Fragen bei einem Finanzcrash oder bei Lieferengpässen.

Und wann sind Sie dann offiziell in den Dienst aufgenommen worden, wann ging es in die Praxis?

Es war im Februar 1995, als es losging. In der *Abteilung 322* waren wir eine Menge Leute, und jeder hatte einen anderen Bereich, in dem er tätig wurde. Mein Auftrag ging Richtung Rechtsextremismus, in den ich mich einschleusen musste. Es stand mir frei, wie ich das vollzog. Mein Arbeitskollege war bei den *Hammerskins*, und ich ging eines Tages mit ihm mit. Der grobe Auftrag der *Abteilung 322* war der Staatsschutz der Eidgenossenschaft. Wir schauten danach, dass die Leute friedlich blieben und gingen in solche Gruppierungen hinein oder gründeten Gruppierungen, um die Extremisten zu konzentrieren und zu kontrollieren – und auch zu observieren. Das ist ähnlich wie bei der NPD in Deutschland, die ist ja von V-Leuten durchsetzt.

Mit Patrick Iten, einem Mitgründer der Schweizer Hammerskins, hatte ich dann viel zu tun. Das ist ein guter Mensch. Man muss das einmal so sehen: Es wird auch viel Mist über diese Jungs erzählt. Die meisten von denen, die irgendwelchen Mist gebaut haben, waren Mitläufer oder eben Totaldurchgeknallte. Patrick hat übrigens eine spanische Mutter und einen Schweizer Vater – das nur so nebenbei. Er ist also nicht das klassische Abbild eines reinrassigen Ariers. Die *Blood & Honour Schweiz* wurde von einem Italiener gegründet, Alex Tondolo. Also so wirklich national ist das ja nicht. Gut, dann kommt deren Ausrede, dass wir ja das Tessin haben... Aber arisch ist das nicht. Die Rechten, die auf „arisch rein" machen, sind für mich ein Witz.

Jedenfalls hatte ich mir das angeschaut und bin dann natürlich mit anderen Gruppierungen in Kontakt gekommen, z.B. Morgenstern. Die kamen aus dem Luzerner Raum. Und dann habe ich dort einen gewissen Einfluss genommen, manipuliert. Da war noch einer, der hatte den Jungs immer gepredigt, dass sie Bücher lesen sollen. Wissen sei Macht, und sie sollen nicht herumprügeln. Ich selbst bin das anders angegangen und habe gesagt, dass sie, anstatt Leute zu verprügeln, Flugblätter entwerfen und verteilen sollen, mit denen sie die Leute informieren über das, was auf der Welt passiert und wer dahintersteckt, damit sie sich nicht mehr aufregen müssten, dass die Medien nach Schlägereien immer die Unwahrheit berichten würden. Ich sagte: *„Und schreibt auf die Flugzettel, dass sie nach Zürich gehen sollen – die normalen Leute – und sich anschauen sollen, was die Ausländer dort treiben und dass über 80% Prozent derer, die in der Schweiz in Gefängnissen sitzen, Ausländer sind."* Das ist ja Fakt. Und dann kommt bei den Schweizern vielleicht im Kopf etwas in Gange, damit sie anders wählen. Und das haben sie dann tatsächlich getan. So gelang es, die Hammerskins langsam von der Gewalt wegzubringen, was ja wirklich sinnvoll war – für alle Seiten, für die Skinheads wie auch für die Schweizer Bürger.

Später kam ich zu *Blood & Honour*, die viel gewaltbereiter waren. Nur mit wenigen konnte man vernünftig reden. Die meisten Mitglieder waren Verfechter der Straßengewalt und sahen dies als einziges Mittel an, etwas zu verändern. Es war auch eine Frau dabei, die war 1,60 m groß und verprügelte sogar Bodybuilder! Ich war mal dabei, als sie einen solchen vermöbelt hat! So etwas vergisst man nie! Auch war ich bei Konzerten dabei, da waren dann mehrere hundert Skins aus dem In- und Ausland. Die Musik war gar nicht mal so schlecht, aber die Texte dann doch eher fragwürdig.

Das ging so weit, dass der Sascha Kunz von den *Blood & Honour* mit einigen anderen die Partei *PNOS* gegründet hat. Die ist zwar nicht ernst zu nehmen, aber er hat eine Partei gegründet und damit sein Wirken verändert. Die Partei gibt es heute noch, aber der Sascha Kunz ist schon lange ausgestiegen.

Es war also Ihre Aufgabe, in solche extremen Kreise einzudringen und dort dafür zu sorgen, dass das nicht aus dem Ruder läuft. Und Sie waren natürlich auch Spitzel. Sie wussten, was wo von wem geplant wurde.

Sicher. Damals gab es um die 2.000 Rechtsextreme in der Schweiz, heute gibt es noch zirka 200. Die Leute sind vernünftiger geworden, und anstatt zu prügeln, wollten sie immer mehr die Menschen informieren. Das ist doch eine positive Entwicklung, oder nicht? Einige Skins, die aus dem Ausland in die Schweiz gekommen waren, um vor der Strafverfolgung unterzutauchen, hatte ich dem SND preisgegeben. Die wurden dann verhaftet. Wir wollten keine Nazi-Hochburg werden, wo jeder aus dem Ausland Schutz findet.

Und wie lief die Kommunikation mit der Dienststelle ab?

Es gab einen Briefkasten, ein Postfach, dort hatte ich Briefe mit Aufträgen abzuholen und konnte dort wiederum Briefe mit Fragen einlegen, die dann wiederum beantwortet wurden. Es standen auch Namen darin von Personen, die es zu beschützen oder zu überwachen galt.

Dann schleuste ich mich in die kriminelle Bodybuilder-Szene ein. Viele Bodybuilder waren echte Komplexhaufen und spritzten sich nur Hormone und trainierten nichts! Aber einige nahmen es sehr ernst. Vor allem diejenigen, die Hormone verkauften und nebenbei noch Türsteher-Jobs ausübten. Einige hatten Verbindungen zu kriminellen Gruppierungen, vor allem zu denen, die mit Hormonen und Medikamenten handelten. Auch passten einige Bodybuilder auf Prostituierte auf, die selber im Privaten ihre Dienste anboten und daher Schutz benötigten. Einer von denen hatte Kontakte zu Polizeibeamten, die sie warnten, wenn Gefahr im Verzug war. Sie machten mit vielen Dingen echt viel Kohle, auch mit vielerlei Drogen.

Und dann kam ich in die richtige Drogenszene, das lief damals Hand in Hand. Da gab es den Max K., der war eine große Nummer im Kokainhandel in der Schweiz und in Deutschland. Der besorgte jede zweite Woche fünfzig Kilo Kokain aus Miami.

Dazu kommen wir gleich. Fassen wir kurz zusammen: Sie waren in dieser Szene drin bis 2006. Und die ganze Zeit hatten Sie nebenbei normal gearbeitet?

Es ging bis 2007. Normal gearbeitet hatte ich nur bis 1999, da ich massive Rückenprobleme bekam. Bis dahin hatte ich als Heizungsmonteur gearbeitet. Dann hatte ich massive Probleme mit dem Rücken und habe nach einiger Zeit selber angefangen zu trainieren und mit Hilfe von Hormonen die Muskulatur aufzubauen. Bis 2001 bezahlte die Versicherung meinen Lohn weiter. Dann fing ich an, im Security-Bereich zu arbeiten. Die Invalidenversicherung sprach mir zwar eine Umschulung zu, weigerte sich aber, diese auch zu bezahlen. Später arbeitete ich als Türsteher, da ich einen besseren Stundenlohn bekam und dadurch weniger arbeiten musste. Man muss dazusagen, dass ich damals etwa 30 Kilo mehr gewogen habe als heute – an Muskelmasse. Ich war im Fitness aktiv sowie weiterhin im Kampfsport. 2007 hörte ich dann auf, Türsteher zu sein. Es ist auch nicht gerade einfach – viel Gewalt um nichts und Aggressionen wegen des Alkohols. Auf der einen Seite standen die Türken, auf der anderen die Jugos, und dann knallte es immer wieder. Und wenn wir als Schweizer zwischenrein gingen, dann hatten wir beide Seiten gegen uns. Da hatten die sich schnell verbündet.

Ich hatte mich dann aus diesem Milieu verabschiedet. Ich hatte nicht die Nerven, mich weiter mit dieser Gewalt und dem extremen Drogenkonsum auseinanderzusetzen. Vor allem mit sehr jungen Mädels (14-15 Jahre), die mit Kokain in der Handtasche und dem Ausweis der Schwester aufkreuzten, hatte ich echt Probleme. Die konnten sich Koks kaufen, weil sie von den Eltern ein so hohes Taschengeld bekamen. Das Ganze ist mir auf die Psyche geschlagen.

Wurden Sie damals angewiesen, als Security-Mann zu arbeiten, oder wie lief das?

Nein, das ergab sich durch die Bodybuilder-Szene. Ich lernte irgendwann den Chef einer dieser Security-Firmen kennen und habe dann dort angefangen. Sie wollten damals nur wissen, ob ich Kampfsport mache. Ich war damals 120 Kilo schwer, das reichte schon als Referenz…

Sie haben ja heute doch einiges weniger am Leibe...

Ja, ich hatte irgendwann die Hormone weggelassen. Aber es reicht heute immer noch. Das Problem ist, wenn man so dicke Arme hat, dass man nicht so agil ist beim Kämpfen. Wenn man selbst so ein riesen Kasten ist, hat man zwar nicht das Problem, dass jemand einen angreifen möchte, aber es schlägt auf die Dauer auf die Gelenke.

Durch diese Szene, in der ich mich bewegte, kam ich dann zunächst mit dem Hormonhandel in Berührung. Dann kaufte ich bei einem Tschechen einen belgischen Schäferhund. Der Marek bildete Arbeits- und Schutzhunde für den Polizeidienst aus und verkaufte diese dann für echt viel Geld. Er bildete damals speziell für das SEK in Deutschland und die tschechische Polizei Hunde aus. Ich habe meinen Hund bei ihm ausbilden lassen. Leider habe ich den Kontakt zu ihm verloren. Schade, er war echt nett, ich war viel bei ihm in der Tschechei, habe dort auch viel gelernt. Und über ihn kam ich dann irgendwann einmal zu einer bestimmten Bodybuilder-Gruppe.

Einschub: Was mir Georg nun zirka eine halbe Stunde lang erzählte, fasse ich komprimiert und vor allem anonymisiert zusammen, da ich zum einen davon ausgehe, dass nur die wenigsten Leser mit der Welt der kriminellen Bodybuilder in Berührung stehen. Hauptsächlich aber tue ich dies nach langem Abwägen, da seine Handlungen hochkriminell waren und zudem diese Gruppe, um die es hier geht, immer noch aktiv ist. Ich habe kein Interesse, dass die eines Tages bei mir vor dem Verlag stehen und von mir den Namen meines Interviewpartners herausprügeln wollen.

Georg verkaufte einen Hund von Marek an den Chef einer Security-Firma, wodurch er in diese Szene geriet, vor allem aber auch in den Drogenhandel und in die Welt der Prostitution. Es wurden im großen Stil Marihuana und Hormone verkauft. Er fragte via Postfach über bestimmte Personen nach und erhielt auch entsprechende Antworten, damit er in der Szene gut mitmischen konnte. Interessant war für mich zu erfahren, dass einmal in einem Brief der Behörde die Anweisung stand, dass Georg dafür sorgen solle, dass die Schweizer wieder stärker ins Marihuana-Geschäft einsteigen, da verschiedene Ausländer dies

übernehmen wollten – vor allem die Albaner. Und damit habe die Schweiz ein Problem, das müsse verhindert werden. Es wurde Georg bewusst – auch nach Rücksprache mit Urs, der in einer anderen Einheit tätig war –, dass alle Dienste Anweisungen gaben, dass das Schweizer Geld auch in der Schweiz bleibt. Nach dem Motto: Wenn diese Geschäfte laufen, dann bitte doch von Schweizern. Es wurden kriminelle Personen geschützt und aus polizeilichen Ermittlungen herausgehalten. So wurde auch verhindert, dass das Geld in den Terrorismus floss.

Georg sagte: *„Man muss ja Drogen liefern, denn das ist das System. Es wurde uns bei der Ausbildung schon erklärt, dass die europäischen Dienste mit der Polizei zusammen Europa innerhalb von 48 Stunden komplett drogenfrei machen könnten. Das wäre kein Problem, die wissen doch alles darüber, wer die großen Deals macht usw. Man macht die Flughäfen zu, jeder wird kontrolliert, fertig. Und dann hat man Probleme. Was ist mit den Zigtausenden Drogensüchtigen, vor allem den Kokain- und Heroinabhängigen?"* Sie betrieben große Marihuana-Plantagen, sog. Indoor-Anlagen, in der Tschechei. Und von dem Geld, das dabei verdient wurde, bekam Georg seinen Teil ab und durfte dies behalten. (Alle Namen und Orte sind auf Band aufgenommen und in Sicherheit gebracht.)

Gab es irgendwelche Aussagen des Dienstes, was die Flüchtlingskrise angeht?

Ja, das sagten sie bereits 1995, dass man Deutschland, Österreich und die Schweiz entfremden wolle und dass dahinter die herrschenden Familien stecken würden, die einen Hass auf alles Deutsche haben. Aber man tut nichts dagegen, man darf nicht. Dann kommt die Rassismus-Keule. Das Ganze wird durchgezogen, bis es dem Letzten klar wird, dass die meisten Leute, die da kommen, uns nicht bereichern, sondern uns destabilisieren. Die bringen ihre Probleme zu uns. Das wird eskalieren – spätestens dann, wenn auch der letzte derjenigen, die an den Bahnhöfen *„Willkommen, ihr Flüchtlinge!"* geschrien haben, merken, dass das Chaos eingezogen ist. Und dann wird Brüssel sagen: *„Jetzt schicken wir unsere NATO-Armeen, jetzt dürft ihr nicht mehr bar bezahlen, jetzt wird alles kontrolliert."* So soll dann der letzte Widerstand gebrochen werden – und die Sklavenhaltung ist perfekt!

Es wird ja bei euch auch der Einsatz der Bundeswehr diskutiert. Vergiss das, die werden nach Italien geschickt. Und die Franzosen kommen in Deutschland zum Einsatz, und die Spanier in Frankreich. Ein deutscher Soldat wird kaum auf einen Deutschen schießen, ein französischer schon eher. Bei uns in der Schweiz ist das noch anders, wir sind bewaffnet. Ich hatte kürzlich mit einem Jäger gesprochen, der meinte nur, dass sie – wenn es darauf ankommt – zwischen einem Reh und einem Plünderer keinen Unterschied machen. Verstehen Sie?

Was man aber auch nicht übersehen darf ist, dass viele Migranten, die schon lange hier sind, auf der Seite des deutschen oder Schweizer Volkes stehen werden. Auch sie wollen diese Überflutung nicht. Abgesehen davon wird deren Lohn gedrückt, indem man Billigarbeiter hereinlässt. Ich kenne einen syrischen Arzt, der bei uns im Krankenhaus arbeitet. Was der über seine eigenen Landsleute sagt, die jetzt mit der Flüchtlingswelle kommen, darf man eigentlich kaum aussprechen. Das Wort „Schmarotzer" ist da wohl noch das harmloseste. Und ein türkischer Bekannter, mit dem ich zusammen Kampfsport trainiert habe, der ist noch brutaler – obwohl er ja auch Moslem ist, wie viele der Flüchtlinge. Was der sagt, darf ich nicht wiedergeben, das ist extrem rassistisch. Und unser Italiener, bei dem wir immer essen gehen, der sagt immer nur, dass es wieder einen „Benito" braucht, der aufräumt. Also das wird noch interessant werden. Abgesehen davon knallt es immer wieder in Asylunterkünften zwischen Christen und extremen Muslimen. Oder zwischen Kurden und IS-Anhängern. Und das Endziel des ganzen Wahnsinns sind die *Vereinigten Staaten von Europa*.

O.k., aber lassen wir dieses Thema. Ein paar Fragen hätte ich noch. Wie lange waren Sie für den Geheimdienst tätig?

2006 wurde der *Dienst für Analyse und Prävention* – das ganze Konstrukt – aufgelöst und umgestaltet in den NDB, den *Nachrichtendienst des Bundes*. Die Unterlagen wurden aber vorher schon weggeschafft. Die wussten das schon 2002, dass die Amerikaner herumspinnen wegen der Umwandlung aller Länder in Firmen. Die USA verlangte diese Schritte, um den Beweis zu haben, dass alle diese Länder auf ihrer Seite sind. Wer sich weigerte, wurde zum Schurkenstaat erklärt. In diesem

Atemzug kam viel Kritik auf bezüglich der Geheimdienste in der Schweiz und weil die Schweiz nicht das macht, was die Amerikaner möchten. Bereits damals wurde Druck auf die Schweiz ausgeübt und mehr und mehr verstärkt. 2003 wurde meine Abteilung 322 aufgelöst, ich war aber noch bis 2006 für den Dienst (DAP) tätig. Der Briefkasten war ab diesem Zeitpunkt geschlossen, und ich konnte Nachrichten nur noch über Urs weitergeben. Das ging bis Ende 2006, Anfang 2007. Danach hatte ich zunächst keinen Kontakt mehr. Dabei ist man aber trotzdem noch und führt die alten Befehle wie den Schutz des Volkes fort. Man kann nicht aussteigen. Es kann durchaus sein, dass man plötzlich wieder kontaktiert wird. Tatsächlich ist es so, dass ich pro Jahr zwei bis dreimal kontaktiert werde, allerdings nicht zwecks neuer Aufträge, sondern um über neueste Ereignisse und Veränderungen informiert zu werden.

Wie ist die aktuelle Situation?

Nun, seit Ende 2012 ist man mehrmals an mich herangetreten und meinte, dass sich die Situation weltweit verschärfen würde. Den ersten Kontakt hatte ich eher per Zufall beim Einkaufen, Ende 2009, als ich einen meiner Ausbilder wieder traf. Er erzählte mir, dass wir uns alle unauffällig verhalten sollen, also passiv, weil Teile des neuen Geheimdienstes Ausschau nach Leuten wie uns halten würde. Ich will nicht sagen, dass wir verfolgt wurden, aber wir waren im Visier. Vermutlich sind wir es immer noch. Der Grund ist, dass wir viele Informationen haben und diese gegen die neuen Dienste oder gegen die Machenschaften der Regierung verwenden könnten. Da die Unterlagen alle entsorgt worden waren, versuchte man, aus uns Agenten etwas herauszubekommen. Dann war Ruhe bis 2012. Dann kam er erneut auf mich zu und meinte, dass es nun anders abgehen würde.

Wie findet die Kontaktaufnahme statt?

Entweder im Zug oder es liegt ein Zettel im Briefkasten, dass ich zu einem bestimmten Ort gehen soll.

Und worum ging es jetzt, also 2012?

Es hieß, dass es um Syrien, Iran und die ganze Situation im Nahen Osten gehe. Es würde bis 2015 immer schlimmer werden, auch mit der Zuwanderung würde es immer schlimmer werden. Sie wollen den Nahen Osten in einen Krieg treiben und Russland darin verwickeln.

Heute, im Januar 2016, können wir sagen, dass es ihnen bislang noch nicht so gelungen ist, wie sie es eigentlich geplant hatten. Das mit der Ukraine hat auch nicht so geklappt. Und der Nahe Osten ist auch noch nicht in ein Flammenmeer verwandelt worden. Es gelingt ihnen nicht. Das liegt meiner Ansicht nach daran: Es gibt nicht nur einen Kampf zwischen den Geheimlogen, sondern auch zwischen den Geheimdiensten und den Militärs intern. Mein Kontaktmann hat gesagt, dass die US-Armee in sich gespalten sei, es gäbe zwei Gruppen. Die eine Gruppe wird von Dick Cheney, Rumsfeld und Bush geführt, die dafür gesorgt hat, dass sie einen Teil des Nahen Ostens bereits erobert haben, dass sie aber auch wirklich im Militär und im Pentagon gegeneinander arbeiten. Einer versucht, eine Bombe nach Teheran zu schicken, und ein anderer im Pentagon verhindert es. Das macht ein wenig Hoffnung...

Das kann ich bestätigen. Das ist in Jugoslawien auch so gewesen, als ein US-General einen Angriff verweigerte...

Aber vor allem in Syrien geschieht das immer wieder. Ich hatte vor kurzem einen Asylanten aus Syrien gesprochen, der mir einige spannende Geschichten erzählt hat. Sie hätten beispielsweise zusammen mit Amerikanern den IS bekämpft, aber diese Amerikaner waren aus der eigenen Armee ausgetreten. Angeblich haben denen sogar ganze Truppen geholfen. Das deutet dann schon darauf hin, dass die intern wirklich richtige Probleme haben. Das Nächste ist, dass es schon längst amerikanische Bodentruppen in Syrien gibt.

Gut. Der Kontaktmann hat also darauf hingewiesen, dass es zu dieser Asylantenflut kommen soll, dass man den Krieg über den gesamten Nahen Osten ziehen will, dass es aber Geheimdienstler in verschiedenen Ländern gibt, die da nicht mehr mitmachen wollen. Ist das so richtig?

Ja. Obwohl das bereits schon seit mindestens 30 Jahren so ist. Ich denke, dass es seit Breschnjew so ist, der damals schon mit anderen Diensten Kontakt aufgenommen hatte und diese über die wahren Weltherrscher informierte. Er hat damit begonnen, weltweit ein separates Netzwerk aufzubauen.

Die Amerikaner bzw. die Mächtigen, die die USA besitzen, wollen einen Atomkrieg. Die Amis sind heute im Besitz von Atombomben, die nicht hunderte Jahre die Welt verstrahlen, sondern nur ein/zwei Tage. Dann haben sie auch die Mini-Nukes, die kleinen Atombomben, die gezielter eingesetzt werden können. Wegen der Strahlung machen sich die Amis weniger Sorgen. Man sieht es auch bei dem abgereicherten Uran und den anderen Uranwaffen, die sie haben. Das sind angeblich die einzigen Waffen, die die elektromagnetischen Schutzschilde der Russen durchschlagen können. Die Russen sind in der Lage, unsichtbare Wände aufzubauen, die nicht durchdrungen werden können. Manche Geheimdienstler sprechen von unsichtbaren Kuppeln, die die Russen beispielsweise über einer Stadt errichten können. Und da geht kein Flieger durch. Auch Gewehrkugeln prallen daran ab oder werden abgelenkt. Diese Techniken, die im russischen TV gezeigt oder vom Oberbefehlshaber der NATO General Breedlove genannt wurden, kenne ich seit 1995. Die Reichweite bzw. Leistung ist größer geworden. Aber das ist de facto „altes" Zeug – teilweise von den Reichsdeutschen.

Können Sie dazu mehr berichten?

Die Russen haben sich bereits sehr früh auf elektronische Waffen spezialisiert. Deswegen haben sie in diesem Bereich auch einen Vorsprung zu den Amerikanern von 10 bis 15 Jahren. In anderen Bereichen sind die Amerikaner mit den Russen gleichauf. Was die Raumfahrt angeht, sind die Amerikaner vorne dran. Doch was helfen den Amis ihre Antigravitationsgeräte, wenn diese durch die russischen elektromagnetischen Waffen locker abgeschossen werden können? Die Russen sind mit ihrer HAARP-Technologie auf jeden Fall weiter als die USA. Die Russen hatten im April 2014 ein amerikanisches Kriegsschiff im Schwarzen Meer außer Gefecht gesetzt, indem sie durch funkelektronische Niederhaltung das modernste amerikanische Gefechtsführungssystem „Ae-

gis" lahmgelegt hatten. Das war auf dem Zerstörer „Donald Cook".
Von ähnlichen Waffensystemen hatten wir damals bei unserer Ausbildung schon erfahren. Und wie bereits erwähnt sollen diese die Möglichkeit haben, elektromagnetische Kuppeln aufzubauen, durch die nichts hindurchgeht. Diese unsichtbare Wand können die Russen offenbar in verschiedenen Stärken erstellen, von diamanthart bis zu elastisch. Und die Amerikaner haben dem nichts entgegenzusetzen. Übrigens hatten die Reichsdeutschen diese Technik schon, als die Amerikaner ihre Atombomben am Südpol testeten.

Darüber hinaus hat man uns davon erzählt, dass die Russen ein Abbild des Erdbodens zirka 10 bis 50 Meter in die Luft projizieren können. Das bedeutet, dass ein feindlicher Bomber oder ein Satellit von oben glaubt, die Erdoberfläche zu sehen, diese aber 50 Meter über dem richtigen Boden liegt. Darunter können dann russische Truppenbewegungen stattfinden, ohne bemerkt zu werden. Dann haben sie Unterwasserraketen, die werden unter Wasser abgeschossen und können durchaus 2.000 km weit kommen, dann aus dem Wasser austreten und ihr Ziel aus der Luft zerstören. Diese Raketen können auch von U-Booten abgefeuert werden – ach ja, und sie haben auch lautlose U-Boote. Zudem sind nicht nur die Amerikaner in der Lage, Flugzeuge nicht nur radarunsichtbar, sondern sie auch für das Auge verschwinden zu lassen – das können die Russen auch. Das ist eine alte japanische Technologie aus den 1980er-Jahren. Sie haben eine Art Mantel erfunden, indem Kamera- und Bildzellen das Hintere des Flugzeugs nach vorne spiegeln und das Vordere nach hinten. Etwas beängstigender finde ich Entwicklungen der letzten Jahre. Die Russen können mit ihrer Technologie von oben Objekte oder ganze Landschaftsregionen verbruzeln.

Warum verbruzeln sie dann nicht die IS von oben?

Weil die Technologie nicht unterscheidet zwischen Zivilbevölkerung und Soldaten.

Das tun die russischen Bomben aber auch nicht...

Das stimmt. Ich weiß es auch nicht. Mit der Mikrowellenstrahlung können sie von oben – vom Satellit aus – alles zum Kochen bringen. Die

Amerikaner sind den Russen wiederum bei den Erdbebenwaffen voraus. Die Russen können zwar das Wetter gut manipulieren, aber Erdbeben oder Springfluten auslösen können die Amis besser – mit Skalarwaffen. (*Skalarwellen* sind gerichtete Wellen, auch als *Gravitationswellen* bekannt, die von Nikola Tesla entdeckt worden sind; A.d.V.) Es kann auch sein, dass die Russen nur vorgeben, in gewissen Bereichen schlechter zu sein. Das haben sie ja auch im Kalten Krieg immer wieder gemacht und die USA so ins offene Messer laufen lassen – oder in Syrien mit ihren elektronischen Waffen zum Beispiel. Die NATO und die USA sehen ja gar nichts. Sie wurden durch diese Waffensysteme regelrecht überrumpelt. Es gibt auf YouTube dazu einen Bericht aus dem russischen Fernsehen. („Russlands elektromagnetische Waffen"; A.d.V.) Die meisten Systeme kenne ich seit 1995.

Ach, da kommt mir noch etwas in den Sinn. Es gibt einen alten russischen Trick: Komplizierte und veraltete Technik wird von einem „Überläufer" verraten. Unterlagen darüber werden an die USA weitergegeben und diese so auf eine falsche Fährte geschickt. Die USA forscht daran herum und entwickelt Abwehrmaßnahmen. Die Russen sind aber zum Zeitpunkt der Übergabe schon mindestens zwei Generationen weiter.

Aber die Amerikaner sind skrupellos, denen ist das scheißegal, ob die Welt verseucht wird oder hunderte Millionen Menschen dabei draufgehen. Sie wollen die Weltherrschaft, die alleinige Weltherrschaft, das Teufelsreich auf Erden. Da wird auch spielend ein Nuklearkrieg in Kauf genommen. Es wird auch mit dem Gedanken einer globalen Seuche gespielt. Die USA haben mehrere Millionen Indianer ermordet, um an ihr Land zu kommen, haben zwei Weltkriege angezettelt und etwa 200 Kriege geführt. Und all das für die Weltherrschaft und die globale Macht. Wenn die Menschen nicht bald erwachen und sich friedlich und zivil ungehorsam verhalten, dann wird – ich sage es mit den Worten Pater Pios – *„Europa die Freiheit sehr blutig erkämpfen müssen".* Die Prophetien sind abstrakt gesehen in drei Teile gespalten: Die Einen sind apokalyptisch und sehr düster. Die anderen sind sehr optimistisch und voller Hoffnung. In denen heißt es, dass die Menschen dem System einfach davonlaufen werden und die unmenschlichen Umstände einfach verschwinden würden. Die Macht falle einfach zusammen, und die

Mächtigen würden gejagt, getötet und inhaftiert werden. Die Menschen würden wieder zum wahren Glauben finden und gemeinsam ein Friedensreich erschaffen. Die dritten Prophetien befassen sich mit der Warnung, einem Wunder und der Säuberung durch die Schöpferkraft höchstpersönlich. Die Warnung und das Wunder werden dann zeigen, ob die Menschen gewillt sind, sich zu verändern. Wenn sie es tun, wird die Säuberung wegfallen. Auch ist vorhergesagt, dass die Teuflischen einfach entrückt werden, wenn die Menschheit zur Vernunft kommt. Ich selber denke, dass wir auf dem richtigen Weg sind. Ich rede mit vielen Menschen, und in letzter Zeit sind die Leute viel offener geworden und bekennen sich gegen Gewalt. Auch viele Mitmenschen mit Migrationshintergrund stellen sich gegen die Machenschaften der USA und gegen einen Konflikt in Europa.

Nun, ich bin auch guter Dinge, dass es nicht so schlimm werden wird wie prophezeit. Ich denke, für heute lassen wir es gut sein. Sie wollten mich ja noch an zwei Kontakte empfehlen, die dann auch für ein Gespräch zur Verfügung stehen würden. Dafür danke ich schon einmal.

Gerne, die Zeit ist reif, dass all die Sauereien ans Licht kommen. Der eine Herr, mit dem ich Sie zusammenbringen möchte, ist ein Arzt, der zum Teil im Auftrag von Staatsanwaltschaft und Gericht Gutachten „beschönigen" musste, um Personen von öffentlichem Interesse vor der Strafverfolgung zu schützen. In anderen Fällen mussten Personen verschwinden. Er hat auch ein Problem mit unserem System. Der andere ist der Urs, mit dem ich befreundet bin.

Vielen Dank!

Ich denke, dass Sie derselben Ansicht sind wie ich, dass dieses Interview sehr informativ war. Das Problem ist, dass nur wenig davon nachprüfbar ist. Es handelt sich um eine geheime Spezialeinheit, die – im Gegensatz zu GLADIO, P-26 und P-27 – nicht aufgeflogen ist. Und was das „Wissen" angeht, das die Ausbilder an Georg weitergaben, so kann es durchaus sein, dass diese meine oder ähnliche „Verschwörungs"-Bücher gelesen haben. Das muss denen nicht von ihren Vorgesetzten übermittelt worden sein. Wir wissen es leider nicht...

Ich werde versuchen, über den erwähnten Urs mehr in Erfahrung zu bringen. Und natürlich besteht auch die Hoffnung, dass sich nach der Veröffentlichung dieses Buches ein weiterer Agent dieser Einheit bei mir meldet. Ob die Reichsdeutschen tatsächlich mit den Russen, sprich den Zaren-Verwandten, kooperieren, kann ich nur schwer einschätzen. Ich bin da mal skeptisch. Was ich aus eigener Recherche bestätigen kann, sind die ausgehöhlten Schweizer Berge und die militärischen Anlagen dort. Nun, schauen wir, was in nächster Zeit in dieser Hinsicht noch alles offengelegt wird.

Der Sohn eines Illuminaten bricht sein Schweigen – erweitertes Interview mit Ben Morgenstern

geführt durch Stefan Erdmann

Schon für das Buch „Politisch unkorrekt" hatten Jan und ich ein längeres Interview mit dem Sohn eines Illuminaten geführt, den wir mehrmals getroffen hatten und zu dem der Kontakt bis heute nicht abgebrochen ist. Von einer geplanten Buchveröffentlichung hatten wir aber leider vorerst absehen müssen, da Ben Morgenstern von seiner zunächst bekundeten Bereitschaft zurückgetreten war. Mitte Januar 2016 ergab sich für mich die Gelegenheit, ein weiteres Interview mit ihm zu führen, das zwar etwas kürzer als erwartet verlief, aber dennoch hochinteressant war, da er sich auch über die Flüchtlingsthematik äußerte.

Für diejenigen Leser, die das Interview aus „Politisch unkorrekt" noch nicht kennen, möchte ich es an dieser Stelle noch einmal kurz zusammenfassen, da wesentliche Inhalte seines ersten, ausführlichen Interviews von großer Bedeutung sind, wenn es zum Beispiel um die aktuellen Fragen zum Flüchtlingsproblem in Europa und Deutschland geht, zu dem sich Ben Morgenstern ausführlich geäußert hat.

Rückblick

Im Februar 2009 und im Januar 2010 waren Jan und ich in Südafrika, wo wir verschiedene Spuren verfolgten. Zum einen hatten wir einen Kontakt zu einem angeblichen Mitglied der *Prieuré de Sion* erhalten und zum anderen zu Credo Mutwa, dem berühmtesten Schamanen in Südafrika. Über deutsche Freunde, die schon lange in Südafrika leben, gelang es uns, wieder einen Kontakt zu Credo Mutwa herzustellen, der mittlerweile über 90 Jahre alt war. Im Vorfeld hatte ich erfahren können, dass seine Frau Viktoria ebenfalls noch lebt. Beide traf ich bereits Anfang der 1990er-Jahre in der Nähe von Johannesburg, als ich damals viel in Afrika unterwegs war und alle südafrikanischen Länder bereiste. Mein Ziel war es damals, in Zusammenhang mit meinem ersten Buch „Den Göttern auf der Spur", Stammesoberhäupter und Medizinmänner zu besuchen, um sie nach alten Legenden und Überlieferungen zu befragen, die den Ursprung der Menschheit betreffen. Ich war damals überrascht zu erfahren, dass viele afrikanische Stammesoberhäupter die Ansicht vertreten, dass die Erde in der Frühzeit der Menschheitsgeschichte von „Göttern" besucht wurde, die von fremden Sternen kamen und quasi als „Kulturbringer" fungierten, da sie nicht nur genetisch eingegriffen hatten, sondern die primitiven Menschen in vielerlei Dingen unterwiesen und in verhältnismäßig kurzer Zeit auf ein höheres Entwicklungsniveau hoben.

In diesem Zusammenhang stieß ich damals auch auf den Namen Credo Mutwa, der in Südafrika bereits in dieser Zeit eine lebende Legende war. Aus aller Welt suchten ihn Menschen auf, und sogar Persönlichkeiten wie Nelson Mandela oder Bill Clinton machten Mutwa ihre Aufwartung. Er ist nicht nur ein „Heiliger Mann", ein Sangoma, wie die Zulus ihn nennen, er ist auch ein erfolgreicher Autor mehrerer Bücher. Seine Titel behandeln politische Themen, aber auch die Frage der eben erwähnten „außerirdischen Kulturbringer" in Afrika. Für viele einflussreiche Gruppierungen ist diese Frage als „politisch unkorrekt" einzustufen, und das aus gutem Grund, wie wir heute wissen, weil es nicht nur die großen Religionen und

Abb. 5: Stefan Erdmann und Jan van Helsing mit Credo Mutwa im Februar 2010 in Südafrika.

ihre Lehren in Bedrängnis bringen würde, sondern auch nicht in unser Wissenschaftsbild passt. Wir stammen ja schließlich vom Affen ab...

Dass Mutwa sogar über die nationalen Grenzen Südafrikas hinaus bekannt wurde, lag insbesondere daran, dass er öffentlich über den Einfluss amerikanischer und englischer Herrscherfamilien bzw. Königshäuser berichtete und deren angebliche Verbindung zu humanoiden Außerirdischen. Mutwa war auch einer der Ersten, die öffentlich behaupteten, dass es schon lange ein geheimes Abkommen zwischen der US-Regierung und Außerirdischen gibt.

Im Vorfeld unserer Reise hatte Jan zudem einen befreundeten Buren kontaktiert, den er seit vielen Jahren kannte und den wir auf unserer Reise ebenfalls besuchten. Dieser Kontaktmann ist für den südafrikanischen Geheimdienst tätig, und er hatte Jan schon vor einigen Jahren über geheime Testflüge von Fliegenden Untertassen berichtet, die in Pretoria vom Militär durchgeführt werden. Durch diesen glücklichen Umstand haben wir dann Ben Morgenstern kennengelernt, mit dem wir uns einmal abends zum Essen trafen. Erst nach diesem Essen erfuhren wir durch den Geheimdienstmann, wer Morgenstern ist und welchen Einfluss er und seine Familie haben.

Um es hier kurz zu halten: Ben Morgensterns Vater ist Inhaber eines großen Wirtschaftsimperiums in Südafrika und, wie wir später von ihm noch erfahren haben, auch im internationalen Bankwesen tätig. Er stammt aus einer der vermögendsten und mächtigsten Familien Afrikas. Sein Urgroßvater industrialisierte zusammen mit seinem Freund Samuel „Sammy" Marks Südafrika und war auch parallel im Bankgewerbe tätig. So ist seine Familie auch heute noch zweigleisig tätig – Industrie und Privatbankenwesen –, aber das nicht nur in Südafrika. Wie die Familie Marks ist auch Ben Morgensterns Familie jüdisch, doch im Gegensatz zu Sammy Marks, der aus Litauen stammt, kamen Morgensterns Vorfahren aus Deutschland. Deswegen verbindet ihn das auch mit Deutschland, was wir im Interview gleich sehen werden.

Um es gleich vorwegzunehmen: Herrn Morgensterns Steckenpferd sind der Erste und Zweite Weltkrieg, also weniger mystische Aspekte der weltweiten Verschwörung. Deshalb waren und sind unsere Gespräche auf diesen politischen Bereich fixiert. Bei unseren drei Treffen erklärte er uns die

Hintergründe dazu aus der Sicht seiner Familie. Sie werden sich fragen, wieso dieser Mann sich mit uns unterhält. Nun, das hat mehrere Gründe. Der erste ist die Geburt seiner Tochter, die in ihm etwas Emotionales ausgelöst hatte und einen anderen Blick für die Menschen öffnete. Zum anderen pocht in ihm ein patriotisches Herz für Deutschland. Und zum Dritten gibt es Rivalitäten zwischen den Familien: Die einen wollen Deutschland und die weiße deutsche Bevölkerung von der Weltkarte verschwinden sehen – oder zumindest in der Bedeutungslosigkeit –, die anderen sehen in Deutschland die Führungsrolle in der *Neuen Weltordnung*, also der globalen Weltidee der Zukunft. Deswegen siedeln auch viele jüdische Familienclans wieder nach Deutschland um und/oder investieren im großen Stil in deutsche Immobilien.

Ben Morgenstern erklärte damals: *„Es gibt innerhalb der Familien Rivalitäten, die weltpolitisch von größter Tragweite sein können. Dabei geht es sicherlich auch um die Behandlung Europas und Deutschlands, aber auch um noch gewichtigere Dinge in Bezug auf die Umsetzung der Zentralen Weltregierung. Ein anderer Streitpunkt ist die Manipulation des Wetters und die politische Einflussnahme durch moderne ‚Wetterwaffen' – und nicht zu vergessen ist die weltweite Bedrohung durch den stetig wachsenden Islam. Auch hier gibt es sehr unterschiedliche Vorstellungen, wie man diese Problematik in Zukunft lösen will.*
Sie müssen nicht denken, dass es etwas so Ungewöhnliches ist, dass ich mich mit Ihnen über die Weltpolitik unterhalte, das tun andere Mitglieder einflussreicher Familien ebenso. Nur dringt das kaum an die Öffentlichkeit. Es bleibt meist im kleineren Rahmen, wie in der Financial Times zum Beispiel. Das, was ich Ihnen erzähle, ist ja nichts Neues oder etwas wirklich Geheimes, es ist jedermann zugänglich. Doch bringen das die großen Medien nicht (lacht). Zudem sei gesagt, dass auch in unseren Reihen nicht alles Gold ist, was glänzt. Es kommt schon immer wieder mal vor, dass eines unserer Mitglieder im Zorn etwas in einem Interview herauslässt, um einem anderen Mitglied eins auszuwischen. In gewisser Form tue ich das heute auch, da unsere Familie zwar sehr viel Einfluss hat, aber doch nicht zum Top-Level der Welt gehört. Auch uns wird gesagt, was wir zu tun haben. Und das passt mir oftmals nicht. Vor allem passt mir nicht, wie mit Deutschland umgegangen wird.“[4]

Die Familie Morgenstern ist sehr einflussreich auf dem afrikanischen Kontinent, auch wenn das auf den ersten Blick so nicht zu erkennen sein mag. Das hat zum Teil natürlich mit dem Firmenvermögen zu tun, mehr aber mit den Verbindungen, die Herrn Morgensterns Vorväter aufgebaut haben. Da sind Kontakte zu elitären Kreisen, überwiegend Bankiers und Rohstoffhändler. Dass nur wenige Familienimperien über den größten Teil des Weltkapitals verfügen und damit über Krieg und Frieden entscheiden, ist schon lange kein Geheimnis mehr. Das kann man eine „Verschwörung" nennen, ist aber tatsächlich eine Folge von Ereignissen, also von wirtschaftlichen Verbindungen und pragmatischem Denken. Kapitalstarke Dynastien sind durchweg geistig gebildet und haben Zugang zu Militär, Technik, Industrie und Medien. Wer kein Geld hat, hat kaum Bildung und wenn doch, dann aber dennoch keinen Kontakt zu den anderen Bereichen. Die Kombination der genannten Zweige ist der Schlüssel!

Ben Morgensterns Urgroßvater war deutschstämmig. Sein Großvater hatte ihm viel über dessen Arbeit, über Deutschland und die Hintergründe der Weltkriege erzählt. Wie schon sein Vater verbrachte auch sein Großvater einen Teil seines Lebens in Deutschland. Das ergab sich schon allein aus der politischen und beruflichen Situation seiner Familie, und auch seine Frau ist Deutsche. Interessant war für uns die nüchterne Aussage Morgensterns, dass es diesen ,Hass', der oft propagiert wird, wenn es um die Vergangenheit und die schrecklichen geschichtlichen Ereignisse des jüdischen und des deutschen Volkes geht, in seinen Ebenen gar nicht gibt.

Ben Morgenstern dazu: *„Die meisten meiner Familienmitglieder, und auch viele aus anderen Familien, haben größten Respekt vor den Deutschen, haben sogar wie ich deutsche Wurzeln. Sie ,hassen' nicht. Würden sie das tun, wären sie nicht so mächtig und erfolgreich. Sie handeln nur, wie sie es für richtig halten. Das ist keine Frage der Moral. In der Weltpolitik hat Moral noch nie eine Rolle gespielt. Diejenigen, die regieren, entscheiden darüber, was Moral ist und was nicht. Es geht vielmehr um Notwendigkeiten! Den führenden Familien sind Religionen, nationales Denken oder nationales Bewusstsein eher fremd. Sie sind zwar im Privatleben in höchstem Maße von moralischen Prinzipien durchdrungen, aber hinsichtlich ihrer Machtausübung haben sie diesbezüglich überhaupt keine Emotion oder Moral. Wir werden von klein auf so erzogen. Ich halte die Elite-*

Familien in diesem Punkt für weiter fortgeschritten als den Rest der Welt, weil es eine gewisse Wertneutralität bedeutet."[4]

Etwa ab 1910, so Ben Morgenstern, wurden die Aufenthalte seines Urgroßvaters in Deutschland dann immer seltener. Der Hauptgrund war der bevorstehende Erste Weltkrieg. Trotz der großen Immunität seiner Familie stieg vermutlich auch die Angst vor Attentaten. Wie jedes männliche Familienmitglied hatte auch sein Großvater zunächst auf einer Privatschule und später dann an einer Universität Politikwissenschaften (*political science*; A.d.V.) studiert. Aufgrund seiner Familienzugehörigkeit wurde ihm bereits in jungen Jahren eine beratende Position in wirtschaftlichen und militärischen Fragen und verschiedenen Kontrollgremien der Elite-Familien zugewiesen. Seine beratende Tätigkeit in politischen Fragen und im wirtschaftlichen Sektor hat er bis Ende der 1960er-Jahre durchgeführt. Nebenbei war er auch Berater verschiedener hochstehender Politiker, und das sogar bis ins hohe Alter.

Bens Vater und insbesondere sein Großvater waren es, die das Leben und Denken, vornehmlich das politische Denken des Ben Morgenstern geprägt haben.

Ben Morgenstern: *„Meinen Urgroßvater habe ich nicht mehr kennengelernt. Von meinem Großvater habe ich aber viel über ihn und seine politische Tätigkeit erfahren. Dazu möchte ich aber nicht mehr sagen. Vielleicht nur so viel, als dass es wohl nicht ganz unbedeutend ist, dass er im Rahmen seiner politischen Tätigkeit bei der Versailler Friedenskonferenz anwesend war und an der Ausarbeitung des Ha'avara-Abkommens beratend mitwirkte.*"[4] (Das *Ha'avara-Abkommen* wurde 1933 zwischen dem Deutschen Reich und der *Jewish Agency for Palestine* geschlossen. Es wurde dadurch Juden, die nach Palästina emigrierten, eine besondere Möglichkeit eingeräumt, ihr Kapital zu transferieren.; A.d.V.)

Ben Morgenstern hat uns erklärt, dass Deutschland aufgrund seiner Herkunft schon immer eine besondere Aufmerksamkeit bei ihm geweckt hat. Bereits seit seiner Kindheit fühlt er eine tiefe Verbindung zu Deutschland und dem deutschen Wesen. Das ist sicherlich ein ‚Erbe' seiner Vorfahren, für das er ihnen noch heute sehr dankbar ist, so Morgenstern:

„Was ich von meinem Großvater in dieser Hinsicht erfahren habe, war für meine persönliche Entwicklung von großer Bedeutung, und erst viel später konnte ich begreifen, was er meinte. Er sagte mir einmal: ‚Was den Deutschen seit dem Ende des Zweiten Weltkriegs widerfahren ist und in welcher unfassbaren Weise sie belogen und betrogen worden sind, ist einzigartig in der gesamten menschlichen Geschichtsschreibung. Und die einzigen, die das nicht wissen, sind die Deutschen selbst.' Ich war zu der Zeit noch sehr jung und habe diese Aussage erst Jahre später wirklich begriffen. Natürlich hatte es auch einen besonderen Grund, warum man mit den Deutschen so verfahren musste. Heute kann man unzweifelhaft feststellen, dass mein Großvater recht hatte, wenn er sagte, dass die Deutschen selbst die Letzten sind, die wirklich wissen, welches teuflische Spiel mit ihnen in den letzten 130 Jahren getrieben wurde. Unterstrichen wird diese Unwissenheit und Ignoranz durch die Tatsache, dass dieser Betrug am deutschen Volk bis heute auch von vielen Persönlichkeiten national wie international bestätigt wird. Was soll ein Mann wie ich dem noch hinzufügen, außer der Tatsache, dass die Deutschen sich offenbar in der Märtyrerrolle wohl zu fühlen scheinen...?"[4]

Für Ben Morgenstern ist der Begriff „Illuminaten" nichts weiter als ein abgedroschener Begriff, schlichtweg esoterische Spielerei. Er beschreibt es als einen Oberbegriff für ein weltweites Netzwerk von ein paar tausend Männern und den dazugehörigen Familien – den reichsten logischerweise. Dieses Familien-Netzwerk kontrolliert alle entscheidenden Organisationen, wie die *Freimaurerei*, die *UNO*, die *WTO*, den *IWF*, die *Bilderberger*, die *Trilaterale Kommission*, das *Komitee der 300* u.v.a., so Morgenstern.

Wie bereits gesagt haben Begriffe wie „Illuminaten" bei ihm kaum eine Bedeutung. Und dass das nur Wenigen bekannt ist, liegt schlicht weg daran, dass die *„Welt voller Narren ist..."* Logen und Geheimgesellschaften – egal welche Namen sie tragen mögen – sind letztlich nur Handlanger, ausführende Organe, Werkzeuge, welche die Elite-Familien in den vergangenen Generationen wie ein Spinnennetz über die Erde gesponnen haben, aus dem es kein Entkommen mehr gibt. Ben Morgenstern sieht in den Top-Familien, entgegen verschiedener Verschwörungs-Publikationen, nicht gleich die 13 Blutlinien, weil man seiner Ansicht nach nicht alles auf das Blut der 13 Familien zurückführen kann.

Auf der anderen Seite ist es laut Ben Morgenstern so, dass es die *„alten, ehrwürdigen Linien"* gibt. Doch deren Macht bröckelt. Es sind neue, unvorstellbar reiche Familien hinzugekommen, die eine Konkurrenz darstellen – vor allem aus Asien. Es gibt Familien und eben auch Banken, die wiederum von Regierungen gestützt sind, die das angloamerikanische Bankensystem zerstören wollen. Das ist erst in den letzten zwei Jahrzehnten geschehen.

„Sagen wir einmal so: Es gibt die alten, ehrwürdigen Familien, das alte Blut, die man als ‚Königliche Familien' bezeichnen könnte – schon allein aus dem Grund, weil sich die Bankiers- und Industriefamilien in den letzten Jahrhunderten gezielt mit den europäischen Königshäusern vermischt haben. Die Tradition, nur untereinander zu heiraten, wird bis heute gepflegt. Es besteht einerseits ein Blutband in diesem globalen Machtspiel, und das schon sehr, sehr lange. Dennoch sind es in Wirklichkeit nur ein paar Familien, die wirklich die Spitze der Herrscher-Familien ausmachen und das gesamte, weltweit umspannende Netzwerk kontrollieren. Und die sagen auch uns, was wir zu tun haben."[4]

Aufgrund seiner Herkunft hat er schon sehr früh erfahren, dass die Geschichtsschreibung derart gefälscht ist, dass er auch bezüglich der Stammlinien der Familien ganz nüchtern denkt. All diese sogenannten Blutlinien müssen mit der Thora übereinstimmen, aber das tun sie eben nur vordergründig. Die Geschichtsschreibung, die wir heute haben, ist zurechtgemogelt. *„Einige Familien – von meiner weiß ich das ganz sicher, weil ich sie persönlich gesehen habe – besitzen schriftliche Beweise, dass es vor der Genesis noch andere, viel ältere Kulturen gab. Die Menschheitsgeschichte begann nicht mit Adam und Eva – vielleicht in Nordafrika, aber nicht weltweit."* Er berichtete uns, dass er vor fast 20 Jahren in Guatemala, zusammen mit Logenbrüdern aus der Regierung, das Nationalmuseum besuchte, dessen Leiter auch ein Logenbruder war. Dieser zeigte ihnen dann zwei menschliche Mumien, denen die Köpfe fehlten. In einem anderen Raum hatte er die Köpfe aufbewahrt, die man den Mumien abgesägt hatte – es waren Tierköpfe! Das hatte damals sein Weltbild massivst erschüttert. Doch als man in der Nähe von Kimberley, Südafrika, bei Minenarbeiten zwei Skelette von Riesen fand, die zwei Gebissreihen hatten und sechs Finger aufwiesen, war ihm klar, dass wir nicht die einzige Menschheit sind, die diesen Planeten bevölkert hat. Zudem sind auch in Südafrika Fliegende Untertassen abgestürzt, die vom Militär ausgewertet und getestet wurden.

Es gibt definitiv eine Geschichtsschreibung *vor* der biblischen. Das wissen die Familien, und das weiß auch Rom, aber das wird zurückgehalten. Deswegen ist das mit den Blutlinien nicht haltbar. Diese schriftlichen Beweise, die sich teilweise in den Händen seiner Familie befinden, stammen aus uralten Bibliotheken, einige davon aus der Bibliothek von Alexandria, die entgegen der Meinung der Geschichtsschreibung gar nicht vollständig abgebrannt ist. Das war schon frühzeitig eine geschickte und bewusste Irreführung. Bevor seine Familie in den Besitz dieser Schriften kam, lagen diese lange Zeit im Vatikan. Ein ganz anderer und viel entscheidenderer Inhalt dieser alten Schriften belegt, dass die Erde von Wissenschaftlern eines oder mehrerer Planeten besucht wurde. Die Vertreter dieser Zivilisationen haben den Grundstein für den heute auf der Erde lebenden Menschen gelegt, der von den Außerirdischen gezielt auf ein höheres Entwicklungsniveau gehoben wurde. Das ist eines der größten Geheimnisse, welches vor der Welt zurückgehalten wird. Und das wäre dann eine richtige „Blutlinie" – wenn es überhaupt eine gibt –, denn hier gab es genetische Vermischungen mit Menschen!

Ben Morgenstern sagt ganz offen, dass die Geschichte, wie sie uns an den Schulen gelehrt wird, so nicht korrekt ist. Damit meint er mehr die jüngere Geschichtsschreibung der letzten 100 bis 200 Jahre und wie es gelingen konnte, dass so wenige Menschen innerhalb so weniger Jahrzehnte den Großteil des Geldes steuern konnten und damit die Weltgeschicke lenken. Um das genau zu erörtern, muss ich an dieser Stelle etwas weiter ausholen und auf die Umstände eingehen, die dazu geführt haben, dass Deutschland den Ersten Weltkrieg noch verloren hat.

Ben Morgensterns Urgroßvater war – wenn auch nur passiv – in Versailles anwesend. Aber er war mit Paul Warburg bekannt, welcher der Gründer der amerikanischen Zentralbank (FED) im Jahre 1913 war. Dieser war der Kopf einer Gruppe von Bankiers, die dieses Vorhaben – den USA eine Zentralbank zu verpassen – vorantrieben. Diese Bankiersfamilien geben vor, wie die Politik in den USA gemacht wird, da sie über das Geld bestimmen. Sie sind die wirklichen Monarchen der Vereinigten Staaten. Sie waren die eigentlichen Wegbereiter des Ersten und Zweiten Weltkriegs und der Russischen Revolution, weil sie das Geld zur Verfügung stellten. Der Erste Weltkrieg, der im Sommer 1914 ausbrach, wurde von der Allianz Deutschland, Österreich/Ungarn und der Türkei nach zwei Jahren gewonnen. England, Frankreich und Russland waren auf dem Schlachtfeld besiegt – etwas, womit viele nicht gerechnet hatten, schon gar nicht die drei letztgenannten Mächte. Deutschland bot England den Frieden an. Interessanterweise war das auch Anfang des Zweiten Weltkrieges so, als Hitler England den Frieden anbot. Aber Churchill wollte bekanntlich Deutschland für immer vernichtend schlagen. Aber das ist eine andere Geschichte.

Es ist heute kein Staatsgeheimnis mehr, dass England im Sommer 1916 ernsthaft darüber nachdachte, dieses Angebot tatsächlich anzunehmen. Sie hatten auch keine Wahl. Hätten sie weiter gekämpft, wäre es eine viel größere Katastrophe gewesen. Während dieser Phase, so erklärte ihm sein Großvater, intervenierten deutsch-jüdische Privatbankiers. Sie traten in Verhandlungen mit dem britischen Kriegskabinett und zeigten ihm einen Weg auf, den Krieg doch noch zu gewinnen, mit den USA als Verbündeten. Die USA hatten mit diesem Krieg an und für sich nichts zu tun, ja, waren bis dahin pro-deutsch eingestellt, und Präsident Wilson hatte bekanntlich erklärt, sich nicht in den Krieg einzumischen. Wie die Sache dann ausging, ist bekannt. Privatbanken sorgten dafür, dass die USA in den Krieg eintraten und England und die Verbündeten noch auf die Siegerstraße kamen. Der Preis, den England dafür zahlen musste, war Palästina. Niemand will das heute wahrhaben, aber genau so war es, und genau so hat es ihm sein Großvater erklärt. Das ist heute als *Balfour-Deklaration* bekannt.

Es waren die gleichen Banken, die zuvor Deutschland gegen das verhasste Zaren-Russland unterstützten, die nun ihr Geld an England gaben, als sie die Chance sahen, Palästina zu bekommen. Und die Medien taten ihren Teil dazu, sie gehörten den gleichen Familien. Zuvor war man vor allem in den USA pro-deutsch eingestellt. Dann plötzlich waren die Deutschen in den Zeitungen „Barbaren" und „Hunnen". Der weitere Verlauf des Ersten Weltkriegs war nichts weiter als ein Deal – ein Privatgeschäft zwischen Bankiersfamilien und der britischen Regierung.

Dann kam die sogenannte „Friedenskonferenz" von Versailles. Sein Urgroßvater war einer von etlichen jüdischen Vertretern, die dort mit anwesend waren. Spätestens hier wussten die Deutschen, warum die USA in den

Krieg eingetreten waren und dass es letztlich um Palästina ging. Das hat später auch Hitler gewusst, und das war entscheidend für seine Politik. Der Zweite Weltkrieg ist deswegen als Folge der Versailler Verträge zu sehen. Und Hitler wurde von den gleichen Banken finanziert, die schon das deutsche Kaiserreich im Ersten Weltkrieg unterstützt haben, so Morgenstern.

Ben Morgenstern erklärte uns unverblümt, dass man auf der Geschichtsleiter schon ein paar Jahrzehnte weiter zurücksteigen muss, um die politische Gegenwart begreifen zu können:

„Diverse Bankiersfamilien haben es geschickt verstanden, alle Parteien zu finanzieren – auch Hitler – und sie gegeneinander auszuspielen nach dem Motto: Wenn zwei sich streiten, freut sich der Dritte. Der Dritte, das sind die Banken. Hitler hat den Zweiten Weltkrieg begonnen. Aber die Vorgeschichte darf man eben nicht vergessen. Und woher kam das Geld für den Aufbau der Wirtschaft und des Rüstungsapparates? Hätte es kein Geld für Hitler gegeben, hätte es keinen Zweiten Weltkrieg gegeben. Er, wie auch alle anderen Kontrahenten, wurden benutzt wie Marionetten und gegeneinander ausgespielt. So, und durch die beiden Weltkriege ist es den Familien letztlich gelungen, geopolitisch eine neue europäische Einheit und damit ihr Ziel, ein vereintes, politisch und wirtschaftlich kontrolliertes Europa zu schaffen, um sich damit von den national- und traditionsbewussten Völkergemeinschaften des Alten Europas für immer zu verabschieden. Das Neue Europa ist heute nichts weiter als eine neue Kolonie der Königs-Familien. Es ist quasi die Errichtung eines zentralen Weltstaates. Durch das Konzept von Schuld und Angst sind die Deutschen zu bloßen Jasagern und politischen Dummköpfen umerzogen worden. Alle sprechen davon, was die Deutschen getan haben, aber wer spricht davon, was den Deutschen angetan wurde? Die Deutschen sind auf dem besten Weg, ein trostloses, gottverlassenes Märtyrervolk zu werden – das Volk, das einstmals das Volk der Dichter und Denker war, ganz zu schweigen von seinem besonderen Wesen, seinen großartigen Leistungen und Erfindungen. Es scheint dem Untergang geweiht zu sein. Sicherlich tut Hollywood seinen Teil dazu, um alles Deutsche schlechtzumachen – ganz bewusst. Und es gibt genügend Organisationen, die monetär davon profitieren, dass Deutschland in dieser Schuld verhaftet bleibt. Darauf wies ja Norman Finkelstein in seinem Buch ,Die Holocaust-Industrie' hin."[(4)]

Die Entwicklung Europas – des großen, *Neuen Europas* – ist einer der größten Schachzüge der letzten 130 Jahre europäischer Geschichte. Es ist kaum in Worte zu fassen, welche schwerwiegenden soziokulturellen Folgen das für die vielen europäischen Nationen haben wird – kulturelle Größen, wie zum Beispiel Frankreich, Italien, Spanien, Österreich und Deutschland, verblassen für immer. Ausschlaggebend für diese Kriege waren vor allem die Machtansprüche der damaligen Großmächte Frankreich, England und der USA – und nicht nur Deutschlands, wie es fälschlicherweise in unseren Geschichtsbüchern steht –, Europa wirtschaftlich zu kontrollieren. Dabei gab es nur einen Haken: Deutschland! England und die USA standen zu dieser Zeit längst politisch und wirtschaftlich unter Kontrolle der Bankiers-Familien.

Wer Europa kontrollieren will, muss Deutschland politisch und wirtschaftlich beherrschen. Genau das wurde umgesetzt, denn das wiedervereinte Deutschland ist heute politisch nicht unabhängig oder souverän. *„Sie sind nur Untermieter in ihrem eigenen Land."*, so Morgenstern.

Laut Ben Morgenstern gab es gar keinen anderen Ausweg. Die Strategen, die dafür verantwortlich waren, haben schon damals geopolitisch in ganz anderen Dimensionen gedacht und geplant. Nur durch Krieg und Revolutionen kann man eine geopolitische Weltkarte innerhalb von wenigen Jahrzehnten erfolgreich ändern, abgesehen davon, dass man damit unsagbar viel Geld verdient. So lautet deren Gesetz. Morgenstern erklärte uns weiter, dass die Pläne, Deutschland zu kontrollieren, zu 100 Prozent umgesetzt worden sind. Europa wird von wenigen Familien und dem internationalen Bankwesen kontrolliert. Alle europäischen Staaten sind doch so pleite, wie man nur sein kann, auch Deutschland und Frankreich als stärkste Wirtschaftsnationen Europas, so Morgenstern. Nur durch die immer neuen Geldströme aus dem internationalen Bankwesen lebt Europa noch.

Die Zukunft Deutschlands sieht Morgenstern sehr kritisch, denn die Umerziehungsmaßnamen, die nach dem Zweiten Weltkrieg angestrebt waren, wurden letztlich umgesetzt, und das betrifft nicht nur Deutschland, sondern auch den Rest Europas.

„Wenn Sie den Kaufmann- und den Morgenthau-Plan kennen, dann wissen Sie ja, dass man das Ziel verfolgte, die ‚von Geburt an kriegerischen Deutschen' alle zu sterilisieren und damit auszurotten. Das Ganze wurde

*inzwischen auf ganz Europa, auf die weiße Bevölkerung Europas ausge-
weitet. Die verschiedenen Pläne von damals enthielten genaue Konzepte
hinsichtlich der Entnationalisierung und der politischen, wirtschaftlichen,
militärischen Behandlung Deutschlands nach dem Krieg. Das geschieht
nun mit ganz Europa. Schauen Sie doch mal nach London, nach Zürich,
Paris oder Marseille. Sind dort noch viele ,Einheimische' bzw. ,im Land
Geborene' zu sehen?"* [4]

Die Deutschen werden all das nie begreifen, weil ihre Geschichtsschreibung seit dem Ende des Zweiten Weltkriegs durch die Siegermächte kontrolliert wird, so Morgenstern. Die Alliierten haben im Überleitungsvertrag von 1954 festgelegt, dass die Geschichtsschreibung der Alliierten von
Deutschland wiedergegeben werden müsse. Diese dürfe nicht angezweifelt
werden – auch nicht von Zeitungen. Deswegen liest man in allen deutschen
Zeitungen den gleichen Nonsens. Und das spiegelt auch die altbekannte
Diskussion über den Islam und die damit verbundene Gefahr für das
christliche Abendland wider, nicht nur in Deutschland, sondern in ganz
Europa. Das darf in den Medien nicht behandelt werden – auf Anordnung
von oben!

Das Feindbild des Amerikaners ist und bleibt weiterhin der Deutsche.
Deutschland ist durch die zwei verlorenen Weltkriege bis heute quasi ein
Besatzungsland der Siegermächte, mit dem auch nach über 70 Jahren noch
kein Friedensvertrag geschlossen worden ist, in dem immer noch alliierte
Soldaten stationiert sind und das auch sonst weder in wirtschaftlicher noch
in politischer Hinsicht von sich behaupten kann, ein freies und unabhängi-
ges Land zu sein – im Gegenteil! Die verschiedenen Pläne, wie mit
Deutschland und dem deutschen Volk nach dem Krieg zu verfahren sei,
sind nahezu zu 100 Prozent umgesetzt. Deutschland sollte entmilitarisiert
und entnationalisiert werden. Die Vermischung und den Rückgang der
Geburtenrate haben wir auch. Und die Medien waren gleich nach dem
Krieg schon zur Beeinflussung des Volkes genutzt worden.

Deutschland ist der pulsierende Pulsschlag des *Alten* und auch des *Neu-
en Europas*. Und um dieses *Alte-Neue Europa* ging es den Familien. Es war
ein wesentlicher Schritt auf dem Weg zur Zentralen Weltregierung. Das
größte Opfer bürdete man dabei Deutschland auf, denn nur wer Deutschland beherrscht, kann ein Neues Europa führen.

In unserem ersten Interview nahm Ben Morgenstern auch kurz Stellung zum Thema *bargeldloser Zahlungsverkehr*.

„Dazu möchte ich kurz etwas bemerken: Seit Jahren wird von verschiedenen Publizisten darüber berichtet, dass es das Ziel der Verschwörer ist, in naher Zukunft den bargeldlosen Zahlungsverkehr einzuführen. Sie warten bis heute darauf, ohne registriert zu haben, dass das schon längst umgesetzt ist, denn heute befindet sich nur noch etwa 5 Prozent allen Geldes in Form von Banknoten im Umlauf, der Rest wird nur noch digital per Computer bewegt. Es bleibt abzuwarten, ob die restlichen 5 Prozent auch noch digitalisiert werden und es zu einem kompletten bargeldlosen Zahlungsverkehr kommen wird. Ich bezweifle das. Ich sage Ihnen auch den Grund: Nur in Form von Banknoten können die wichtigen Wirtschaftszweige wie Drogen, Prostitution und Bestechung bedient werden, ohne dass dabei Ross und Reiter registriert werden. Und wie, glauben Sie, werden zum Beispiel sogenannte Black Projects und Geheimoperationen finanziert? Es wird daher wohl immer einen kleinen Teil an Bargeld geben, um solche Geschäfte tätigen zu können. Dennoch ist es das langfristige Ziel, eine globale Währung einzuführen.“[4]

Dann hatten wir mit ihm schon vor einigen Jahren über die zunehmende Verbreitung des Islam gesprochen. Schon damals hatte Morgenstern uns gegenüber gesagt, dass es hier innerhalb der Familien offensichtlich unterschiedliche Auffassungen gibt, wie damit in Zukunft umgegangen werden soll. Er sagte uns, dass der Islam für die Mächtigen der Welt in der Tat eine ernsthafte Bedrohung darstellt:

„Studieren Sie, was Leute wie Huxley, Wells, Brzezinski oder Huntington dazu veröffentlicht haben, dann werden Sie in etwa verstehen, was in naher Zukunft passieren wird. Das ist die Basis-Literatur, die wir in unseren Kreisen als Jugendliche schon studiert haben. Glauben Sie mir, diese Herren, die allesamt Mitglieder in unseren Organisationen waren oder sind, waren keine Propheten oder Visionäre – ganz und gar nicht. Sie waren und sind alle Insider und haben nie einen Hehl aus den Plänen der Familien gemacht. Sie haben den Menschen die ganze Wahrheit ganz offenkundig mitgeteilt, und das schon vor langer Zeit. Alles, was sie schon vor Jahr-

zehnten geschrieben haben, ist heute Realität. Da kann man wohl kaum von ‚Zufall' sprechen, oder?

Nehmen Sie zum Beispiel Samuel Huntington: Sein Werk ist alles andere als eine akademische Schrift, sondern ein ‚geopolitisches Projekt' aus der Denkschule einer bestimmten anglo-amerikanischen ‚imperialen' Fraktion. Dazu zählen neben Zbigniew Brzezinski auch Henry Kissinger oder der englische Geopolitiker und Oxforder Islamexperte Bernard Lewis. Geopolitisch geht es um die Kontrolle des eurasischen Kernlandes. Wer diese Region beherrscht, der kontrolliert die ganze Welt. Eine eurasische Wirtschaftsallianz zwischen China, Indien und Russland und den islamischen Ländern, wie beispielsweise dem Irak und dem Iran, würde die größte Gefahr für die USA darstellen. Huntington sagte, dass nach dem Kalten Krieg der Konflikt der Supermächte durch einen Kampf der Kulturen ersetzt werden müsse. Übersetzt heißt das, dass Differenzen und Konflikte zwischen verschiedenen Kulturgruppen zum zentralen Faktor globaler Politik werden. Das bedeutet, dass auf internationaler Bühne interkulturelle Auseinandersetzungen um Kultur und Religion in den politischen Mittelpunkt rücken werden. Huntington hatte die globale Problematik schon aus demographischen Aspekten richtig eingeschätzt. Schon damals war statistisch zu erkennen, dass der Islam eine Bevölkerungsexplosion mit unübersehbaren Folgen für die muslimischen Länder, aber auch für die Nachbarn und die ‚zivilisierte' Welt mit sich bringen wird. Dazu erkannte man schon damals, dass die islamische Religion ein hohes Aggressionspotential hat und die Menschen in den islamischen Ländern durch Verwandten-Ehen zu Inzucht neigen, was zu einem hohen Anteil an kranken und degenerierten Nachkommen führt. Wer um alles in der Welt will solche Menschen aufnehmen? Mit denen hat man nur Ärger. Die Deutschen tun es. Sie nicken brav, und der Bürger bezahlt. Das Chaos in Deutschland wird noch viel größer werden, davon können Sie ausgehen!"[4]

Ben Morgenstern bestätigte uns auch eine systematisch geplante Reduzierung der Menschheit und verwies unter anderem auf die Bevölkerungsstatistiken, wonach die Weltbevölkerung im Jahre 2050 die 10-Milliarden-Grenze erreichen würde. Für die herrschenden Familien ist das eine sehr beunruhigende Zahl, so Morgenstern, insbesondere im Hinblick auf die Bevölkerungsexplosion des Islam. In den vergangenen Jahrhunderten waren es die Kriege und der Massenmord an der Zivilbevölkerung einzelner Länder, die Hunderte von Millionen Opfer bedeuteten. Heute gibt es andere Möglichkeiten, um eine Reduzierung der Menschheit gezielt herbeizuführen, um gezielt einige Milliarden „unqualifizierte" Menschen zu beseitigen. Heute werden von Regierungen tödliche Krankheitserreger, Viren, radiologische und biologische Waffen entwickelt und auf die menschliche Bevölkerung losgelassen, um den „Eugenik-Prozess" weiter voranzutreiben. Die Menschen haben keinen blassen Schimmer, was in diesem Forschungsbereich alles auf der Welt erprobt und angewendet wird. Das betrifft insbesondere auch die fortgeschrittenen Möglichkeiten in den Bereichen Ernährung, Medizin und Pharmakologie. Am besten ist aus Sicht der Familien eine Kombination von beidem: ein Land niederbomben und dann die Krankheitserreger hinterherschicken, dann ein paar Jahre warten und dann die Rohstoffe herausholen, so Morgenstern.

Interessant wäre noch zu erwähnen, dass er in diesem Zusammenhang auch auf das Thema „Wetterwaffe" zu sprechen kam. Nach Morgenstern ist das ein Grund, warum die Macht der Familien so weltumspannend ist. Moderne Wetterwaffen sind heute eines der größten politischen Druckmittel, mit denen man zum Beispiel gezielt Erdbeben hervorrufen oder gezielt ganze Städte oder Landstriche überfluten kann, wie das ja häufig passiert. Hinter alldem steckt immer System. Es ist das beste politische Druckmittel, die wirksamste und zugleich modernste Kriegsform, um Regierungen „zur Vernunft" zu bringen, weil sie unsichtbar und kaum nachzuweisen ist. Dann wird in den Medien zwar von „Klimawandel" und „Erderwärmung" gesprochen, aber niemals dringen die wirklichen Gründe ans Tageslicht. *„Und selbst wenn das jemand aus unseren Reihen tun würde, die Masse der Menschen würde so etwas niemals glauben."*

Für uns waren auch seine Aussagen bezüglich der damaligen Weltwirtschaftskrise interessant. Weltwirtschaftskrisen werden geplant und über die Medien und das Internet ausgelöst.

„Innerhalb weniger Stunden werden somit Zig-Milliarden verdient. Das Geld wechselt einfach nur seinen Besitzer, es geht niemals verloren. Die meisten Menschen wissen nicht einmal ansatzweise, was da eigentlich passiert... Grundsätzlich ist davon auszugehen, dass, wenn irgendwo auf dem

weltweiten Finanzmarkt unvorstellbar große Geldmengen plötzlich ‚vernichtet' werden, dass irgendjemand daran wiederum verdient. Es ist die schnellste Form, um ungeheuer große Mengen an Geld noch mehr zu privatisieren. Das war nicht nur 2008 bei der Lehman-Pleite so, sondern ähnlich verhielt es sich auch bei der weltweiten Rezession 1929. Im Mittelpunkt stand auch damals die FED, die eigentlich dafür steht, das Land gegen Depressionen und Inflation zu schützen. Sie begann, die Menge der im Umlauf befindlichen Währung erheblich zu verringern. Als Resultat brach der Aktienmarkt zusammen, und es wurde das geplante Ziel erreicht, dass die vielen Milliarden, die in den folgenden Wochen und Monaten verschwanden, einfach nur den Besitzer wechselten und wenige Menschen noch reicher und mächtiger wurden. Gut, heute ist das alles sehr viel komplexer, aber das Prinzip, nach dem hier verfahren wird, ist ähnlich. Kaum jemand weiß heute, dass bereits 1920 nach dem gleichen Prinzip ein künstlicher Wirtschaftscrash durch die private FED ausgelöst wurde."[4]

Morgenstern sagte uns aber auch ganz deutlich, dass es wieder einen Crash geben werde. Die Frage ist nur, was der Auslöser dafür sein wird. Es gibt Teile der Elite, so fügte er noch hinzu, die den Euro fallen lassen wollen. Es gibt aber eben auch Familien, die den Euro für einen Währungskrieg gegen den US-Dollar nutzen. Es ist momentan schwer zu sagen, wer als Sieger dabei hervorgehen wird. Allerdings haben alle dasselbe Ziel – eine Weltwährung. Und es ist klar, dass die USA den Dollar als Basis dafür haben möchten. Die Asiaten sehen das ganz anders, so Morgenstern.

Abschließend fügte er noch hinzu, dass er weiterhin zu dem Ziel einer Zentralen Weltregierung stehe, doch missfällt ihm die Art, wie man mit den Menschen und auch miteinander umgeht. Er persönlich gehöre zu der Fraktion, die meint, dass die Schaltstelle der Zentralen Weltregierung nicht in Jerusalem oder New York sitzen soll, sondern in Deutschland. Die nächsten Jahre werden definitiv entscheidend sein für die Zukunft der Menschheit, das sei gewiss, so Morgenstern.

So weit die gekürzte Zusammenfassung des ersten Interviews, das wir im Buch „Politisch unkorrekt" veröffentlicht haben.

Interview vom Januar 2016

Das nun folgende Gespräch fand am 15.1.2016 am Flughafen Berlin-Tegel statt, als Herr Morgenstern Deutschland einen Besuch abstattete. Wir hatten nur zwei Stunden Zeit, wobei wir einiges Privates besprachen und ich dann die restliche Zeit dazu nutzte, Fragen zur aktuellen Situation zu stellen. Leider verlief dieses Gespräch etwas holprig, da wir immer wieder unterbrochen wurden, weil Herrn Morgensterns Telefon klingelte. Zudem hatte er nach mir noch einen anderen Termin und war vermutlich deshalb etwas unter Spannung und im Gespräch etwas resoluter als beim ersten Treffen. Gerne hätte ich weitere Fragen gestellt, aber das war an diesem Tag nicht möglich. Dennoch sind wir der Meinung, dass es informativ genug ist, um hier abgedruckt zu werden.

Herr Morgenstern, lassen Sie uns bitte aus aktuellem Anlass auf die gegenwärtige politische Situation in Europa und Deutschland zu sprechen kommen, insbesondere auf die Einwanderungs- und Flüchtlingsproblematik und den zunehmenden Einfluss des Islam.

Das sind zunächst einmal zwei verschiedene Aspekte der gegenwärtigen Weltpolitik, aber es ist richtig, dass man diese Thematik natürlich auch in einem anderen Zusammenhang sehen kann, denn neben den Einwanderungsmassen aus dem Mittleren und Nahen Osten, Afrika und den Ostblockstaaten gibt es in diesem Zusammenhang ja seit Jahren auch eine zunehmende Islamisierung Deutschlands und Europas, und das ist ein Konzept, um eine langfristige Destabilisierung und vor allem einen demographischen Wandel in Deutschland und Europa umzusetzen. Mittelfristig werden insbesondere die europäischen Staaten in Multikultiländer umgewandelt, weil eben keine homogenen Volksgemeinschaften mehr gewünscht sind. Das Chaos, das hier geschaffen wird, ist leichter zu kontrollieren als souveräne, stabile Volksgemeinschaften.

Für viele Leser kommt das alles sehr plötzlich. Sie behaupten aber, dass hierfür jahrzehntealte Pläne zu Grunde liegen. Würden Sie das bitte noch einmal kurz erklären?

Herr Erdmann, Sie wissen doch, dass es das System gibt und etwas *hinter* dem System. Ich mache Ihnen einen Vorschlag: Wir können uns über das unterhalten, was IM System passiert und was da geplant ist – was an und für sich recht müßig ist. Aber es interessiert Sie, ich verstehe das. Aber dann sprechen wir über das, was HINTER dem System steckt. Einverstanden?

Gut, ich weiß zwar noch nicht genau, was Sie meinen, aber o.k.

Gut. Innerhalb des Systems, das Autoren wie Sie eine „Verschwörung" nennen, geht es langfristig darum, die Welt unter einen Deckel zu bekommen. Warum das notwenig ist, das behandeln wir später. Damit die alte Welt mit den vielen kleinen Ländern und Monarchien zu einer großen Gesamtwelt zusammenwachsen kann, müssen diese alten, kleinen Länder und ihre Grenzen beseitigt werden. Dazu benutzt man Revolutionen und, wenn es nicht anders geht, auch Kriege. Diese Kriege müssen erdacht, finanziert und ausgeführt werden. Dazu haben wir Denkfabriken geschaffen, Geheimdienste, Geheimarmeen usw. Der Schlüssel zu alledem ist immer das Geld. Deswegen hat unsere Struktur weltweit Banken platziert, die das ermöglichen. Es benötigt Spitzel, Spione und auch zwielichtige Figuren, die zur Umsetzung solcher Umstürze herangezogen werden. So wurde die Russische Revolution angezettelt und die Zarenfamilie getötet. Sehen wir uns nun Deutschland an bzw. das damalige Deutsche Reich. Es gab einige unserer Bankiersfamilien, die unterstützten das Deutsche Reich, weil sie den Zaren loswerden wollten. Doch später wendeten sie sich von Deutschland ab und unterstützten die Engländer aufgrund des Handels bezüglich Palästina. Die Engländer hassten die Deutschen – vor allem wegen der wirtschaftlichen Stärke. Aber etliche jüdische Finanziers waren zuvor klar pro-deutsch eingestellt. Der große Hass der Deutschen gegen uns Juden entstand erst bei den Versailler Verträgen 1919. Wieso? Weil dort über 100 Juden mit Bernard Baruch mitkamen und dort den Beteiligten die *Balfour-Deklaration* zeigten. Davon wussten die Deutschen bis zu diesem Zeitpunkt nichts. Und man kann den Hass der Deutschen in Folge dessen logischerweise auch nachvollziehen. Bis dahin ging es uns Juden in Deutschland sehr gut. Unsere Großeltern waren sehr froh darüber, dort leben und auch gute Geschäfte tätigen zu dürfen. Das räumte später auch der Zionistenführer Nahum Sokolow ein. Das ist kein Geheimnis.

Aufgrund des Hasses auf die Juden gab es wiederum Juden in den Denkfabriken, die nun einen Hass auf die Deutschen hatten. Dazu gehörten auch Kaufmann und Morgenthau. Über beide hatten wir ja schon gesprochen. Sie kennen sicherlich auch Louis Nizer und dessen Ziel, nach den geplanten Weltkriegen, die *„von Geburt an kriegerischen Deutschen"* alle zu sterilisieren und damit auszurotten. Das Ganze wurde inzwischen auf ganz Europa, auf die weiße Bevölkerung Europas ausgeweitet. Die verschiedenen Pläne von damals enthielten genaue Konzepte hinsichtlich der Entnationalisierung und der politischen, wirtschaftlichen und militärischen Behandlung Deutschlands nach dem Krieg. Natürlich geschieht das mit ganz Europa. Seitdem diese Konzepte ausgearbeitet worden sind – vor ca. 100 Jahren –, wurden alle geplanten geopolitischen Veränderungen durch Kriege und Revolutionen umgesetzt.

Ich möchte aber gleich hier bemerken, dass nicht alle Juden so denken wie diese Fanatiker, weswegen diese extremen Pläne glücklicherweise auch nur zum Teil umgesetzt wurden – nämlich im Sinne der Entnationalisierung und Umerziehung. Die „weiche" Variante sozusagen.

Es ging also darum, wie mit Deutschland nach den geplanten Kriegen verfahren werden sollte?

Ganz genau. Und wie ich Ihnen in den vorherigen Gesprächen bereits erörtert habe, wurden dafür von den großen geopolitischen Strategen der Alliierten verschiedene Pläne ausgearbeitet, die heutigen Menschen verständlicherweise menschenverachtend erscheinen. Und im Grunde genommen sind sie das ja auch. Aber der Sieger schreibt nun eben die Geschichte. Der US-amerikanische Publizist Walter Lippmann hat einmal gesagt: *„Erst wenn die Kriegspropaganda der Sieger Eingang gefunden hat in die Geschichtsbücher der Besiegten und von der nachfolgenden Generation auch geglaubt wird, kann die Umerziehung als wirklich gelungen angesehen werden."* Vergessen Sie dabei nicht, dass unsere heutige Geschichtsdarstellung der Weltkriege, die schon in den Schulen vermittelt wird, aus der Feder der alliierten Siegermächte stammt, und die haben wohl kaum ein Interesse daran, diese Darstellung auch nur teilweise zugunsten Deutschlands zu korrigieren. Wer will es ihnen verdenken. Das verdeutlicht auch die Tatsache, dass bis heute viele Akten, die endgültig Aufschluss über diese Zeit bringen könnten, unter Verschluss gehalten werden. Und dass das auch in Zukunft so bleiben wird, das kann ich Ihnen versichern.

Nur so ist es möglich, dass die Pläne zur Umerziehung, Kontrolle, Völkervermischung, Entnationalisierung und andere Maßnahmen hinsichtlich des Deutschen Volkes weiterhin Anwendung finden.

Sie haben angedeutet, dass all diesen Plänen noch frühere Pläne vorausgingen.

Ja, und damit sollten wir dieses Thema dann aber auch sein lassen, denn ich wollte Ihnen ja noch etwas anderes berichten, denn dieses Thema bringt uns nicht wirklich weiter. Ich meinte damit den *Goldmann-Plan*. Selbstverständlich liegen zu den geplanten Weltkriegen und Revolutionen immer auch speziell ausgearbeitete Pläne vor. Die Zerstörung und Aufteilung Deutschlands im Herzen Europas hatte sicherlich einen entscheidenden Stellenwert, wie ich schon erwähnt habe. In diesem Zusammenhang ging es aber langfristig um eine neue geopolitische Ordnung – um ein *Neues Europa*. Den Plan für diese *Neue Ordnung* veröffentlichte der Zionist Nahum Goldmann erstmals 1915, also mitten im Ersten Weltkrieg. Goldmann siedelte 1894 von Posen nach Berlin über, wo er in der Zionistischen Bewegung tätig und Mitbegründer des *World Jewish Congress* war. Später wurde er Präsident der Zionistischen Weltorganisation. Goldmann legte der damaligen Welt das Konzept für eine völlige Neuordnung vor. Goldmanns Plan sah vor, die Kulturmenschheit komplett neu zu ordnen und an die Stelle des bisher herrschenden gesellschaftlichen Systems ein neues zu setzen. Vor einer Neuordnung muss jedoch die alte zerstört werden! Dazu müssen alle Grenzpfähle, Ordnungsschranken und Etikettierungen des bisherigen Systems beseitigt und alle Elemente des Systems, die neu geordnet werden sollen, neu geplant werden. Erst dann kann es zu einer Neuordnung kommen.

Nach diesem Plan bestand die erste Aufgabe in der Zerstörung aller sozialen Schichtungen und gesellschaftlichen Formungen, die das alte System geschaffen hat. Die einzelnen Menschen müssen aus ihren angestammten Milieus herausgerissen werden. Traditionen dürfen nicht mehr als heilig gelten, und das Alter gilt nur als Zeichen der Krankheit; die Parole hieß: Was war, musste weg. Dieser Plan war der erste Plan, auf dem später alles aufgebaut wurde.

Die Beschlüsse von Versailles und die anderen, auf die mitteleuropäische Neuordnung bezogenen Pariser Vorortverträge von 1919/1920 entsprechen der Konzeption des Goldmann-Plans, das hat mir schon mein Großvater bestätigt. Eine geopolitische Neuordnung in Europa war nur möglich, weil die alten und traditionsreichen Kulturen des Abendlandes zerstört wurden. Erst dann war es möglich, eine *Neue Ordnung* einzuführen. Es gab also folgenden Kurs:

- die Entmilitarisierung Deutschlands,
- die Entnationalisierung,
- die politische und wirtschaftliche Kontrolle durch die Siegermächte,
- die Völkervermischung,
- den Rückgang der Geburtenraten,
- die soziale Destabilisierung und
- die Kontrolle der Medien und der Erziehungssysteme.

Man könnte also sagen, Deutschland ist der Pulsschlag des Alten und auch des Neuen Europas. Und um dieses Neue Europa ging es den Familien. Es war ein wesentlicher Schritt auf dem Weg zur *Neuen Weltordnung* und dem damit verbundenen Endziel der Zentralen Weltregierung, sehe ich das richtig?

Natürlich, offensichtlicher geht es ja gar nicht. Das größte Opfer bürdete man dabei gezielt Deutschland auf, denn nur wer Deutschland beherrscht, kann ein Neues Europa, gemäß des Goldmann-Plans, auch kontrollieren. Es ging strategisch um eine ganz neue Ordnung.

Eine letzte Frage habe ich dazu aber doch noch. Ich habe in einem Bericht gelesen, dass es seitens der „Global-Player" – so nenne ich sie mal hier – große Befürchtungen gibt, dass es bei einem Bruch der EU zu einer Allianz zwischen Deutschland, Frankreich und Russland kommen könnte, mit weiteren Allianzen nach Asien.

Das stimmt, das wäre für die bestehende, amerikanisch dominierte Weltordnung ein Fiasko. Die deutsch-russischen Beziehungen werden immer sehr genau beobachtet. Die Amerikaner werden das mit allen Mitteln zu verhindern versuchen. Wenn Deutschland und Russland zusammengehen würden, wäre das die neue Weltmacht! Ich persönlich glaube, dass die Amerikaner das nicht schaffen werden. Daran arbeiten ja auch viele andere Nationen mit. Wir Südafrikaner haben uns nicht umsonst in BRICS integriert und mit China, Indien, Russland und Brasilien einen Verbund geschlossen. Die Amerikaner versuchen gerade, mit diversen Freihandelsabkommen andere Nationen an sich zu binden und dadurch weiter zu knebeln. Was den meisten aber nicht bewusst ist: **Globalisierung heißt immer Amerikanisierung.** Die Amerikaner wollen nicht, dass die Welt auf natürliche Weise zusammenwächst und die Nationen in der UNO im Sinne und Wohlwollen für die ganze Welt entscheiden. Die Amerikaner wollen ganz einfach die Weltherrschaft, sie wollen die Welt dominieren. Auf diesem Weg haben natürlich diverse jüdische Großbanken all die Jahrzehnte mitgemacht, auch die AIPAC (*American Israel Public Affairs Committee*; A.d.V.) hat dies immer unterstützt. Doch der Wind hat sich gedreht. Viele unserer Bankiersdynastien orientieren sich um.

Gut, dann machen wir einen Sprung in die Gegenwart und kommen zur gegenwärtigen Flüchtlingswelle, die nach Europa und Deutschland strömt. Hier sehen viele einen gezielten Plan, der im Chaos enden wird. Wie denken Sie darüber?

Nun ja, es ist tatsächlich so, dass hier ein klarer Angriff auf Europa stattfindet, und es könnte dazu kommen, dass sich Europa wieder spaltet. Für die Amerikaner hätte das Vor- und Nachteile: Einerseits attackieren sie die EU, weil sie ein direkter Konkurrent der USA ist. Andererseits birgt ein Zerbrechen der EU die Gefahr in sich, dass sich Deutschland in Richtung Russland orientiert.

Doch neben diesem wirtschaftlichen Konflikt *USA-Europa* gibt es eben noch den langfristigen Plan, der seit mindestens einhundert Jahren vorliegt, die Bevölkerungen der Erde nach und nach zu vermischen. Und das hat einen Grund. Dazu müsste ich nun zu dem kommen, was ich vorhin meinte und das System HINTER dem System beschreiben.

Ich bitte darum.

Wissen Sie, Herr Erdmann, worüber wir hier sprechen, kann man mit einem der Computerspiele vergleichen, die unsere Kinder spielen. Man ist zum Beispiel ein Kämpfer in einem Abenteuerspiel und hat dort Gegner und Freunde. Man führt Kriege, verbündet sich, schafft etwas Neues. Am Ende des Spiels ist man dann erschöpft, weil man seine Lebenszeit durch sinnfreies Spielen vertan hat, und geändert hat es generell nichts an der Realität. Die Realität ist nämlich derjenige, der das Spiel entwickelt hat. Können Sie mir folgen? Und nun schauen wir uns unsere Welt an. Wir haben Staaten mit Diktatoren, mit Demokratien mit Monarchien. Die bekämpfen sich, die schließen Frieden, die verbünden sich und treiben Handel. Über die letzten Jahrhunderte haben wir das erlebt, nämlich dass sich die Welt in vielen Kriegen befunden hat, Herrscher und Könige gingen, sich Grenzen verschoben haben, Allianzen zwischen einzelnen Ländern und auch Kontinenten bildeten. Aber eines ist immer gleich geblieben: Die reichsten Familienclans dieser Welt sind immer die gleichen geblieben, bis zum heutigen Tag. Egal, welche Regierung in einem Land an dessen Spitze war, ob in dem Land eine Demokratie, ein König, ein Diktator oder der Kommunismus herrschte, diese Familien haben immer die Rohstoffe kontrolliert und das Bankwesen betrieben. Ob es sich um Gold, Diamanten, Silber usw. handelt, das sind seit Jahrhunderten Monopole. Ist Ihnen das bewusst? Und das wird auch so bleiben, verstehen Sie?

Wir können uns Tage darüber unterhalten, wann wo ein Krieg ausbrechen wird, welcher Politiker käuflicher ist als der andere usw. Das ist vertane Zeit. Wenn Sie wirklich wissen wollen, was hier abläuft, was auf diesem Erdball gespielt wird, müssen Sie die Sichtweise verändern und das Computerspiel verlassen. Alles, was da draußen geschieht, ist ein gigantisches Ablenkungsmanöver und eine Beschäftigungstherapie für die Massen. Wie man es bezeichnet, bleibt einem selbst überlassen. Politiker innerhalb eines Landes oder die Länder der Erde werden immer gegeneinander ausgespielt, um die Menschen zu beschäftigen und davon abzulenken, dass sie eben das eine nicht erkennen, nämlich dass ein paar Familien alles besitzen, was wichtig ist. Und das ist der eigentliche Plan: Die meisten Minen und Rohstoffförderanlagen gehören ohnehin schon diesen Familien – meine bedingt mit eingeschlossen. Aber jetzt wollen sie alles haben, den kompletten Grund und Boden, die totale Kontrolle über das Geld – über einen bargeldlosen Zahlungsverkehr. Und wem gehören die Computer, die den monetären Welthandel betreiben? Denselben Familienclans, denen auch die Rohstoffe und auch der Rest der physischen Welt gehören. Ja, sogar die Pflanzen werden inzwischen patentiert usw.

Die wesentliche Voraussetzung dafür, dass das den Bewohnern dieses Planeten nicht bewusst wird und sie diesen Familien nicht gefährlich werden können, ist Dummheit – also fehlende Intelligenz. Zu diesem Ziel führen zwei Wege: Der erste geht über die Erziehung und die Art und Weise, wie die Kinder in den Schulen und die Erwachsenen innerhalb des Systems geschult werden (Schul- und Geschichtsbücher, Magazine, Zeitungen…) – plus die Verblödung durch das Fernsehen. Und der zweite Weg ist die genetische Verdummung. Wie geht das? Es gibt intelligente Völker auf Erden und weniger intelligente. Das ist kein Geheimnis, das ist auch kein Rassismus, das ist einfach so aufgrund genetischer, aber vor allem auch sozialer Umstände. Beim IQ-ranking finden wir ganz oben asiatische Länder wie Südkorea und Japan, uns askenasische Juden, aber auch Deutschland, Österreich oder Holland. Es gibt aber Länder, bei denen der IQ wesentlich geringer ist, wobei wir hier überwiegend von afrikanischen Ländern sprechen. Das hat auch mit den Verwandtenehen zu tun, also mit der Inzucht. Das ist auch kein Geheimnis. Darüber hinaus liegt es auch an den klimatischen, soziologischen und anderen Faktoren. Sprich diese Völker haben sich über die letzten 1.000 Jahre aufgrund verschiedener Umstände und Einflüsse anders entwickelt. Und Armut ist ein wesentlicher Faktor, was eine miserable Schulbildung mit einschließt. Fakt ist, dass die Völker Europas einen höheren IQ haben als die Völker Afrikas.

Was geschieht nun, wenn man einen hohen IQ mit einem niedrigeren mischt? Er pendelt sich irgendwo in der Mitte ein. Auf jeden Fall wird der höhere sinken – also bei den Kindern.

Sie kennen doch sicher *Thomas P. M. Barnett*. Er ist ein amerikanischer Forscher auf dem Gebiet der Militärstrategie und Globalisierungsfanatiker und spricht in seinen Büchern von einer „*Gleichschaltung aller Länder dieser Erde*".[5]

Darum geht es. Und das auf ideologischer, kultureller, aber auch genetischer Ebene. Das ist die sog. „Neue Weltordnung" – es wird alles in gewisser Hinsicht neu geordnet und gleich gemacht. Natürlich nicht bei der „Elite", es geht nur um die Völker. Die Dummen werden intelligenter und die Intelligenten werden etwas dümmer. Das heißt übersetzt, dass Völker wie die Deutschen – einst das Land der Dichter und Denker – auf lange Sicht hin „verdummt" werden. Das klingt vielleicht etwas plump, aber um nichts anderes geht es.

Und es gibt Kräfte – nicht nur die Amerikaner –, die an einem starken Europa kein Interesse haben, die genau das vorantreiben. Die USA sind ja auch nichts anderes als die Nachfahren von überwiegend Deutschen und anderen weißen Europäern, die sich inzwischen auch schon vermischt haben. So ist es ja auch in Südamerika, vor allem in Brasilien.

Das ist es also, was *Barbara Lerner Spectre* gemeint hat?

Wer ist das?

Die Dame ist Gründerin von *PAIDEA*. Das ist das *European Institute for Jewish Studies in Sweden*. Es gibt ein Video-Interview mit ihr, da hat sie Folgendes gesagt: *„Ich denke, es gibt ein Wiederemporkommen des Antisemitismus, weil Europa an diesem Punkt in der Zeit noch nicht gelernt hat, multikulturell zu sein. Und ich denke, wir werden teilhaben an den Geburtswehen dieser Transformation, die stattfinden muss. Europa wird nicht aus den monolithischen Gesellschaften bestehen bleiben, die sie einmal waren im letzten Jahrhundert... Juden werden im Zentrum des Geschehens sein. Es ist eine ungeheure Transformation, die Europa machen muss. Sie gehen jetzt in den multikulturellen Zustand über, und man wird es den Juden übelnehmen, wegen unserer führenden Rolle. Aber ohne diese führende Rolle und ohne diese Transformation wird Europa nicht überleben."*[6]

Nun, ich kenne die Dame nicht, aber offensichtlich ist sie eine dieser vielen Agitatoren, die genau das vorantreiben, dass sich homogene Völker vermischen. Aber ihr eigenes Volk – mein Volk, das jüdische Volk – soll und wird sich nicht vermischen. Es soll rein bleiben. Das war und ist weiterhin der Plan der Herrscherfamilien – obwohl hier auch weiße elitäre Familien dabei sind, die nicht jüdisch sind. Ich vertrete in dieser

Hinsicht heute eine andere Meinung, und das nicht nur, weil ich mit einer Deutschen verheiratet bin und unsere Tochter mit der deutschen Sprache aufwächst. Nein, es geht alles noch viel, viel weiter.

Ich sehe dieses Denken als viel zu kleingeistig an. Ich habe außerirdische Lebensformen gesehen – zwar tote, aber immerhin –, und das hat mir einen neuen Ansatz bezüglich des Lebens an sich gegeben. Was die Herrscherfamilien vorhaben und anstreben, könnte auch auf eine ganz andere Art und Weise umgesetzt werden. Es gibt verschiedene Wege dazu, unter anderem auch den, die Menschen über all das aufzuklären, denn ich bin der Überzeugung, dass es durchaus möglich ist, das zu tun, ohne dass Panik ausbricht. Dazu müssten aber diese Leute – und dazu gehört ja ein Teil meiner eigenen Familie auch – etwas von ihrem Ego abweichen, sich selbst etwas weniger wichtig nehmen. Aber das sehe ich als sehr schwierig an. Alleine aus meiner Familie – die jüdisch ist – geht doch keiner mehr in die Synagoge. Es zählt für die meisten nur der Mammon. *„Gute Geschäfte machen."*, heißt es immer. Ja, wie viele Geschäfte soll ich denn noch machen? Wie viele Häuser kann ich bewohnen, wie viele Autos kann ich gleichzeitig fahren? Ich sehe das heute alles etwas kritischer. Wo bleibt bei alledem der Frieden, die Lebensqualität, die Freude, das Abenteuer? Wohin kann ich denn heute noch frei reisen – auch als Frau zum Beispiel –, ohne Angst haben zu müssen, überfallen oder vergewaltigt zu werden? Das Chaos, das wir jetzt haben und das jetzt auf die „heile Welt" Westeuropas zukommt, das hat in letzter Konsequenz auch meine Familie mit angerichtet. Möchte ich das? Nein, das möchte ich nicht.

O.k., ich komprimiere: All das, was auf der Welt passiert, ist ein großes Theater und dient einzig und alleine der Ablenkung.

Ja, so kann man es sagen. Natürlich gibt es immer wieder Herrscher, die das verstanden haben und entgegenwirken wollten – siehe Hitler, Saddam Hussein, Assad oder andere –, die sich von diesen Monopolen wie Öl, Gold oder dem Privatbankwesen abkoppelten oder abkoppeln wollten, und damit diesen Familien wirtschaftlich den Krieg erklärten. Und was ist passiert? Wir wissen es. Trotz all der Kriege – sei es der Erste oder der Zweite Weltkrieg oder all die anderen seither –, hat sich nichts, aber auch gar nichts daran geändert, dass die elitären Familien ihre Monopole über die Ressourcen haben. Auf diese Weise wird es keine Veränderung geben.

Und das, was jetzt gerade über Europa hereinbricht, war von langer Hand geplant, und es ist mit der ganzen Welt geplant. Aber soll ich Ihnen etwas sagen? Ich bin müde, all das macht mich müde. Wir könnten die Welt ganz anders gestalten, wenn die Elite nicht so arrogant und verbohrt wäre und die Masse der Menschen nicht so ignorant und bequem. Es sind alle an dem beteiligt, was hier gerade abläuft. Das ist so. Wir sind alle daran schuld.

Hm, ich denke, ich habe Sie verstanden. Ihre Worte ehren Sie.
Dennoch würde ich gerne noch einmal auf das Tagesgeschehen eingehen und Ihre Einschätzung, was auf uns zukommt.

Nun, was die jüdische Dame, die Sie zitierten, gemeint hat, ist ja wohl eher ein friedlicher Prozess durch Einwanderung usw. Das ist ja eine Sache, die sich über Generationen hinweg vollzieht. Das ist ja eigentlich auch in Ordnung, solange das in Frieden stattfindet. Und so meinte sie es auch. Doch das, was jetzt durch diese Völkerwanderung passiert, ist ja eine Gefahr für uns alle. Ich meine, welcher Jude fühlt sich denn in Frankreich noch sicher? Das meinte die Dame bestimmt nicht.

Was kommt denn nun auf uns zu? Wird es ein großer Krieg sein oder mehrere Bürgerkriege?

Das kommt sicherlich darauf an, wie Sie das Wort „Krieg" definieren. Was gerade über Europa und insbesondere über Deutschland hereinbricht, wird der Sache innenpolitisch sicherlich sehr nahe kommen, denn es wird zu katastrophalen innenpolitischen Spannungen führen, zu Attentaten, Selbstmordanschlägen, Anschlägen auf Flüchtlingsheime usw., und das europaweit. In deutschen und europäischen Großstädten werden Guerillakriege mit fatalen Folgen stattfinden. Das Schlimmste ist ja, dass man es durch kein Sicherheitssystem der Welt und auch nicht durch noch so viele Polizisten verhindern kann, dass sich jemand in die Luft sprengt oder einen selbstgebauten Sprengsatz in Flüchtlingshäuser wirft oder in einem Fußballstadion hochgehen lässt. Wie ich gerade gesagt habe: Deutschland kulturell, demographisch, vor allem aber wirtschaftlich nahezu zu vernichten, sind die wirklichen Ziele, und wir sind in einer sehr entscheidenden Phase.

Das ist die eine Seite der Medaille. Die andere ist, dass hinter der Flüchtlingswelle, die über Deutschland und Europa hereinbricht, ein Multimilliardengeschäft steckt. Das ist vielen gar nicht bewusst. UND: Das einzige Land auf der Welt, dass das zu leisten im Stande ist, ist nun einmal Deutschland. Hinzu kommt, dass die Deutschen sicherlich die größte soziale und christliche Akzeptanz zu Migranten haben. Wenn es einer schafft, das logistisch zu stemmen, dann die Deutschen.

Die Politiker müssen doch schon lange wissen, was u. a. die islamkritischen Autoren Thilo Sarrazin und Udo Ulfkotte letztlich zu Papier gebracht haben. Die größten Integrationsprobleme gibt es fast ausschließlich mit Migranten aus der Türkei, Afrika, Nah- und Mittelost, die zu mehr als 95 Prozent muslimischen Glaubens sind.

Natürlich wissen sie das. Nur werden sie dagegen nichts tun, bis auf ein paar wenige, die die Dinge kritischer hinterfragen, wie z.B. aus mehr rechtsorientierten Lagern. Aber die haben in Deutschland nichts zu sagen. Schauen Sie sich die jüngsten Übergriffe auf junge Frauen in der Silvesternacht 2015 an. Das ging ja weltweit durch die Presse – aber nicht sofort! Die Medien haben erst einmal unterdrückt, dass es sich hierbei zu großen Teilen um arabische Flüchtlinge handelte. Das gibt es doch in keinem anderen Land der Welt! Und alleine die Tatsache, dass hunderte von Unzivilisierten junge Frauen sexuell bedrängen, zeigt doch deutlich, wie primitiv, respektlos und brutal diese Menschen mit den europäischen Werten umgehen. All das ist das Ergebnis ihrer Religion und ihres teilweise extrem niedrigen Bildungsstandes.

Aber lassen wir das nun. Das bringt nichts. Was auf Europa zukommt, falls sich nicht gravierend etwas ändert, kann man sich selber ausdenken. Genau das ist der Plan, und der wird gegenwärtig umgesetzt, wie man unschwer erkennen kann.

Die Menschen müssen begreifen, dass die alten Elite-Familien in den letzten 100, 200 Jahren immer nach dem gleichen Muster verfahren sind. Egal ob wir eine Diktatur haben, Kommunismus oder Demokratie

– sie haben das Kapital und die Monopole, die wirtschaftlichen Ressourcen auf diesem Planeten zu kontrollieren. Sie entscheiden über Krieg und Frieden.

Die Menschen merken nur nicht oder wollen einfach nicht wahrhaben, dass sie schon längst in der so viel zitierten *Neuen Weltordnung* leben und sie ein fester, sehr produktiver(!) Bestandteil dessen sind. Seit Jahrzehnten werden weltweit zahlreiche Buchtitel dazu veröffentlicht, wer denn die Mächtigen sind, die hinter der Politik der Nationen die Fäden ziehen, wer die Drahtzieher von Revolutionen und Kriegen sind, von Terroranschlägen, dem Sturz von Monarchien und Regierungen. Und als Familienmitglied kann ich Ihnen versichern, dass vieles von dem, was in den letzten Jahrzehnten zu diesem Thema publiziert wurde, der Wahrheit entspricht. Etwa 2 Prozent der Menschen besitzen über 95 Prozent des gesamten Kapitals auf der Welt, und das sind ein paar hundert Familien, mehr nicht.

Interessant ist, dass immer, wenn die Ranglisten der reichsten Männer der Welt in den Medien auftauchen, Namen wie zum Beispiel *Rockefeller* und *Rothschild* nicht auftauchen.

Das liegt daran, dass sie ihre Billionen in Stiftungen und Firmenbeteiligungen gesteckt haben. Somit taucht das nicht als deren Privatvermögen auf – soll es auch gar nicht. Understatement ist hier angesagt. Überlegen Sie einmal, wie klug das ist. Zudem kontrollieren sie ja auch die Medien, weswegen Vieles nicht nach außen dringt. Die haben gar kein Interesse daran, genannt zu werden. Warum denn auch? Wenn jährlich die Liste der reichsten Menschen der Welt veröffentlicht wird, dann steht da zum Beispiel der Name Bill Gates oder Warren Buffet mit einem Vermögen von ca. 50 Milliarden Dollar. Nach aktuellen Listen haben die 700 reichsten Personen der Welt über 2.200 Milliarden US-Dollar. Das ist eine unvorstellbare Summe. Im Vergleich dazu wird das unsichtbare Vermögen der Rothschilds auf 100.000 Milliarden geschätzt und das der Rockefellers immerhin noch auf 11.000 Milliarden. Ich vermute, dass diese angesetzten Schätzungen sogar noch zu niedrig sind.

So, und nun können Sie versuchen, sich einmal selber die Frage zu beantworten, warum die Rothschilds und Rockefellers auf dieser Liste nicht auftauchen?
Dass Geld die Welt regiert, war noch nie ein Geheimnis. Man könnte aber auch sagen: *„Blut und Geld regieren die Welt."*, denn es sind uralte Familienclans und ihr Familiennetzwerk, das sie in mehr als über hundert Jahren systematisch vereinigt haben – eine gewachsene Blutsbande, die über 90 Prozent des gesamten Weltkapitals kontrolliert!

Zum Thema *Medienkontrolle* hatte sich David Rockefeller ja einmal zu einer unüberlegten Äußerung hinreißen lassen. Die kennen Sie ganz bestimmt. Er hatte damals gesagt, dass er den großen Zeitungen dankt, dass sie über 40 Jahre hinweg ihr Versprechen gehalten haben und nicht über das Wirken der *Bilderberger* und deren Ziel einer Weltregierung berichteten. Und er nannte damals eine *„intellektuelle Elite"* zusammen mit Bankiers, die über diese Welt der Zukunft herrschen werden.

Ja, so ist es. Das ist zwar ein recht altes Zitat, aber genau darum geht es. Ob das alles wiederum umgesetzt werden kann, steht auf einem anderen Blatt. Aber sie arbeiten fleißig daran.

Lassen Sie mich noch eine letzte Frage zu der besonderen Rolle Deutschlands stellen. Sie und Ihre Vorfahren sind mit Deutschland seit jeher verbunden. Sie hatten in einem früheren Gespräch erwähnt, dass nicht nur Sie und Ihre Familie sehr viel von den Deutschen und von dem, nennen wir es „deutschen Volkscharakter" halten. Können Sie das näher erklären?

Ich hatte Ihnen zu Beginn unseres Gespräches gesagt, dass die europäischen Staaten und insbesondere die Deutschen bei den Familien den allergrößten Respekt genießen. Auf die Deutschen ist immer Verlass, selbst im Falle der jahrzehntelangen Besetzung und Abhängigkeit. Der europäische Geist, der Charakter, das Wesen, die Zuverlässigkeit, der Erfindergeist, die gewachsenen christlichen Werte – all diese Grundlagen machen die Europäer und eben insbesondere die Deutschen für uns zu großen und besonderen Kulturen. Für mich und auch für viele der Familien, die dadurch auch geprägt wurden, sind aber die Deutschen der

Motor dieser alten und bedeutenden Kulturgruppe. Schon vor hundert Jahren waren die Europäer der absolute Mittelpunkt der Welt. Auch wenn man das heute nicht gerne hört, aber Europa war zu der Zeit die Wiege der höheren Menschheit.

Da fällt mir das Thema *Patentrechte* ein. Ich habe in meinem Buch „Geheimakte Bundeslade" darüber berichtet. Allein die Zahl der Patententwicklungen, die von den Amerikanern nach dem Waffenstillstand 1945 erbeutet wurden, ist atemberaubend – es sind zirka 340.000 Patente, die die Alliierten erbeutet hatten. Hinzu kommen noch zirka 200.000 Auslandspatente. Man hat den Wert dieser Patente, dieser deutschen geistigen Güter, einmal auf 1.500 Milliarden Mark geschätzt. Das ist der Wahnsinn! Wo wäre Deutschland heute, wenn wir diese Patente alle noch hätten? In einem Bericht, den das *Office of Technical Service* aus Washington verfasste, wurde offiziell zugegeben, dass dort tausende Tonnen an Akten liegen. Ein Satz eines dortigen Mitarbeiters hat mich wirklich getroffen. Er sagte: „*Es ist die einzige Quelle dieser Art in der Welt, die erste vollständige Aussaugung der Erfinderkraft eines großen, intelligenten Volkes.*" Ich finde das echt dramatisch, und es macht mich wütend und traurig zugleich.

Ja, davon haben vor allem die USA profitiert. Überlegen Sie einmal, welchen wirtschaftlichen und technologischen Verlust das auf der deutschen Seite darstellt und welchen Gewinn auf der amerikanischen. Nun verstehen Sie auch, warum ich Ihnen gesagt habe, dass die vielen Millionen Akten aus dem Zweiten Weltkrieg unter Verschluss bleiben.

Sehen Sie Hoffnung für das deutsche Volk?

Die Frage kann ich schwer sachlich beantworten. Ich weiß es nicht. Ein Blick in die Gegenwart verheißt nichts Gutes. Die Deutschen sind aber immer und immer wieder aufgestanden, deshalb genießen Sie ja eben so viel Respekt. Sie haben einen ungeheuren Willen. Schon aus diesem Grund sollte man die Hoffnung nie aufgeben. Aber es werden in den nächsten Jahren wohl schlimme Ereignisse auf der Welt geschehen, da kann ich schwer einschätzen, was mit Deutschland sein wird. Deutschland wird es am Ende wahrscheinlich von allen noch am besten gehen.

Sie hatten vorhin erwähnt, dass es durch Kriege keine Veränderung am bestehenden System geben würde, also an der Tatsache, dass sich trotz der globalen politischen Veränderungen der letzten dreihundert Jahre nichts daran geändert hat, dass ein paar hundert Familien so ziemlich alles auf Erden besitzen und steuern.

Ja, darüber habe ich mir natürlich auch schon Gedanken gemacht. Es geht an und für sich nur über Aufklärung – über Bücher zum Beispiel oder über das Internet. Deswegen hatte ich ja schon an ein eigenes Buch gedacht – eventuell zusammen mit einem meiner Freunde. Der, an den ich denke, stammt aus einer wesentlich involvierteren Familie und könnte sicherlich mehr über die politisch-wirtschaftlichen Hintergründe berichten als ich. Aber ich habe selbst noch Bedenken. Geben Sie mir noch etwas Zeit, darüber nachzudenken. Wenn man solch ein Buch macht, muss das Hand und Fuß haben und auch mit wirklich brisanten Fakten überzeugen.

Gut, vielen Dank für das Gespräch, Herr Morgenstern. Wir sehen uns ja hoffentlich wieder, und dann schauen wir, ob uns noch weitere Lösungsansätze einfallen.

Mein Fazit:
Wie bereits zu Beginn angedeutet, verlief das Gespräch nicht ganz so, wie gedacht. Gerne hätte ich noch weitere Fragen gestellt, auch zu anderen Themen. Aber ich bin schon froh, dass Herr Morgenstern sich Zeit für mich nahm und wir uns überhaupt unterhalten konnten. Er ist auf dem Gebiet Erster und Zweiter Weltkrieg sehr versiert und hat hierzu viele Daten im Kopf, aber das wollte ich nun nicht noch weiter ausbauen.

Wofür ich persönlich sehr dankbar bin, ist seine Schilderung darüber, dass sich eigentlich, was die wirkliche Machtstruktur auf unserer Erde angeht, in den letzten hundert Jahren und länger wahrlich nichts geändert hat. Das ist ernüchternd, hat aber für mich selbst schon einige Konsequenzen, was meine Ausrichtung angeht, wie ich mein und das Leben meiner Familie gestalten werde. Ich habe viel darüber nachgedacht, was das nun für mich bedeutet. Welchen Sinn hat mein Leben innerhalb dieses Gefüges, wenn ein paar Familien alles besitzen und steuern? Wo und wie kann ich effektiv etwas bewegen? Man fragt sich auch, was Wahlen wirklich bringen? Was kann eine neue Partei überhaupt ausrichten? Welchem Politiker kann man überhaupt trauen? Was tue ich in meiner Freizeit, wie erkläre ich das meinem Kind? Dieses Interview hat bei mir viele Fragen ausgelöst. Und das war für mich ein positiver Abschluss, denn diese Fragen erfordern Antworten. Und ich werde für mich welche finden. Mit Herrn Morgenstern bin ich weiter in Kontakt, und er hat mir versprochen, auch zukünftig für Fragen zur Verfügung zu stehen.

Wenn Ihnen etwas dazu einfällt, dürfen Sie mir gerne schreiben:
www.erdmann-forschung.de

Schwule Nationalspieler und Massaker in Nigeria

Am 20.1.2016 traf ich mich mit zwei Herren – Peter und Carsten –, von denen einer Mitte der 1990er-Jahre in Nigeria auf höchster politischer Ebene tätig war, und der andere ist längere Zeit mit einem deutschen Fußball-Nationalspieler unterwegs gewesen, der homosexuell ist – wovon jedoch keiner etwas weiß.

Peter, Du hattest in Nigeria mit dem damaligen Präsidenten Sani Abacha diverse Geschäfte getätigt. Berichte mir bitte davon.

Peter: Ich war von 1992 bis 1996 in Nigeria und lebte in der Hauptstadt Lagos. 1993 hatte sich Sani Abacha zum Präsident erklärt, und bei mir im Hotel war die Feier nach dem Wahlsieg. Da ich der einzige Weiße war, fragte man mich, wer ich sei. In einer 9-Millionen-Stadt brauchte ich damals, als ich das erste Mal angekommen war, zwei Wochen, um außer mir einen anderen Weißen zu treffen.

Jedenfalls kamen wir ins Gespräch – also mit Ministern usw. Und schon nach kurzer Zeit der Bekanntschaft wurde offensichtlich, dass der Präsident mitsamt seiner Minister dem Staat Geld geklaut hatte, das war der Wahnsinn. Ich war einmal in einer Halle, in der sich hunderte von Metallbehältern in der Größe von Getränkekisten mit jeweils vier Millionen US-Dollar darin befanden. Das weiß ich so genau, weil ich später sechs solcher Kisten mit dem Sohn eines Ministers geklaut habe.

Echt? Wie geht das denn?

Doch! Das Problem ist, dass es sich immer noch dort befindet und es sich um Scheine aus dem Jahre 1986 handelt, die keinen gültigen Silberstreifen besitzen und deshalb heute nicht mehr zu gebrauchen sind. Das zweite Problem ist, dass damals zwei weitere Männer mit dabei waren, als wir es vergraben hatten – sie haben es sich bestimmt schon geholt. Ich selbst war seitdem ja nicht mehr drüben. Ich musste später flüchten, weil 1998 nach dem Regimewechsel herauskam, dass ich mit Sani Abacha Geschäfte getätigt hatte. Wir machten Flugzeugdeals, hatten mit ████████████████ Waffen verschoben, bevor er in den USA Gouverneur wurde.

O.k., dazu kommen wir gleich. Wie kamst Du nach Nigeria?

Der damalige Verteidigungsminister Samuel Egbele kam damals in meine deutsche Heimatstadt und wollte in dem Betrieb, bei dem ich tätig war, Baumaschinen kaufen. Ihm hatte ich damals für 450.000 Pfund solche Maschinen verkauft und auch nach Nigeria verschifft. Ich war damals mit ihm zusammen rübergeflogen, und er meinte zu mir, dass wir dort richtig große Geschäfte machen könnten. Die Nigerianer wollten für 18 Millionen Ware bei uns einkaufen, und damals war schon die Firma Claas aus Mindelheim da unten. Ihnen wurde versprochen, dass sie hohe Subventionen erhalten würden, wenn sie Grundstücke in Nigeria kauften. Sie hatten dann auch mehrere Millionen investiert, gegeben hatte es aber dann gar nichts. Die Nigerianer hatten nur betrogen. Aufgrund dessen hatten sie auch die Stadt Abuja gebaut, um durch diesen Neuanfang und die neuartige Stadtgestaltung die Korruptheit einzudämmen, aber es ist immer noch korrupt. Die Firma Claas ist damals sogar an mich herangetreten, damit ich mich um die Grundstücke kümmere und die Kohle wieder zurückhole, denn mit dem Kaufvertrag kann man sich den Hintern abwischen, mehr nicht. Anschließend hatte die Firma Claas zwei Mitarbeiter nach Lagos geschickt, um zu verhandeln. Denen hat man einfach die Köpfe abgeschlagen. So läuft das da. Daraufhin wollten sie, dass ich das übernehme, ich habe aber meine Finger davon gelassen. Das war auch die Zeit der „Schwarzen Dollars". Kennst Du das?

Nein.

Sie hatten damals die Dollars schwarz eingefärbt, das sah dann aus wie Fotopapier. Es gab eine Chemikalie, mit der konnte es auch wieder gereinigt werden. Auf diese Weise wurde das Geld als Fotopapier außer Landes geschafft und dann am Zielort wieder gereinigt.

Gut, kommen wir zu den Dollarkisten.

Ja, es gibt da die Behauptung, dass es keine Dollar-Billionäre gäbe, aber die da unten sind das. Sie hatten riesige Hallen voller Dollars. Ich kannte damals den Minister ▮▮▮▮▮, mit dessen Sohn ich damals die sechs Kisten aus einer der Hallen geklaut, nachdem wir zuvor den Wachen Schnaps gegeben hatten. In den Schnaps hatten wir K.o.-Tropfen getan. Eine Kiste hatte ich dann bei mir in der Hotel-Suite versteckt. Mit dem Geld lebte ich vier Jahre in Saus und Braus. Das war eine heiße Zeit. Das Geld außer Landes zu bringen, war nicht möglich, also habe ich es dort verprasst – und es richtig krachen lassen. Mehrmals hatte ich versucht, Geld nach Deutschland zu schicken, mal über die Bank, mal mit der Post – das kam jedoch nie an. Die Päckchen waren geöffnet, die Bankangestellten korrupt – unglaublich. Wenn man das nicht selbst erlebt hat, glaubt man es nicht. Das ist eine andere Welt – unberechenbar.

Was hast Du mit dem Geld gemacht?

Also eine Kiste hatte ich komplett ausgegeben. Im besten Hotel hatte ich gleich ein ganzes Stockwerk gemietet und Leute von der Straße eingeladen und Party gemacht. Da war richtig was los.
Jedenfalls war in Nigeria alles korrupt. Ich war ja mit einem Minister eng befreundet, und da hieß es zum Beispiel, dass so und so viele Millionen in den Straßenbau gehen sollen. Das Geld kam aber nie dort an. Das wurde alles abgezweigt. Die Minister haben sich bereichert, und das Volk hat nichts bekommen. Erst als ich dann aus Nigeria weg bin – also 1996 –, hatte man damit begonnen, die Stadt Abuja zu bauen, durch die alles besser werden sollte. Dort traf ich damals auch den Deutschen, der das Olympia-Stadion gebaut hatte. Er hatte Abuja mit aufgebaut. Mit ihm war ich öfter zusammen.

Ich meine, ich war ja auch schon in verschiedenen afrikanischen Ländern, sei es Ägypten, Tunesien oder Kenia, Tansania, Südafrika, Namibia und Botswana. Das ist ja alles zivilisiert gegen Nigeria. Vor allem, seit Botswana die Todesstrafe eingeführt hat, ist dort Ruhe.

Ja, Hinrichtungen habe ich in Nigeria auch gesehen. Da wurde einmal einem, der etwas geklaut hatte, ein Sack über den Kopf gestülpt und dann in den Kopf geschossen. Eine andere Geschichte war die: Es hatten mal zirka 300 Studenten gegen die Korruptheit des Staates demonstriert. Daraufhin hat das Militär vor und hinter den Demonstranten Barrieren errichtet, damit die nicht wegkamen, die Maschinengewehre genommen und alle bis auf den letzten Studenten niedergemäht.

Ich habe das damals selbst gesehen. Da hat man nichts in der deutschen Presse gehört. Was sind das für Menschen, die so etwas machen? Die schlagen sogar ihre eigenen Kinder zu Krüppeln, damit sie besser betteln können. Wer macht denn so etwas – mit den eigenen Kindern?

Und eine Frau zählt bei denen auch nichts. Da braucht man sich nicht zu wundern, dass es bei uns – wie jetzt in Köln oder Hamburg – diese Probleme mit sexuellen Übergriffen gibt. Das ist für die normal. Eine Frau zu vergewaltigen ist für diese Leute nichts Besonderes. Das machen die da drüben jeden Tag.

Das hat sogar ein afrikanischer Botschafter von der UNO, Serge Boret Bokwango, gesagt: *„Jene Afrikaner, die ich in Italien sehe, sind der Abschaum und Müll Afrikas... Ich frage mich, weswegen Italien und andere europäische Staaten es tolerieren, dass sich solche Personen auf ihrem nationalen Territorium aufhalten. Ich empfinde ein starkes Gefühl von Wut und Scham gegenüber diesen afrikanischen Immigranten, die sich wie Ratten aufführen, welche die europäischen Städte befallen. Ich empfinde aber auch Scham und Wut gegenüber den afrikanischen Regierungen, die den Massenexodus ihres Abfalls nach Europa auch noch unterstützen."* **(Serge Boret Bokwango, Mitglied der Ständigen Vertretung des Kongo bei den Vereinten Nationen in Genf (UNOG) am 18.6.2015)** [7]

Diese Aussage ist schon krass. Würde das ein deutscher Politiker sagen, wäre er seinen Posten los...

Ich erinnere mich noch an eine Geschichte im Tschad, als ich damals noch drüben war und man dort riesige Mengen an Öl gefunden hatte. Die Amis hatten damals tausende Förderpumpen geliefert und später dort auch selber Öl gefördert. Sie hatten unzählige Tankzüge und es wurde auch alles durch das Militär abgesperrt. Was dort alles passiert ist, wie viele Menschen dort ums Leben kamen – von den Tankzügen einfach überfahren. Das war damals alles scheißegal. Ein Menschenleben zählt da nichts.

Was kannst Du noch zu Sani Abacha sagen?

Na ja, man hat ihm natürlich Korruption vorgeworfen, was auch berechtigt war. Ich war ja oft mit ihm zusammen im Fernsehen, weil ich ihn oft begleitete. Als sie ihn schließlich gestürzt hatten, musste ich natürlich auch verschwinden. Ich bekam nur eine kurze Nachricht, dass ich abhauen soll – was auf dem normalen Weg ja nicht möglich war, also Flugplatz oder Hafen. Mit einem Sumpfboot bin ich dann in der Nacht von Lagos nach Benin rübergefahren. Da verbrachte ich dann ein halbes Jahr und bin dann zurück nach Deutschland.

Kommen wir nochmals auf den zuvor erwähnten Waffenhändler zurück, der später in den USA Gouverneur wurde.

Jaja. Der ███████████ war damals ein richtig großer Waffenhändler. Dieser hatte zwei Kumpels, von denen einer wiederum ein guter Kumpel von mir ist. Über den bin ich dann direkt zum ███████████ gekommen. Deswegen weiß ich aus erster Hand, dass er im großen Stil Waffen verkauft hat – er hatte sogar eine eigene Trans-All-Maschine, mit der er die Waffen durch die Welt geflogen hat.

Und heute auch noch?

Das weiß ich nicht. Wir sprechen von 1996. Danach hatte ich keinen Kontakt mehr. In diesem Jahr war der BND bei mir einmarschiert und hatte mir die Bude auf den Kopf gestellt, nachdem ich aus Nigeria zurückgekommen war. Der BND hatte ein paar Faxe abgefangen und stand dann eines Tages bei mir vor der Türe.

Was war der genaue Anlass?

Oh je, das waren mehrere Gründe. Natürlich hauptsächlich wegen der ganzen Geschäfte, die ich in Nigeria veranstaltet habe, die waren nicht alle legal. Aber ich hatte auch einen amerikanischen AIDS-Test an der Hand, da musste man nur einmal ablecken, und schon hatte man das Ergebnis. Der kostete genau 5 Dollar, im Gegensatz zu denen für um die 150 DM, die es bei uns gab. Diesen AIDS-Test wollte ich mit dem tschechischen Gesundheitsminister in der Tschechei millionenfach vertreiben. Das war alles schon fixiert. Das hat mir der BND dann versaut. In Deutschland war das damals nicht umsetzbar, aufgrund der Gesetzeslage. Wenn jemand bei uns einen AIDS-Test für 5 Euro bekäme, würde die psychologische Beratung fehlen. Jedenfalls hatte ich dann den

BND im Haus, und die haben mir gesagt, dass ich das nicht machen dürfe.

Mit welcher Begründung?

Das wäre angeblich hochkriminell, würde gegen das Arzneimittelgesetz verstoßen usw.

Ein ganz anderes Thema: schwule Nationalspieler. Carsten, Du bist mit einem Fußballer der deutschen Nationalmannschaft befreundet, der offenbar ein Scheinleben führt.

Carsten: Nun ja, befreundet wäre übertrieben gesagt, aber als ███ ███ noch bei den Bayern spielte, war ich mit ihm in München öfters um die Häuser gezogen.

Hatte ███ damals auch eine Freundin zum Vorzeigen?

Die hatten alle Freundinnen nach außen. Sobald aber die Paparazzi weg waren, sind auch die Mädels verschwunden. Die sind dann nach Hause geschickt worden. Dann kamen die Freunde... Deren Frauen haben alle psychische Probleme, da sie nach außen hin immer die Ehefrauen darstellen müssen, es aber gar nicht wirklich sind.
Bei ███████, dem Bruder des Formel-1-Piloten, hatte man es ja auch immer vermutet. Ich kann bestätigen, dass es so ist. In der Presse ist es damals immer umschrieben worden, da ging es um irgendwelche SMS. Wem bekannt war, dass er schwul ist, der wusste auch, wie die Pressemitteilungen zu deuten waren. Für die anderen war das nur unverständlich.

Hatte ███ Dir irgendetwas erzählt, als ihr damals zusammen unterwegs wart – wieso er sich nicht outet oder wie es ihm bei diesem Versteckspiel ging?

Während der Karriere outen die sich nicht.

Also wenn man sich den ███████ so anschaut und seinen speziellen Torjubel. Da kann man schon drauf kommen.

150

Also bei ██████ ist sicher, dass er beide Geschlechter liebt, bei ████ ist es sicher, dass er schwul ist, auch bei ████. Ich habe ein Foto, das beim Stanglwirt in Tirol aufgenommen wurde, da knutscht der ████ mit dem Ex-Lover vom ████. Ich meine, bei den letzten beiden war es ja immer schon diskutiert worden. ████ hatte ja sogar mal ein Presse-statement abgegeben, dass er nicht schwul sei. Aber er ist es... Die von der Presse wissen das ja, sie werden halt geschützt. Es fließt eine Menge Geld, deshalb wird das Thema einfach nicht behandelt. Fertig. Wenn Du jetzt zur Bild-Zeitung gehen würdest mit dem Bild, auf dem die bei-den knutschend zu sehen sind, dann würde das nicht veröffentlicht werden.

Ja, von drei Nationalspielern – genauer gesagt „Weltmeistern" – wusste ich es auch. Ich bin ja auch mit zwei Bundesliga- bzw. Ex-Bundesliga-spielern befreundet, die hatten mir das auch schon erzählt. Man weiß es, aber man schweigt. Hitzlsperger hatte sich ja auch erst nach seinem Karriere-Ende geoutet.
Mir persönlich ist es ja gleich, ob die Leute schwul sind oder nicht. Was mich irritiert, ist diese Scheinheiligkeit und dieses Aufrechterhalten ei-ner angeblichen heilen Welt für die Fußballfans. Die könnten ja irritiert sein. Die Vereine wissen das ja auch, und dann packen sie den Spielern Mädchen an die Seite, lassen sie sogar heiraten. Mich wundert es, dass die Spieler sich das gefallen lassen. Die kämpfen doch permanent gegen eine Lüge an.

Ja, aber so ist das Geschäft. Da laufen ja gigantische Werbeverträge, die wären dann wohl weg. Das Hauptproblem sehe ich aber schon bei den Fans. Überlege mal, wie die gegnerischen Fans reagieren würden, wenn ein schwuler Spieler auf den Platz läuft – und dann noch, wenn ein Na-tionalspieler schwul ist und zum Beispiel in Russland oder in einem muslimischen Land aufspielt. Das kannst Du vergessen. Wenn das eine wirkliche Berühmtheit ist, brechen auch die Werbeverträge weg usw. Das ist ein ganzer Rattenschwanz – leider...

Da hast Du wohl recht, Carsten. Euch beiden danke ich jedenfalls für die spannenden Infos. Alles Gute!

Zollbeamtin stellt Rechtmäßigkeit der BRD-Gesetze in Frage

Immer mehr sog. „Beamte" stellen ihre Tätigkeit in Frage aufgrund einer sich langsam, aber stetig verändernden Rechtssituation in der BRD. Eine davon ist Marion Regner, die ich dazu im Januar 2016 befragte.

Frau Regner, Sie waren 20 Jahre beim Zoll tätig. Wieso haben Sie Ihren Dienst freiwillig quittiert? Was war passiert?

Ich war von 1995-2014 im aktiven Dienst bei der Bundeszollverwaltung. Damals wurde ich im mittleren Dienst als Zollanwärterin eingestellt, danach war ich Zollsekretärin. Ausgeschieden bin ich als Zollobersekretärin, was in 20 Jahren Dienstzeit einer Ohrfeige gleichkommt, da ich nur ein einziges Mal befördert wurde. Der Grund lag darin, dass ich von Anfang an gespürt habe, dass vieles nicht in Ordnung ist, was um mich herum geschieht. Nur konnte ich es nicht greifen, was es genau sein könnte. Erst im Laufe der Jahre sind mir immer mehr Ungereimtheiten aufgefallen, welche ich auch immer thematisiert habe. Meistens jedoch wurden meine Bedenken zur Seite gefegt und kleingeredet. *„Das ist halt jetzt so."*, war die gängige Antwort. Jedoch galt ich ab sofort als schwierige Kollegin, die aufmüpfig ist.

Was hatte Ihnen konkret missfallen?

Missfallen hat mir konkret, dass wir von unseren „Dienstherren" gezielt angelogen und in Unkenntnis der tatsächlichen Rechtslage gelassen wurden. Keinem einzigen „Beamten" wurde das Urteil vom Bundesverfassungsgericht bekanntgegeben, in dem steht, dass es seit dem 8.5.1945 keine „Beamten" mehr gibt. In meiner Ausbildung haben wir in der Abgabenordnung (AO) gelernt, wie wir Steuern zu erheben haben usw. Nur wurde mit keiner einzigen Silbe erwähnt, dass die Abgabenordnung aus Zeiten des Dritten Reiches stammt und somit verboten ist. Außerdem hat man den § 415 Abgabenordnung ignoriert, in welchem das Inkrafttreten der Abgabenordnung genannt wird. Den genauen Inhalt findet man unter www.dejure.org. Selbst wenn die Abgabenordnung nun kein Nazi-Gesetz wäre, wäre sie immer noch nicht in Kraft getreten, sprich, jeder Steuerbescheid ist ungültig und nichtig.

Dann kommt das Thema „Dienstkleidung". Wir durften plötzlich nicht mehr Uniform sagen, das wurde uns strengstens untersagt. Die Schulterstücke wurden entfernt, und auch alle Rangabzeichen wurden abgeschafft. Es hat mir auch missfallen, dass wir plötzlich sog. „Diensthaftpflichtversicherungen" abschließen mussten. Damit haben damals sogar die Gewerkschaften geworben. Wenn ich tatsächlich „Beamtin" gewesen wäre, wäre das doch rein rechtlich gar nicht erforderlich gewesen.

Wann wurde Ihnen bewusst, dass irgendetwas nicht stimmt? Dass die BRD nicht souverän ist usw.?

Tatsächlich bewusst wurde es mir sehr spät, obwohl ich lange vorher gespürt habe, dass etwas faul ist. Das war 2014, als ich bei der Recherche über gesunde Ernährung plötzlich auf gewisse Seiten im Internet gestoßen bin, die sich dieser Thematik gewidmet haben. Geglaubt habe ich es erst lange nicht, habe immer nach Gegenbeweisen gesucht, um diese Leute als Lügner zu entlarven. Jedoch habe ich im Laufe meiner eigenen Suche noch ganz andere Dinge gefunden, die das alles bestätigt und sogar noch untermauert haben. Seitdem habe ich mich zum Kern der Dinge durchgearbeitet und habe ihn wohl auch gefunden. Die Wurzel des Ganzen geht weit über den verlorenen Zweiten Weltkrieg hinaus, welcher tatsächlich nur als Vorwand geführt wurde, um die wirtschaftliche Unabhängigkeit Deutschlands zu zerstören. Dies tut man im Übrigen heute dadurch, dass der überwiegende Teil der erwirtschafteten Steuereinnahmen ungefiltert in die USA weitergeleitet wird. Da kann Herr Schäuble sagen, dass er seinem Dienstherrn gegenüber gute Arbeit leistet. Souverän sind wir seit 1945 nicht mehr, das haben genügend „Politiker" auch hinreichend bestätigt.

Ich habe meinem Arbeitgeber einen Fragenkatalog zugestellt, in dem ich u.a. wissen wollte, wie es sein kann, dass das Hauptzollamt Singen sowie die Bundesfinanzdirektion Südwest in Neustadt a.d.W. als eingetragene Firmen bei *Dun & Bradstreet* zu finden sind. Beide Ausdrucke habe ich damals jeweils beigefügt. Ich habe nach dem räumlichen Geltungsbereich des Grundgesetzes gefragt, nach dem OWiG und den

Bundesbereinigungsgesetzen, welche so gut wie alle Gesetze in der BRD aufgehoben haben. Bis heute kam keine Antwort, was für mich jedoch eine sehr klare Antwort ist. Dass das Schreiben angekommen ist, wurde mir jedoch indirekt bestätigt, als ich aufgefordert wurde, mich beim Amtsarzt vorzustellen und er mich darauf angesprochen hat. Offensichtlich sollte er mich auf meinen Geisteszustand hin untersuchen, ob ich irgendwelche psychischen Defizite aufweisen würde. Das hat den Grund, dass zeitgleich mit meiner Einstellung beim Zoll starke Depressionen bei mir aufgetreten waren. Offenbar hat mein Unterbewusstsein damals schon starke Signale gesendet, die ich jedoch ignoriert hatte.

Sehen bzw. sahen Ihre Kollegen das ähnlich?

Ein Teil meiner Kollegen weiß genauso Bescheid wie ich. Sie fürchten jedoch um ihr Hab und Gut, viele haben Familie und wollen nicht alles verlieren, was sie sich über die Jahre hinweg aufgebaut haben. Diejenigen, die Bescheid wissen, halten den Mund, und diejenigen, die nicht Bescheid wissen, wollen es auch nicht wissen. Manche haben mich schon persönlich angegriffen und mich als Lügnerin bezeichnet. Jedoch kann ich alles, was ich sage, beweisen. Die einen sitzen einfach nur noch ihre Zeit ab, weil sie kurz vor der Pensionierung nichts mehr riskieren wollen. Die anderen sind dauerkrank, weil sie nicht wissen, wie sie aus der Situation herauskommen sollen, ohne alles zu verlieren. Ein paar wenige Kollegen haben den Mut, den gleichen Weg zu gehen wie ich. Ich wurde pensioniert, beziehe die Mindestpension, welche mir gerade so erlaubt zu überleben. Aber ich bin zufrieden damit, weil ich so meine Zeit nutzen kann, um meine Recherchen voranzutreiben. Manche kündigen auch direkt, aber das sind Einzelfälle.

Gab es noch etwas, das Ihnen am Polizeidienst bzw. am Polizeisystem missfallen hatte? Ich frage dies unter anderem deshalb, weil ich von einem Bekannten Folgendes erfahren habe: Seine Freundin ist Steuerfahnderin und berichtete, dass sie und ihre Kollegen völlig verunsichert sind, da sie – ähnlich wie Gerichtsvollzieher – seit 2012 privat haftbar sind für das, was sie im Dienst tun.

Mich hat im Grunde vieles gestört, was aber immer nur Kleinigkeiten waren, welche – im Einzelnen betrachtet – völlig unwichtig erscheinen, jedoch im Gesamtbild und in Würdigung aller rechtlicher Zusammenhänge durchaus eine große Wichtigkeit haben. Es heißt plötzlich nicht mehr „Der Vorsteher" eines Amtes, sondern „Dienststellenleiter". Die gefertigten Schreiben werden nicht mehr unterschrieben, sondern sollen auch ohne Unterschrift gültig sein, was aber nach dem BGB absolut nicht der Wahrheit entspricht. Und „geltende Gesetze" sind nicht „gültige Gesetze", das ist etwas völlig anderes.

Der intensive Personalabbau, die Regularien bzgl. unsere originären Aufgaben, nämlich die Kontrolle des Exports und des Imports von Waren aus Drittländern, wurde immer weiter nach unten korrigiert. Dauernd kamen Kollegen von Post, Arbeitsamt oder Bundeswehr, die durch „Handauflegen" plötzlich Zollbeamte wurden. Ich hingegen musste über zwei Jahre hinweg eine strenge und anspruchsvolle Ausbildung durchlaufen – das alles hat sehr großen Unmut erzeugt. Diese Kollegen wurden üblicherweise alle schneller befördert und bekamen auch die besseren Dienstposten. So wurde ein Keil in die Belegschaft getrieben, der stark spürbar war.

Herzlichen Dank, Frau Regner. Ich wünsche Ihnen für Ihren weiteren Weg alles erdenklich Gute.

Marion Regner erreichen Sie unter: marion@gemeinde-konstanz.de

Abb. 6:
Die ehemalige Zollbeamtin Marion Regner und der Polizist Harald Schreyer im Interview mit Jo Conrad bei *www.bewusst.tv*.

Chemotherapie kann sehr gut helfen
– doch ist das oftmals nicht erwünscht

Dr. Mike S. lernte ich im Frühjahr 2013 durch einen Freund kennen, der für einen Nachrichtendienst tätig ist und mir davon erzählte, dass Dr. Mike S. zwar Anhänger der klassischen Schulmedizin und erfolgreicher Betreiber einer Praxis-Klinik und eines Klinik-Hotels im HNO-Bereich ist, aber schon mehrere Hausdurchsuchungen hinter sich hat. Bei einem ersten langen Gespräch am 17.11.2015 hatte ich die Möglichkeit, mir seine Praxis-Kliniken anzusehen, wobei eine auf amerikanische Patienten ausgerichtet ist, da in der Stadt, in der er ansässig ist, eine der größten amerikanischen Kasernen auf deutschem Boden angesiedelt ist. Bei unserem ersten Treffen lernte ich auch seine Frau und seinen Sohn kennen – er hat zudem zwei Töchter – und bekam somit einen recht guten Einblick, mit wem ich es zu tun hatte. Auch konnte ich mir eine Menge Notizen machen und brachte dann am 1.12.2015 mein Diktiergerät mit, um die Gründe aufzuzeichnen, wieso man ihm immer wieder Knüppel zwischen die Beine wirft, obwohl er der Schulmedizin immer treu ergeben war und ist.

Herr Dr. S., für die meisten meiner Leser wird es ungewöhnlich sein zu erfahren, dass Sie große Erfolge mit Chemotherapien bei Krebs erzielen, da in den alternativen Kreisen sehr heftig dagegen argumentiert und deren Heilwirkung in Frage gestellt wird. Dass diese keine „normale" Form der Chemotherapie ist, darauf kommen wir im Laufe des Interviews noch zu sprechen. Zunächst interessiert mich Ihr Werdegang, damit die Leser in etwa wissen, mit wem sie es zu tun haben.

Gerne. Ich wurde 1953 in Pirmasens geboren und stamme aus einer Zahnarztfamilie. Ursprünglich wollte ich auch Zahnarzt werden, besuchte ein Internat, in dem ich auch das Abitur abschloss und begann dann mein Medizinstudium in Homburg, nachdem ich zuvor bei der Bundeswehr eine Ausbildung zum Krankenpflegehelfer abgeschlossen hatte. Dort blieb ich auch nach Abschluss des Studiums, erhielt meine Approbation 1980 und war ab dem Februar 1981 Assistenzarzt einer HNO-Universitätsklinik (HNO = Hals-Nasen-Ohren; A.d.V.). Dort blieb ich bis zu meinem Abgang im April 1996. 11 Jahre davon war ich im Oberarztdienst.

Vielen Dank. Wie ging es dann weiter?

Ich habe bereits während meiner Assistentenzeit erleben dürfen, dass zwei Oberärzte und vier Fachärzte auf einmal weggingen, was ein ziemlicher Schlag für die Klinik und die Ärzte war, die geblieben sind. Das war eine große Herausforderung, und ich durfte bereits sehr früh Verantwortung übernehmen. Dadurch bin ich auch schon ganz früh an große Operationen gekommen und musste auch dementsprechend früh jüngere Ärzte ausbilden. Deshalb war ich schon seit 1985 Oberarzt. Und ich habe meine Tätigkeit geliebt.

Sie waren also Oberarzt…

Ja, ich war Oberarzt. Unsere Klinik war sehr groß und hatte 113 Betten, es gab also enorm viel zu tun. Meine Domäne war die Chirurgie und die Onkologie (die Wissenschaft, die sich mit Krebs befasst; A.d.V.) Die Chirurgie schloss die plastische Chirurgie mit ein. Dann behandelte ich auch bei Stimm- und Sprachstörungen. Wie gesagt, ich liebte meine Arbeit, aber mir war klar, dass ich das, was ich tue, unter den Bedingungen des neuen, jungen Chefs nicht durchführen konnte. Es ging auch um die Art, *wie* ich behandelte. Ich behandelte so, wie ich meinen eigenen Bruder oder mich selbst behandeln würde. Das ließ sich unter dem neuen Chefarzt nicht durchführen, da es zu unkonventionell war. Das waren Dinge, die mit dem sog. Mainstream in der HNO-Klinik nicht übereingestimmt hatten.

Das scheiterte an dem neuen Chef…

Ja, der wollte mich zum leitenden Oberarzt machen, was ich jedoch ablehnte, da es bereits einen leitenden Oberarzt gab und das definitiv zu Missstimmungen geführt hätte. Ich sagte ihm aber, dass ich unter einer Bedingung bleiben würde: *„Ich mache Ihnen die erste ambulante Kopf- und Hals-Onkologie in Europa auf."* Er schaute mich damals nur an und meinte, dass ich das nicht schaffen würde. Ich widersprach und erklärte ihm, dass ich das bereits geprüft hatte und wir mit unserer klinischen

Erfahrung in der Lage wären, unsere Chemotherapien ambulant durchzuführen.

Was bedeutet das genau: „ambulante Kopf- und Hals-Onkologie"?

Normalerweise wird ein Krebspatient in einem Krankenhaus behandelt, sprich er bekommt seine Chemotherapie im Krankenhaus und bleibt dann mehrere Tage dort. Deswegen spricht man von „stationärer Behandlung". Bei mir kommt der Patient in die Praxisambulanz, erhält seine Chemotherapie und geht dann wieder nach Hause, deswegen „ambulant". Heute ist das übrigens fast zum Standard geworden, aber vor rund 20 Jahren war das noch undenkbar. Meine Einschätzung hat sich also heute bestätigt, allerdings immer noch nicht in HNO-Kliniken! Der Chef hatte jedoch Einwände und Bedenken. Wir hatten aber in unserer Klinik bereits ein funktionierendes System, mit dem wir fortgeschrittene HNO-Tumore geheilt hatten. Und das wussten die Leute. Davon abgesehen hat die Klinik damit sehr viel Geld verdient. Das war dem jungen Chef aber damals noch nicht klar. Ich hatte ihn dreimal gefragt, er hatte dreimal gesagt, dass ich das nicht schaffe – und dann hatte ich gekündigt. Wäre ich dort geblieben, wäre ich bestimmt habilitiert und wäre heute Professor. Aber ich wusste, dass er diese Therapie, die wir damals über 12 Jahre hinweg erfolgreich durchführten, nicht mehr haben wollte und machte das, was ich für richtig hielt, und ging in die Selbständigkeit.

Mit dieser Therapie?

Ja, und ich konnte viele Patienten mit dieser Therapie heilen, bis zum heutigen Tage. Meines Wissens bin ich der Einzige, der diese spezielle Behandlungsform noch anwendet – weltweit. Übrigens bekam ich meine volle onkologische Zulassung zur ambulanten Tumortherapie durch das *Onkologie Board Pfalz* im Juli 1997, also 15 Monate, nachdem ich die Klinik verlassen hatte. Meines Wissens war ich damit der erste niedergelassene Kopf- und Hals-Onkologe in Deutschland. Ich konnte somit diese Therapie weiterführen und war damit sogar so erfolgreich, dass es „Krisensitzungen" an den Kliniken gab wegen fehlender HNO-Tumorpatienten.

Dazu kommen wir gleich...

Lassen Sie es mich dennoch kurz ausführen: Ich habe eine Therapie, mit der man in sehr vielen Fällen fortgeschrittene Plattenepithelkarzinome (Haut- oder Schleimhautkrebs; A.d.V.) im Mund, Hals, Rachen oder Kehlkopfbereich heilen kann. Diese Plattenepithelkarzinome im Kopf- und Halsbereich sind in Ländern wie Indien ein Riesenproblem. Dort gibt es Hunderttausende, die diese Plattenepithelkarzinome haben, weil die Leute rauchen und alle möglichen Giftstoffe zu sich nehmen, z.B. Reizstoffe über die Nahrung. Und mit meiner Therapie besteht auch bei extrem weit fortgeschrittenen Plattenepithelkarzinomen eine Heilungschance – ich werde Ihnen nachher noch Fotografien der Behandlungsverläufe und -erfolge zeigen. Auch kann ich mit diesem Therapie-Regime (Behandlungspläne; A.d.V.) auch Krebspatienten behandeln, die eine Leber-, Nieren- oder Lungentransplantation hatten – die müssen ja bekanntlich Immunsupressiva nehmen, ein Leben lang, damit ihr Körper das Organ nicht abstößt. Wenn man jetzt Chemotherapie gibt, haben wir ein Problem, da man nicht gleichzeitig Chemotherapie geben und Immunsupression machen kann – angeblich. Meine Chemotherapie bzw. die Chemotherapie, die ich protagoniere und auch vertrete, kann man auch Leuten geben, die eine Transplantation hinter sich haben. Und das sind keine Einzelfälle, ich kann das belegen. (hierzu zeigte mir Dr. S. das auf dem Deutschen Krebskongress 2016 in Berlin präsentierte Poster Nr. 538; A.d.V.)

Das Ganze funktioniert, weil dieses Regime relativ wenig Interaktion mit dem Immunsystem hat. Nachher, nach dem dritten oder vierten Chemotherapiezyklus, kann ich dem Patienten sagen, dass er einmal seine Immunsupressiva weglassen soll, manchmal nach dem zweiten Zyklus schon – das Immunsystem ist ja dann sowieso schon im Keller, er braucht es also nicht, und das funktioniert! Und das sind Behandlungsmethoden, die für Länder wie in der Dritten Welt enorm wichtig sind. Das ist aber offenbar nicht erwünscht.

Wieso ist das nicht erwünscht?

Aus einem ganz einfachen Grund: Das sind billige Medikamente. Das sind Medikamente wie *Cisplatin* – das ist eine Altmedikation, die jeder als Generikum vertreiben kann – oder *Bleomycin*, ein verschrienes Medikament, das als Antibiotikum entwickelt worden war, bis man festgestellt hat, dass es als Antibiotikum zu viele Nebenwirkungen aufweist, aber bei bestimmten Tumoren hervorragend wirkt. Und es gab noch ein weiteres Mittel, das schon lange nicht mehr geschützt ist, seit zirka 2003 – *Vindesin*, ein *Vinca Alkaloid*. Also alles in allem ist das eine billige Therapie – und sehr effektiv. Aber die steht in Konkurrenz zu diesen neuen Pipeline-Medikamenten, die teuer sind, die extrem teuer sind, die teilweise aber auch sehr gut sind, keine Frage. Das heißt nicht, dass alles Neue nur teuer ist und nicht gut, aber die von mir verwendeten Medikamente sind für HNO-Tumore in sehr vielen Fällen besser als das – und dazu wesentlich billiger!

Die alten Medikamente?

Die alten… Die wirken hervorragend, und man kann damit extremst weit fortgeschrittene Tumore behandeln. Und diese wären für Länder wie Indien oder China, wo man einfach auch auf die Kosten schauen muss, ideal. Vor allem die Chinesen laufen auf eine riesige Blase an Plattenepithelkarzinomen zu, weil sie extrem viel rauchen, vor allem die Männer. Aber glauben Sie, dass man irgendeine Chance hat gegen die weltweite Pharmalobby? Keine Chance…

Ich behaupte, dass die Therapieentscheidungen in der Medizin über die Pharmalobby gesteuert werden. Und zwar nicht einmal über die Dinge, die offensichtlich sind, zum Beispiel, die man durch die *Cochrane Collaboration* (ein weltweites Netzwerk an Wissenschaftlern und Ärzten; A.d.V.), also durch relativ harte Daten belegen kann, sondern dadurch, dass sie ganz einfach die Meinungsbildung kontrollieren – durch Artikel, durch Äußerungen und Statements, die von sogenannten „Meinungsbildnern" abgegeben werden. Ich behaupte, dass die überwiegende Mehrheit der Mediziner durch solche Informationen gesteuert wird. Es ist schade, dass die Medizin und die Pharmakologie so profitorientiert sind. Das heißt, dass man die Dinge, die im Mainstream als besonders „wichtig" und „toll" angesehen werden, auch entsprechend propagiert, weil sie auch die höchsten Profite abwerfen.

Das heißt, die Ärzte sind generell schon auf einem guten, richtigen Weg, werden aber hier durch die Pharmaindustrie in eine bestimmte Richtung gedrängt und sind ihr auch in gewisser Weise ausgeliefert.

...und können sich nicht dagegen wehren. Wenn Du heute als Arzt eine größere Publikation machst zu einem bestimmten Thema, sich bestimmte „Autoritäten" jedoch negativ dazu äußern, ist es sehr schwer, sich dagegen zu wehren. Und es gehen in meinen Augen viele sinnvolle Therapien alleine aus dem Grund unter, weil sie nicht mehr durch Studien abgedeckt werden. Das heißt, es gibt neuere Studien, und diese neueren Studien wurden mit bestimmten Medikamenten gemacht, die noch schützenswert sind oder die einen Status anstreben, um Standard zu werden. Das wird knallhart durchgezogen, und es kommt dazu, dass diese Vorgehensweise entsprechend „sanktioniert" wird, und dann ist das einfach der Stand der Technik. Das ist für mich nicht akzeptierbar. Es gehen dadurch ganz viele therapeutische Optionen verloren. Leider machen die sog. Meinungsbildenden und Entscheidungsträger in der Medizin dabei mit. Das ist schlecht.

Das könnte man durchaus als eine „Verschwörung" bezeichnen.

Ob es eine Verschwörung ist, weiß ich nicht, aber man hat hier Gründe, warum man das sagt. Die Gründe werden von der Industrie geliefert. Es kann dann sein, dass bewährte Therapien abgelöst werden, obwohl niemals ein echter Vergleich zwischen diesen alten und den neuen Therapieformen stattgefunden hat. Da gibt es viele, viele Beispiele. Und das ist nur eine Facette, die zeigt, dass hier ziemlich genau den Interessen der Industrie Rechnung getragen wird.

Gut. Sie hatten sich also damals 1996 mit einer HNO-Praxis-Klinik selbstständig gemacht.

Ja, zunächst auf 120 qm. Meine ganzen Onkologie-Patienten aus der Uni-Klinik liefen mir nach – also die ganzen Tumorpatienten. Nicht nur die Tumorpatienten liefen mir nach, weil ich bereits damals als Operateur einen ziemlich guten Ruf hatte, sondern auch andere. Wir hatten tatsächlich die Situation, dass wir in dieser kleinen Praxis eine Schlange an Patienten hatten, die sich am Tresen anmeldeten, die aus der Praxis raus ging durch den Kreuzgang bis auf den Parkplatz, also bis zu 20 Metern Länge. Da war klar, dass wir an der Praxissituation etwas ändern mussten. Dann hatten wir zunächst mit dem Bürgermeister unserer Stadt gesprochen, dass wir eine größere Praxis benötigen und dies und das vorhaben – sie hatten ja mitbekommen, was bei uns abging –, hatten uns dann aber letztlich für die Nachbarstadt entschieden, was einen riesigen Rattenschwanz hinten nachzog, weil diese beiden Städte aufs Tiefste verfeindet sind. Das führte dazu, dass die Stadt, in der wir zuvor waren, der jetzigen Stadt den Krieg angesagt hat. Der Hauptgrund war ein Preisunterschied von 3 DM pro Quadratmeter, was bei einer Praxisgröße von 400-500 qm doch erheblich war.

Aber die Patienten kamen mit?

Ja, das war sensationell! Auch in der neuen Praxis standen sie in Dreierreihen am Tresen. Das waren zum Teil immer noch die Patienten aus dem Saarland. Ich hatte also das umgesetzt, von dem mein ehemaliger Chef meinte, dass es angeblich nicht möglich sei – bereits ein Jahr später –, und zwar geprüft durch Prof. Hörmann und die Onkologiekommission der Ärztekammer Pfalz mit voller onkologischer Zulassung. Zu diesem Zeitpunkt hätte ich auch schon Leukämieziffern abrechnen können, was ich allerdings nicht tat…

Nun muss ich aber noch eine Episode einfügen, die wichtig ist:

Bevor ich mich selbstständig gemacht hatte, also noch als Oberarzt der Uniklinik Homburg, hatte ich schon 1995 immer wieder Vertretungen bei meinem späteren Geschäftspartner gemacht, und ich wusste, was wir in der Lage waren, mit dieser Therapieform umzusetzen. Deswegen hatte ich zu ihm gesagt, dass wir mit der Kassenärztlichen Vereinigung (KV) reden müssen, denn wenn ich jetzt komme und universitäre Hochleistungsmedizin ambulant durchführe, dann gibt das Probleme, denn das kostet Geld. Denn das sind Dinge, die normalerweise in der Klinik stattfinden. Also sagte ich: *„Wir gehen zur AOK und reden sowohl mit denen als auch mit der KV-Führung (Kassenärztliche Vereinigung Pfalz), da die AOK die federführende Kraft ist, die das für die anderen Krankenversicherungen prüft, und machen mit denen aus, dass unsere Behandlungen in einem Modellprojekt bearbeitet werden. Und zwar aus* *dem ganz einfachen Grund, da man dann feststellen kann, wie viele Operationen aus dem stationären Bereich in den ambulanten übergehen – für bestimmte Indikationen.*" Das taten wir dann auch und hatten ein Gespräch mit einem Herrn B. von der AOK und einer Frau Dr. P., der 1. KV-Vorsitzenden und einem Dr. F., einem stellvertretenden KV-Vorstand. Dr. F. kannte mich noch aus Homburg, war mir aber nicht sonderlich gewogen. Diese Herrschaften saßen dann da mit dem Herrn von der AOK, und ich trug alles vor, was mein Partner und ich vorhatten, und beschrieb, dass dies zu Verwerfungen im Honorarverteilungsmaßstab führen würde, da es zusätzliche Kosten verursachen würde. Man sagte dann, das sei so weit alles o.k., man werde das prüfen, und man würde uns benachrichtigen. Wir haben unsere Abrechnungen gemacht, wobei wir von Monat zu Monat teilweise zweistellig an Umsatz zugelegten. Aber es kam keine Reaktion von Seiten der KV.

Was heißt das? Es kam kein Einspruch oder kein Geld?

Weder noch. Ich hatte nochmals nachfragt, und es kam einfach keine Reaktion. Fünf oder sechs Jahre später gab es nochmals Gespräche mit der AOK, es ging um das ambulante Operieren und diverse Veränderungen, und ich traf dann den Herrn B. wieder, den ich 5 Jahre zuvor gesprochen hatte, der aber inzwischen innerhalb der AOK versetzt war. Den fragte ich dann, wieso sie denn damals das mit dem Modellprojekt nicht gemacht hatten. Daraufhin meinte dieser ganz überrascht: *„Wieso, wir waren doch einverstanden und hatten das an den KV-Vorstand signalisiert, dass wir mitmachen.*" Tja, das hatten die niemals an uns weitergegeben. Das muss man sich einmal vorstellen.

Und wieso?

Sie wussten, dass es hier um erhebliche Beträge ging, denn das kostet sie ja richtig Geld an den Kliniken. Da hatten sie Angst, dass wir zu viel verdienen. Damit Sie besser verstehen können, Herr van Helsing, was ich damit meine: Für eine einfach Mandeloperation bekamen wir bei einer ambulanten Operation bei uns in der Praxis zirka 110 DM. Wurde das in der Klinik stationär behandelt, erhielten die Kliniken dafür um die 2.500 DM von der KV.

Das ist ja schizophren. Eure ambulanten Operationen hätten doch den Krankenkassen gigantische Summen erspart.

Ja eben! Aber man hat es so hingedreht, dass wir die Kosten im ambulanten Bereich hochtreiben.

Dabei war es doch genau das Gegenteil.

Es war exakt das Gegenteil. Und das ist die Perversion, die wir haben. Das ist aber auch wieder typisch deutsch: dieser Futterneid.
Dieser Umstand war für mich damals sehr schlimm. Zudem wurden wir dann systematisch gekürzt. Das heißt, wenn ich an vier OP-Tagen pro Woche jeweils acht Kassenoperationen pro Tag durchführe, dann gibt das am Ende des Quartals ein bestimmtes Volumen. Und was wir ausrechneten war – um ein Beispiel zu geben – 6,09 Millionen Punkte (1 Punkt = 10 Pfennig), dann wären das in diesem Quartal 600.000 DM gewesen. Es wurde aber zirka die Hälfe einfach abgezogen mit der Behauptung, das wäre nicht gerechtfertigt – und das wurde bis zur Abschaffung der Punktewerte und Einführung der Abrechnung in Euro so gehandhabt. Man kann normalerweise nur rechtmäßig kürzen, wenn keine Praxisbesonderheiten vorliegen, die hatten wir aber vom ersten Moment an! Dann muss eine Vergleichspraxis vorliegen, die ähnlich arbeitet, mit der man dann verglichen wird. *„Die Abrechnungsstelle der KV wurde beauftragt, eine Vergleichspraxis zu finden. Das ist aber nicht gelungen, obwohl man bundesweit danach gesucht hat.“*, erklärte der damalige Leiter der Abrechnungsabteilung der KV-Pfalz, Herr U.!
Es ist mir auch bis heute nicht gelungen herauszufinden, wieso sie das machen und wie es dazu kam. Bis heute haben wir 56 Quartale mit Widerspruch belegt. Wir sprechen hier von einer siebenstelligen Summe, um die wir gekürzt wurden, ohne dass eine Rechtsgrundlage dafür vorhanden war. Aus genau diesem Grund überzieht mich auch die jetzt fusionierte *KV Rheinland-Pfalz* ständig mit allen möglichen Regressen, mit dem klaren Ziel, mich durch exorbitante Anwaltskosten in den finanziellen Ruin zu führen, da sie fürchten, dass die Wahrheit über die Abrechnungsmanipulationen noch ans Tageslicht kommen könnte und sie mit Zins und Zinseszins an uns auszahlen müssten. Das ist auch der Grund, warum man mir eine Gesamtregresssumme von mittlerweile

über 1 Mio. Euro angehängt hat und behauptet, dass Patienten, die teilweise aus ganz Deutschland zu uns anreisen und dann in unserem Klinikhotel für früher 45 und jetzt 60 Euro (Vollpension!) übernachten, nicht ambulant operiert worden seien, sondern dass es sich um stationäre Behandlungen handeln würde, die man mir allein für das Jahr 2009 mit € 156.000 Euro regressierte. Geplant sind weitere gleich große Regresse für die Jahre 2010-2015! Dass diese Regresse für mich nicht nur existenzgefährdend sind, sondern zur Existenzvernichtung führen können, interessiert den KV-Vorstand nicht. Trotz der Tatsache, dass diese Sache gerichtlich noch nicht geklärt ist, hat die KV den Regress trotzdem durchgezogen, und damit meine Praxis mit ehemals 18 Mitarbeitern an den Rand der Insolvenz gebracht! Das Ganze geschieht mit voller Absicht und dem Ziel, meine Existenz und damit meine Praxis zu vernichten. Die neueste Masche war vor Kurzem der Versuch, mir *„mit sofortiger Wirkung meine onkologische Zulassung zu entziehen"*! Dabei wurde in einem offiziellen Schreiben des KV-Vorstandes behauptet, ich hätte im Jahre 2014 nur durchschnittlich 1,5 Tumorpatienten behandelt, und man werde mir deswegen die Zulassung wegnehmen. Tatsache ist aber, dass ich nachweislich im Jahre 2014 76 Tumorpatienten wegen Ihrer Krankheit behandelt habe, 50 Patienten sogar operativ und 36 – teilweise zusätzlich – mit Chemotherapie. Falls es eines Beweises bedurft hätte, dass etwas mit der KV-Abrechnung schief läuft, dann ist er spätestens jetzt erbracht! Es ist einfach unglaublich, welche geradezu mafiösen Zustände in manchen Bereichen der ärztlichen Selbstverwaltung bestehen. Sorry, aber das musste ich jetzt auch noch loswerden…

Haben Sie dann am Ende Ihr Geld bekommen?

Nein! Wir wurden am Ende immer auf das runtergekürzt, was eine normale HNO-Praxis im Kassenbereich verdient. Und das, obwohl ich wirklich unglaublich viele Kassenpatienten operiert und damit gewaltige Punktzahlvolumina erzeugt hatte.

Sie hatten auch mehrere Hausdurchsuchungen. Was war der Grund?

Das hat jetzt weniger mit meiner Therapieform zu tun als mit Neidern. Es gibt da eine Dame bei der KV, die auch Ärztin ist und vor Jahren gerne mit mir zusammenarbeiten wollte, was ich jedoch ablehnte. Seither macht sie mir das Leben schwer. Was ich allerdings nicht nur ganz eigenartig, sondern auch als irritierend empfinde ist, dass plötzlich unser Anwalt, der uns 15 Jahre lang vertrat, sein Mandat zurückgab.

Wieso hat er das getan?

Möglicherweise, weil er unter Druck gesetzt worden ist?

Hat er das gesagt? Hat er irgendwie durchblicken lassen, wieso er das Mandat zurückgegeben hat?

Nein. Er hat andere Gründe vorgeschoben. Vor allem hat er aber *alle* Mandate zurückgegeben. Und das sind Dinge, die mich zum Teil sehr berühren, denn das sind Sachen, wo es bei mir zum Teil um die Existenz geht, in die er involviert war… Mit einem Anwalt besteht ja normalerweise ein Vertrauensverhältnis.

Er kennt auch Interna…

Ja, er kennt Interna, und vor allem sehe ich heute, dass ich möglicherweise an seiner Integrität zweifeln muss. Aber das ist jetzt für unser Thema nicht von Belang.

Gut, kommen wir nun zu Ihrem eigentlichen Thema: Ihre Therapie und die Tatsache, dass bestimmte wirksame Medikamente vom Markt verschwinden. Arbeiten Sie noch mit Ihrem Partner?

Nein, seit 2008 nicht mehr. Ich arbeite seitdem mit einer älteren Kollegin und habe zudem noch ein Klinik-Hotel.

Und Ihr Spezialgebiet ist diese genannte spezielle Chemotherapie, die Sie weltweit als Einziger praktizieren?

Also ich glaube nicht, dass es außer mir noch jemanden gibt, der dieses Verfahren durchführt. Die Behandlung von malignen (bösartigen; A.d.V.) Tumoren ist weltweit das größte Geschäft in der Pharmazie. Nun ja, Herz-Kreislauferkrankungen sind wohl ähnlich. Aber das richtig große Geld wird mit Onkologika verdient, also mit Medikamenten für die Krebsbehandlung. Das heißt, das Interesse der Pharmaindustrie besteht darin, die neuen Medikamente möglichst schnell am Markt zu etablieren, was nur über Studien möglich ist. Diese Studien werden bezahlt, und diese Studien sind auch teilweise sauber, sie sind aber leider nicht alle sauber. Tatsache ist aber, dass ältere Heilmethoden, die teilweise hervorragende Ergebnisse bringen, dann praktisch abgebügelt werden zugunsten neuerer, sehr teurer Präparate. Da gibt es beispielsweise zur Behandlung von Lymphomen, speziell der chronisch-lymphatischen Leukämie, ein altes DDR-Präparat – *Bendamustin*. Das ist ein Stickstoff-Lost-Präparat, das ganz billig herzustellen ist und hervorragende Ergebnisse bringt. Das hat damals die Szene richtig durchgewirbelt, dass dieses Medikament so gut war. Und es hat nicht an Bestrebungen seitens der Pharmaindustrie gemangelt, dieses Präparat möglichst bald wieder verschwinden zu lassen. Es ist eines derjenigen, die es geschafft haben, bislang diese Attacken zu überstehen. Aber ganz viele wertvolle Medikamente, wie hochdosiertes *Cisplatin* oder *Bleomycin*, die nicht mehr über Patentrechte geschützt sind, die fallen unten durch. Das muss man auch klar sagen: In dem Augenblick, in dem ein Medikament aus dem Patentschutz fällt, sagen die Marketingfachleute klipp und klar: *„Vergiss es, wir brauchen eine andere Substanz, und die Altsubstanz muss verschwinden, da sie nur Marktanteile kostet."*

Das können dann teilweise schon noch andere Firmen produzieren als sog. Generika – teilweise müssen diese noch Tantiemen dafür bezahlen oder kaufen es –, aber das ist kein Vergleich zu dem, was man mit neuen Medikamenten verdient. Das heißt, die alten Medikamente müssen ausgeknockt werden, sie werden als nicht mehr adäquat qualifiziert... Oft bezeichnet man es als „obsolet", dass man diese Altmedikamente noch nimmt. Stattdessen soll man die neuen, teuren Präparate verwenden.

Das beste Beispiel für diese ganze Szene ist folgendes: Es gibt zwei Eiben-Produkt-Präparate, *Paclitaxel* und *Docetaxel*, Zellgifte mit hervorragenden Wirkungen. Das Docetaxel kam etwa drei bis vier Jahre nach dem Paclitaxel auf den Markt und konnte sich daher nur schwer etablieren. Dann lief der Patentschutz für das Paclitaxel aus, und sofort ließ die Firma das Präparat fallen. Damit war jetzt der Markt offen, und man begann damit, Docetaxel-Studien zu lancieren und diese Studien in Publikationen – und damit auch in die sog. „Leitlinien" (Richtlinienempfehlungen für Behandler; A.d.V.) – zu Kopf-Hals-Tumoren, Lungentumoren usw. einzuschleusen, damit jetzt nur noch dieses (teurere) Präparat verwendet wurde, obwohl die beiden absolut gleichwertig waren. Es gab keinen Grund – und es gibt auch entsprechende angloamerikanische Studien dazu, die das für viele Krebstumore nachweisen, dass es keinen realistischen Unterschied bei den beiden Präparaten gibt. Der einzige Unterschied ist der, dass es praktisch in jeder Docetaxel-Studie Todesfälle durch *Febrile Neutropenie* (FN), also durch ein Fieber, ausgelöst durch zu niedrige Leukozyten, gab. Die gab es auch ganz, ganz selten mal bei Paclitaxel, aber um ein Vielfaches weniger. Das heißt, die Substanz Paclitaxel war in dieser Hinsicht viel einfacher zu dosieren als das teurere Docetaxel. Das hat einige Menschen das Leben gekostet, als weniger erfahrene Therapeuten meinten, mit diesen scharfen Waffen therapieren zu müssen. Und ich habe immer den Finger in die Wunde gelegt und gefragt, wieso um alles in der Welt ich in einem HNO-Regime Docetaxel verwenden soll, ich kann genauso das Paclitaxel nehmen, wie wir es bereits zu meinen Unizeiten so gemacht hatten. Wir hatten zwar unser primäres Regime CBV (Cisplatin, Bleomycin, Vindesin), aber wenn die Patienten das Bleomycin nicht vertragen haben, dann verwendeten wir Cisplatin oder Carboplatin/Paclitaxel. Das geht auch. Aber das Docetaxel ist einfach viel gefährlicher. Zudem ist es teurer! Und es ist noch geschützt (läuft aber jetzt aus; A.d.V.)… Aber so haben sie es geschafft, sich in fast jedes Therapie-Protokoll reinzumogeln, wo vorher Paclitaxel stand. Das ist für mich eine Perversion der modernen Medizin, dass sog. Marketingexperten indirekt entscheiden, wie und womit therapiert wird.

O.k., ich fasse nochmals zusammen: Ihr Spezialgebiet sind also bestimmte Krebsarten.

Ja, Kopf-Hals-Tumore und mit Einschränkung auch bestimmte Lungentumore. In der Zweit- und Drittlinientherapie, wo es überwiegend auf Verbesserung der Lebensqualität und Linderung der Beschwerden ankommt, behandeln wir alle Arten von Tumoren. Besonders deshalb, weil wir selbst sog. Ports (implantierte venöse Zugänge; A.d.V.) , aber auch PEGs (gastrale Ernährungssonden durch die Bauchhaut; A.d.V.)

legen und auch Tracheotomien, also Luftröhrenschnitte, ambulant durchführen.

Und Sie sind der Einzige, der mit dieser Therapie arbeitet. Können Sie dies bitte nochmals kurz kompakt beschreiben?

Wir geben zunächst eine *MTD-Chemotherapie* (Maximum Tolerated Dose) – wir gehen also an die Höchstgrenze, unter gewissen Kautelen, also Vorsichtsmaßnahmen, wie zum Beispiel beim Cisplatin (110 mg pro m^2) bei normaler Nierenfunktion – und kombinieren diese dann mit einer *Metronomischen Chemotherapie*. *Metronomisch* heißt, man gibt eine Dosis, die an und für sich nicht ausreichend ist durch die Toxizität der Substanz, um eine direkte Tumorwirkung zu haben. Bleomycin ist ja primär ein Antibiotikum, von dem man dachte, dass man es zwei-dreimal am Tag geben könnte, damit es antibiotisch gegen Lungenent-zündungen und Ähnliches wirkt, bis man festgestellt hat, dass es doch einige Nebenwirkungen hat.

Wenn man aber vom Bleomycin jeden zweiten Tag eine Ampulle intra-muskulär gibt, dann ist das keine Chemotherapie in dem Sinne, dass man eine Zytotoxizität hat, die über 48 Stunden wirkt, sondern wir kombinieren eine MTD mit einer metronomischen Therapie 7 x 15 mg intramuskulär jeden zweiten Tag über einen Zeitraum von 14 Tagen, und man schließt den Zyklus wieder mit einer MTD ab (mit Vindesin, 3mg/m², Höchstdosis 5mg). Und das ist ein Unterschied zu anderen Chemotherapieformen. Dazu muss man noch bemerken, dass wir die „Ursubstanz" von bestimmten Herstellern einkaufen und keine Nach-folgeprodukte. Und im Bereich des Plattenepithelkarzinoms haben wir gigantische Erfolge mit 90-prozentiger Heilungschance. Bei den ande-ren 10 Prozent muss man dann auf eine andere Therapie umschwenken, aber auch da gibt es scharfe Waffen. Ich habe aber noch eine andere Therapieform entwickelt, die ich jedoch an dieser Stelle nicht weiter ausführen möchte, die aber auch sehr effektiv ist.

Wie viele Jahre arbeiten Sie jetzt mit dieser Therapie?

Mit diesem von mir modifizierten Regime seit 1986. CBV insgesamt seit 1983.

Und wie ist die Chance auf Heilung, wenn jemand zu Ihnen in die Praxis kommt mit einem Krebs im HNO-Bereich?

Nehmen wir einen Schlund- und Kehlkopfkrebs: Ich erinnere mich an einen Patienten in der Uniklinik, der auf beiden Seiten des Halses Metastasen mit einem riesigen Karzinom hatte, ihn konnte man nicht mehr operieren. Ich war damals noch Titularoberarzt, und der leitende Oberarzt wollte dennoch operieren. Wir hatten eine heftige Diskussion deswegen. Ich habe auch noch Fotos von damals. Er war im Rachenraum bis hoch in den Nasenrachen komplett zugewachsen, und bis runter an den Kehlkopfdeckel. Er war im Prinzip in drei Etagen verkrebst. Ich hatte mich schließlich mit meiner Chemotherapie durchgesetzt, und der Mann lebt heute noch. (Nach dem Interview sah ich etliche Fotos vor und nach einer Behandlung, u.a. auch von diesem Patienten. A.d.V.)
Dieser Fall ist deswegen so in meiner Erinnerung geblieben, da dieser Mann damals, als er 1986 kam, zirka eineinhalb Jahre vorher den weltbesten Schäferhund („Weltsieger Leistung", A.d.V.) gezüchtet hatte, den er damals für 280.000 DM an einen Japaner verkaufte. Von diesem Geld hatte er sich ein Haus gebaut. Dann bekam er diesen Krebs, obwohl er nie geraucht hatte. Sein Problem war: Er bekam vom Hausarzt jedes Jahr bis zu drei Cortisonspritzen wegen einer Allergie. Das hatte gereicht, um diesen Tumor bei ihm zum Ausbruch zu bringen. Das wurde jedoch nicht gleich erkannt, deswegen wurde der so groß.
Jedenfalls waren die Tumore nach zirka sechs Monaten Behandlung – zweimal Chemotherapie, dann Bestrahlung und nochmals zwei Zyklen Chemotherapie – weg. Er kommt heute noch zu mir und hat danach noch einmal den weltbesten deutschen Schäferhund gezüchtet, den ein amerikanisch-schwedisches Konsortium für 550.000 DM kaufen wollte. Er hat ihn aber nicht verkauft. Und um sich bei mir erkenntlich zu zeigen, wollte er mir den besten Abkömmling dieses Weltsiegers, den er jemals gezüchtet hatte, schenken. Nur meine Frau wollte damals keine Schäferhunde, heute würde sie ihn nehmen… (lacht) Damals wurde er wegen der vielen Haare abgelehnt, und heute haben wir einen großen weißen, langhaarigen Schäferhund.
Also, man muss aufpassen, und ich will auch keine falschen Hoffnungen machen, aber wir haben in den letzten 20 Jahren in meiner Praxis

auch sehr weit fortgeschrittenen Kehlkopfkrebs in vielen, in ganz vielen Fällen heilen können, und zwar so, dass der Kehlkopf erhalten bleibt. In den 30 Jahren – wenn man die zehn Jahre in der Uniklinik mit dazunimmt – habe ich bis auf etwa 5 Fälle die Kehlköpfe erhalten können von mindestens 50 Patienten mit **fortgeschrittenem** Kehlkopfkrebs.

Und andere Krebsarten?

Das *Plattenepithelkarzinom* (PEK), auch im Mund- und Schlundbereich, überhaupt alle PEKs im Kopf- und Halsbereich und teilweise auch in der Lunge reagieren sehr gut auf dieses Regime.

Meine Therapie sieht insgesamt so aus:

1. Zyklus: Chemotherapie (wobei hier die Verträglichkeit und die Wirksamkeit evaluiert wird). Bei guter Verträglichkeit und Ansprechen der Therapie erfolgt der
2. Zyklus: mit der gleichen Therapie.
   Danach erhält jeder Patient eine Strahlentherapie mit 65-70 Gy. Dosis. Man kann während der Bestrahlung ggfls. auch noch eine Chemo mit Cisplatin geben mit einer Dosis, die noch toleriert wird. Danach erfolgt die adjuvante Phase der Chemotherapie, nämlich der
3. Zyklus: nochmals nach dem gleichen Protokoll. Hierauf folgt in etwa 2/3 der Fälle noch der
4. Zyklus: der evtl. dosisreduziert wird, und dann ist die Therapie beendet.

Mit dieser Kombination, mit diesem Regime, liegen wir bei einer hohen, über 90-prozentigen Heilungsquote.

In unserem ersten Gespräch hatten Sie erwähnt, dass Sie auch mit alternativen Präparaten, wie dem „dreiwertigen Eisen" und Vitaminhochdosierungen, therapieren.

Ja, wir können die insgesamt doch recht hoch dosierte Bleomycin-Therapie nur machen, indem wir noch zusätzlich naturheilkundliche Präparate wie eine Enzymtherapie geben, deswegen hatten wir auch noch nie eine Lungentoxizität bei HNO-Tumorpatienten. Wir arbeiten auch mit dreiwertigem Eisen, mit Selen, mit Zink, mit Enzymen, mit hochdosiertem Vitamin A und Vitamin D…, und das schon seit 1985! Ich denke, einer der Gründe, warum diese Therapieform so erfolgreich verläuft, ist, dass ich mich der komplementären Medizin niemals verschlossen hatte, sondern diese auf den Prüfstand stellte und das, was sich bewährte, dann auch in meine Behandlungsprotokolle übernahm.

Schon während der Therapie oder erst danach?

Wir fangen direkt damit an. Wir supplementieren sofort mit Vitamin A und D sowie mit den proteolytischen Enzymen, mit Zink und mit Selen, und zwar in allen Fällen. Was man auch nicht unterschätzen darf, ist die Art, wie man mit den Patienten kommuniziert. Es gibt ja Ärzte, die den Patienten Angst machen – ist ja bei solch einer Diagnose fast unvermeidbar –, indem sie sagen, dass die Heilungschance evtl. gering ist oder man nicht genau weiß, wie das Resultat am Ende aussieht und dergleichen. Ich weiß aber, was ich tue und vermittle den Patienten auch, dass sie wieder gesund aus der Praxis rausgehen werden. Ich motiviere die Patienten, und das spüren sie auch und arbeiten richtig mit. Die Psychologie und die „Droge Arzt" machen eine Menge aus. Das unterschätzen viele Therapeuten.

Ja, das ist bekannt. Dr. Frank Gansauge, der in „Whistleblower – Band 2" zu Wort kommt, hatte einmal bei Kindern, die Patienten in seiner Klinik waren, das Immunsystem testen lassen. Man weiß, dass Kinder zwischen 3 und 6 Jahren das beste Immunsystem haben. Das Ergebnis war katastrophal. Die getesteten Kinder hatten das schlechteste Immunsystem, das sie je getestet hatten. Sie kamen dann auch dahinter, wieso das so war: Die Angst der Kinder vor der Operation hatte das Immunsystem komplett abstürzen lassen. Dann kann man sich vorstellen, was es mit einem Menschen macht, der die Diagnose „Krebs" mitgeteilt bekommt.

Richtig. Deswegen muss man mit den Menschen arbeiten, sie stimulieren, ihnen Hoffnung machen.

Ich kann mir vorstellen, dass Sie etliche Neider haben, wenn Ihre Praxis so gut läuft...

Allerdings. Ich bin ja mit dem, was ich tue, nicht nur für niedergelassene Ärzte eine Konkurrenz, sondern auch für Kliniken. Das darf man nicht vergessen... Aber Sie können sich bei den extremen Dingen, die ich – onkologisch und operativ – mache, sicher sein: Wenn ich keinen Erfolg hätte, gäbe es mich schon lange nicht mehr. Denn mich vorzuführen, haben schon einige Menschen vorgehabt. Diejenigen, die mich genauer kennen, vor allem die Radiotherapeuten, die mit mir zusammenarbeiten, wissen ganz genau, was Sache ist und welchen Erfolg ich mit meiner Therapie habe. (Die Kopie des Briefes eines Chefarztes einer Strahlentherapie, der in den Ruhestand ging, finden Sie auf der übernächsten Seite.)

Für die meisten Patienten, aber auch für mich gilt – vor allem bei der Krebsbehandlung – immer noch der Grundsatz: *„Wer heilt, hat recht."* Das Ergebnis zählt letzten Endes. Wie der Therapeut das erreicht, ist den Patienten in den meisten Fällen egal. Ob das nun schulmedizinisch korrekt ist oder meinetwegen auch durch „Handauflegen" – das ist dem Betroffenen am Ende gleich. Er will geheilt werden. Es gibt immer wieder Leute, die durch irgendwelchen Hokuspokus jemanden heilen, hier spielen dann noch andere Faktoren und sogenannte „Spontanheilungen" eine Rolle, aber wenn man auf Dauer und über Jahrzehnte hinweg Leute heilt und sie von schwerwiegenden Tumoren befreien kann, ist das der Weg, den man einschlagen und beibehalten sollte – und dies nochmals mit dem Hinweis auf Länder wie Indien und China mit einem enormen Zuwachs an PEKs, die durch mein Regime in vielen Fällen auf preiswerte Art und Weise geheilt werden können.

Vielen Dank, Herr Dr. S. Ich denke, die Botschaft ist klar geworden: Es gibt Medikamente, die hervorragend sind, die aber dann vom Markt gedrängt werden, weil sie nach Ablauf der Patente sehr billig wären. Dafür gibt es dann neuere Präparate, die allerdings sehr teuer sind und manchmal unerwünschte Nebenwirkungen aufweisen. Gesteuert wird das von den Herstellern und der Pharmalobby, da diese offenbar mehr am Profit interessiert sind als an der Genesung des Patienten. Zumindest macht das auf mich so den Eindruck.

Nun hatten Sie unter den vielen hunderten Patienten auch immer mal wieder ganz spannende Zeitgenossen, die Ihnen die eine oder andere interessante Geschichte erzählten. Darunter war auch ein Arztkollege aus England, der etwas geäußert hat, was wir Deutschen so nicht sagen dürfen...

Ja, es ist ein älterer britischer Kollege von mir, der ein absoluter Deutschlandfan ist, aber nicht beim Fußball, sondern aufgrund dessen, was Deutsche in der Lage sind zu tun. Ob es wirtschaftlich, technologisch, Ingenieurswesen, klassische Musik, die deutschen Dichter und Denker sind – die Deutschen waren und sind immer ganz vorne dran. Oder die Präzision unserer Sprache, die einzigartig ist. So schwärmt der Londoner Kollege immer. Mit diesem Kollegen sprach ich dieser Tage und wollte seine Meinung zu der Flüchtlingsinvasion hören, die über Deutschland gerade hereinbricht. Ich meinte, dass dies möglicherweise gezielt herbeigeführt worden ist, und er bestätigte dies. Deutschland sei erneut wirtschaftlich zu stark geworden – genau wie vor dem Ersten Weltkrieg oder vor dem Zweiten, was seiner Ansicht nach übrigens der wahre Grund für den Eintritt der Alliierten gewesen ist, nämlich Deutschland wirtschaftlich zu vernichten. Auch jetzt sei Deutschland – trotz Euro oder gerade deshalb – wieder die Nummer 1 in Europa und sei das Land, das die EU überhaupt zusammenhält. Zudem ist es permanent am Wachsen. Auch als „global Player" würde Deutschland weiter an Macht zulegen. Und das sei nicht gewollt, erklärte er – nicht von Großbritannien und noch weniger von den USA. Und dieser Flüchtlingsstrom sei deshalb bewusst herbeigeführt worden, um Deutschland und Europa zu destabilisieren. *„Der Euro muss natürlich auch weg, da er schon mal als unliebsame Konkurrenz des Dollars von einigen OPEC Ländern ins Auge gefasst wurde."*, sagte er.

Nun, mit dieser Meinung steht er nicht alleine...
Vielen Dank jedenfalls für dieses Interview, Herr Dr. S. Da habe auch ich wieder etwas dazugelernt – vor allem was Ihre Therapie angeht.

**Klinikum
Saarbrücken**
gGmbH
Akademisches Lehrkrankenhaus
der Universität des Saarlandes
**Klinik für Strahlentherapie
und Radioonkologie
Onkologischer Schwerpunkt**
Chefarzt Dr. med. ▮▮▮▮

Persönlich
Herrn
Dr. med. M. S▮▮▮▮▮
HNO-Arzt
▮▮▮▮▮▮▮

▮▮▮▮▮▮▮▮▮▮

Telefon:
Vermittlung: (0681) 963-0
Durchwahl:(0681) ▮▮▮▮▮▮
Telefax:
(0681) ▮▮▮▮
E-mail:
▮▮▮▮▮.uni-saarland.de

Saarbrücken, 14.04.2004

Sehr geehrter Herr Kollege S▮▮▮▮▮,

wie Sie wissen, werde ich demnächst aus dem Amt ausscheiden. Ich möchte dies zum
Anlaß nehmen, Ihnen für die sehr gute Zusammenarbeit zu danken. Dabei habe ich insbesondere die vielen gemeinsam behandelten Patienten aus Ihrem Fachgebiet vor Augen,
die ja per se häufig fortgeschrittene Tumorstadien und darüber hinaus auch die bekannten
Begleiterkrankungen häufig aufweisen. Die dabei von Ihnen angewendete Chemotherapie
im Sinne einer neoadjuvanten Behandlung bei den Meso- und Hypopharynxkarzinomen,
aber auch bei den Larynxtumoren, führte bei dem verwendeten Therapieprotokoll
("CBV") häufig schon zu guten Teil- und auch zu Vollremissionen. Die nachfolgende
Radiotherapie profitierte von dieser Situation. Die aufgetretenen Nebenwirkungen,
insbesondere die gefürchtete Mucositis, fand ich aufgrund dieser Vorbehandlung
eigentlich nie stärker ausgebildet.

Ich bedanke mich sehr für diese Zusammenarbeit und wünsche Ihnen und Ihren Patienten
weiterhin viel Erfolg und werde Sie auch meinem Nachfolger empfehlen.

Mit freundlichen Grüßen

Dr. med.▮▮▮▮
Chefarzt

Postfach 102629 · 66026 Saarbrücken · **Hausanschrift:** Winterberg 1 · 66119 Saarbrücken · **Internet:** www.klinikum-saarbruecken.de
Geschäftsführerin Dr. Susann Breßlein (Dipl. Volkswirtin) · **Aufsichtsratsvorsitzender** Kajo Breuer (Bürgermeister) · **HRB** 9655
Bankverbindung Sparkasse Saarbrücken · **BLZ** 590 501 01 · **Konto Nr.** 92 220 037 · **IBAN** DE98 5905 0101 0092 2200 37

Abb. 7: Bestätigungsschreiben des damaligen Chefarztes des Klinikums Saarbrücken zur Wirksamkeit der Therapie von Dr. Mike S.

„Aus 10 Millionen mache ich 100 Millionen innerhalb eines Jahres!" – Geheimes Bankentrading existiert wirklich!

Wer sich in Wirtschaftskreisen bewegt, der wird irgendwann schon einmal über den Begriff des „Tradings" gestolpert sein. Wir sprechen hier nicht vom normalen Börsengeschäft (trading = Handel), sondern speziellen Programmen, mit denen Großbanken es solventen Investoren ermöglichen, aus beispielsweise 10 Millionen innerhalb eines Jahres 60 oder gar 100 Millionen zu machen. Ich selbst habe im Laufe der Jahre mehrere Menschen getroffen, die meinten, Zugang zu solchen Bankgeschäften zu haben oder einen solchen „Trader" zu kennen. Tatsächlich hat es aber nie geklappt. Einer meiner engsten Freunde hatte sogar über 1 Million DM verloren, weil er einem Betrüger auf den Leim gegangen war, der auch behauptete, Zugang zu solch einem Programm zu haben. Irgendwann habe ich das nicht mehr ernst genommen.

Es war im Jahre 2012, als ich im Zuge eines Investment-Geschäfts in Südafrika mit einem Herrn zusammentraf, der nicht nur Geld mit solch einem Programm verdient hatte, sondern selbst für eineinhalb Jahre in einer Bank dieses Geschäft für andere tätigte.

Lauschen Sie seinen Worten gut, denn was er über das wahre Großbankengeschäft erzählt, übertrifft unsere schlimmsten Befürchtungen. (Hinweis: Was nun folgt, ist für den Laien möglicherweise nur schwer verständlich, da sehr fachspezifisch. Hätte ich den „Trader" gebeten, es in einfache, verständliche Worte zu komprimieren, hätten Kritiker jedoch einwenden können, dass es kein wirklicher Insider ist, da er den Handelsvorgang nicht genau beschreiben kann. Deshalb ist der Trading-Vorgang im Interview ausführlich beschrieben. Zwei Wirtschaftsleute sowie ein Investment-Banker, die ich dieses Interview vor Drucklegung hatte lesen lassen, bestätigten die Aussagen des Interview-Partners.)

Es gibt das Gerücht, dass es gewisse Bankengeschäfte gibt – oft als „Trading-Programm" bezeichnet –, die pro Jahr ein Vielfaches von dem einbringen, was man investiert hat. Wenn man heute eine Million bei der Bank anlegt, erhält man, wenn es gut geht, zwischen 3 und 5% Zinsen pro Jahr. Wir sprechen hier aber von Möglichkeiten, über eine Bank 60% und mehr pro Jahr zu erhalten.

Das sind keine Gerüchte. Aber das sind Handelsgeschäfte, die nicht bei der *Volksbank* abgewickelt werden...

Das dachte ich mir schon... Und wie sind Sie dazu gekommen?

Durch ganz dumme Zufälle – durch Tätigkeiten in Afrika im Beratungsbereich von Regierungen, in Verbindung mit humanitären Projekten. Das habe ich viele Jahre in verschiedenen afrikanischen Ländern getan. (Ich habe direkt mit den Präsidenten verschiedener Länder gearbeitet und sogar einen davon zweimal nach Europa gebracht.) Über einen Freund, den ich in Afrika kennenlernte, der bei einer Großbank beschäftigt war, wurde ich zu deren Hauptstelle in der Schweiz geführt. Dort durfte ich aufgrund dieser privaten Freundschaft Einblick haben in die Geschäfte, wie man Projekte, wie ich sie in Afrika teilweise selbst entwickelt habe – humanitäre Projekte wie autonome Energieversorgung oder spezielle Krankenhäuser oder Wasserreinigungsanlagen –, tatsächlich finanzieren kann. Und das unabhängig von den Töpfen der Entwicklungshilfe und dergleichen. Diese „Trading-Geschäfte", wie Sie sie nennen, nenne ich persönlich „Projektfinanzierungsmöglichkeiten", was sie tatsächlich auch sind. Was es nicht gibt, sind Projekte, bei denen sich ein Privatmann die Taschen vollmachen kann. Es ist immer gekoppelt an ein humanitäres Projekt.

Gibt es einen Namen dafür, eine Bezeichnung?

Im Englischen nennt man das den Handel mit *Senior Unsubordinated Bank Debentures*, ich nenne es einmal *Bankobligationen*. Das sind Wertpapiere, die von Banken mit höchstem Status ausgestellt sind. Das geht auch nur in Europa, mit europäischen Banken, nicht aber mit amerikanischen Banken, weil das FED-Recht gar keine Kreditinstrumente zulässt, die nicht mit Cash oder Credits hinterlegt sind. Eine deutsche Bank kann Ihnen beispielsweise ein Wertpapier aufgrund ihres Namens geben. Und das ist handelbar. Das lässt unser Bankenrecht zu. In den USA ist das nicht möglich. Die *Bank of America* beispielsweise kann Ihnen keine Garantie geben, keine Zahlgarantie, wenn diese nicht direkt durch Cash oder Assets hinterlegt ist. Deswegen sind die Bankobligationen europäischer Banken handelbar, und diesen Effekt nutzt man aus für die Projektfinanzierungen. Man nutzt diesen Vorteil – übrigens schon seit Jahrzehnten –, um Projekte zu finanzieren, die ansonsten nicht finanzierbar wären, beispielsweise ein Krankenhaus in Ghana. Dafür findet man keine Investoren, da ein Krankenhaus in Ghana keine Gewinne abwirft. Nach außen hin wird gerne dargestellt, dass das Geld aus scheinbar zur Verfügung stehenden Töpfen der Entwicklungshilfe stammt – Töpfe der *Weltbank*, der *UNESCO*, des *IWF* usw. –, aber das ist nur zu einem kleinen Teil so. Man muss sich nur einmal die Bilanzen dieser Institute anschauen. Das passt hinten und vorne nicht zusammen. Die Mitgliedsstaaten – allen voran die USA – sind mit den Zahlungen seit Jahren hinterher, andere Staaten ebenso. Es gibt nur wenige Länder, die de facto physisch einbezahlen. Woher kommt also das Geld, also die wirklich großen Summen?

Die *Weltbank* gehört meines Wissens sowieso zu 53% den Amerikanern, der Rest ist aufgeteilt auf die anderen Länder. Das hat auch einen guten Grund, denn genau diese Organisation ist federführend in diesem Programm, das Sie „Trading" nennen. Die *Weltbank* hat einen großen Vorteil: Sie ist quasi die Überorganisation – so sehe ich das persönlich –, denn sie hat am Ende das letzte Wort. Wenn der IWF am Ende die Zustimmung der *Weltbank* benötigt, dann ist klar, wer hier dominiert.

Sie sind also in die Hauptfiliale dieser Bank in der Schweiz eingeladen worden. Was geschah dann?

Ich wurde dort dem zuständigen Prokuristen vorgestellt, der innerhalb der Bank genau diese Projekte durchgeführt hat. Es wurde mir erklärt, dass diese Finanzierungsgeschäfte nicht innerhalb der Bank abgewickelt werden, sondern ausgelagert sind, da sie mit dem normalen Tagesgeschäft nichts zu tun haben. Es sind Schnittpunkte, die mit der Bank zu tun haben, man verwendet natürlich die Instrumente der Bank, sei es ein Handelskonto, sei es ein System des Euro-Clears oder elektronische Systeme, die man benötigt, um Wertpapiere zu handeln. Das wird alles von der Bank benutzt. Aber die Macher sind – auch wenn die Bank dahintersteht – eigentlich „Kunden" der Bank. Es sind

Trusts, zumindest waren es einmal Trusts, oder entsprechende Firmen, die quasi die Zulassung haben, solche Geschäfte zu tätigen.

O.k. Sie kamen also aus Afrika zu dieser Bank und haben gesagt, dass Sie Geld für Ihre Projekte benötigen. Und die Bank hat gesagt: *„Ja, wir können das umsetzen."*

Na ja, die Bank sagt jetzt nicht: *„Wir als Bank können das."* Die Bank selbst kann und darf das nicht machen. Aber die Bank schafft die Verbindung mit der Stelle, die das darf – sie arrangiert es.

Gut. Und was ist dann geschehen?

Dann muss man Kapital bringen, mindestens 10 Prozent der benötigten Summe, um den Ankauf bestimmter Wertpapiere zu tätigen. Der An- und Verkauf wird für Sie über die normale Bankschiene arrangiert, wobei hier aber die Verkäufer- und Käuferseiten klar definiert sind. Man nennt das ein *Private Placement*. Beim *Private Placement* gibt es eine Emission, ohne dass ein Prospekt erstellt wird – im Gegensatz zu einer öffentlichen Emission. (In solchen Prospekten, die meist von Anwaltskanzleien erstellt werden, wird aufgeführt, was mit dem Geld gemacht wird, um welches Projekt es sich handelt, wo die Risiken und Gewinne zu sehen sind usw. Das wird dann von der BAFIN genehmigt – falls das in Deutschland geschehen sollte, denn üblicherweise wird das in der Schweiz oder offshore gehandelt –, und die BAFIN erteilt dann die Zulassung, damit die entsprechende Bank diese Wertpapiere handeln darf. Diese Emission bekommt dann eine ISIN-Nummer, und damit sind diese Papiere verifizier- und weltweit handelbar.) Bei einem *Private Placement* hat man zwar auch eine ISIN, aber die wird nicht durch ein Prospectus vergeben – da ja nicht öffentlich –, es ist ja eine Privatemission. Da ich den Emittenten habe – in diesem Fall die Großbank – und auch den Endkunden, und es somit keinen Zugriff Dritter gibt, ist es ein *Private Placement*. Solche Geschäfte laufen demzufolge „unter dem Radar" – salopp ausgedrückt. All das geschieht auf meinem Handelskonto. Und nur die emittierende Bank und mein Käufer – zum Beispiel eine Pensionskasse oder ein Rückversicherer –, die meine Emissionen abkaufen, sind nur die drei daran beteiligt, nämlich der

Emittent, ich selbst und der **Endkäufer** – und natürlich die Behörde, die dafür zuständig ist.´

Das klingt kompliziert. Können Sie dieses Prozedere anhand eines Beispiels skizzieren?

Zunächst einmal muss ich über das Kapital verfügen, um die Wertpapiere einzukaufen. Die Papiere, um die es geht, werden subventioniert gekauft, also unter Marktwert. Ich habe nun also ein Projekt – ein Wirtschaftsprojekt. Das ist *mein* Projekt. Dieses hat gewisse Auflagen, das heißt, ich schaffe Arbeitsplätze, bin evtl. in einer strukturschwachen Gegend und belebe diese... Habe ich das erfüllt, kann ich eine Art Antrag stellen für eine Zulassung zu einem *subventionierten Wertpapierhandel*. Nun geschieht Folgendes: Da Institutionen wie die *Weltbank* – die ja auch Kapital für ihre Projekte benötigt – solche Geschäfte selbst nicht tätigen dürfen, benötigen sie jemanden wie mich – ich werde also vorgeschoben. Sie erlauben mir, diese subventionierten Wertpapiere zu handeln, damit ich mein Wirtschaftsprojekt finanziert bekomme. Die *Weltbank* aber nutzt das Geschäft und finanziert dadurch zum Beispiel ein Krankenhaus in Ghana. Gehen wir davon aus, dass mein Projekt 50 Millionen kostet, und das Krankenhaus auch noch mal 50 Millionen, dann muss ich 100 Millionen finanzieren. Wenn ich 100 Millionen finanzieren muss, so benötige ich das Geld, um die erste Tranche selber zu kaufen. Das ist es, was ich als Eigenkapital haben muss, damit ich den Handel über mein Handelskonto tätigen kann.

Sie benötigen also 10 Prozent davon, sprich 10 Millionen.

Das hängt vom Einkaufspreis ab. Wenn ich zum Beispiel 100 Millionen haben will, benötige ich mehr. Jetzt nehme ich beispielsweise eine Emission von der HSBC-Bank. Die HSBC wird zunächst einmal für das Papier mit 100 Millionen Nennwert, das sie für mich emittiert, mit 5 Prozent p.a. verzinsen. Das heißt, ich kaufe ein Wertpapier mit einer Laufzeit von 10 Jahren mit einem Zinssatz von 5 Prozent, und dafür zahle ich im Moment 25 Prozent des Nennwertes. Das heißt, ich muss 25 Millionen legen, sprich haben, um dieses Papier kaufen zu können.

Dann kaufe ich dieses Papier, dieses wird über zwei Offshore-Firmen „geflippt" – denn man hat normalerweise Limitierungen für den Aufschlag, den ich pro Handelszyklus machen darf. Das ist oftmals limitiert. Ich kaufe also mit der Firma Nr. 1, die mir in der Regel von der Bank zugeteilt wird – denn Zugriff habe ich auf diese Firmen nicht –, das Papier mit 25 Prozent, also für 25 Millionen; diese schlägt 20 Prozent vom Nennwert drauf und verkauft es für 45 Millionen an Firma Nr. 2; Firma Nr. 2 schlägt nochmals 20 Prozent des Nennwertes oben drauf und verkauft es zu 65 Prozent an die Projektgesellschaft – also an mich. Und ich verkaufe es mit der Projektgesellschaft für 85 Prozent an eine Pensionskasse oder Rückversicherung. Firma Nr. 1 und Nr. 2 sind Banken-kontrolliert. Auf diese habe ich keinen Zugriff, das wickelt die Bank intern ab (*off-balance-sheet-transactions*). Nun habe ich 20 Prozent gemacht an diesem Wertpapier, das heißt 20 Millionen auf den Nennwert. Jetzt benötige ich fünfmal solch ein Papier, um die benötigten 100 Millionen zu bekommen.

Das bedeutet, die Gesamtemission, die ich von der HSBC brauche, sind nicht nur einmal 100 Millionen, sondern 500 Millionen. Mit jedem Papier verdiene ich 20 Millionen, ergibt bei fünf Papieren die 100 Millionen, die ich brauche. Deswegen wird mir die HSBC fünfmal 100 Millionen geben, die ich kaufe und abverkaufe. Nach diesen fünf Papieren habe ich die 100 Millionen und kann mein Projekt finanzieren – inklusive der 50 Millionen für das Krankenhaus in Ghana.

Und nun passiert ein kleiner Trick:
Natürlich werden Sie sich fragen, wieso die HSBC mir ein Wertpapier, das im Markt 100 Millionen wert ist, für 25 Millionen gibt. Und das Papier, das eine Laufzeit von 10 Jahren hat, und mit 5 Prozent verzinst ist, kostet ja die Bank um die 150 Millionen – 5 Prozent pro Jahr. Das heißt, wenn Sie dieses Papier heute kaufen wollten, würde das ja wesentlich mehr als die 100 Millionen kosten.
Also: Warum macht die Bank das? Jetzt kommen wir zum eigentlichen Trick dieses „Trading-Programms", denn ich habe ja mein eigenes Wirtschaftsprojekt umgesetzt, habe für die *Weltbank* gleichzeitig ein Krankenhaus finanziert. Doch was hat die HSBC davon?

Durch die Übernahme dieses humanitären Projektes gibt es die legale Rechtfertigung der *Weltbank*, der emittierenden Bank – der HSBC – eine Globalgarantie auszustellen, über die gesamte Emission. Das bedeutet, die *Weltbank* garantiert der HSBC diese 500 Millionen – gibt quasi ein *Aval* an die HSBC. Es ist die Aufforderung: Aufgrund dieser Garantie stelle bitte jetzt die Papiere aus an den Projektmann – an mich. Mit anderen Worten: Die HSBC haftet für gar nichts! Die HSBC hat eine Absicherung für eine Emission über fünf Mal 100 Millionen. Jetzt bekommt aber die HSBC von mir die 25 Millionen. Da diese 25 Millionen aber nun nicht mehr für die 100 Millionen hergenommen werden müssen – die sind ja über die Garantie der *Weltbank* abgesichert –, kann sie mit diesen 25 Millionen arbeiten. Das konnte sie vorher nicht.

Das ist das Problem, wieso es mit amerikanischen Banken nicht geht. Wenn ich zur *Bank of America* gehe und sage, gebt dem *Amadeus Verlag* eine Garantie über 10 Millionen, dann muss ich diese Garantie hinterlegen – entweder mit Geld oder mit Assets. Das heißt, das Geld, das ich der *Bank of America* bezahle, darf diese nicht anders verwenden, sondern muss es diesem Papier, das sie Ihnen gibt, zuordnen. In meinem Fall kann die HSBC mit den 25 Millionen, die von mir für das erste Papier kommen, 10 Jahre lang arbeiten, da die *Weltbank* die Gesamthaftung der Emission übernommen hat.

Also, was Sie gerade beschreiben, ist der absolute Wahnsinn. Das ist ja eine unglaubliche Art der Kapitalbeschaffung...

Ein Vorstandsvorsitzender einer deutschen Bank sagte einmal etwas süffisant: *„Wir reduzieren uns im Hebel jetzt auf das Zwanzigfache."* – aus Sicherheitsgründen! Das heißt, sie reduzieren sich. Es war also vorher mehr... Wenn ich einen *Leverage*, also einen Hebel von zwanzigfach auf diese 25 Millionen anwende, so habe ich 500 Millionen. Das heißt die HSBC kann sich mit meinen 25 Millionen am Kapitalmarkt 500 Millionen holen und diese 500 Millionen wiederum unserer Bundesregierung gegen irgendwelche Absicherungen für 5 Prozent als Darlehen geben – auf 10 Jahre.

So, und nun machen wir eine einfache Rechnung: 5 Prozent auf 500 Millionen im Jahr an Zinsen, die die HSBC einnimmt – von meinen 25 Millionen –, das sind 25 Millionen im Jahr! In 10 Jahren sind das 250 Millionen. In 10 Jahren zahlt die HSBC dann die 100 Millionen (für das Papier, das sie mir gegeben hat), die ja nun fällig sind, und hat 5 Jahre lang 5 Millionen bezahlt. Das heißt, die eigenen Kosten sind die 150 Millionen, wie wir vorher berechnet hatten. Jetzt hat sie aber 250 Millionen an Zinsen eingenommen – auf dieses eine Papier. Das heißt sie macht einen Profit von 100 Millionen. An dem Papier, das sie mir für 25 Millionen verkauft hat, macht sie selbst 100 Millionen, ohne etwas zu tun – und das nur durch die Deckung der *Weltbank*.

Was hat nun die *Weltbank* davon?

Die *Weltbank* hat eine ganz einfache Situation: Wie zuvor erklärt, kassiert die erste Offshore-Firma 20 Millionen, die zweite nochmals 20 Millionen. Diese insgesamt 40 Millionen gehen nicht zu mir, die gehen zur *Weltbank*. Bei der Gesamtemission sind es 5 mal 40 Millionen, das sind 200 Millionen. Jetzt hatte ich erklärt, dass die *Weltbank* der HSBC, aufgrund des Krankenhauses in Ghana, das ich finanziere – was mir die Berechtigung gibt, die subventionierten Papiere zu bekommen –, ein Aval auf die gesamten 500 Millionen gewährt. Die Bilanzierungspflicht der *Weltbank* sagt aber ganz klipp und klar aus, dass Avale und Sicherheiten, die die *Weltbank* herausgibt, nur mit 50 Prozent in der Bilanz erscheinen müssen. Das heißt sie gibt der HSBC zwar 500 Millionen an Garantie für meine Emission, aber in deren Bilanz erscheinen nur 250 Millionen.

Die Rechnung der *Weltbank* ist einfach: 2 mal 20 Millionen pro Handel sind 40 Millionen. Bei unserem Beispiel wird 5 mal gehandelt. Das ergibt 200 Millionen, plus das Krankenhaus in Ghana, das mit 50 Millionen in die Bilanz der *Weltbank* einfließt. Das ergibt bei der *Weltbank* einen Kapitalzuwachs von 250 Millionen.

Und so erscheint es in der Bilanz der *Weltbank* als Nullsummenspiel. 250 Millionen vergibt sie, 250 Millionen nimmt sie auch ein.

Und was hat die Versicherung davon oder die Pensionskasse?

Ich hatte ja erklärt, dass die Versicherung mir das abnimmt. Ich hatte ein Wertpapier für 25 Millionen gekauft und habe in meinem Konto einen Wert von 100 Millionen und verkaufe das der Versicherung für 95 Prozent. Aber der Marktwert ist ja wesentlich höher – wie bereits besprochen. Wenn ich jetzt mal nur von den obligatorischen 80 Prozent Beleihung ausgehe, mit der ein jedes Wertpapier von einer Bank beliehen wird, in dieser Klasse, in diesem Rating von AA- oder AAA-Banken, wenn ich hier nur von 80 Prozent ausgehe – von 150 Millionen 80 Prozent sind 120 Millionen –, habe ich einen Beleihungswert, den die Versicherung in ihre Bilanz packt. Das heißt die Versicherung hat 25 Millionen; der Einkaufspreis war zu 95 Prozent; der Marktwert sind 120 Millionen; und die Versicherung kann genau dasselbe machen wie die Banken auch: sie nehmen die 25 Millionen und hebeln sie zwanzigfach!

Sie machen also auch 500 Millionen daraus. Dieses Geld geben sie in Form von Versicherungen wieder raus in den Markt, an die Kunden, und das auch wieder zu einem Zinssatz von mindestens 5 Prozent. Dann sind wir genau wie bei der HSBC beim gleichen Spiel: 500 Millionen verliehen zu 5 Prozent, sind 250 Millionen Profit. Die Versicherung holt sich ihren 10-Prozenter ohne Risiko.

Und wenn man nun dieses gesamte Spiel betrachtet – als Außenstehender –, dann hat man hier jemanden, der ein gutes wirtschaftliches Projekt umsetzt, der Arbeitsplätze schafft, aber nicht das Geld hat, nur die Idee. Dann gibt es gleichzeitig auch das Krankenhaus, das unbedingt gebaut werden muss, in einem Land, in dem niemand investiert. Nun wird aus technischen und gesetzlichen Gründen dieses wirtschaftliche mit dem humanitären Projekt zusammengeführt...

Das heißt Sie bekommen am Ende Ihre 50 Millionen und zusätzliche 50 Millionen, um das Krankenhaus zu bauen...

Genau. Natürlich baue ich nicht selbst das Krankenhaus, sondern das wird dann von den Behörden vor Ort übernommen, die das Geld überwiesen bekommen und es umsetzen.

Ich habe meine 50 Millionen, die Behörde hat ein Krankenhaus in Ghana finanziert bekommen, die *Weltbank* hat 250 Millionen cash...

In 10 Jahren...

Nein, die *Weltbank* hat sie in der Zeit, die ich benötige, um die 5 mal 100 Millionen-Papiere zu kaufen und zu verkaufen – das sind zirka drei Monate.

Die *Weltbank* hat 250 Millionen gemacht...

Ja, die hat 250 Millionen gemacht, die sie wiederum irgendwie verwendet – wie, das weiß ich nicht, ich hoffe gut (lacht). Die Versicherung hat Geld verdient, die HSBC hat Geld verdient.

Und wer zahlt das alles am Ende?

Viele meinen, das sei die „wundersame Geldvermehrung". Nein, das ist es nicht! Es gibt nichts ohne Rechnung. Geld verschwindet nicht oder kommt aus dem Nichts.

Wer zahlt nun die Rechnung?

Jeder, der bei einer Bank ein Darlehen nimmt oder eine Versicherung abschließt. Solange es Darlehensnehmer und Versicherungsnehmer gibt, funktioniert auch dieses System...
Und was wir eben besprochen haben – 25 Millionen – das ist nichts in diesem Bereich. Das ist ein Nasenwasser. Wir sprechen von Projekten, bei denen es mit einer Milliarde erst losgeht. Und dann wird gehebelt...
Es gibt kein Projekt, das ich kenne, das mit einer solchen geringen Summe von 10 Millionen finanziert worden ist. Projektfinanzierungen über subventionierte Wertpapiere können leicht zwischen 1 und 10 Milliarden sein.

Gut. Und was ist nun mit den Geschäften, von denen ich gehört habe, dass man mit 10 Millionen einsteigen kann, um diese zu vermehren – ohne ein Projekt zu haben. Was ist das denn?

Ja, das gibt es auch. Angenommen Sie haben sehr gute Projekte, die die Bank bereits für Sie abgewickelt hat, dann kann es sein, dass Ihnen die Bank einen Hebel anbietet. Ein Beispiel: Sie selbst haben nur 10 Millionen, dann kann die Bank anbieten, nochmals 40 Millionen draufzugeben, dann haben Sie 50 Millionen. Damit können Sie viel größere Tranchen fahren. Mit den 50 Millionen komme ich in eine andere Kapitalklasse hinein. Statt einem 100-Millionen-Handel kann ich zum Beispiel einen 500-Millionen-Handel betreiben. Da bleibt am Ende natürlich für alle viel mehr übrig.

Da kommt aber normalerweise kein Fremder mit hinein. Des Weiteren benötigen sie die behördliche Zustimmung und Zulassung.

O.k. Aber wie kamen Sie denn nun in diese Bank hinein, in dieses Geschäft?

Durch die zuvor erwähnte Vorstellung bei dem Prokuristen. Ich hatte gesagt, dass ich das erlernen möchte – diesen Handel mit Wertpapieren –, damit ich in Zukunft meine eigenen Projekte damit finanzieren kann. Also nicht ich selbst, aber über diesen Weg.

Und was ist dann passiert?

Dann habe ich dieses Geschäft erlernt.

Der Prokurist hat Sie bei der Hand genommen?

Er hat mich bei der Hand genommen und Kollegen vorgestellt, ich musste diverse Papiere unterschreiben und wurde dann eingewiesen. Überraschenderweise war keiner dieser Leute ein ausgebildeter Banker – ebenso wie ich. Kein einziger. In den anderthalb Jahren, in denen ich dort tätig war, habe ich außer meinem Boss keinen Banker gesehen. Er war der einzige, der bei der Bank angestellt war.

Wann war das?

Das war Mitte der 1990er-Jahre.

Können Sie das etwas näher beschreiben. Wie war der Ablauf?

Der Sicherheitsstandard in dem Gebäude war sehr hoch. Man konnte keine Tasche, keinen Computer oder andere technische Geräte mit hineinnehmen. Ich hatte am Eingang meinen Ausweis abgegeben und abends wieder in Empfang genommen. So war es zumindest damals. Das war vor 20 Jahren. Höchstwahrscheinlich ist das Prozedere heute etwas anders. Es gab einen scheckkartengroßen Ausweis, mehr nicht.

Wie sah der Raum aus?

Die Handelsräume sehen wie übliche Handelsräume aus mit den entsprechenden elektronischen Geräten und Systemen wie beispielsweise dem Swift-System, dem Euro-Clear, DTC usw. Jetzt wurde ich auf diesen Systemen eingelernt. Im Prinzip wurde mir ein Kunde vorgestellt, der über die bestimmte Summe verfügte, um an diesem Handel teilzunehmen – der Kapitalgeber. Ich arbeitete aus, was zu erwirtschaften war, habe das Gesamtprojekt (Kapitalbedarf) berechnet – denn die Daten über den Kapitalaufwand bekam ich vorgelegt –, und dann habe ich berechnet, wie viele Handelszyklen (slots) nötig sind, um das Gesamtprojekt umzusetzen. Das habe ich dann mit meinem Gegenpartner verhandelt – der Gegenpartner kann beispielsweise die Versicherung sein, die kauft. Mit deren Handelsdesk vereinbarte ich dann, wann der Handel abgewickelt werden sollte.

Im Anschluss daran wird gehandelt – das ist dann Tagesgeschäft. Man gibt seine Transaktionszeiten ein – das Schöne ist ja, dass es da verschiedene Tricks gibt: Nehmen wir das Beispiel von vorhin, dass die HSBC mir das Papier liefert, das ich dann auf meinem Bildschirm sehe. Das behandele ich dann mit einem 72-stündigen Zahlungsziel, also T plus 72, gebe das dann rüber zur Versicherung zur Verifikation, und gebe ihnen aber nur 48 Stunden Zahlungsziel. Das Papier wird daraufhin akzeptiert und auch nach zwei Tagen bezahlt – allerdings muss ich erst nach 72 Stunden bezahlen. Das heißt, dass ich das Geld auf dem Konto habe, bevor ich bezahlen muss – was wiederum bedeutet, dass sich das Geld des Kunden überhaupt nicht vom Konto bewegt.

Das haben Sie anderthalb Jahre gemacht?

Ja, ich hätte das gerne auch noch länger getan, aber dann hatte sich die Situation innerhalb der Bank verändert. Der Prokurist ging weg, ich hatte nicht mehr den persönlichen Kontakt, und dann war es für mich als Ausländer in der Schweiz nicht mehr möglich, solche Geschäfte zu tätigen. Nachdem die schützende Hand meines Mentors nicht mehr vorhanden war, war meine Zeit dort abgelaufen.

Was geschah dann?

Über Umwege, über einen Bekannten, wurde ich in den USA vorstellig. Denn es gibt neben dem gerade beschriebenen Weg der *subventionierten Obligationen* auch andere Wege, um recht zügig größere Summen zu erwirtschaften. Zum Beispiel der Handel mit *US-Treasuries* (*US Treasury Securities*). Da ich das auch erlernen wollte, bin ich dann in die USA gezogen und habe dort gearbeitet. Hier hatte ich dann allerdings auf eigene Rechnung gearbeitet. Ich hatte einen Kunden aus Asien, den ich kannte und der mir vertraute, der mir anbot, mit ihm zusammen zu handeln. Da ich keine Brokerlizenz in den USA hatte, habe ich das quasi für ihn abgewickelt – also in seinem Auftrag – zusammen mit einem Brokerhaus, das er gekannt hatte. So war ich in diesem Brokerhaus freundlich aufgenommen und lernte, wie man *US-Treasuries* handelt, wann der beste Zeitpunkt ist und worauf man achten muss... Und siehe da, zu meiner Überraschung sind dort auch – wenn man genau weiß, wie es geht – erhebliche Profite machbar. Das hat aber, wie gesagt, mit den zuvor beschriebenen „Trading-Geschäften" nichts zu tun. Das sind Handelsgeschäfte, die jeder machen kann.

Wie war das beispielsweise bei dem Asiaten?

Dieser hatte mir 10 Millionen gegeben, und ich habe ihm innerhalb von 6 Monaten 16 oder 18 Millionen daraus gemacht. Das war der reine Handel mit *Treasuries*. Dazu kann man in jedes Brokerhaus gehen. Das Geheimnis, Herr van Helsing, ist, dass diese Brokerhäuser die ganzen Konten zusammenfassen, und dann riesige Mengen Treasuries gehandelt werden. Es gibt keine persönliche und individuelle Betreuung mehr. Die beobachten auch nicht so individuell wie der Broker, von dem ich das Vergnügen hatte, ihn kennenzulernen, der das aus Passion getan hat. Der war fast schon verrückt, der Mann. Ein absolutes Unikat – was *Treasuries* anging. Da hatte ich unheimlich viel gelernt. Bei einem weiteren Geschäft hatten wir im Laufe eines Jahres fast 100 Prozent gemacht.

Wird das normal versteuert?

Aber sicher! Deswegen hat ja auch das Finanzamt nichts dagegen. Das wird alles regulär abgeführt! Für mich persönlich ist das ganz klar: Wenn ich in Deutschland lebe, dann benutze ich auch die Straßen und die anderen Annehmlichkeiten, die Kinder benutzen die Schulen, und deswegen habe ich auch kein Problem damit, Steuern zu bezahlen.

Ist das „Trading-System", wie Sie es mir gerade beschrieben haben, jetzt gut oder schlecht in Ihren Augen?

Ich möchte mich mal so ausdrücken: Dieses System, dieses Trading-System, finde ich persönlich sehr gut, weil es gebraucht wird. Es ist für mich nicht nur eine clevere, sondern überaus gerechte Form, Lasten, die weltweit auflaufen – im humanitären Bereich beispielsweise –, gerecht auf die Allgemeinheit zu verteilen. Sollte dieses System allerdings, was ich persönlich nicht beurteilen kann, auch zu anderen Zwecken herangezogen werden – Waffen, Drogen oder Blackops-Geschäfte oder aber auch, um Kriege zu finanzieren –, dann wäre das natürlich dramatisch. Aber so angewandt, wie ich es kennengelernt habe, finde ich es in Ordnung. Die Belastung wird weltweit umgelegt auf die Wohlhabenderen dieser Welt.

Vielen Dank für dieses äußerst spannende Gespräch.

Zu diesem Interview möchte ich noch ein paar kritische Bemerkungen anbringen. Den Herrn kenne ich nun schon seit drei Jahren und hatte auch *Michael Morris* die Möglichkeit eingeräumt, mit diesem Ex-Trader ein Gespräch zu führen. Teile dieses Gespräches flossen in sein neuestes Buch „Was Sie nicht wissen sollen – Band 2" mit ein.

Vielleicht vermissten Sie kritische Fragen meinerseits während des Interviews. Das lag mit daran, dass ich selbst durch die Vielzahl an Informationen und Fachbegriffen leicht verwirrt war und versuchte, seinen Schilderungen so gut wie möglich zu folgen. Michael Morris, den ich dieses Interview hatte lesen lassen, bevor das Buch in Druck ging, schrieb mir: *„Also, meiner bescheidenen Meinung nach wird bei dem Geschäft die zuvor vorhandene Geldmenge vervielfacht, was Inflation auslöst und somit von allen Menschen finanziert werden muss, die Geld (eine bestimmte Währung) nutzen – und nicht nur von den Wohlhabenden. Inflation trifft gerade die Armen mehr als die Reichen, daher ist die Aussage über das ‚Gute' an diesem Geschäft zweifelhaft. Zweitens wissen wir aus Büchern wie ‚Economic Hitman' – was ich auch ausführlich in meinem Buch beschrieben habe –, dass die Weltbank solche Projekte auch nutzt, um arme Länder in die Abhängigkeit zu bringen und die Aufträge für die Ausführung der ‚humanitären Projekte' immer an dieselben großen (vorwiegend) US-Konzerne geht, die daran groß verdienen. Ich finde es also insgesamt zweifelhaft, das Ganze als ‚humanes Trading' darzustellen, weil man es im Grunde auch als Instrument zur Versklavung der Menschheit bezeichnen könnte."*

Und da hat Michael Morris meiner Meinung nach nicht ganz Unrecht. Mein Interviewpartner sieht das hingegen anders und argumentiert, dass eben mindestens die Hälfte des verdienten Geldes in eben solche humanitären Projekte fließt. Aber irgendjemand zahlt am Ende die Zeche.

Deutschland oder BRD – Staat oder Firma?

Gabriel und Hannes Berger sind zwei der wichtigsten und profundesten Kenner der Materie „die BRD ist eine Firma", „UCC" und „Strohmannkonto". Ich führte zunächst ein Interview mit Hannes Berger (11.9.2015) und dann ein ausführlicheres mit Hannes Berger und Gabriel zusammen (15.12.2015). Die wichtigsten Aspekte der Interviews habe ich in diesem Kapitel zusammengefasst. Ich möchte an dieser Stelle jedoch gleich bemerken, dass es sich hier um das am schwierigsten zu verstehende Kapitel dieses Buches handelt. Wer bereits etwas Vorkenntnis hat und den Unterschied von „Mann" und „Frau" und der „Person" kennt, wird sich leichter tun. Auch wenn die erste Hälfte des Interviews etwas zäh sein mag, am Ende, wenn wir zu den Aktionen von Gabriel kommen, die er mit Bundespolitikern der BRD und dem Vatikan praktiziert, werden Sie verstehen, wieso das zuvor Beschriebene von essentieller Bedeutung ist. Beide Interviewpartner sind in dem Sinne keine „Whistleblower", die aus dem System herauskommen, sind es aber doch, weil sie „politisch" in dieser Hinsicht aktiv sind und hier aus erster Hand berichten. (Zur Textgliederung: Alle Antworten ohne Namensnennung sind von Gabriel, die von Hannes Berger sind mit seinem Namen versehen.)

Gabriel, wir beginnen mit Ihnen. Erklären Sie mir doch bitte, wer Sie sind und wie man dazu kommt zu behaupten, dass die BRD kein souveräner Staat ist – und noch mehr: fast alle Länder dieser Welt Firmenkonstrukte sind, die bald in ein Großunternehmen zusammengefasst werden sollen.

Ich selbst war ganz normal in dieses System integriert. Ich war Unternehmer, meine Frau und ich fuhren schöne Autos usw. und sind durch eine kaufmännische Fehlentscheidung meinerseits in eine Situation geraten, dass jemand gegen mich prozessiert hat. Als Systemkonformer hatte ich brav einen Anwalt genommen und mit diesem vor dem Landgericht prozessiert, aber es lief ganz komisch. Wir waren völlig irritiert. Am Ende erhielten wir ein Urteil, das unseren Ruin bedeutete. Ich bekam dann mit, dass mehrere der Beteiligten im Rotary-Club Mitglied waren, der Staatsanwalt, der Richter, und dann wurde ich stutzig. Mein Anwalt meinte dann, er habe so etwas noch nie erlebt.

Parallel dazu gab es eine Situation, in der mich das Finanzamt aufs Korn genommen hatte, wegen aus meiner Sicht berechtigten Forderungen (Umsatzsteuer). Es waren aber die Methoden, die eingesetzt wurden, die meiner Ansicht nach fern von Gut und Böse waren. Beides lief damals parallel. Ich stand vor der Situation, Hartz-4-Empfänger zu werden. Wir hatten uns zu entscheiden, den Finger zu heben und für lange Zeit verschuldet zu sein oder aber zu kämpfen. Wir entschieden uns für Letzteres.

Ich hatte mich dann einer recht bekannten Anwaltskanzlei anvertraut, die sich allerdings als unseriös herausstellte. Doch diese beschäftigte sich mit der Thematik *Deutsches Reich* und *Souveränität* bzw. *Nicht-Souveränität der BRD*, und ich kam nicht umhin, mich intensiv mit der Thematik auseinanderzusetzen.

Was fanden Sie heraus?

Dass nichts in unserem System BRD logisch ist, es sich mehr um ein Gestrüpp verschiedenster Gesetze und Anordnungen handelt, die aber nicht schlüssig sind. In dieser Zeit hatten wir dann Hausdurchsuchungen, die Konten wurden gesperrt, die Firma blockiert und all das, weil ich fünf Fragen gestellt hatte. Ich hatte fünf Fragen an das Finanzamt gestellt, und dann wurden schwere Geschütze gegen mich aufgefahren.

Welche Fragen waren das?

1. Nachweis der Rechtmäßigkeit der Umsatzsteuer entsprechend Zitiergebot Artikel 19 GG – *„Bitte weisen Sie mir die Gültigkeit des Grundgesetzes nach."*
2. Nachweis der Gültigkeit des Einkommenssteuergesetzes von 1934
3. Nachweis der Gültigkeit des Einkommenssteuergesetzes von 1936
    Alles unter dem Aspekt: Dies wurde durch das *Tribunal Gènèral de la Zone Francaise D'Occupation* in Rastatt vom 6.1.1947 bestätigt. Darin heißt es: *„Es steht fest, dass die Wahl zum Reichstag vom 5.3.1933 unter Umständen zustande gekommen ist, die eine offenkundige, von der Regierung begangene Gesetzeswidrigkeit und Gewaltanwendung darstellen, dass das sogenannte Ermächtigungsgesetz vom 23.3.1933 entgegen der Behauptung, dass es der Verfassung ent-*

spreche, in Wirklichkeit von einem Parlament erlassen worden ist, das infolge Ausschlusses von 82 ordnungsgemäß gewählten Abgeordneten eine gesetzwidrige Zusammensetzung hatte und dass es durch die Vereinigung aller Vollmachten in der Hand von Hitler alle wesentlichen Voraussetzungen einer ordnungsgemäßen und normalen Rechtsgrundsätzen entsprechenden Regierung verletzt. "[8]

Und die Autorisierung des Finanzamtes bezüglich:
1. ...der Nötigung und Erpressung zur unfreiwilligen Zwangsarbeit für das Finanzamt.
2. ...der Anwendung *Weißer Folter* zur Erzwingung totaler Unterordnung.

Dies wurde meinerseits in dem Schriftverkehr damals angefragt.

Wie kamen Sie darauf, diese Fragen zu stellen?

Durch die Anwaltskanzlei, die mit dieser Materie vertraut war. Es ging darum, dass ich damals der Ansicht war, dass wir noch den alliierten SHAEF-Gesetzen unterliegen usw. Das wird bewusst gemacht, um uns zu provozieren und in die Ohnmacht zu drücken, damit wir aggressiv werden. Und wenn man aggressiv wird, kann man ein sog. Betreuungsverfahren einleiten und das Betreuungsverfahren ist entgegen §1896 1a BGB nur dazu da, um uns Männern und Frauen die Betreuung der „Person" zu entziehen und damit den Zugang zum System. Dazu erkläre ich später noch mehr.
Eingeschüchtert durch die Hausdurchsuchungen usw., hatten meine Frau und ich dann zurückgerudert und uns wieder angebiedert, eine Vereinbarung mit dem Finanzamt getroffen, mit den Banken verhandelt usw. Und dann begegnete ich einem Mann, dessen Namen ich nicht erwähnen will, der in der Hochfinanz operiert hat – als Systemanalytiker –, und der ist vor etlichen Jahren ausgestiegen. Durch ihn bekam ich Secondhandwissen, das durch eigene Erfahrungen erweitert wurde.

Und was haben Sie durch diesen Mann erfahren?

Das dauerte eineinhalb Jahre. So lange hatte ich gebraucht, das zu verstehen, was ich heute weiß. Was dieser Mann mir erklärte, hatte mich derart verwirrt, weil ich noch nie etwas davon gehört hatte. Wir sind allesamt hirngewaschen.

In wesentliche Sätze zusammengefasst...

Die gesamte Welt ist eine Firma. Er hat mir erklärt, wie diese Firma strukturiert ist, wie sie aufgebaut ist, wer dahintersteckt und wie alles entstanden ist. Er beschrieb mir das anhand kommerzieller Instrumente. Mehr dazu später... Durch das Lernen, wie dieses System aufgebaut ist, lernte ich, auch richtig zu reagieren. Und in dem Maße, wie ich richtig reagiert habe, wurde ich für das System plötzlich unangreifbar. Und je unangreifbarer ich wurde, desto mehr hatten sie meine Frau angegriffen, hatten angefangen, sie einzuschüchtern usw. Man begann damit, gegen die „Person", die ich früher verwaltet habe, und die „Person", die meine Frau verwaltet hatte, Insolvenzverfahren zu eröffnen. Ich bringe das jetzt mal auf den Punkt: Wir haben es hier mit einer doppelten Buchhaltung zu tun – im großen Stil. Es ging also darum, die Konten (= Personen) im System abzugleichen, d.h. die Aktiva und Passiva auf Null zu setzen – also Haftungen zu verschieben.

Bitte erklären Sie das näher.

Das System ist genial. Nur so nebenbei: Fast alle Zwangsversteigerungen in der BRD sind illegal. Ich habe das mit einem Richter geprüft, und er hat mir recht gegeben – ein hoher Richter a.D. Und ich kenne mich in diesen Dingen inzwischen hervorragend aus – zum Leidwesen meiner „Gegner". Mein Problem war, dass mein ursprüngliches Wissen aus den USA stammt und somit aus angloamerikanischen Ländern. Dort ist das, was ich tue, seit 20 Jahren Gang und Gäbe. In den USA wehren sich Leute bereits sehr effektiv, und die Verfahren, die ich anwende, mit sog. „Akzepten" und „privaten, kommerziellen Instrumenten", sind dort sehr geläufig.
Aber wir sind hier in Deutschland, in „Zentraleuropa", denn „Deutschland" ist ja ein Kunstwort der sog. Alliierten. Wir befinden uns hier in Zentraleuropa, das früher aus den deutschen Staaten bestand, und die

haben alle eines gemeinsam – die Männer und Frauen, die dort leben: Sie sind perfektionistisch, und alle Gesetze, weltweit, basieren auf deutschen Gesetzen. Der *Uniform Commercial Code* (UCC) basiert im Wesentlichen auf dem *Handelsgesetzbuch* (HGB), und wenn man sich den UCC anschaut, dann sieht man, dass es kein Gesetz ist, sondern auf dem HGB basierende Handlungsvorgaben zur Abwicklung von Geschäften darstellt. (Der UCC – auf deutsch: *Einheitliches Handelsgesetzbuch* – ist ein Entwurf eines für das ganze Kartellgebiet des „Unternehmens Vereinigten Staaten von Amerika" (USA) geltenden, vereinheitlichten Handelsrechts.; A.d.V.) BGB, StGB – weltweit werden diese Elemente verwendet. Das, was hier in diesem Land gemacht wird, ist topp, immer perfekt. Und das, was ich von meinem Mentor, dem Hochfinanzmann, erfahren habe, basiert auf anglo-amerikanischem Wissen. Und ich habe es zwischenzeitlich erweitert – auf Deutschland.

Hannes Berger, wie sind Sie auf diese Sache mit der Souveränität und den Firmen gestoßen? Wie fing die Reise an?

Hannes Berger: Na ja, ich habe mich nie mit „Paragraphenzeug" befassen wollen. Ich bin sozusagen hineingerutscht in das Thema. Über die Jahre hinweg – auch durch Ihre Bücher – ist mir klar geworden, dass auf unserem Planeten etwas nicht stimmt, dass sich der Planet genau in die andere Richtung dreht als uns immer vorgegaukelt wird. Man kommt immer tiefer rein, und dann stößt man irgendwann darauf, dass die Erde, auf der wir leben, eigentlich ein riesiger Sklavenplanet ist, der von einigen Wenigen sozusagen „ausgesaugt" wird. Eines Tages hatte ich einen Mann kennengelernt, der behauptet hat, dass es eine Schattenwelt um diesen Planeten gibt, eine Finanzschattenwelt, die bereits seit sehr langer Zeit besteht – vermutlich mehrere tausend Jahre –, aber in den letzten 350-400 Jahren perfektioniert wurde. Es ist eine Schattenwelt, die den Planeten wie ein Krake im Griff hat. Und das muss man im Grundsatz verstehen. Wenn man das nicht verstanden hat, braucht man sich nicht weiter damit zu beschäftigen, denn dann versteht man den Rest auch nicht. Das Wichtigste, was man kapieren muss ist, dass ein Mensch keine *Person* ist, sondern ein Mensch eine Person **hat**, die er benutzt. Grundsätzlich muss man das trennen, diesen Unterschied muss man kapieren. Gesetze zum Beispiel sind nur Regelwerk, wie „Personen" untereinander haften. Es geht nur um Geld. Fast alle Staaten dieser Welt, dieses Planeten, sind Firmen, wie es Gabriel ja schon gesagt hat. Es gilt einfach das Handelsrecht. Und Firmen haben den wirtschaftlichen Zweck, den Betriebszweck: Umsatz und Gewinn. Es geht immer nur um Geld, Haftungsverschiebung, Versicherung und so weiter.

Generell geht es um Folgendes: Wenn Du auf die Welt kommst, bist Du nackt, hast nichts dabei, keinen Koffer mit Gold und gar nichts. Das Einzige, was Du mitbringst, ist Deine Lebenszeit und Deine Arbeitskraft. Das ist verleihfähig. Und dieses System wurde erschaffen, um diese Arbeitskraft abzusaugen, ohne dass derjenige merkt, dass er ausgesaugt wird. Meiner Meinung nach wurde dieses System schon vor dem Römischen Reich erdacht, im alten Babylon. Erdacht! Der Vatikan spielt da eine ganz entscheidende Rolle, weil dieser UCC, dieser *Uniform Commercial Code*, von diesem erschaffen wurde. Auf zwei Sätze komprimiert: Es gibt heute fast keine Staaten mehr, sondern Firmen, und die haben Regelwerke (Verträge) anstelle von Gesetzen. Diese gelten für die „Personen" – also das normale Volk –, und darüber sind „Männer" und „Frauen" oder „Menschen". Für diese „Menschen" gilt ein anderes Gesetz. Das soll aber Gabriel erklären.

Gabriel, wann begann das Ganze? Wann wurde dieses System, das erste Land, als „Firma" eingeführt?

Das begann vor langer Zeit. Das Wichtigste, was wir Männer und Frauen wissen müssen ist, dass wir keine „Personen" sind. Wir sind keine Personen, sondern wir HABEN Personen zur Verfügung gestellt bekommen, die wir verwalten. Das Ganze ist ein weltweites Treuhandsystem – alles. Und die Firmen, die sich Staaten nennen – wie die *Federal Republic of Germany* mit Sitz in Washington oder die *Federal Republic of Poland*, die in der Wall Street 14 in New York sitzt –, das sind nur die Verwaltungsfirmen von Trusts. Und die Trusts werden alle zentral verwaltet. Nach unserem Wissensstand in Alberta, Kanada – „Under the Crown".

Nun muss man wissen, wie das System entstanden ist. Früher wussten die Männer und Frauen, dass Grund und Boden niemals „Eigentum" sein kann. Grund und Boden sind das Eigentum *aller* Männer und Frauen. Es gibt nur „Besitz". Ich besetze ein Stück Land und „besitze" es. Damit bin ich Besitzer und habe den *Nießbrauch* bzw. das *Nießbrauchsrecht* durch Nutzung erklärt/deklariert. Das alles steht heute immer noch im BGB. Und dieses Nießbrauchsrecht erlaubt es mir, diesen Grund und Boden mit meiner Hände Arbeit zu bewirtschaften und zu nutzen und die Früchte meiner Arbeit zu ernten. Aber ich habe diesen Grund und Boden so zu verwalten, dass er der Nachwelt erhalten bleibt. Das heißt, ich habe eine treuhänderische Verantwortung. Irgendwann einmal gab es Leute, die hatten keine Lust zu arbeiten, die fingen dann an, diese Bauern zu überfallen. Diese Überfälle wurden immer mehr, weshalb die Bauern ihre Familien nicht mehr ernähren konnten. Ihre Lebensmittel waren immer weg. Also haben sie jemanden gesucht, der gut kämpfen konnte. Und der hat dann Leute um sich geschart, die auch gut kämpfen konnten. Dieser „zog dann vor ihnen her" – der Herzog. Und der Herzog hat dann den Widerstand gegen die Räuber aufgebaut, hat die Bauern beschützt, hat Burgen gebaut. Aber er war nur treuhänderischer Verwalter, mehr war er nicht, und die Bauern konnten ihn jederzeit abwählen oder einen anderen bestimmen. Also haben diese „treuhänderischen Verwalter" versucht, das Ganze zu legitimieren. Und es gab da jemanden, der war dazu prädestiniert: der Vertreter Gottes auf Erden, der Vatikan, der „Dealer Gottes". Und der Dealer Gottes hat gesagt: *„Wisst ihr was, wir machen einen Deal!"* Es war zu Beginn bis Mitte des vierzehnten Jahrhunderts, da gab es u.a. die *goldene Bulle* (1356: eine Art Grundgesetz des Heiligen Römischen Reiches für die Wahl und die Krönung der deutschen Könige; A.d.V.), und da wurde es einfach verteilt. Das heißt die Kirche hat den Herren damals das Adelsrecht verliehen – das heißt, die Leihgabe konnte durch den Papst jederzeit rückgängig gemacht werden, z.B. durch Exkommunizierung – und zwar von Gott, denn er ist ja der Dealer Gottes, und dieses Adelsrecht hat sie *über* das Volk gestellt. Sie wurden plötzlich blaublütig, und dafür haben sie aber im Gegenzug die Kirche als obersten Verwalter anerkannt.

Das ist genial!

Und die Anerkennung der Kirche führte dazu, dass die Kirche die Adligen kontrolliert hat, und die Adligen haben das Volk kontrolliert. Das ist also nichts Weiteres als eine Treuhand. Und damit hat die Kirche diese Wahlmöglichkeiten der Männer und Frauen „in Gottes Auftrag" ausgehebelt. Das Treuhandrecht – heute wird das „Demokratie" genannt – wurde dann irgendwann noch einmal simuliert, indem „natürliche Personen" eingeführt wurden, mit denen die Männer und Frauen, anhand der Werte, die sie besaßen und deren Verwaltung sie „freiwillig" den Adligen übertragen hatten, ein gewichtetes Stimmrecht erhielten. Oder einfacher ausgedrückt: Wer kein Geld oder keine Werte hatte, hatte kein Stimmrecht, und diejenigen, die viele Werte hatten, hatten ein hohes Stimmrecht. Ja logisch, denn die *Rechte* kann man überall mit *Eigentum* ersetzen.

Es geht ja um die Verwaltung von Werten in diesen Treuhandsystemen. Da ergab es ja auch Sinn, dass die, die mehr besaßen, ein größeres Stimmrecht hatten. Es bestehen durchaus heute noch Ansätze dazu – bitte verzeihen Sie mir meinen Sarkasmus.

„Rechte" mit „Eigentum" ersetzen...

Ja, wenn man anfängt, in den Gesetzen die „Rechte" mit „Eigentum" zu ersetzen, dann ergibt das alles plötzlich Sinn. Wir sprechen von Eigentum, und zwar von den Ansprüchen, die ich auf etwas habe – das ist Eigentum – und die Rechte, die mir daraus entstehen. Und über dieses System, das sich über die Jahrhunderte entwickelt hat, entstand unser heutiges.

Es wurde also dem Bauern eine „natürliche Person" gegeben und eine Bewertung seines Besitzes... Du bist also der Bauer Müller, und Deine Person heißt Peter Müller.

Genau. Eine bessere Bezeichnung wäre „Gewichtung". Das heißt, er hatte ein gewichtetes Wahlrecht aufgrund des Eigentums, das er besaß. Das „Eigentum" in Anführungszeichen bitte!

Des Besitzes?

Ja, des Besitzes.

Hannes Berger: Da haben wir jetzt etwas vergessen, denn auch die Kirche weiß, dass man Männern und Frauen nichts anhaben kann.

Gabriel: Moment, dazu kommen wir gleich. Jetzt muss man Folgendes wissen: Wir haben von Gott alle Rechte bekommen. Das kann man statt „Gott" auch „Schöpfung" nennen, das ist gleich. Das heißt, die Schöpfung gewährt uns alle Rechte, das bedeutet, wir haben alle Rechte, und das höchste Recht ist es, auf sein Recht zu verzichten – *„Dein Wille geschehe"*. Und niemand, kein Mann und keine Frau hat das Recht, die Rechte eines anderen Mannes oder einer anderen Frau einzuschränken – niemand. Nur Gott alleine kann meine Rechte einschränken – als „Mann". Also wusste bereits der alte Kaiser Justinian – römisches Recht –, dass man so nicht arbeiten kann, und er hat die „Persona" eingeführt. Die *Persona* ist ein Verwaltungskonstrukt, das dafür da ist, den Zugang zum System einzuschränken, wenn der Mann oder die Frau über ihre Rechte zu Lasten anderer verfügt, also ihnen Schaden zufügt. Wenn ich also jemand anderem Schaden zufüge – das ist das einzige Recht, das ich nicht habe –, dann muss ich für den Ausgleich sorgen. Und da das nicht funktioniert hat, wurde die Persona eingeführt, also „Personen", und über die Personen habe ich dann agiert, und die Personen durften in ihren Rechten eingeschränkt werden.

Man sieht das heute im §10 EGBGB (Einführungsgesetz Bürgerliches Gesetzbuch): *„Der Name **einer** Person unterliegt dem Staat, dem die Person angehört."* Das heißt, man macht die Kontrolle über den Namen. Und §7 EGBGB lautet: *„Die Rechtsfähigkeit und die Geschäftsfähigkeit einer Person unterliegen dem Recht des Staates, dem die Person angehört."* Damit kann die Firma, die sich „Staat" nennt, bei Männern und Frauen die Kontrolle übernehmen, indem sie den Zugang zum System blockieren bzw. disziplinarisch einschränken kann. Und das ist das System, das wir heute haben. Das heißt, die Kontrolle erfolgt nicht über meinen Körper – das wird zwar getan, illegal aber, „ultra vires", wie man so schön sagt, „außerhalb der Verträge" –, sondern über die *Personen* wird das gemacht. Und in dem Maße, in dem ich mich weigere, die Nutzungsbedingungen für die *Person* (=Gesetze) einzuhalten, in dem Maße werden meine Rechte in der fiktiven Welt, in der „Firma" eingeschränkt (Gewerbeuntersagung, Prozessfähigkeit, Betreuungsverfahren).

Gut, das klingt soweit nachvollziehbar.

Das war aber früher noch viel extremer, denn früher hatte ja noch die Kirche die komplette Kontrolle – die hatte die Justiz kontrolliert, alles drum und dran –, und Mitte des 18. Jahrhunderts mussten Neuregelungen gefunden werden. Also kam *Friedrich der I.* auf die Idee, dass es so nicht weitergehen konnte. Aber erst sein Sohn, *Friedrich II.* – auch bekannt als *Friedrich, der Große* –, begann mit der Umsetzung. Er beauftragte den bewährten Rechtsgelehrten Samuel von Cocceji, dieses nun endlich auf den Weg zu bringen, was dieser dank seiner Position als Großkanzler auch tun konnte. Bestandteil dieses dann 1792 fertigen *Allgemeinen Gesetzbuches für die Preußischen Staaten* war der apodiktische Charakter. Das hieß, dass die einzelnen Paragraphen nicht auszulegen, sondern strikt zu befolgen waren. Schon sein Vater kannte wohl seine Pappenheimer, denn von ihm stammt der „Spitzbubenerlass“: *„Wir ordnen und befehlen hiermit allen Ernstes, dass die Advocati wollene schwarze Mäntel, welche bis unter das Knie gehen, unserer Verordnung gemäß zu tragen haben, damit man diese Spitzbuben schon von weitem erkennen und sich vor ihnen hüten kann.“* Das *Allgemeine Landrecht für die Preußischen Staaten* wurde dann nach letztem Feinschliff am 5. Februar 1794 über ein Patent eingeführt. Ebenso wie die Neuauflage dann per 11. April 1803 patentiert wurde. Ein Vertrag also. Nun denn, die „Friedrichs“ hatten die Schnauze voll vom Vatikan und dessen Kontrolle und hatten sich überlegt, wie man es anstellen konnte, dies zu ändern. Es gab damals nämlich eine Art Recht, das absolute, nicht verhandelbare Recht, welches von der Kirche missbraucht wurde, denn sie hatten ja behauptet, sie seien die Vertreter Gottes. Dabei ist es nichts anderes als ein Unternehmen, eine Verwaltungsfirma. Die Kirche hat dann über Jahre hinweg *Körper*, *Geist* und *Seele* kassiert, hat den *Mann* und die *Frau* für tot erklärt, durch den *Cestui-Que-Vie-Act* aus dem Jahre 1666, und was tot ist, kann ja nicht mehr widersprechen. Und wer kommt schon auf die Idee, sich für lebend erklären zu lassen, um dem anderen widersprechen zu können. Der *Cestui-Que-Vie-Act* beschrieb ursprünglich, dass vermisste Soldaten nach 7 Jahren des Verschollenseins für tot erklärt wurden. Im Jahre 1666 wurde dies jedoch dergestalt verändert, dass der englische König Henry VIII. diesen um die *Cestui-Que-Vie-Treuhand* erweiterte, was wie ein „Lehen auf Lebenszeit“ beschrieben werden könnte. Wenn das Kind beim Rathaus registriert wird, wird das Neugeborene zu einer (juristischen) Person, der eine sog. Leibrente zugeordnet wird.

Aktiviert wird das über den Vor- und Familiennamen. Die Regierung schätzt dann für den Gläubiger – wir Männer und Frauen sind alle Gläubiger des Treuhandsystems, die von uns verwalteten Personen sind die Schuldner – den potenziellen Wert der individuell erfüllbaren Arbeit. Das wird auch *Sweat Equity* genannt.

Das ist der Hammer... Und dann waren da noch die drei päpstlichen Bullen.

Ja, genau.

Daniel Prinz hat das ja in seinem Buch detailliert beschrieben. Ich habe es so verstanden, dass der Vatikan schon sehr früh damit begonnen hat, eine rechtliche Konstruktion aufzubauen, um die Menschen zu Sklaven zu machen. Das geschah durch sog. päpstliche Bullen, wobei Papst Bonifatius VIII. im Jahre 1302 den Anfang machte durch die Bulle *Unam Sanctam*. Diese verordnete, dass alle Lebewesen dieses Planeten dem Papst unterworfen sind, was bedeutet, dass sich der Papst zum Herrscher der Welt ernannt hat. Danach folgten dann die eigentlichen Bullen – die werden auch *Kronen* genannt –, die dieses Herrschaftsziel dann genauer definierten. Diese bewirken, dass bei der Geburt eines Menschen drei Treuhandgesellschaften gegründet werden. Die erste Bulle war im Jahre 1455, als Papst Nikolaus V. durch die päpstliche Bulle *Romanus Pontifex* erwirkte, dass das neugeborene Kind von allem Recht auf Eigentum getrennt wird – es wird ihm also nach der Geburt das Recht auf Eigentum abgesprochen. Dem setzte Papst Sixtus IV. durch die Bulle *Aeterni Regis* im Jahre 1481 noch eins oben drauf, da diese erwirkte, dass das Kind der Rechte auf seinen Körper beraubt wird. Und zu guter Letzt kam 1537 durch Papst Paul III. die dritte Bulle, die Bulle *Convocation*, die erwirkte, dass der Vatikan den Anspruch auf die Seele des Kindes erhebt.[9]

So ist es. Was ich immer sage ist: *„Hört auf, gegen die Zwangsverwaltung Bundesrepublik Deutschland (BRD) anzurennen. Rennt euch nicht die Köpfe ein."* Es ist vorteilhafter zu überlegen, welche Position man hat, wo man steht. Wenn man weiß, wo man steht, hat man eine bestimmte Sichtweise und einen Standpunkt. Und somit habe ich eine Perspektive. Wenn ich also auf dem Reichsbürgerstandpunkt stehe, habe ich eine bestimmte Sichtweise. Hier ist es nun wichtig, diesen Standpunkt einmal zu verlassen, um eine andere Perspektive einzunehmen. 98 Prozent aller Männer und Frauen sind zufrieden mit der Show, die man ihnen bietet. Die Konsequenz davon ist die komplette Aufgabe der Selbstverwaltung, der Selbstbestimmung und Eigenverantwortung. Und die komplette Aufgabe meiner Rechte führt zu dem System, in dem wir heute leben. Das musste ich die letzten zwei Jahre erkennen.

Wir sind aber heute noch die Besitzer von Grund und Boden und aller Werte, die in diesem Land stehen. Das gilt übrigens weltweit so. Wir können nicht sagen, die BRD ist besetzt, das ist Blödsinn. Die ganze Welt ist besetzt. Und zwar von Verwaltungs-Firmen.

Wollen wir vielleicht bei Friedrich dem Großen weitermachen? Damit wir in der Reihenfolge bleiben...

Um 1780 kam Friedrich der Große auf den Gedanken, dass man etwas machen musste, um die Macht der Kirche einzuschränken. Nach einer längeren Überlegung einer Gruppe von Männern und Frauen kam man zu einem Ergebnis, und das war das *Allgemeine Landrecht*. Das *Allgemeine Landrecht* wurde dann 1794 bis 1814 eingeführt, und zwar in den preußischen Staaten. (Das war auch wieder treuhänderisch, keine Firma, also Staatsrecht. Ob das nun besser war, mag ich an dieser Stelle nicht beurteilen.) Das wurde also eingeführt, und zu dieser Zeit marschierte Napoleon quer über Europa hinweg, was dazu führte, dass alle preußischen Staaten aufgelöst wurden. Und die Folge war das *Deutsche Reich*. Hervorragend...

1920 wurde die *Liga der Nationen* gegründet. Der Begriff „Nation" stammt aus dem Seerecht – „Nationen" brauchen kein Staatsgebiet! Also haben sie dort bereits das Seerecht als Ersatz für das Landrecht vorbereitet. Ab 1856 wurden die preußischen Staaten als „Kooperativen" bezeichnet. Das heißt, wir hatten damals bereits die Vorläufer der Genossenschaften – das sind Firmen. 1871 geschah das in den USA, als sie die Kongresssitzung abgebrochen hatten, da wurde aus *Klein-usa* dann *Groß-USA*, und es wurde das Firmenrecht eingeführt.

Das war der *District-of-Columbia-Act*. Der Hintergrund war meines Wissens, dass die Gründerstaaten Geld benötigten und private Geldgeber fanden – Privatbanken –, die ihnen das Geld gaben. Da die Geldgeber aber das Geld nicht an ein Land oder Staatengebilde verleihen wollten, sondern einen Geschäftspartner brauchten, wurden die USA in eine Firma umgewandelt. Es entstand Washington D.C.

Ja, so in etwa kann man das mal so stehen lassen, aber: Banken haben Lizenzen! Wer die Lizenzen herausgibt, kontrolliert die Banken und damit die Bildung von Liquidität. Die Sicherheit von Liquidität wird von uns Männern und Frauen gewährt – durch Unterschriften, mit denen wir unseren Besitz sicherungsübereignen. Dieser Schritt war meiner Meinung nach nötig, um von Gold- und Silbermünzen auf letztendlich ungesicherte Papierzettelchen – die man „Geld" nennt – zu wechseln. Aber die Zusammenhänge zwischen *Währung* und *Liquidität* sind Themen für ein eigenes Buch.

Und bis dahin gab es in den USA keine Steuern. Die wurden dann eingeführt, damit die Zinsen auf die Kredite zurückgezahlt werden konnten...

Fakt ist, dass das System jemanden braucht, der es von der Verantwortung entbindet, die Männer und Frauen unter Druck zu setzen, damit sie ihre Werte als Sicherheit geben für die Liquidität. Und darum geht es, weltweit. „Geld" ist nichts anderes als eine Sicherheitstellung für „herausgegebene", versicherte Liquidität. Das Ziel war es ja, von den Münzen wegzukommen und Papierzettelchen einzuführen, dann ging es zur Plastikkarte, und am Ende steht dann der implantierte Mikrochip, mit dem man bezahlt.

Spätestens dann sind wir das Eigentum von diesen Machthabern...

Richtig. Diese Mikrochips werden übrigens in einem Unternehmen im Raume nördlicher Bodensee hergestellt. Die Firma ist bekannt. Das heißt, bereits im frühen 19. Jahrhundert wurden die Weichen für die *Neue Weltordnung* gesetzt, die *Liga der Nationen* wurde dann später die *Vereinten Nationen* und die *Vereinten Nationen* sind nichts weiter als die weltweiten „Lizenz-Verwalter" im Auftrag des Vatikans.

Das wollte ja Friedrich der Große verhindern.

Ja, das *Allgemeine Landrecht* wurde damals verkündet und trat in Kraft für die preußischen Staaten. Damit galt das Landrecht in den preußischen Staaten…

Und Napoleon hat das wieder vernichtet – für den Vatikan?

Ja, wahrscheinlich. Es geht immer darum, die Kontrolle zu behalten über das Kollateral, weil der Vatikan der Hauptlizenznehmer ist.

Aufgrund der drei Bullen…

Ich empfehle dringendst, den Film „Jupiter Ascending" anzusehen. Der ist von den Matrix-Machern. Zehn Minuten davon sind interessant, den Rest kann man vergessen.

Ich weiß, es geht um die Szene, als erklärt wird, dass die Herrscher vom Jupiter die Erde als Plantage sehen, auf der Menschen geerntet werden. Dass auf der Erde „der Mensch" angebaut wird…

Wir sind nichts weiter als Nutzvieh. Das muss man so ganz brutal betrachten. Aber wie das aufgebaut ist, ist so genial… Ich bin mit dem Amerikaner zusammengesessen, der im Buch von Daniel Prinz auch aufgeführt wird. Wir hatten uns sechs Stunden unterhalten, und er hat mir in Vielem recht gegeben. Damals wusste ich noch nicht so viel wie heute. Aber damals ist mir schon aufgefallen, dass man nur Fragen beantwortet, aber ansonsten keine Informationen herausgegeben werden. Es wird immer nur auf Fragen geantwortet.

Hannes Berger: Der Vatikan steht hinter allem bzw. die Jesuiten dahinter, das ist meine Meinung. Beim Vatikan ist der UCC hinterlegt, der Vatikan kontrolliert das alles, und da kommen die Fäden zusammen.
Im *Black Law Dictionary* steht über die drei Bullen: „*Dem Staat gehört Dein Körper, und dem Vatikan gehören Geist und Seele.*" Und so handeln die. Es gibt allerdings zu wenig Aufgewachte. Die meisten wollen diese Betreuung der BRD-Treuhand. Die sind so entmündigt, dass sie sich verschließen vor jedem Problem und sagen: Das machen die schon.

Ich bin der Verwalter meiner Person, ich, der „Mensch" Hannes Berger. Im Mittelalter war es so, dass diese sog. „Fürsten" oder „Regenten" den Zehnten von ihren Leibeigenen abgenommen haben und dafür Sicherheit boten. *„Ihr liefert mir den Zehnten ab, und ich sorge mit meinen Mannen dafür, dass dieses Dorf nicht überfallen wird."* Daran hat sich bis heute nichts geändert. Und dem Verwalter bzw. Beschützer der Person stehen 10% zu. Wenn man jetzt mal richtig nachrechnet, dann bleiben einem nach Abzug aller Steuern, Abgaben und sonstiger Gebühren nicht mehr als zehn Prozent. Die handeln korrekt. Uns bleiben lediglich zehn Prozent. Uns als Verwalter der Person XY stehen zehn Prozent zu von dem, was die Person im Öffentlichen erwirtschaftet. Im Mittelalter war es so, dass man zehn Prozent an den Verwalter zu bezahlen hatte, und neunzig Prozent blieben der Person. Heute ist es so: Ich bin der Verwalter (m)einer „Person", und mir stehen die gleichen zehn Prozent zu. Wenn man heute vom Bruttoverdienst alle Abzüge abrechnet und schaut, was man noch zum Ausgeben hat, wenn man die indirekte Steuer, Mehrwertsteuer usw. rausrechnet, bleiben nicht mehr als zehn Prozent übrig. Das ist korrekt.

O.k., kommen wir zurück zu den *Vereinten Nationen*.

Die *Vereinten Nationen* sind Lizenznehmer, der wiederum Unterlizenzen an die Firmen vergibt, die sich Staaten nennen – die müssen also Lizenzgebühren abführen. Die Verwaltung dieser Lizenzgebühren erfolgt meiner Meinung nach über das *Department of the Treasury* in den USA, und das *Department of the Treasury* beauftragt die IRS (*Internal Revenue Service* – Bundessteuerbehörde der USA; A.d.V.)– jedes Land hat eine IRS-Zentrale –, und die IRS hat eine Organisation, die nennt sich *Military Criminal Investigation Division* (CID), die auch in den USA sitzt, und die machen weltweit die Lizenzeintreibung. Und wenn jemand seine Lizenzgebühren nicht bezahlt, dann hat er halt einen Bürgerkrieg am Hals oder einen Wetterkrieg (*ENMOD-Convention*, für die, die das nicht glauben wollen; A.d.V.). Das kann er sich dann aussuchen.

Wie lange dauern diese Lizenzen an?

Ich weiß es nicht. Ich vermute, dass sie immer 70 Jahre einhalten.

Hannes Berger: Also ich meine, dass es 99 Jahre sind. In der Ukraine ist das beispielsweise 2016 der Fall. Nach 99 Jahren läuft der Vertrag des alten Kartellgebietes aus. 1918 wurde die Ukraine als Kunststaat nach kanonischem Recht für 99 Jahre angelegt. Jetzt wird neu verhandelt, die Ukraine ist so gut wie geteilt, jetzt schon. Ich habe festgestellt, dass Napoleon z.B. um 1800 durch Europa gezogen ist und es verwüstet hat. Nachdem er zurückgedrängt worden war, gab es ab 1814 den sog. *Wiener Kongress*. Der war 1815 beendet, der Vertrag abgeschlossen, und die Grenzen in Europa wurden neu gezogen. Und wenn man jetzt auf 1815 die 99 Jahre draufrechnet, sind wir bei 1914 – ein hochinteressantes Datum! 1918 war der Erste Weltkrieg beendet, die Grenzen wurden neu gezogen, und wenn man da jetzt wiederum 99 Jahre draufrechnet, dann sind wir bei 2017. Und den Zweiten Weltkrieg kann man hier gar nicht bewerten, das war ja nichts anderes als der Waffenstillstandsbruch des Ersten Weltkriegs.

Gabriel: Ich meine, dass diese 99 Jahre Subverträge sind. Wir müssen uns von dem Gedanken lösen, dass irgendeiner auf diesem Planeten Interesse daran hat, uns Männer und Frauen zu schützen. Wir sind Kollateral. Das heißt, das *Genfer Abkommen*, die *Haager Landkriegsordnung*, die sind nichts weiter als Kollateralschutzverträge.

Warum?

Die *Vereinten Nationen* haben kein Interesse daran, dass bei Streitigkeiten um Kartellgebiete (Firmen haben keine Staatsgebiete) so viel Kollateral – Männer, Frauen und Kinder – vernichtet wird, sodass der Umsatz der *Vereinten Nationen*, und damit vom Vatikan, sinkt. Die wollen ihren Umsatz halten, die wollen ihre Lizenzgebühren haben, deswegen werden die Firmen beim Streit um Kartellgebiete (Staatsgebiete) diszipliniert, und diese Disziplinierung nennt sich *Genfer Abkommen*. Es geht beim *Genfer Abkommen* immer um Zivilpersonen, nie um *Männer* und *Frauen*. *Personen* sind nichts weiter als Konten, die durch die Kartellverwaltung belastet werden können (Gebühren, Steuern etc.). Wenn nun also ein Kartell sein Kartellgebiet erweitern möchte, so wird Krieg geführt, der in der Regel dazu führt, den Gegner durch die Schädigung seines Kollaterals (sog. „Kollateralschaden") in seiner Kreditwürdigkeit zu schwächen. Dies hat natürlich zur Folge, dass die Lizenzeinnahmen der *Vereinten Nationen* sinken, was nicht im Interesse der *Vereinten Nationen* ist. Um diesen Schaden zu begrenzen – Streitigkeiten wird es immer geben –, wurden Verträge/Abkommen geschrieben, an die sich die Lizenzpartner der Vereinten Nationen halten müssen. Und ich habe noch kein Abkommen gefunden, das die BRD unterschrieben hat.

Und warum nicht?

Weil sie aller Wahrscheinlichkeit nach dem Vatikan gehört. Die „Federal Republic of Germany" wird nicht an der New Yorker Börse gehandelt, wohingegen alle anderen „Federal Republics of" an der New Yorker Börse gehandelt werden. Ich empfehle dazu die Lektüre von www.sec.gov. Dort findet man alle „Federal Republics of". Es ist offensichtlich, aber unser Gehirn ist so umprogrammiert, dass wir gar nicht auf die Idee kommen, dort zu suchen. Bei www.upik.de schaue ich schon lange nicht mehr rein, ich muss ja nur bei www.sec.gov reinschauen, bei der Börsenaufsicht.

Sind wirklich alle Länder Firmen?

Hannes Berger: Einige Länder sind wohl nicht dabei: Iran, Kuba, Nordkorea und Syrien. Syrien fällt gerade, Kuba wackelt, und wenn Nordkorea sich noch lange weigert, eine Rothschild'sche Zentralbank zu errichten, dann werden sie wohl auch noch „demokratisiert".

Gabriel: Das Haus Rothschild hat offensichtlich die Notenbank-Lizenzen erworben, denn die russische und chinesische Notenbank sind ebenfalls im Besitz des Hauses Rothschild. Darüber spricht nur niemand. Das Thema „Währung" und deren Absicherung ist ebenfalls ein eigenes Buch...

Warum sagt keiner der Regierenden aus diesen Ländern etwas darüber, was wirklich läuft? Zum Beispiel Syriens Präsident Assad: „*Wir sind die letzte Bastion der Freiheit...*"

Hannes Berger: Vielleicht sagen sie ja etwas, aber es dringt nicht an die Öffentlichkeit, weil die Medien „Lügenmedien" sind, die sind kontrolliert. Keiner packt aus, weil sie alle auf einer höheren Ebene sind (Putin usw.). Unten tut man so, als ob sich Feindstaaten gegenüberstünden, aber drüber sind das alles Firmen. Und wenn man Bilder sieht, wenn sie sich treffen, dann ist doch erkennbar, dass sie sich doch nicht feindselig verhalten. Die begrüßen sich doch freundlich und herzlich. Da geht es um Kartellgebiete, um wirtschaftliche Interessen, um Gewinnmaximierung, um nichts anderes.

Und das ist auch der Grund, warum es unterirdische Basen gibt?

Hannes Berger: Nein, die „Verwalter" dieses Planeten haben Schiss, wenn es mal scheppert, wenn die Massen in Bewegung kommen. Dann haben sie keine Chance, egal wo sie sich befinden.

Was wissen Sie über unterirdische Städte in Deutschland?

Hannes Berger: Ich weiß, dass sich in Thüringen, wo sie die ICE-Trasse unterirdisch durch den Berg getrieben haben, Nebenräume mit Stahltüren befinden, die wolframgeschützt sind. Wolframgeschützte Stahltüren weisen eindeutig auf einen Schutz vor Neutronenbomben hin. Demzufolge rechnen sie mit Neutronenbomben, gezielt eingesetzt oder auch nicht. Ausgerechnet Thüringen, das ist sowieso eine heikle Sache. Es gibt ja das *Medinat Weimar*, das sich für einen jüdischen Staat in Thüringen einsetzt.

O.k., machen wir hier einen Schnitt. Kann man sagen, der Vatikan sind die Jesuiten?

Das kann man so nicht sagen.

Gut, bleiben wir beim Vatikan. Wer genau steckt denn hinter dem Vatikan, hinter den alten Männern? Da muss es doch jemanden geben, eine Macht, eine Struktur...
Es gibt da beispielsweise die amerikanische Whistleblowerin *Karen Hudes*, die von 1986-2007 als Rechtsanwältin bei der *Weltbank* arbeitete, von der sie nach 21 Jahren entlassen wurde, weil sie ihren Mund nicht

halten wollte, was die massive Korruption angeht. Hudes behauptet, dass die US-Goldreserven von den Jesuiten unter der Leitung des „Schwarzen Papstes" gehalten werden und sich inzwischen im Vatikan befinden. Und dieser „Schwarze Papst" sei kein Mensch, sondern ein sog. Langschädel – einer der sog. „Götter", die wir in Ägypten, auf Malta oder Bolivien abgebildet finden. (Abb. 8 bis 14 und Abb. 16) Karen Hudes meint, dass diese Langschädel-Spezies heute noch existiert, glaubt aber nicht, dass es Außerirdische sind, sondern eine zweite Spezies der Erde, die aus alter Zeit bis heute überlebt habe – und im Vatikan bzw. in der Anlage darunter leben würde. Durch die Tiara, die Kopfbedeckung der Priester, würden sie ihre langen Schädel verdecken. Sie sind angeblich die wahren Herrscher der Welt. In einem Interview berichtet sie davon, dass ein Bekannter einen blonden Langschädel mit blauen Augen in einer Bank in Portugal gesehen habe, der dort seine Familie in irgendwelchen Finanzangelegenheiten vertrat.

Sie ist davon überzeugt, dass die Langschädel-Rasse heute noch präsent ist und mit den Obersten der Welt gemeinsame Sache macht bzw. deren Anführer ist.

Da bin ich nicht so tief eingestiegen. Ich weiß nur eines: Es gibt einen Geschäftsführer des Vatikans, das ist Kardinal Guiseppe Bertello, President of the Governorate of Vatican City State. Das ist meines Wissens der Geschäftsführer des Vatikans. Und dann gibt es den Papst. Der treuhänderische Verwalter des Papstamtes ist Franziskus, und der Papst ist weiterhin Benedikt, also Ratzinger. Man achte auf die Ringe. Warum haben sie den Schwachsinn denn gemacht? Die haben ihren Laden nicht mehr im Griff, diese Jungs. Der Guiseppe Bertello ist Jesuit, Franziskus ist Jesuit, und wem unterstehen die beiden? Bis vor kurzem war das Pater Adolfo Nicolás Pachon, der Ordensgneral der Jesuiten weisungsbefugt gegenüber **allen** Jesuiten.

Und darf ein Jesuit Papst sein?

Das weiß ich nicht.

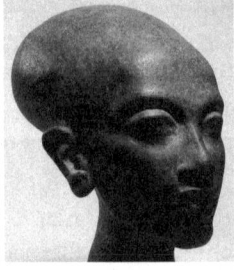
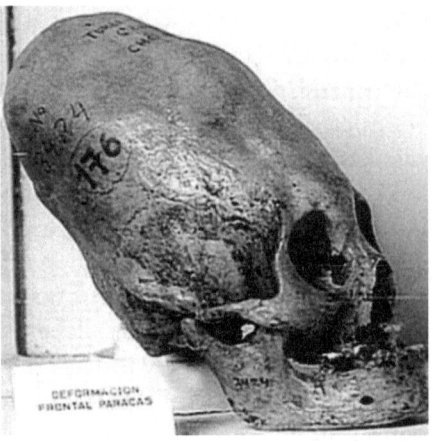

Abb. 8 und 9:
Die beiden Bilder zeigen *Nofretete*, einmal mit und einmal ohne Kopfbedeckung. Auch im alten Ägypten gab es Vertreter dieser Spezies.

Abb. 10 (rechts oben):
Dies ist der Schädel eines 2,70 m großen peruanischen Herrschers aus dem Gold-Museum in Lima. Er ist einer der Schädel, bei denen medizinisch belegt ist, dass er nicht durch Abbinden im Kindesalter auf diese Weise geformt, sondern auf natürliche Weise gewachsen war. Das ist aber bei diesem Schädel jedoch nur zweitrangig, denn er ist vom Volumen her schon doppelt so groß wie der eines heutigen Menschen. Die Mumie dieses Herrschers ist 2,70 m groß. Das ist gigantisch – vor allem im Vergleich zu den eher kleinwüchsigen Peruanern, die normalerweise um die 1,60 m groß sind. Der Umhang des Herrschers ist aus Gold gesponnen und ist 2,50 m lang. Die Schulterklappen sind doppelt so groß wie die heutiger Football-Spieler, und seine goldenen Handschuhe haben die Größe von Tennisschlägern.

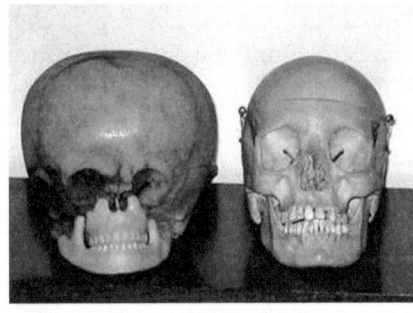

Abb. 11:
Der sog. *Starchild-Schädel* (li.) wurde um 1930 in Mexiko gefunden und ab 1990 von dem Forscher *Lloyd Pye* auf verschiedenste Weise untersucht. Der ca. 900 Jahre alte Schädel – so ergaben genetische Tests des *Royal Holloway College* der *University of London* – weist Fasern sowie rötliche Rückstände in der Spongiosa des Schädels auf, wie man sie vor dieser Untersuchung bei bislang keinem anderen Organismus nachweisen konnte.

Des Weiteren fand man durch radiologische Tests heraus, dass der Schädel bis zu 50 Prozent dichter, aber gleichzeitig nur halb so dick ist wie ein normaler menschlicher Schädel. Teilanalysen der chromosomalen DNS im Jahre 2010 mittels der Schrotschuss-Sequenzierung zeigten nach Aussage von *Lloyd Pye* bislang sowohl menschliche als auch bis dahin unbekannte DNS-Sequenzen.

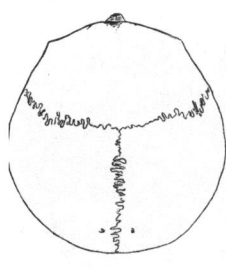
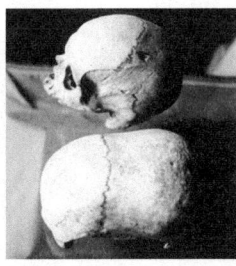

Abb. 12 und 13:
Man hat ja schon Schädelmissbildungen gesehen, bei denen es Verformungen gab. Wenn man jedoch einen Schädel vor sich hat, der ganz anders gewachsen, wesentlich verlängert und dazu noch erheblich größer als all die anderen ist und bei dem dann auch noch die Pfeilnaht (*Sutura sagittalis*) fehlt, dann wirft das Fragen auf. Genau das finden wir bei den Schädeln auf Malta.

Wem gehörten diese riesigen Schädel? Im Tempel Hal Saflienti befindet sich auch ein Brunnen, welcher der Muttergöttin geweiht war. Dort fand man auch eine kleine Statue einer schlafenden Göttin, wobei bei dieser auch ein Artefakt lag, welches die Gravur einer Schlange trägt. Vor allem einer dieser Schädel ist von besonderem Interesse: Er zeigt ein sehr ausgeprägtes *Dolichocephalous*, einen verlängerten hinteren Teil der Schädeldecke. Zudem fehlt die schon erwähnte Pfeilnaht (*Sutura sagittalis*). Genau das ist aber aus Sicht von Anatomen und Medizinern völlig unmöglich. Nicht mal aus pathologischer Sicht – also bei Missbildungen – ist ein solcher Fall auf der Welt bekannt. Der lange Wuchs – so haben Untersuchungen bestätigt – ist nicht durch Abbinden, sondern natürlich entstanden. Auch interessant: Auf den beiden Inseln Gozo und Malta gab es in prähistorischer Zeit einen sogenannten Schlangenkult mit Schlangenpriestern. Ist es möglich, dass dieser Schädel tatsächlich zu einem dieser Schlangenpriester gehörte? Oder einer Schlangenpriesterin?

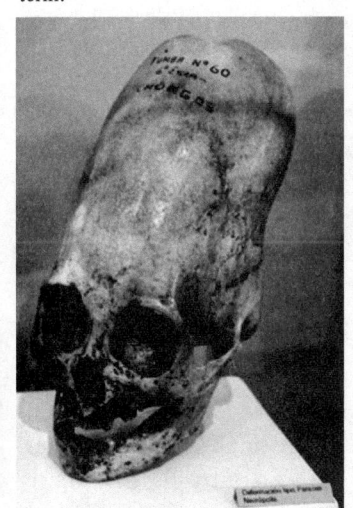

Abb. 14:
Dies ist einer der Schädel, die der amerik. Forscher *Brien Foerster* genetisch untersuchen ließ. Es ist einer von 300 Schädeln, die der peruanische Archäologe *Julio Tello* 1928 entdeckte. Sie werden auf ca. 3.000 Jahre geschätzt und werden heute im Paracas History Museum ausgestellt. *Brien Foerster* entnahm von 5 Schädeln Proben von Haut, Haaren, Zähnen und Wurzelknochen und kam nach modernsten genetischen Analysemethoden zu dem Ergebnis, dass einige Segmente der untersuchten DNS weder mit der des Homo Sapiens oder anderer verwandter Menschenformen wie Neandertaler oder Denisova-Menschen übereinstimmt.

Die Paracas-Schädel haben ein größeres Hirnvolumen und weisen keinen abgeflachten Bereich auf wie die Schädel, die durch Abbinden in eine längliche Form gezwungen wurden. Die Paracas-Schädel haben nur zwei Schädelplatten im Vergleich zu allen anderen Menschen, die drei Schädelplatten aufweisen. Zudem haben sie einen viel größeren Kiefer mit weniger Backenzähnen und auch größere Augenhöhlen. Das sind keine durch Menschenhand deformierte Schädel, das ist eine eigene Spezies!

211

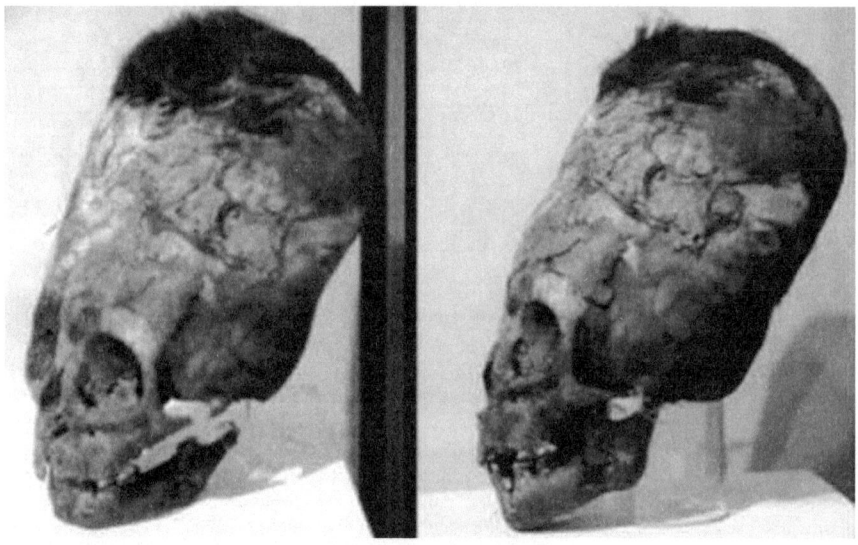

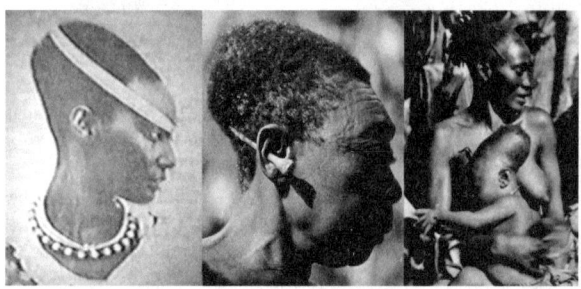

Abb. 15 (links):
Die hier abgebildeten Schädel wurden künstlich deformiert – durch Abbinden. Sie sind in keiner Weise mit den oben abgebildeten Schädeln vergleichbar. (**Abb. 16**) Sie sind nach hinten gewachsen, die Schädel aus Peru hingegen nach oben. Zudem sind sie doppelt bis dreifach so groß!

Und was ist Ihre Vermutung, wieso Ratzinger nach außen hin zurückgetreten ist?

Weil der Jesuitenorden die mächtigste Armee der Welt ist. Mit dem würde ich mich nicht anlegen. Es gibt auch einige hochrangige Politiker, die Jesuiten sind, auch BRD-Politiker. Und die kontrollieren effektiv das System. Sie kontrollieren ihre Ernte. Aber die Ernte läuft auf einer anderen Ebene ab. Das verlässt im Prinzip den materiellen Bereich. Und alle Insider aus den oberen Ebenen werden schweigen. Man kann heute davon ausgehen, wenn ein Politiker oder Banker eines unnatürlichen Todes stirbt, hat er einen Eid verletzt. Das wird nicht toleriert.

Also was war Ihrer Meinung nach der Grund für Benedikts Rücktritt?

Es gibt eine große Angst vor den Männern und Frauen aus Zentraleuropa, also aus Deutschland. Ich bin einmal einem sehr beeindruckenden Mann aus Peru begegnet, und der sagte, dass Deutschland das Herzchakra der Erde ist. Es wird von diesem Land ein Funke ausgehen, der geht um die Welt. Das fand ich sehr schön, denn er ist kein Deutscher, er ist kein Nazi oder Reichsbürger, sondern ein Mann reinen Herzens mit einem unglaublichen Charisma für sein Alter, er war Mitte 30. Vor uns haben sie Angst.

Und wovor haben sie Angst?

Vor der Präzision, mit der wir hier arbeiten, mit der Genauigkeit und mit der Beharrlichkeit. Die Sache ist die: Es hat mal ein berühmter Mann gesagt, die Deutschen auf die Straße zu bringen, ist fast unmöglich. Aber wenn sie einmal drauf sind, kriegt man sie nicht mehr runter.

Aber man hat ja schon einmal einen Papst entfernt, den 33-Tage-Papst beispielsweise. Wieso ist Benedikt dann noch vorhanden?

Ich gebe zu, dass ich in diesem Bereich nicht so intensiv recherchiert habe. Fakt ist aber: Als ich festgestellt habe, dass der ganze Druck, der aufgebaut wird, dadurch entsteht, dass die Verwaltung der *Person* wichtig ist, da habe ich die Verwaltung *meiner* Person abgetreten – an den Geschäftsführer des Vatikans, an Cardinale Guiseppe Bertello. Er wurde sozusagen zum Geschäftsbesorgungsbeauftragten für die Person international, auch *Treuhänder* genannt. Das war der Punkt, als ich entschieden habe, dass die doch *ihre* Person selber verwalten sollen, und ich habe den höchsten Geschäftsführer genommen, den ich kenne – und nicht den Geschäftsführer der BRD, der USA oder der *City of London* –, sondern ich gehe gleich zum richtigen Chef. Ab diesem Moment wurde es etwas schwieriger für die. Ich hatte dann aber entschieden, dass ich jetzt jemanden in der BRD benötige, und dann habe ich einen bestimmten Bundespolitiker zum Treuhänder ernannt. Und dieser hat seinen Job nicht besonders gut erledigt, aber ich hatte jemanden und habe alle Post, die an die Person geschickt wurde, an ihn weitergeleitet. Und er sollte sich dann darum kümmern. Das ist nicht ganz ungefährlich, man sollte genau wissen, was man tut, denn damit gebe ich die Verwaltung meiner Werte auf. Darauf kommen wir später noch beim Vertragsrecht zurück... So ist auch eine Situation entstanden, durch die der – nennen wir ihn einmal „Bundespolitiker XY" – in sehr große Schwierigkeiten gekommen ist – bedauerlicherweise, denn ich habe ihn menschlich sehr geschätzt.

Mir ist es wichtig aufzudecken, wie dieses System funktioniert. Wir beschäftigen uns die ganze Zeit damit, wer mit wem arbeitet, was in welchen Verträgen steht, wer die Macht hat und wer die Macht nicht hat, und so sind wir alle beschäftigt. Wir sind beschäftigt mit dem „Wer arbeitet wie?". Und vor lauter Beschäftigung damit erkennen wir gar nicht, WO wir stehen. Wir sind in einem Strudel gefangen und stellen fest, dass wir auf keinen grünen Zweig kommen.

Hannes Berger: Weil wir uns ständig rechtfertigen, anstatt es einfach so stehen zu lassen.

Gabriel: Ich formuliere es einmal etwas einfacher: Ich bin der Investor in das Treuhandsystem, und wie die das regeln, ist mir völlig egal, aber es soll zu meinen Gunsten geschehen. Also ich möchte die Begünstigung erfahren aus dieser Treuhandverwaltung, und ich möchte derjenige sein, der davon profitiert, und ich möchte kein Sklave des Systems sein. Und das ist die eigentliche Frage, die wir uns stellen müssen: Wo ist meine Position, und aus welcher Position heraus agiere ich? Wenn ich als *Person* agiere, habe ich verloren. Die verlagern die Haftung auf mich, wann immer sie wollen, denn wir müssen daran denken: „*Der Name einer Person unterliegt dem Recht des Staates, dem die Person angehört.*" Das heißt, der Staat hat jederzeit das Recht, darauf zuzugreifen.

Und das ist jeder Richter?

Er ist „Verfügungsberechtigter" über das Konto (=Person). Wir müssen auf die Worte achten. Wir müssen lernen, auf Details zu achten. Jeder Richter kann zu jedem Zeitpunkt über jede Person verfügen. Der kann alles Mögliche machen, er kann Haftungen verschieben, er kann Urteile fällen, er kann alles machen, und das ohne mein Einverständnis.

Natürlich, es geht ja auch nur gegen die *Person*, wir befinden uns im Sachrecht. Das alles agiert im Sachrecht – weltweit. Alle Firmen agieren im Sachrecht. Wir sind Sachen, und sie zeigen es uns sogar. Zum Beispiel vor Gericht, wenn es heißt, in der „Sache Müller gegen Maier".

O.k. Das UCC, der *Uniform Commercial Code*, behandelt Sachen.

Ja, da kommen wir in die nächsthöhere Ebene. Der UCC ist kein Gesetz. Viele denken das. Den UCC würde ich einmal als eine Handlungsvorgabe bezeichnen. Die ist unterschiedlich in den Staaten der Firma USA. Die weltweite Gültigkeit ist auch ein Märchen, denn der, der den UCC anwendet, unterstellt sich diesem Vertrag. Es ist ein Vertrag, mehr nicht. Wenn ich den Vertrag anwende, akzeptiere ich ihn. Viele Leute sagen zu mir: *„Ich will raus aus diesem System."* Da sage ich, dass das in Ordnung ist. *„Aber warum verwendest Du dann Deine Person?"* Es gibt Leute, die kündigen ihre Personalausweisverträge, kündigen andere Verträge, und dann sagen sie: *„Ich bin draußen!"* Aber dann benutzen sie ihre Sozialversicherungsnummer, sie kriegen Hartz-4, sie kriegen Rente... Das heißt, sie benutzen die Person weiterhin. Das Wichtigste, was wir Männer und Frauen wissen müssen – ich sage bewusst nicht „Menschen", und ich benutze den Begriff so gut wie gar nicht mehr, nur wenn es nicht anders möglich ist, und ich unterscheide auch zwischen den *Personen* –, wir Männer und Frauen müssen wissen, was ein Treuhandsystem ist und wie es arbeitet. Wie ist meine Position im Treuhandsystem? Und wenn ich begriffen habe, wie es arbeitet, werden viele Dinge plötzlich klar. Ich würde das gerne näher ausführen mit dem Treuhandsystem.

Ja, bitte.

Ein Treuhandsystem ist relativ einfach erklärt. Es gibt einen **Stifter**, es gibt einen **Treuhänder**, und es gibt einen **Begünstigten**. Nehmen wir folgendes Beispiel: Ich möchte mit meiner Frau nach Australien, um Urlaub zu machen. Und meine Kinder, die sind schon groß genug, die können zu Hause bleiben, und die Hühner und die Hunde können ebenfalls zu Hause bleiben. Dann suche ich mir einen Treuhänder, der mein Haus, die Kinder, die Hühner und die Hunde treuhänderisch verwaltet, und die Begünstigten sind die Kinder. Also sage ich zu dem Treuhänder, zum Beispiel zu meinem Nachbarn Egon, dass er dies übernehmen möge. In dem Moment, in dem er zustimmt, kommt es zu einem Vertragsabschluss. Ein *„Ja, mache ich."* oder ein Stillschweigen gelten als ein Vertragsabschluss im Treuhandverhältnis. Ich rede nicht von der BRD!

Wir fahren also in den Urlaub, und der Treuhänder bekommt 3.000 Euro monatlich zur Verfügung, von denen er sich 10 Prozent nehmen darf. Der Rest wird für das Treuhandverhältnis verwendet. Er erwirtschaftet Gewinne aus dem Treuhandverhältnis, zum Beispiel durch den Verkauf der Hühnereier. 10 Prozent davon darf er behalten, den Rest muss er den Begünstigten zukommen lassen. Wir kommen nach vier Monaten zurück, und was ist passiert? Die Hühner sind an die Hunde verfüttert, die Hunde sind an die Kinder verfüttert, das Haus ist verkauft, und die Kinder sitzen unter der Brücke. Was ist passiert? Er hat veruntreut. Er hat sich selbst begünstigt und ist mit dem Zeug abgehauen. Das nennt man „Veruntreuung". Das heißt, der Treuhänder darf niemals der Begünstigte sein. In dem Moment, in dem der Treuhänder der Begünstigte ist, liegt eine Veruntreuung vor. Ich als Stifter kann jederzeit der Begünstigte werden, aber niemals der Treuhänder. Der Treuhänder kann zwar auf die Werte zugreifen zur Erwirtschaftung von Gewinnen, er darf sie aber nicht veräußern. Es sei denn, der Veräußerungsgewinn fließt den Begünstigten zu. In dem Moment, in dem er gegen die Interessen des Stifters oder gegen den Begünstigten handelt, liegt Treuhandbruch vor, und ich kann ihm Veruntreuung unterstellen.

Können wir das einmal am Fall „Angela Merkel" beschreiben?

Die *Frau* Angela Merkel wurde irgendwann einmal zur Bundeskanzlerin gewählt. Da sie ebenfalls über eine *juristische Person* verfügt, über die sie, wie alle anderen auch, begünstigt wird, kann und darf sie diese begünstigte Person während ihrer Amtszeit nicht weiter verwalten, denn dann wäre sie Treuhänderin UND Begünstigte.

Deshalb kommt die *Person* ANGELA MERKEL in einen Tresor, und die *Frau* Angela Merkel erhält eine Person – Bundeskanzlerin Angela Merkel – die zufällig auch genauso heißt wie sie. Damit wird verhindert, dass sich Angela Merkel durch ihre Verwaltungsposition selbst begünstigt. Diese neue Person ist immun, d.h. diese Person untersteht nicht den normalen Verträgen zur Nutzung der Personen (Gesetze), sondern diese Person hat sog. Vorschriften (AGBs), unter denen diese Person versichert ist. Das gilt für alle „Amtspersonen", die versichert herausgegeben werden.

Wenn nun jemand ein Betreuungsverfahren gegen die Person ANGELA MERKEL eröffnet, so geht dieses Verfahren ins Leere, denn diese *Person* liegt ja im Tresor und wird aktuell gar nicht mehr von der *Frau* Angela Merkel verwaltet. Ein Betreuungsverfahren gegen die Bundeskanzlerin Angela Merkel ist ebenso nicht möglich, da Bundeskanzlerin Angela Merkel gemäß dieser Verträge (u.a. BGB) eine übergeordnete Entität ist.

So, und was haben wir weltweit? Eine Veruntreuung. Ich werfe dem System Veruntreuung vor, und zwar in böswilliger Absicht. Aber das ist ein anderes Thema.

Betrachten wir uns, wem das hier alles gehört, zum Beispiel in Deutschland, also der Grund und Boden, den man „Deutschland" nennt – das ist ein Kunstwort, das um 1945 erfunden wurde, nennen wir es daher Zentraleuropa. Hier gibt es Männer und Frauen, die haben vor zirka 200 Jahren ihre Werte in einen Trust hineingegeben, in eine Treuhand, was seitdem verwaltet wird. Und die Verwaltungen haben zwischenzeitlich gewechselt. Da war einmal Kaiser Wilhelm II., der wurde irgendwann geputscht, das heißt, es gab einen Putsch, die Geschäftsleitung wurde geputscht und es kam die Geschäftsleitung Weimarer Republik. Die Geschäftsleitung Weimarer Republik wurde dann von Hitler geputscht, und Hitler wurde wiederum von den Alliierten geputscht, und die haben dann eine Zwangsverwaltung eingesetzt. Die BRD ist die Zwangsverwaltung der Treuhand, in der wir Männer und Frauen in Zentraleuropa unsere Werte drin haben – mehr nicht. Und der Zwangsverwaltung gehen wir Männer und Frauen – entschuldige meine harten Worte – am A.... vorbei. Die Männer und Frauen interessieren die BRD gar nicht. Die Zwangsverwaltung gibt *juristische Personen* heraus, die Identifikation der *juristischen Person* erfolgt über den Personalausweis oder den Reisepass, damit wird die Verbindung zwischen dem unbegrenzt haftenden Mann/Frau und der verwalteten Person hergestellt (biometrische Daten). Ich identifiziere mich also: *„Ich bin der Treuhänder der*

Person." Und das war's. Das heißt, die BRD hat mit unseren Werten nichts zu tun. Sie verwaltet sie nur – „Zwangsverwalten".

Wenn man sich Bundeskanzlerin Merkels Verhalten in der Flüchtlingskrise ansieht – wo jeder nur noch verständnislos den Kopf schüttelt –, was geschieht da eigentlich? Wie kann sie so etwas tun? Hat sie den Auftrag dazu bekommen von jemandem aus den USA? Von den Alliierten?

Die *nicht rechtsfähige Interessengemeinschaft zur Plünderung von Zentraleuropa*, die Alliierten, die sog. Kriegsgewinner – das war alles nur ein riesiges Geschäftsmodell. Erster Weltkrieg, Zweiter Weltkrieg waren nur Geschäftsmodelle. Es ging darum, alles unter eine Organisation zu bekommen und das sukzessive aufzubauen. Wir müssen uns von dem Gedanken verabschieden, dass es Zufälle gibt. Das ist alles geplant. Das heißt, die Flüchtlingskrise ist eine Bilanzverlängerung in der doppelten Buchführung (Kollateralerweiterung). Die Flüchtlinge werden hier kollateralisiert, dem eigenen Land in Afrika als Kollateral entzogen. Das heißt, hier können sie im Prinzip ihre Bilanzen manipulieren bzw. „schönen", denn die BRD ist pleite, die war schon immer pleite – wir reden hier von einem sog. verschleierten Staatskonkurs in der doppelten Buchführung. Das wird streng geheim gehalten und doch weiß es jeder irgendwie.

Warum?

Die hatten nie etwas. Die BRD ist der Verwalter unserer Werte. Es gab mal einen Fall, da hatte jemand gegen die „Bundesrepublik Deutschland Finanzagentur GmbH" – die die ganze Liquidität mit Hilfe von Banken generiert und der Bundesbank überstellt ist – ein Insolvenzverfahren eröffnet, weil die eine Bilanzsumme von zirka 1,6 Billionen Euro haben mit einem Stammkapital von 22.500 Euro. Das geht nicht. Dann lautete das Urteil des Gerichts: *„Gegen das Vermögen des BUNDES kann kein Insolvenzverfahren eröffnet werden."* Und keiner hat wirklich begriffen, was da eigentlich drinsteht. Man beachte übrigens die Schreibweise des Wortes BUND. Mal wird es „normal" geschrieben und manchmal in großen Blockbuchstaben. Das hat System. Es gibt keine Zufälle.

Also: Ich verwalte Deine Firma mit einem Umsatz von einer Million Euro. Und jetzt wird gegen mich als Treuhandverwalter ein Insolvenzverfahren beantragt. Das hat doch mit dem verwalteten Vermögen gar nichts zu tun. Das verwaltete Vermögen ist immer außerhalb des Treuhänders und damit außerhalb einer Insolvenzmasse. Er ist nur Verwalter. Das müssen wir beachten. Das heißt, die können diese hohe Bilanzsumme nur deshalb erwirtschaften, weil sie treuhänderischer Verwalter dieser Bilanzsumme sind, es wird halt verschleiert. Und deswegen ist ein Insolvenzverfahren in dieser Hinsicht gar nicht möglich. Gegen den Bund kann kein Insolvenzverfahren eröffnet werden, das ist Unsinn. Die BRD gibt also unsere *juristische Person* heraus. Und mit dieser agieren wir in der BRD als Firma im Kartellgebiet der BRD und können innerhalb des Kartellgebietes der BRD geschäftlich interagieren – aber nur über die Person. Wenn ich versuche, als Mann oder Frau im System zu agieren, scheitere ich, die können damit nicht umgehen, die können damit nicht arbeiten. Das ist der Versuch, unter Umgehung meines Joysticks in einem Computerspiel aktiv zu werden.

Die können keine Rechnung ausstellen, an kein Konto überweisen...

Richtig, stattdessen läuft diese Maschinerie wie eine Gehirnwäsche ab: *„Sie sind eine Person, Sie haben einen Personenkraftwagen...“* – alles mit der Bezeichnung „Person“. Man macht uns zu „Personen“.
Darüber habe ich mich mit einem hohen Richter unterhalten, der heute im Ruhestand ist, und der wusste ganz genau, worum es geht. Und gerade vor einer Woche habe ich mich mit einem Mann aus der Hochfinanz unterhalten, der fühlte sich als „Person“. Selbst „die da oben“ fühlen sich zum Teil als Person.

Er wusste es nicht...

Nein. Und dann habe ich ihm das erklärt und die Positionen aufgeschlüsselt, und plötzlich, nach zirka einer Stunde, hat es plötzlich „klick“ gemacht, und es purzelten bei ihm die Dominosteine. Dann hat er seine Lebenserfahrung geprüft und auf seinen beruflichen Werdegang zurückgeblickt und hat verstanden: *„Aha, deshalb machen die das.“* Niemand fragt sich, warum die einfach hingehen können und Bußgelder verhängen. Wie kommen die dazu? Ganz einfach: Die Bußgeldbescheide gehen an die *Person*, denn die haben im Treuhandverhältnis einen tollen Trick gemacht: Die BRD schafft eine *Person*, wir beantragen freiwillig einen Personalausweis oder einen Reisepass. Damit beantragen wir freiwillig die Treuhandschaft über eine Person, die wir treuhänderisch verwalten. Und als treuhänderischer Verwalter haben wir Anspruch auf 10 Prozent von dem, was wir über die Person erwirtschaften. Klingelt es?

Und gleichzeitig übernehmen wir die unbegrenzte private Haftung für „Schäden", die wir im virtuellen BRD-System bei Nutzung der *Person* anrichten, da diese selbstverständlich nicht versichert ist. Der Treuhänder ist für die Versicherung zuständig. Deshalb gibt es bei hochwertigen Verwaltungsobjekten über die *Person* auch Pflichtversicherungen (Kfz-Haftpflicht, Gebäudeversicherung). Das heißt, der Verwalter unserer Werte lässt uns aus der schwer erarbeiteten Liquidität (Geld) auch noch die Versicherung(-sgewinne) bezahlen – Liquidität, für deren Herausgabe wir alle – Männer und Frauen – die Garantie übernommen haben. Ist das nicht pervers genial?

Aha... Wenn man alle Steuern von unserem Gehalt abzieht – Lohn-, Umsatz-, Gewerbe- oder Grundsteuer, dann die Benzin- und Lebensmittelsteuer, Krankenversicherung usw., dann bleiben für uns am Ende zirka 10 Prozent übrig.

Wenn wir zu tricksen versuchen und z.B. Steuern hinterziehen, dann ist das ein Treuhandbruch. Das wird hart bestraft. Es ist ja eine Tatsache, dass jemand härter bestraft wird, wenn er Steuern hinterzieht, als wenn jemand ein Kind vergewaltigt hat. Denke darüber nach, wieso der Vergewaltiger ein halbes Jahr Gefängnis bekommt und der Steuerhinterzieher 2 Jahre. Treuhandbruch wird härter bestraft. Das andere ist „Sachbeschädigung". Das ist brutal formuliert, aber die BRD ist ja eine Sachverwaltung. Es ist eine Sachverwaltung, die nicht mit Männern und Frauen umgehen kann. Und wir verwalten die Sache „Person". Und nun fahren wir im Kartellgebiet der BRD mit dieser Sache herum wie mit einem Mietwagen und sagen: *„Uns interessieren aber die AGBs nicht."* Das heißt, ich miete mir einen Mietwagen, fahre damit herum und sage: *„Mich interessieren die Geschäftsbedingungen von denen nicht."* Moment mal! Fahre ich mit einem Mietwagen herum, dann akzeptiere ich auch die AGBs.

Ich habe ja den Vertrag unterschrieben.

Zum einen, aber ich nutze ja das Fahrzeug, und mit der Nutzung erkenne ich deren AGBs (Gesetze) an. Und genau so ist es mit der „Person". Mit der Nutzung der *Person* erkenne ich die AGBs der BRD an, die übrigens von einer Rechtsanwaltskanzlei geschrieben werden. Und wenn wir uns fragen, wer der wirkliche Machthaber auf diesem Planeten ist, dann ist es der, der letztendlich am Ende die Haftung übernimmt. Derjenige, der am Ende sagt: *„Ich gleiche aus."* Und das sind im Moment die Versicherungen, nicht die Banken.

Das System ist supergenial, und man kann es aufbauen wie Dominosteine, und ich löse mich im Moment komplett davon, welcher Mann an welcher Stelle sitzt. Das ist Kasperletheater. Das ist nicht von Relevanz. Die Personen sind wie bei dem Film *Avatar* einfach nur animierte Fiktionen. Mich interessiert derjenige, der die Person im Hintergrund animiert, der Verwalter. Mich interessiert, WIE sie arbeiten und welche Elemente sie dafür einsetzen. Und die Gesetze der BRD sind nur dazu da, um die Nutzung der *Personen* innerhalb des Kartellgebiets der BRD zu regeln. Mehr nicht.

Da gibt es zum Beispiel das **Zivilrecht**. Das heißt, wenn Streitigkeiten zwischen den einzelnen Personen auftreten, muss es zivilrechtlich geklärt werden. Und dann gibt es das **Strafrecht**, dafür wurden Anwälte eingesetzt, die die Interessen des Staates vertreten, das sind die sog. Staatsanwälte. Einige von denen haben die Position eines Generals, das sind die sog. Generalstaatsanwälte. Und diese Staatsanwälte prüfen ausschließlich, inwieweit die rein wirtschaftlichen Interessen der BRD durch Handlungen von *Personen* gefährdet sind. Und wenn die geprüften Handlungen keine Bedrohung der rein wirtschaftlichen Interessen der BRD sind, dann tritt § 170 Absatz 2 StPO ein: *„Es besteht kein öffentliches Interesse."* Das ist alles. Das öffentliche Interesse sind rein wirtschaftliche Interessen. Und wenn man es über diesen Weg betrachtet, wird alles logisch. Deswegen wird ein Rechtspfleger am Amtsgericht oder ein Finanzbeamter auch sehr selten von einem Staatsanwalt belangt, denn der vertritt die öffentlichen Interessen im Rahmen seiner Vorschriften. Und das Einzige, was den/die Verwalter/Verwalterin der „Amtsperson" interessiert, sind die Vorschriften. Die Gesetze interessieren ihn nicht. Für ihn ist nur wichtig: Solange er seine Vorschriften befolgt, handelt er *intra vires*, also innerhalb des versicherten Bereiches. Sobald er den versicherten Bereich verlässt, zum Beispiel mir als „Mann" zuhört, handelt er *ultra vires*, und dann verweigert die Versicherung die Zahlung des Schadens, der evtl. entsteht.

Das heißt, er darf mir nicht zuhören.

Genau. Deswegen fallen dann Sätze wie: *„Mit Ihnen diskutiere ich nicht. Das ist gegen meine Vorschrift."* Das ist der Hintergrund.

Wer weiß über das, was Sie mir eben erzählt haben, Bescheid? Ich habe mit einem Hauptkommissar gesprochen, mit einem BND-Agenten, mit Anwälten. Die wissen davon nichts.

Es gibt einige Wenige, die darüber Bescheid wissen, also richtig tief Bescheid wissen und die das große Ganze sehen.

Weiß ein Generalbundesstaatsanwalt über das Bescheid?

Nein, allem Anschein nach nicht. In den obersten Ebenen, zum Beispiel in Oberfinanzdirektionen oder Finanzministerien, die wissen Bescheid. Die sind aber per Eid gebunden. Wenn die reden würden – und die haben wirklich First-Hand-Knowledge –, wären sie wahrscheinlich tot wegen Eidbruchs.

Da erinnere ich mich an unseren ehemaligen Bundesfinanzminister Lafontaine, der einmal gesagt hat: *„Die Weltpolitik wird von einem Hochfinanzimperium regiert."* Und dann gab es ein Attentat auf ihn.

Hannes Berger: Hierzu kann ich berichten, dass ich mich im April 2015 mit einer Investmentbankerin aus Frankfurt getroffen hatte, die mich unbedingt kennenlernen wollte. Sie hatte eine unheimliche Karriere hingelegt und wusste nicht über das Finanzsystem Bescheid. Und jetzt, am 27.12.2015, kommt eine Bekannte von ihr aus der *City of London*, die mich auch treffen möchte. Mal sehen, was die weiß…

222

Gabriel: Die arbeiten alle auf ihrer „Need-to-know-Basis". Die kennen sich in ihrem Bereich perfekt aus, kennen aber die Hintergründe nicht und auch nicht das größere Bild. Ich hatte mich sogar mal mit einem Milliardär unterhalten, der hatte davon keine Ahnung. Jetzt könnte man natürlich behaupten, ich hätte mir all das ausgedacht, all das wäre eine reine „Verschwörungstheorie". Die Frage ist ja, ist das beweisbar, ist es nachvollziehbar, wird es umgesetzt? Ist es logisch oder – im Vergleich dazu das, was man uns seit der Schulzeit erklärt – unlogisch? Deswegen sage ich immer: Glaubt mir kein Wort, findet es selber heraus. Und was passiert? Die, mit denen ich mich unterhalten habe – Anwälte, Finanzleute usw. – kommen nach einem halben Jahr oder später wieder zu mir und sagen: *„Ich habe das recherchiert, Du hattest recht!"*

Nun ist dieses Thema, das wir in diesem Interview behandeln, bei uns in Deutschland relativ unbekannt. In den USA ist das Thema um den „Strohmann" und „Strohmann-Konten" schon länger bekannt, es gibt Filme dazu, Internetseiten usw.

Genau. Am bekanntesten ist wohl Winston Shrout oder die Seite www.yourstrawman.com. Beim Strohmann-Thema geht es um den Handel mit der Geburtsurkunde als Bond. Aber das müsste man einmal separat behandeln. Das ist auch sehr zeitintensiv.

Hannes Berger: Es ist aber wichtig. Ich versuche es einmal zu komprimieren. Das Kind wird geboren, jemand sagt: *„Diesen Körper kann ich beleihen, die Arbeitskraft ist beleihfähig."* Nach seiner Geburt gehen die Eltern in Treu und Glauben zum Rathaus und melden das Kind an. Dann bekommen sie eine Quittung, genannt Geburtsurkunde. Damit haben sie dieses Kind dem Treuhandsystem ausgehändigt – zunächst an die BRD Zwangsverwaltung. Und mit dieser Geburtsurkunde wird ein Bond (verzinsliches Wertpapier) gegründet, entweder mit der *City of London* oder mit New York. Und dieser Bond wird wie Aktien gehandelt, wie ein Zertifikat. Das Kind wird, je nachdem, wo es geboren ist, bewertet. Wenn es in Nordeuropa geboren wird, dann hat es einen wesentlich höheren Wert, den es ins Kollateral einbringt, als ein Kind aus Südamerika oder Afrika. Das Kollateral ist alles das, was da ist. Jedes Gebäude, jede Straße, alles, was hier in diesem Land ist, das ist das Kollateral der Männer und Frauen. Es wurde ausgehändigt über das Grundbuch, was eigentlich nur die Inventarliste der BRD-Zwangsverwaltung ist, und wird dieser übereignet. Den „Verwaltern" geht es darum, das Kollateral auszusaugen bzw. „sicherungstechnisch zu belasten". Aber es gehört grundsätzlich allen Männern und Frauen, die in diesem Land hier leben. Jedem gehört ein Achtzig-Millionstel. Und das sind Milliarden.

Gabriel: Dies wird – den Insidern unter den Lesern bekannt – auch *Freistellungskonto* genannt. Das ist ein Konto, auf dem die Anspruchsstellungen jedes Mannes und jeder Frau in Dollar abgebildet werden. Es ist kein Konto, wie wir es in der Fiktion kennen, auf dem Liquidität gelagert wird (Girokonto, Sparbuch etc.). Deshalb wird ein Liquidierungsversuch dieser Werte, ohne Einverständnis der Treuhandverwaltung, häufig auch als Vertragsbruch (= Betrug) gewertet. Deshalb ist die Vorgehensweise der *WeRe-Bank* hochgradig kritisch zu betrachten. Wir, die Investoren, sollten genau wissen, was wir tun. Und das ist häufig das Problem bzw. das, was uns Probleme bereitet.

Hannes Berger: Es gibt im Endeffekt eine „Elite", und die bezeichnet sich selbst als „Menschen", aber deren Geburtsurkunden werden nicht gehandelt. Die haben das System ja entwickelt und sich herausgenommen. Alle anderen, die geboren werden, werden über die Geburtsurkunde im Rathaus registriert – nicht über die Kirche –, und dadurch wird dann der Mensch ins System abgegeben und hat dann eine „Person". Zunächst noch nicht, es müssen erst sieben Jahre vergehen. Gleichzeitig wird das Kind an einer Stelle in Berlin als vermisst gemeldet. Das steht im Handelsrecht und leicht darübergeordnet im Seerecht, weil der *Cestui-Que-Vie-Act* von 1666 nach wie vor angewandt wird. Deswegen ist zum Beispiel ein Kind bis zu sieben Jahren nicht versicherbar, da es noch nicht für tot erklärt ist. Es wird nur als vermisst gemeldet und nach sieben Jahren für tot erklärt. Und dann wird das Kollateral des Kindes geborgen (*Cestui-Que-Vie-Act*). Sobald das Kind für tot erklärt wurde, wird es zur „Sache", dann ist es versicherbar.
Denn nur „Personen" sind versichert, nicht „Menschen". Es gibt im Endeffekt eine Elite aus „Menschen" bzw. „Männern" und „Frauen"

und die „Sklaven-Menschen-Personen". Deswegen haben wir „Personen" einen Personalausweis. Der Personalausweis ist dann die endgültige Entrechtung eigentlich, weil man sich der BRD-Zwangsverwaltung komplett ausliefert. Und man hat die Geschäftsbedingungen der BRD-Zwangsverwaltung angenommen, indem man den Personalausweis annimmt und vor allem unterschreibt. *Geburtsurkunde* bedeutet somit: Ab dem siebten Lebensjahr ist jeder Junge bzw. jedes Mädchen versicherbar und durch dieses Dokument (Bond) handelbar.

Was heißt handelbar?

Die „Menschen" – diese Elite – nutzen jetzt diese Geburtsurkunde „Bond", um sie zu beleihen. Was machen sie damit? Zunächst wird der Bond geschätzt und bewertet. Dieser Mensch gehört jetzt zum Kollateral eines Landes. Und die Ratingagenturen *Moody's*, *Standard & Poor's*, *Fitch*, die bewerten ja nicht nur lokale Firmen in den Kartellgebieten, die bewerten auch Firmen, die sich „Staaten" nennen, siehe Griechenland – es wurde abgewertet. Und je nachdem, welches Kollateral dieses Land ausweist, ist es beleihfähig (fähig, international anerkannte Liquidität herauszugeben; A.d.V.) beziehungsweise kann sich an den sogenannten Märkten finanzieren. Es ist ja unglaublich viel Geld im Umlauf, man kann sich das kaum vorstellen.

Gabriel: Es gibt kein deutsches Zahlwort mehr, für die Menge der sich im Umlauf befindlichen Liquidität.

O.k., danke Herr Berger. Spannend wäre es ja nun, wenn mal irgendeiner von denen an die Öffentlichkeit gehen würde.

Das wird wohl kaum geschehen, denn derjenige ist dann tot. Zudem ist ja der Mann, der mich gelehrt hat, ein Insider, ein Whistleblower. Er ist ja einer von denen. Und wer versucht, das zu widerlegen, wird zu der Erkenntnis kommen, dass ich der Wahrheit sehr nahe komme. Man muss nur seinen eigenen Verstand benutzen, wir brauchen hier niemanden, der mit Namen an die Öffentlichkeit geht. Und sollte ein Hochfinanzbanker mit dieser Thematik auftreten, woher weiß ich, dass er die Wahrheit sagt? Deswegen: Selber recherchieren!

Fakt ist: Wenn die ganze Wahrheit zu schnell ans Licht käme, würde das System kollabieren, und die Versorgung der Männer, Frauen und Kinder würde prinzipiell zusammenbrechen. Dies würde meiner Meinung nach insbesondere in der sog. *Ersten Welt* zu bürgerkriegsähnlichen Verhältnissen führen. Deine Frage ist deshalb nicht ganz ungefährlich. Sie müsste lauten: *„Wer will die Verantwortung für den Tod von mehreren Milliarden Männern, Frauen und Kindern übernehmen?"* Und das hält viele davon ab, die unmenschlichen Verhältnisse allen zugänglich zu machen bzw. zu veröffentlichen. Deshalb sollten wir die, die schweigen, nicht unbedingt pauschal als verantwortungslos betrachten. Im Moment scheint es so, dass sie weltweit den *Baltic Dry Index* aushebeln wollen.

Was ist das?

Der *Baltic Dry Index* ist der Faktor für den weltweiten Handel. Wenn dieser zusammenbricht bzw. abstürzt, gibt es eine Weltwirtschaftskrise. Das liegt daran, dass die meisten Waren auf der Welt über den Seeweg transportiert werden. Der Seeweg wird durch die *City of London* kontrolliert. Und der Hauptversicherer ist *Lloyds*. Wer den Seeweg umgeht, umgeht somit auch Lloyds. Und das ist eines der machtvollsten Unternehmen auf diesem Planeten. Und wem gehört Lloyds? Einigen wenigen Familien.

Kaiser Wilhelm wollte eine Zugverbindung zwischen Bagdad und Berlin bauen. Dies hätte die Vormachtstellung des Seehandels ausgehebelt. Dann kam „völlig überraschend" der Erste Weltkrieg, und die Geschäftsführung des Deutschen Reiches wurde geputscht. Wer glaubt da noch an Zufälle?

Jetzt kommen wir zu den Familien... Aufgrund verschiedenster Publikationen ist ja bekannt, dass es ein paar Familien sind, die das Kapital der Welt besitzen bzw. steuern. Dr. Arend Oetker, der ehemalige Vorsitzende der Atlantik-Brücke, sagte einmal: *„Die USA werden von 200 Familien regiert, und zu denen wollen wir gute Kontakte haben."* Nun, dass ein größerer Teil davon Privatbankiersfamilien wie die Rothschilds sind, ist auch kein Geheimnis. Aber wie passt das zu Ihrer Aussage zum Vatikan und den Länder-Kartell-Lizenzen und den Strohmann-Bonds?

Ich sehe es schon so, dass es diese mächtigen Bankiersdynastien gibt, die federführend sind, die mit dem Vatikan kooperieren. Generell kann man aber von drei großen Machtbereichen sprechen:

1. Die Kontrolle der Liquidität (ich vermeide bewusste den Begriff „Geld"). Die Kontrolle der Liquidität liegt meiner Meinung nach in der Hand dieser Bankiersdynastien wie die der Rothschilds. Die haben sozusagen die Lizenz dafür. Das würde auch erklären, wieso fast alle Banken und Zentralbanken von ihnen kontrolliert werden.
2. Dann gibt es die Kontrolle über die Materie, das ist die katholische Kirche, sprich der Vatikan. Das Kreuz steht für die Verhaftung in der Materie.
3. Dann gibt es aber noch eine Einrichtung, die hat die letzten Jahrhunderte aber gepennt, das ist die *White Dragon Society* (WDS). Die sollte eigentlich die spirituelle Ebene überwachen, hat es aber nicht getan.

Meiner Meinung nach gibt es hier eine klare Aufgabenteilung, aber es gibt Übergriffe. Über Details verfüge ich leider nicht. Deshalb bewegen wir uns mangels Informationen im spekulativen Bereich.

Wie sieht es mit den Regeln innerhalb der „Herrscher" bzw. „Verwalter" aus, also bei denen, die dieses System steuern und nutzen?

Es gibt klare Regeln, und diese dürfen nicht gebrochen werden. Eines davon ist die Selbstbereicherung. Man darf sich nicht selbst bereichern. Es gibt einige Regeln, die man einhalten sollte, vor allem, wenn man länger leben möchte. Jeder hat das Recht, sich selbst Schaden zuzufügen. Jeder hat das Recht, sich zu verwirklichen, sofern es nicht auf Kosten anderer ist.

Ich möchte das an dieser Stelle nochmals kurz zusammenfassen: Wir haben ein System von „Menschen", eine Elite von „Verwaltern" ganz oben, und das „Personal", das unten arbeitet. Und die Elite leitet das Wirtschaftsgeschehen, das „wahre" Wirtschaftsgeschehen. Der Normalbürger weiß nichts davon. Das „Personal" weiß nichts davon.

Hannes Berger: Diejenigen, die da hineingeboren werden in die obere Ebene, die wissen das und werden das von Anfang an gelehrt. Und die da drunten wissen bis zu ihrem Tode nichts.

Und was werden die gelehrt? Welche Gesetze herrschen?

Hannes Berger: Keine Gesetze, es gibt nur dieses Regelwerk, aber da müssen auch die sich dran halten.

Wie lautet das Regelwerk?

Hannes Berger: Das ist der UCC, der *Uniform Commercial Code*. Alles ist verhandelbar, nur nicht der *freie Wille*. Es sind keine heiligen Gesetze, sondern irgendwann ist ein Papst drauf gekommen (Papst Innozenz der Dritte) und hat gesagt: *„Die Erde gehört Gott. Aber der liebe Gott ist ja jetzt gerade mal nicht da, und ich bin sein Stellvertreter. Also gehört die Erde mir, und ich muss eine Ordnung schaffen."* Und daraus sind viele Acts, zum Beispiel auch der *Cestui-Que-Vie-Act* entstanden. Das zu beschreiben, ergibt ein eigenes Buch, wie das alles entstanden ist mit dieser perfiden Gesetzgebung, die immer enger geschnürt wurde bis heute. Der UCC steht für das Handelsrecht, für das Handelsrecht dieser Firmen, die sich „Staaten" bzw. „Nationen" nennen, die übergeordnet sind. Natürlich gibt es diese Länder in ihren Grenzen noch, aber darüber sind diese Staaten alles Firmen – siehe deren Einträge bei www.upik.de. Dort sieht man, dass jede Institution in Deutschland eine Firma ist. So wurde über dieses Handelsrecht die Verfassung ausgehebelt, weil das Handelsrecht gilt, es sind Firmen. Da gilt keine Verfassung mehr und auch kein sogenanntes „Grundgesetz".

Gabriel: Alle Männer und Frauen haben vor Gott die gleichen Rechte, und nur Gott alleine hat das Recht, unsere Rechte aufzuheben bzw. einzuschränken. Wenn wir Männer und Frauen uns dazu entschließen, per Vertrag zugunsten einer Gemeinschaft auf einen Teil unserer absoluten und nicht verhandelbaren, also apodiktischen Rechte zu verzichten, so nennt man diesen Vertrag eine *Verfassung*. Diese Verfassung ist die tatsächliche Basis für einen Staat. Wir müssen lernen, präziser zu werden.

Hannes Berger: Diese „Menschen", die Elite untereinander, handeln nach Anstand, Ehre und Respekt voreinander. Das sieht man daran, wie sie Briefe schreiben. Aus diesem Grund gibt es beispielsweise die Diplomatenpost. Und ein diplomatischer Brief muss innerhalb von 72 Stunden beantwortet sein. So unterhalten sich *Männer* und *Frauen* untereinander. Es wird auch auf ordentlichem Papier geschrieben, es wird mit Füller geschrieben, es wird respektvoll geschrieben. Wenn man einen Botschafter anschreibt, heißt es nicht: *„Sehr geehrter Herr Botschafter"*, sondern es heißt: *„Hochgeehrte Exzellenz Botschafter XY"*. „Ihr" und „Euch" wird da noch verwendet. Man schreibt knapp, sehr oft sogar handschriftlich und schön, und schreibt den Gruß in der Regel unten in der Mitte – links der Schuldner, Mitte neutral, rechts der Gläubiger. Man nimmt teuerstes Papier, nicht dieses billige Druckerpapier. Sollte ein Brief versendet werden, der auf normalem, billigem Papier geschrieben wurde, fliegt der wahrscheinlich sofort in den Müll. Sklaven-Abteilung... Der Brief wird gar nicht beachtet.

Verstanden. Es gibt also das Gesetz der eingeweihten „Elite" und zum anderen das System, in dem wir heute leben, das anerkannte System der „Personen".

Hannes Berger: Genau. Man müsste es so formulieren: Es gibt die internationale Regel der „need-to-know-Basis". Diese Regel wird strikt eingehalten, was bedeutet, dass jeder nur so viel erfährt, dass er seinen Job erledigen kann. Und wenn jemand mehr Wissen erfährt, kann er seinen Job nicht mehr machen. Und jemand, der hingeht und dieses Wissen verbreitet, zum Beispiel übers Internet, der wird häufig liquidiert, wenn er dieses Wissen „zu Geld macht". Der Ausdruck „liquidieren" hat übrigens auch eine andere Bedeutung als wir sie kennen. „Liquidierung" heißt, dass er in Liquidität verwandelt wird. Das heißt, sein Kollateral wird frei.

Gabriel: Dieses Wissen erschüttert die Menschen in ihren Grundfesten, denn es nimmt ihnen die Illusion, dass irgendjemand die Verantwortung für ihr Handeln übernimmt. Das war für mich die wichtigste Erkenntnis der letzten zwei Jahre: Ich bin für alles verantwortlich, und zwar zu jedem Zeitpunkt. Und der, der mir die Verantwortung abnimmt, der will etwas dafür, nämlich die Kontrolle über mich.

Und wir alle sind mitverantwortlich dafür, wie es heute auf der Erde aussieht, denn es ist unsere Gier, die die Verwalter das machen lässt, was sie tun – weil wir unsere Verantwortung abgegeben haben. Wir haben unseren Verwaltern erlaubt, einen Wirtschaftskrieg gegen die Dritte Welt zu führen, nämlich mit Lebensmitteln. Die gefährlichste Waffe auf diesem Planeten ist nicht die Atombombe, sondern geschenkte Lebensmittel. Das haben die Leute nur noch nicht begriffen. Worum geht es denn? Es geht um die Erbeutung von landwirtschaftlichen Erwerbsflächen – weltweit.

Und um das Erbeuten diverser Rohstoffe, wie seltene Erden, Edelmetalle, Edelsteine...

Und Wasser! Wie zum Beispiel in Tibet. Aber wir sind dafür mitverantwortlich, denn wir lassen unseren Treuhändern freie Hand.

Ich fasse nochmals zusammen, Gabriel: Es gibt die Personengesellschaft, in der wir wirtschaftlich handeln, das System, das wir als „normal" kennen – das Kollateral. Und die Gesetze, die unsere Tätigkeit im System regeln, sind die Personengesetze...

Es sind Verträge zur Nutzung der Personen.

Und man versucht, die einzelnen Territorien in die *Neue Weltordnung* (NWO) zu führen, und zwar über das UCC. Das Ziel ist, dass es weltweit nur noch *ein* Gesetz gibt, es gibt keine Menschenrechte mehr, sondern Sachrechte, sprich Lebewesen werden zu „Sachen".

Ich muss das korrigieren. Die NWO ist schon längst fertig. Es fehlen noch die letzten Sachen, und das Problem, das die Verwalter momentan haben, ist, dass es in diesen Dimensionen nichts ohne unser Einverständnis eingeführt werden kann. Wir müssen dazu „ja" sagen. Und wenn wir „nein" sagen, haben sie ein Problem – was im Moment der Fall ist. Die *Neue Weltordnung* ist schon längst vorbereitet, die *Vereinten Nationen* längst installiert, TISA, TTIP, all das ist längst fertig, die Mikrochips sind längst gefertigt, die bargeldlose Welt wird vorbereitet, wir müssen nur noch „ja" sagen. Wie bringt man 7 Milliarden Menschen dazu, „ja" zu sagen? Indem man den Druck auf sie so gewaltig erhöht, dass sie zu allem bereit sind.

Das hatte ja schon David Rockefeller gesagt, dass es nur eines großen Ereignisses bedürfe, dass die Menschen der Welt freiwillig „ja" sagen zur *Neuen Weltordnung*.

Richtig. Und da gibt es verschiedene Modelle. Eines ist zum Beispiel über die Adelshäuser. Es ist auffällig, wie gerade das Haus Windsor in den Magazinen und im Fernsehen propagiert wird. Und was nur Wenige wissen ist, dass Prinz William verschiedene Geheimverträge in den USA (Firma!) bespricht und unterzeichnet. Da wären wir beim Thema Geheimverträge. Es gibt ja geheime Verträge. Es gibt zwei Ebenen: Wir bewegen uns in der öffentlichen Ebene der *Personen*. Und es gibt die private Ebene, das sind die *Männer* und *Frauen*. Und das muss man strikt trennen! Wenn ich als *Mann* versuche, mit einer *Person* zu sprechen, ist das wie der Versuch, in einem Computerspiel mit den Figuren darin zu reden. Das geht nicht, die reagieren nicht darauf.
Alles, was privat ist, ist *privat und streng vertraulich*. Da kommt auch diese Begrifflichkeit her. Und alles, was *privat und streng vertraulich* ist, hat in der Öffentlichkeit (Personen) nichts zu suchen. Und alles, was ich in die Öffentlichkeit verbringe, was *privat und streng vertraulich* ist – sprich TISA, TTIP, geheimdienstliche Tätigkeiten –, ist ein Vertrags- bzw. Eidbruch, und in diesem Moment wird derjenige, der dies in die Öffentlichkeit verbringt, im schlimmsten Falle sogar liquidiert.

Die Inhalte von TTIP und dergleichen dürfen nicht veröffentlicht werden?

Richtig, es sind Geheimverträge. Die Firma BRD schließt Verträge ab mit der Firma USA, und sie handeln in treuhänderischer Verantwortung, und wir autorisieren sie, weil wir unsere Stimme abgeben. Jeder, der zur Wahl geht, autorisiert die.

Wie ist das mit Geheimdiensten?

Das sind Männer und Frauen, und die haben „lustigerweise" die Berechtigung zum Töten – die Lizenz zum Töten und auf den Körper zuzugreifen. Die Fiktion hat nicht die Möglichkeit, auf den Körper zuzugreifen. Deswegen müssen Organisationen gegründet werden, die *privat und streng vertraulich* und unter Eid agieren und auf den Körper zugreifen. Die halten die Regeln ein! Und in dem Maße, wie man das weiß, kann man damit umgehen.

Ein *Haftbefehl* ist der Befehl, jemanden in die Haftung zu nehmen, dem bietet man dann an, den Körper in Gewahrsam zu nehmen, und das erste, was der Verwalter der Person bekommt, ist eine Unterlage auf den Tisch, auf der steht, dass er Bettwäsche usw. in Empfang genommen hat – *Accomodation Confirmation*. Das heißt, ich bestätige die Unterbringung. Und wenn ich nicht unterschreibe, wenden die ziemlich üble Methoden an, denn dann sind sie „ultra vires" unterwegs, nämlich außerhalb ihrer Verträge und außerhalb ihrer Haftung. Ich verweigere die Zustimmung.

Gabriel, können Sie aber bitte kurz ausführen, was es mit den Adelshäusern auf sich hat, Sie kamen vom Thema ab...

Das Firmensystem kann keine *juristischen Personen* mit Adelstiteln herausgeben, sonst gäbe es ja Graf Obi oder Fürst Aldi. Die meisten Adligen denken, dass sie bezüglich Grund und Boden enteignet wurden. Dies ist nicht richtig. Die Männer und Frauen waren immer die Besitzer, und die vom Vatikan ernannten (nicht gottbestimmten) Adligen nur die Verwalter dieser Ländereien. Ein Adelstitel wird „verliehen". Man beachte die Worte! Und es ist ein Titel (Haftung, vollstreckbar). Allerdings wurden die Adligen in Deutschland aus ihrer Treuhänderposition geputscht. Das ist richtig. Und so manches Mal denke ich, dass mir ein Kaiser lieber wäre als 1.000 Fürsten. Zumindest führen sich viele sog. demokratischen Volksvertreter so auf.

Hannes Berger, wie würden Sie das Ziel dieser „Verwalter", dieser „Elite" beschreiben?

Hannes Berger: Die wollen das perfekte, glasklare System schaffen. (Der Film Matrix passt dazu.) Die Steuern werden abgesaugt. Sie werden niemals für irgendwas verwendet, sondern werden abgesaugt. Sie kommen auf Offshore-Konten und werden nach 2 oder 3 Jahren „geborgen", nach Seerecht. Die BRD-Zwangsverwaltung hat dort schon einige Billionen Euro angehäuft. Gelder, mit denen Reparaturen bezahlt werden, werden aus dem Kollateral geplündert. Wenn das jemand nicht glaubt: Es gibt die ASBLP-Bank (*ASBLP Group of Companies and Bank of ASBLP*; A.d.V.), da kann man den Geschäftsbericht einsehen und nachsehen, wer da alles unterschrieben hat und wer alles darüber Bescheid weiß. Da haben 2012 auch Ban Ki Moon oder die Queen unterschrieben. Hier laufen die weltweiten Steuern zusammen, die überall aus den *Personen* weltweit abgesaugt wurden. Und das Kollateral, also das, was die Menschen selber plus die sieben vorhergehenden Generationen erschaffen haben, wird geplündert.

Das Endziel ist der Sklavenstaat, die *Neue Weltordnung* und die absolute Kontrolle. Was ist der nächste Schritt?

Hannes Berger: Die Bargeldabschaffung, um die totale Kontrolle zu erhalten. Zudem wird dann das Privatleben der Leute ausspioniert, also noch besser ausspioniert als man es sowieso schon tut. Manche bestellen ja ihre Reizwäsche im Internet, dadurch weiß man, wie jemand ausgerichtet ist usw. Aber nicht nur das. Es werden Bewegungsprofile erstellt und Profile über die Interessen desjenigen. Es gibt ja tatsächlich eine Menge naiver Leute, die sagen doch tatsächlich: *„Ich habe ja nichts zu verbergen. Und ich bezahle ja sowieso das meiste mit der Karte."*
Wahnsinn! Das ist die reine, pure Dummheit, weil es dann unmöglich wird, dass man zu einem Freund sagt: *„Du, ich gebe Dir einen Fünfziger, mach mir das mal."* Das hat nichts mit Schwarzarbeit zu tun, das ist das ganz normale Leben, das gehört dazu. Oder dass die Oma ihrem Enkel einen Zehner zuschiebt. Omas sind dafür da, dass sie ihrem Enkel einen Zehner zuschieben. Das ist dann alles vorbei. Dann geht nichts mehr. Das waren jetzt eher witzige Beispiele. Aber stell Dir vor, jemand wird auffällig oder unbequem. Dem wird per Knopfdruck das Konto gesperrt, der wird vom System abgekoppelt, der kann sich dann nicht mal mehr ein Brot kaufen. Darum geht es: die totale Kontrolle und Unterdrückung, um die Menschen so weit zu bringen, dass sie sich völlig unterordnen. Kritiker wird es dann keine mehr geben. (Hierzu empfehle

ich das Buch „Zero" von Marc Elsberg oder den Film „Staatsfeind Nr. 1"; A.d.V.)

Gut, und wie kommunizieren die „Verwalter" untereinander?

Wie Hannes Berger schon sagte, agieren sie unter handelsrechtlichen Regeln. Hinzu kommt noch das *Admiral Law*, das ist das Admiralsgesetz. *Männer* und *Frauen* kommunizieren in der Regel entweder mittels diplomatischer Noten – und da muss man seine Worte sehr sauber wählen – oder unter dem Admiralsrecht, dem Seerecht. Viele denken, wenn sie jetzt den UCC anwenden, also wenn sie Handelsrecht anwenden, dass sie dann aus dem System der *Personen* raus sind. Das stimmt aber nicht, denn die haben keine Ahnung, was sie da eigentlich anwenden. Sie wenden *assertorisches Recht* an, das Recht des Stärkeren. Der, der sich durchsetzen kann, hat recht. Jedes Recht ist verhandelbar, auch das Recht über meinen Körper ist verhandelbar – das ist UCC, also Handelsrecht! Und das ist den Leuten gar nicht bewusst. Die gehen also aus der BRD, aus dem Personenrecht raus und gehen unter unbegrenzter privater Haftung in den UCC rein. Aber der UCC ist assertorisches Recht. Und das Einzige, was wir momentan tun können, ist, dass wir uns einen Hai heraussuchen, der größer ist als der Hai, der uns jagt. Wenn wir Glück haben, schaffen wir es noch bis zu dem großen Hai, der lieber den kleineren Hai jagt als uns kleine Goldfische, an denen nicht viel dran ist.

Das ist das Einzige, was wir im Moment tun können: Wir füttern den großen Hai mit den kleineren. Man muss natürlich wissen, wie das geht, und es ist ein sehr gefährliches Spiel. Das ist keine Lösung, aber es ist eine Möglichkeit.

Haben Sie hierzu ein Beispiel aus dem Leben?

Nehmen wir das meistdiskutierte Thema im Kartellgebiet der BRD: *ARD ZDF Deutschlandradio*. Das ist eine nicht rechtsfähige Organisation, die keine Forderungen herausgeben darf, nicht klagen kann und auch nicht verklagt werden kann. Die schicken uns irgendwann den Gerichtsvollzieher auf den Hals, der übrigens genau weiß, dass er *ultra vires* unterwegs ist, und wenn er nicht durchkommt und wir nicht „freiwillig" zahlen, dann trägt er die *Person* in das Landes-Schuldenregister ein. Damit ist die *Person* nicht mehr kreditwürdig. Im schlimmsten Falle folgen dann Kreditkündigungen usw. Das nennt man unter organisierten Kriminellen auch schon mal „Schutzgelderpressung".

Nun hat man folgende Möglichkeiten:

1. Man resigniert, und „die" haben mit ihrer Methode gewonnen. Wir haben dem zugestimmt durch die Zahlung des „Schutzgeldes".
2. Man diskutiert herum, klagt vor Gericht usw. Das ist müßig. *ARD ZDF Deutschlandradio* ist nicht rechtsfähig. Und das Gericht will ich sehen, das die Mitarbeiter seiner assoziierten Unternehmen anklagt und verurteilt, wenn diese ihre Vorschriften gegenüber der BRD-Zwangsverwaltung erfüllen.
3. Man stellt einen Antrag auf Strafverfolgung bei der Staatsanwaltschaft. Das ist Beschäftigungstherapie für alle Beteiligten. Entsteht der BRD-Zwangsverwaltung ein wirtschaftlicher Schaden? Ja, wenn die Staatsanwaltschaft ermittelt, den Gerichtsvollzieher vor Gericht stellt und diesen verurteilen würde. Dann und nur dann würde ein Schaden entstehen. Wie lautet das Urteil des prüfenden Staatsanwaltes deshalb? *„Kein öffentliches Interesse."* Ist ja logisch.
4. Unter diesen Umständen soll der Gerichtsvollzieher nun seine Vorschriften verletzten und Ihnen helfen? Mal ganz ernsthaft: Was würden Sie anstelle des Gerichtsvollziehers tun? Ihm passiert nur dann etwas, wenn er seine Vorschriften verletzt.
5. Man akzeptiert den Vorgang für Wert. Man versucht uns über die Fiktion Schaden zuzufügen, und wir bestätigen eine Heilung für uns. Das nennt man einen *privaten, kommerziellen Prozess*, der in der Regel in einem *privaten, kommerziellen Pfandrecht* endet. Aber: Derjenige, der hier einen einzigen Fehler begeht, der ist fällig. Deshalb meine dringende Bitte an alle: Lasst euch niemals ohne gründliche Ausbildung auf solche Prozesse ein. Das geht definitiv daneben.

Aber nochmals: Die Verwalter, die „Wissenden", haben klare Regeln, wie sie mit- und untereinander kommunizieren.

Richtig.

Da kann nicht einer einfach einen anderen umbringen, sondern da gibt es klare Regeln, an die sie sich halten müssen.

Es gibt klare Regeln, was ich zu tun und wie ich zu agieren habe. Zum Beispiel darf aus dem privaten Bereich nichts in die Öffentlichkeit verbracht werden. Das wird hart bestraft. Es gibt bestimmte Positionen, die sind eidgebunden (Ehrenkodex) – wie in der Hochfinanz. Die müssen einen Eid ablegen. Würden sie über die Dinge reden, die sich bei ihrer Arbeit machen, und es kommt heraus, dass sie ihren Eid gebrochen haben, fallen sie halt mal vom Dach oder stürzen mit ihrem Privatjet ab. Denn das ist nicht zulässig.

Ein anderes Gesetz ist die Selbstbereicherung. Wenn ich also jetzt hingehe und mache kommerzielle Prozesse, und diese haben das einzige Ziel, dass ich mich daran bereichere, bin ich auch weg. Dann haben die das Recht, mich zu entsorgen. Das Wissen, das ich dort – als Insider – bekomme, darf ich nicht dazu verwenden, mir einen persönlichen Vorteil zu verschaffen. Hier verwende ich ganz bewusst den Begriff „persönlich", denn wenn ich meiner Person in der Öffentlichkeit einen Vorteil verschaffe, durch das, was ich tue – einen finanziellen Vorteil –, dann gebe ich der anderen Partei das Recht, auch gegen meinen Körper aktiv zu werden.

Das heißt, alle Leute, die den UCC anwenden, und vielleicht sogar wissen, was *privat und streng vertraulich* bedeutet, und die hinterher einen Verrechnungsscheck haben wollen auf Grund dessen, was sie gemacht haben, landen im Knast – und das auch zurecht. Denn sie verbringen etwas in die Öffentlichkeit, was privat ist, und versuchen, sich „persönlich" – also über ihre „Person" – zu bereichern. Sie versuchen ihre Begünstigung zu erhöhen zu Lasten anderer. Und diese unautorisierte Bereicherung ist nicht zulässig. Wenn also in der Hochfinanz sehr hohe Summen laufen – wir reden von hunderten Milliarden und mehr –, dann ist der, der sich diese Werte verschafft hat, immer angehalten, wenigstens die Hälfte für eine Hilfsorganisation oder Ähnliches zu stiften. Das ist der Grund für den Spendenkult bei den ganz Oberen. Sie sind dazu verpflichtet. Sie müssen das tun. Und wenn sie es nicht tun, laufen sie auch Gefahr, dass sie stürzen. Selbstbereicherung ist also ein ganz wichtiger Faktor.

Das ist interessant. Man wundert sich, dass ein Bill Gates oder andere Milliardäre ihre Milliarden herschenken und meint, dass sie so gute Menschen sind, die so sehr mit anderen mitfühlen. Dabei MÜSSEN sie es tun. Spannend finde ich hier, dass ich vor ein paar Monaten ein Interview mit einem Bankentrader geführt habe, der erklärte, dass bei solchen Geschäften, bei denen ein Hebel von 20 Prozent und mehr angesetzt wird, immer ein großer Teil in humanitäre Projekte fließen MUSS. Jetzt verstehe ich auch, warum. Es ist deren Gesetz!
O.k., und wie sieht es mit der Kommunikation aus, die sie untereinander pflegen? Die schreiben ihre Briefe nicht so wie wir, hat Hannes Berger gesagt.

Ja, es gibt klare Verhaltensregeln, wobei man ganz genau aufpassen muss, wen man wie anschreibt. Ich darf mein Gegenüber nicht als Schuldner anschreiben, wenn er kein Schuldner ist. Ich darf ihn beim Schriftverkehr auch nicht in die Schuldner-Position schieben.

Wie geht so etwas?

Wer achtet darauf, wo die Adresse steht und die Unterschrift? Wenn die Adresse in der Mitte steht, bin ich neutral. Wenn seine Adresse ebenfalls im Briefkopf in der Mitte steht, dann ist es neutral. Das heißt, ich betrachte ihn weder als Schuldner noch als Gläubiger. Wir begegnen uns auf Augenhöhe. Unterschreibe ich am Ende des Briefes in der Mitte, bin ich immer noch neutral. Hat mir jedoch jemand einen Schaden zugefügt, z.B. indem er meinen Körper als Handelsware tituliert hat – also ein „Haftbefehl" –, und ich fordere von ihm einen Ausgleich, dann steht sein Name links und meiner rechts. Links steht, wie Hannes Berger bereits beschrieben hat, der Schuldner und rechts der Gläubiger. Und ich unterschreibe dann rechts. Das ist nur eine von vielen kleinen Regeln, die es zu beachten gilt, um sich in deren System korrekt zu verhalten. Und diese Regeln zu veröffentlichen, ist gefährlich für den, der sie anwendet. Denn er muss wissen, was er tut. Deswegen möchte ich andere Regeln jetzt nicht preisgeben. Ich verwende diese selbst im Schriftverkehr mit den „Verwaltern von anderen Personen" z.B. Politikern. Da kann es dann für mich richtig gefährlich werden. Denn ich kenne nicht den Wissensstand des anderen und muss ständig mit entehrenden Attacken (z.B. Haftbefehlen) rechnen.

Hannes Berger: Ich möchte zur Kommunikation doch noch etwas ergänzen. Es gibt *öffentliche Briefe* und *private Briefe*. Und die privaten – das ist das, was wir als „Brief" bezeichnen – sind immer streng vertraulich. Ein normaler, privater Brief wird nicht mit schwarzer Tinte geschrieben, sondern mit grüner Tinte, zum Beispiel wenn man einen privaten Brief an den Botschafter schreibt. Blaue Tinte sind kommerzielle Briefe. Wenn ich beispielsweise an den Generalbundesanwalt einen kommerziellen Brief schreibe, dann schreibe ich das mit blauer Farbe, nicht mit Schwarz. Und es wird oben drüber geschrieben „privat und streng vertraulich", auch auf den Umschlag „privat und streng vertraulich" – und das in roter Farbe. Das darf nicht in die Öffentlichkeit verbracht werden. „In die Öffentlichkeit verbringen" bedeutet für denjenigen, der angeschrieben wird, sogar schon, wenn er einen Antwortbrief diktiert und zu seiner Sekretärin sagt: *„Schreiben Sie das mal."* Das ist schon „ins Öffentliche verbracht", das ist eine Entehrung, die ein Pfandrecht nach sich ziehen kann.

Gabriel: Das ist richtig, Hannes. Aber kommen wir nochmals zur Treuhand. Wir müssen uns immer darüber im Klaren sein: *Wir* bestimmen das System. Wir sind die Investoren. Und wir sollten mit den Möglichkeiten, die wir haben, sehr bewusst umgehen. Denn es steht mir nicht zu, über das Leben eines anderen zu bestimmen. Ich darf auch keinen bekehren, dass es neben dem Personen-System eben noch dieses andere gibt. Es steht mir nicht zu. Wenn jemand es vorzieht, mit seinem Job, seinem Haus und seiner Arbeit, so wie es ist, zufrieden zu sein, dann ist das sein gutes Recht.
Viele bekommen ein richtiges Problem, wenn sie mit der Wahrheit konfrontiert werden und morgens in den Spiegel schauen, bevor sie zur Arbeit gehen. Ich weiß das von Polizisten oder Soldaten, die damit nicht mehr klarkommen und aussteigen. Und vieles davon ist in der Öffentlichkeit gar nicht bekannt. Wenn es in der Öffentlichkeit bekannt wäre, dann wäre ich – der Gabriel – ein Auslöser von Unruhen. Diese Verantwortung könnte ich gar nicht übernehmen. Deswegen teile ich mein

Wissen nur im engsten Kreise mit. Vor allem auch, um die Wut herauszunehmen. Denn wenn man wütend ist, macht man Fehler!

Wie kann ich also aus diesem System aussteigen, wenn ich das wollte?

Im Moment geht das nicht, denn es fehlt die Parallelstruktur. Aber: Das ist nicht zulässig. Man hat uns immer einen Weg zu öffnen, aus dem System herauszugehen.

Von wem aus, vom Vatikan?

Das geht tiefer bzw. höher als der Vatikan. Es gibt Regeln, die nicht verletzt werden dürfen, und dazu gehört der *freie Wille*. Der Versuch, den freien Willen zu brechen – über Folter zum Beispiel – ist nicht zulässig – über *Weiße Folter* zum Beispiel, wie sie in der BRD angewandt wird. *Weiße Folter* ist ein *„entwürdigendes und entmündigendes Verhalten zur Erzwingung totaler Unterordnung"*. Das kommt Ihnen bekannt vor, nicht wahr?

Allerdings...

Eine der schlimmsten Formen der *Weißen Folter* ist der Haftbefehl wegen einer Ordnungswidrigkeit von 20 oder 30 Euro. Das andere ist, dass man uns – diejenigen, die Kritik am System üben und das aufdecken – als „Rechtsradikale", „Reichsbürger" oder „Antisemiten" bezeichnet. Das sind Totschlagargumente. Wenn der normale Mann oder die Frau einen solchen Begriff hört, macht er/sie zu. Das ist der sogenannte „modifizierte Wahrnehmungsfilter": Ich nehme nur das wahr, was mein Verstand zulässt, und wenn mein Verstand zumacht, nehme ich nichts mehr wahr, dann lebe ich nur noch in der Vorstellung – und die Vorstellung ist das, was mich daran hindert, etwas zu sehen. Ich stelle etwas *davor*, deswegen sehe ich nichts. Und ich muss sagen, das System ist genial. Die haben es tatsächlich geschafft, uns eine solche Vorstellung zu bieten, dass wir denken, es wäre die Realität. Es ist aber nur eine Vorstellung. Man nennt es im Englischen den *Corporate Veil*, das ist der Firmenvorhang vor allem anderen.

Die Kunst der Versklavung liegt nicht darin, gute Gefängnisse zu bauen, sondern dem Sklaven das Gefühl zu vermitteln, dass er sich in Freiheit befindet. Und dieses Gefängnis ist virtuell. Dieses Gefängnis heißt: Ich befinde mich im Kartellgebiet der BRD, und wenn ich nicht spure, schaltet man mir den Zugang ab. Und wenn man mich am Zugang des eigenen Kartellgebietes behindert, behindert man mich auch am Zugang zu anderen Kartellgebieten – es betrifft ja die ganze Welt, nicht nur Zentraleuropa. Ich befinde mich in einem Gefängnis, das aber nicht zu sehen ist. Und das hat nichts mit dem Gebiet von 1937 zu tun, denn in anderen Ländern ist es ja nicht besser. Unser bestehendes System ist so gestaltet, dass man Jura und BWL zusammen studiert haben muss, um es zu verstehen. Das ist aber bewusst so gemacht. Das System sollte aber eigentlich so gestaltet sein, dass es jeder Mann und jede Frau versteht. Und das sollte unsere Zukunft sein.

Es ist bewusst so gestaltet, um die Erdenwesen ständig beschäftigt zu halten, ihnen keine Freiheit zu lassen, in der sie nachdenken könnten. Für mich sind die Illuminaten oder „Verwalter der NWO" übrigens nichts anderes als die Platzhalter bzw. Verwalter dieses Planeten im Auftrag von jemand anderem. In meinen bisherigen Publikationen habe ich ja immer wieder darauf hingewiesen, dass wir einst – und auch heute noch – von Wesen anderer Planeten besucht wurden bzw. werden. Abbildungen dieser Wesen und Fotos von deren Schädeln habe ich zur Genüge veröffentlicht.

Ein Teil dieser Wesen kam auf die Erde, um hier Rohstoffe abzubauen. Das war vor ein paar hunderttausend Jahren kein Problem, da die Erdbewohner primitiver waren als heute. Sie konnten schalten und walten, wie sie wollten. Sie wurden ob ihres Auftretens mit Maschinen und ihren Flugkörpern als „Götter" bezeichnet. Nun, heute kommen sie immer noch zu uns, weil sie die Rohstoffe immer noch brauchen, deswegen haben sie Erdlinge ausgewählt, die sich die Erde Untertan machen sollen und die Menschen derart beschäftigen, dass sie nicht auf die Idee kommen, nach den „Göttern" zu suchen oder sich generell mit diesen Themen auseinanderzusetzen. Die Illuminati sind meiner Ansicht nach nichts anderes als Befehlsempfänger der Rohstoffabbauer und haben das System, das Sie mir heute erklärt haben, erfunden, um den Laden am Laufen zu halten, da die Götter entweder im Hintergrund bleiben wollen oder teilweise abwesend sind. Die *Neue Weltordnung* ist sozusagen ein Programm – vermutlich eines von mehreren möglichen –, das die Menschen zwar weiterhin auf der Erde leben lässt, aber in einem kontrollierten Zustand, sodass die „Götter", oder wer auch immer, ihren Geschäften auf der Erde ungestört nachgehen können.

Das könnte so sein, das weiß ich aber nicht. So weit bzw. tief bin ich nicht vorgedrungen. Was ich bestätigen kann ist, dass es dieses weltweite Treuhandsystem gibt, auch das UCC, durch welches Männer und Frauen in Sachen „umgewandelt werden" und ihnen jedweder Besitz abgenommen wird. Das wird von ein paar sehr intelligenten, vermutlich aber wenig herzlichen Leuten umgesetzt – aus welchen Gründen auch immer.

Es gibt aber noch einen ganz wesentlichen Faktor: Wir Männer und Frauen warten immer darauf, dass jemand kommt und uns rettet. Immer soll uns jemand retten. Im Moment ist es Putin. Der Putin ist ein ehrenwerter und intelligenter Mann, aber er ist auch Geschäftsmann. Und deswegen wird er abwägen, was ihm das geschäftlich bringt. Im Gegensatz zu unserer Merkel sorgt er wenigstens für seine Leute. Denn wenn ich mir die Armutsgrenze anschaue, dann ist diese in der BRD von 4,5 auf mittlerweile fast 20 Prozent gestiegen und in Russland von 45 auf 6,5 Prozent gesunken. Aber es ist gleich, ob es Merkel, Kohl oder Schröder ist, sie sind die Geschäftsleitung der Zwangsverwaltung der BRD, die haben kein Interesse an uns.

Oder die Deutschen aus Neuschwabenland sollen uns retten. Wieso sollten sie es denn tun? Wären die denn bei uns willkommen, wären die gerne gesehen? Vergiss es... Die meisten Leute wollen sich aus dem Fernsehen berieseln lassen und ihren Urlaub haben – und vielleicht noch mal das eine oder andere sexuelle Abenteuer. Das war es dann doch auch schon. Was wollen denn die von Reichsdeutschen? Oder was werden die sagen, wenn ich denen das erzähle, was ich Ihnen gerade erzähle? Die Frage ist doch, wie weit muss man die Männer und Frauen an die Wand drücken, bis sie sich wehren? Das Problem ist, dass die meisten um sich schlagen werden, wenn man sie in die Ecke drängt, dann haben wir den Bürgerkrieg, und dann werden die Gesetze eingeführt, die die totale Kontrolle bringen. Und worum geht es denn bei einem Bürgerkrieg? In der *Encyclopedia Britannica* von 1956 steht:

„Staatsschulden sind die Schulden, die der Staat bei seinen Bürgern hat."
Staaten gibt es nicht, sondern nur Firmen, die sich „Staaten" nennen.

Und durch den Bürgerkrieg verschwinden die Schulden...

Richtig! Und es gibt ein Element, mit dem wir die Staatsschulden der gesamten Welt auf Null fahren könnten, und dann bricht das gesamte Plünderungssystem zusammen: das ist der *Akzept*, also die Akzeptanz. Durch ein Akzept (lat. *Angenommenes*; A.d.V.) wird im Bürgerlichen Recht und im Wechselrecht ein Recht begründet. Wenn die Staatsschulden aber auf Null gehen, haben die Verwalter ein Problem, denn in dem Moment können sie uns nicht mehr vorgaukeln, dass sie mehr Liquidität benötigen. Die Staatsschulden sind der Grund, immer höhere Gebühren von uns zu fordern. Aber dazu muss man wissen, wie das Geldsystem arbeitet. Das Geldsystem ist ein Buch für sich alleine... Es ist faszinierend. Wir Männer und Frauen sind die Garanten der öffentlichen Kredite!

Ist das die Strohmann-Geschichte?

Nein, das geht weit über den Strohmann hinaus.

Versuchen Sie doch, es kurz in einfachen Worten zu schildern.

Die Bildung von Liquidität ist ein buchhalterischer Vorgang, mehr nicht. Und dieser buchhalterische Vorgang beinhaltet Sicherheiten, und aus den Sicherheiten kann ich gesicherte Liquidität generieren. Es gibt nur *gesicherte Liquidität*. Und die Sicherheit geben wir durch unsere Unterschrift. Unsere Unterschriften sind es, was sie haben wollen. Das sind die sog. *Derivate*. Aus den Unterschriften generieren sie auf der Passiva-Seite die Sicherheit und können auf der Aktiva-Seite die Liquidität generieren. Und diese Liquidität gilt es, wieder vom Markt zu ziehen, denn Liquidität muss begrenzt werden. (Film-Tipp: „In Time" – und im Film einmal den Begriff *Zeit* mit *Liquidität* ersetzen; A.d.v.). Und die Kunst, die Liquidität aus dem Markt zu ziehen und irgendwo zu bunkern (Philippinen, Fidschi, Marshall Islands usw.), ist der eigentliche Faktor und die eigentliche Versklavung. Wir werden über die Begrenzung der Liquidität kontrolliert.

Und wenn ich die Liquidität über einen Chip unter der Haut bewege, dann habe ich noch mehr Möglichkeiten. Denn dann kann man bei fehlender Liquidität auch noch den Schalter umlegen und den Mann aus dem System aussperren oder Schlimmeres.

Wie ist Ihre Situation im Moment, was machen Sie mit Ihrem Wissen?

Ich habe irgendwann damit begonnen, deren eigene Mittel anzuwenden – Korrespondenz, Schriftverkehr – und versuche einmal, über diesen Weg zu gehen. Ich schreibe also höchste Persönlichkeiten an – als *Mann* –, das heißt, ich schreibe den *Verwalter der Person* an, nicht die *Person* selber. Jetzt ist der *Verwalter der Person* in der Situation, dass er, wenn er mir als *Mann* antworten würde, nicht mehr versichert wäre (*ultra vires*). Alles, was in der Öffentlichkeit ist, muss versichert sein – jede *Person* muss versichert sein, und jede Handlung muss versichert/zertifiziert sein. Versicherungspflichtig ist immer der Treuhänder, deshalb müssen wir Haftpflicht-Versicherung, KFZ-Versicherung usw. bezahlen. Es ist immer der Treuhänder, der sich um die Versicherung zu kümmern hat. Und in dem Maße, in dem wir uns zum Treuhänder der *Person* machen lassen, in dem Maße sind wir für die Versicherung zuständig. Und wenn wir nicht versichert sind, wie müssen wir dann bezahlen? Privat! Sie greifen auf unsere Substanz zu. Das ist alles logisch. Jede scheinbare Willkür dieser Firma, die sich Staat nennt, ist logisch erklärbar, aber nur kommerziell.

Sie schreiben also Frau Merkel an...

Zum Beispiel, aber ich verwende prinzipiell kein „Herr" oder „Frau". Ich verwende immer den Vornamen und den Nachnamen und schreibe sie als Mann oder Frau an. Die haben nun die Möglichkeit, als *Verwalter der Person* über die Öffentlichkeit etwas zu verändern. Das tun sie aber in der Regel nicht.

Sie haben also jemanden angeschrieben, derjenige hat aber nicht reagiert.

Der reagiert in der Regel nicht, nur über die Öffentlichkeit über die Nutzung der Person. Das Nicht-antworten ist ein Verstoß. Nun gibt es die Möglichkeit, dass er mir über die Sekretärin antwortet, dann ist es aber eine Entehrung. Mir ist natürlich bewusst, dass er mich nicht anschreiben kann. Die haben Angst. Die ganzen Leute in den oberen Ebenen, Merkel, Schäuble, Andrea Heck usw., die haben Angst. Warum haben sie Angst? Wenn herauskommt, dass sie mit mir geredet oder kommuniziert haben, und das steht irgendwo im Internet, sind die erledigt. Das Dilemma ist eigentlich, dass keine Kommunikation stattfinden kann – privat. Die Leute von ganz unten kommen nicht an die Leute ganz oben ran, weil oben ein großes Misstrauen herrscht – übrigens berechtigt –, denn es gibt genügend Trottel da unten, die herumproleten und private Sachen in die Öffentlichkeit verbringen. Aber es gibt mittlerweile immer mehr, die das auch für sich behalten können. Und bestimmte Informationen gehören nicht in die Öffentlichkeit. Deswegen kann ich Ihnen auch nur einen kleinen Teil erzählen, da Sie ja durch Ihr Buch damit an die Öffentlichkeit gehen.

Ich verstehe.

Ich kommuniziere also mit denen und versuche, über den privaten Weg einen sog. „Heilungsvorschlag" zu erarbeiten. Sie verweigern die Kommunikation, das heißt, was ich sage, gilt in diesem Moment (konkludente Zustimmung), wenn sie mir nicht widersprechen – das ist Handelsrecht – auf privater Ebene. Im Öffentlichen ist das Thema der *konkludenten Zustimmung* extrem kritisch und deren Anwendung nicht empfehlenswert. Das mache ich drei Mal, und wenn ich drei Mal etwas sage und sie widersprechen nicht, dann stimmen sie mir zu – Zustimmung durch Schweigen. Das ist der sog. *Konkludente Vertrag*. Sie haben also meinen Vorschlägen/Bestätigungen usw. nicht widersprochen, und damit gilt dies als angenommen. Diesen angenommenen Vorschlag mache ich dann fertig (Gabriel zeigt mir ein aufwendig erstelltes, gedrucktes Buch mit dem kompletten Schriftverkehr im DIN A4-Format; A.d.V.), dann schicke ich denen meine Zusammenstellung der Vorschläge zu, sie widersprechen wieder nicht, sie akzeptieren das, und irgendwann habe ich dann eine Anspruchstellung, auch *private, kommerzielle Verpflichtungserklärung* genannt. Und zwar gegen ihn als Mann oder sie als Frau. Wenn derjenige nach 90 Tagen immer noch nicht darauf reagiert, dann wird es zur Forderung. Und in dem Moment, in dem es zur Forderung wird, kann ich über seine *Person* auf ihn zugreifen. „Veröffentlichung" heißt, ich bringe es in die Öffentlichkeit – das ist der *UCC 1 entry* in den USA, das *UCC 1 filing*. Und wenn es in der Öffentlichkeit ist, kann ich über die *Person* auf ihn zugreifen. Er antwortet mir nicht privat, das ist sein Recht, aber ich komme dann aus der Öffentlichkeit über die *Person* zu ihm. Dann greife ich über seine Privilegien in der Öffentlichkeit auf seine Substanz als Mann/Frau zu.

Aber wie bereits gesagt, ist das alles nicht ungefährlich, wenn man nicht hundertprozentig genau weiß, was man tut. Deshalb ohne entsprechendes Wissen: Finger weg.

Und das haben Sie jetzt mit mindestens einem Politiker gemacht?

Mit mindestens einem, ja.

Und was war die Folge?

Nachdem ich in die Öffentlichkeit gegangen war, war diese Person in der Öffentlichkeit nicht mehr versicherbar. Es kommt dann zu einem Versicherungsfall, und das bedeutet, dass diese Versicherung in die Haftung eintreten muss, und wenn er sich *intra vires* verhalten hat, also vertragsgemäß innerhalb seiner Vorschriften, kann man ihm privat keinen Strick daraus drehen (er haftet nicht privat), aber im Versicherungsfall wird er (in Zukunft) nicht mehr weiter versichert, das heißt, er muss die Position räumen.

Und das ist mit diesem Politiker geschehen?

Ich hatte ein *privates, kommerzielles Pfandrecht* gegen ihn. Das ist kein normales Pfandrecht, denn Pfandrechte dürfen nur in der Fiktion, in der Öffentlichkeit herausgegeben werden, und dazu muss ich lizensiert sein. Und das habe ich im *Department of Licensing* veröffentlicht, was allerdings ein sehr riskanter Weg ist. Die einzige Möglichkeit, Papiere in dieser Couleur zu verarbeiten, ist, jemanden zu finden, der bereit ist, dieses *private, kommerzielle Pfandrecht* zu verwenden – zum Beispiel eine ausländische Botschaft, die mit der BRD nicht ganz grün ist. Oder ich nutze es als kommerziellen Hebel. Oder ich liquidiere es, was bedeutet, dass der, der mir das *private, kommerzielle Pfandrecht* durch Stillschweigen gewährt hat, nicht mehr versicherbar ist.

Und was war jetzt die Folge?

Zunächst war gar nichts geschehen, denn das dauert eine Weile. Ich habe es dann weggestiftet, da ich mich ja nicht bereichern darf, und so, wie es aussieht, hat derjenige, dem ich es übergeben habe, liquidiert, das heißt, die Versicherung musste einspringen – denn der besagte, relativ hohe Bundespolitiker hatte im Herbst 2015 unter fadenscheinigen Gründen seinen Posten geräumt.

Ist es sicher, dass er aufgrund Ihres privaten Pfandrechts gegangen ist?

Nein, dafür gibt es keine Beweise. Aber der Vorwand, wieso er seinen Posten geräumt hat, war so dilettantisch und dumm, dass für mich klar ist, dass dies nur vorgeschoben wurde. Zudem habe ich das ja nun in mehreren Fällen getan – auch bei Organisationen –, und es kam in allen Fällen zu „zufälligen" Firmenfusionen, Postenräumungen usw.

Und es dauert 90 Tage?

Das kann so sein, aber es wird ja nicht immer liquidiert, wie bereits erklärt. Man kann solche Dokumente im Privatbereich nutzen. Überall da, wo das Wort „privat" vorkommt, kann man davon ausgehen, dass es sich um eine „Fiktion" handelt und mit der Öffentlichkeit nichts zu tun hat: *Private Fonds, Private Equity, Private Investments...* Das ist privat, das sind Männer und Frauen unter unbegrenzter Haftung. Deswegen kann man mit solchen Konstrukten auch richtig pleitegehen. Da existiert auch der *bürgerliche Tod.*

Und wenn es politisch eingesetzt wird...

Manchmal ist es auch so, dass man so ein Pfandrecht den Chinesen geben kann, und es gibt gerade Verhandlungen zwischen China und der BRD, und plötzlich gibt die Merkel nach und keiner weiß, wieso. Wieso knickt die plötzlich ein? Da kann es eben sein, dass ein chinesischer Minister ihr ein solches Pfandrecht unter die Nase gehalten hat. Und seit ich auf diese Weise vorgehe, sind die Verhandlungen mit den sog. „Behörden" auf Augenhöhe.

Ein wichtiger Rat: Man sollte keine Kredite mehr annehmen, keine Leasingverträge und dergleichen, sich so wenig wie möglich an das System binden. Und man sollte auch so wenig wie möglich Unterschriften leisten. Und bitte immer darauf achten, was in schwarzen Kästchen steht, denn was in denen steht, hat mit dem Drumherum nichts zu tun, ist sozusagen ausgeklammert (*Four-Corner-Rule*).

Hannes Berger: Ich wollte jetzt nicht unterbrechen, aber ich kann zu diesem Bundespolitiker etwas Brandaktuelles berichten, was ich Gabriel am Telefon nicht mitteilen wollte. Gerade jetzt erst, vor zirka drei Wochen, war ein Bekannter von mir, ein Adliger, in Russland, wo er sich mit einem General getroffen hat. Und dieser Adlige wusste nichts von Gabriels Pfandrecht-Aktion mit dem Bundespolitiker. Und dieser Adlige bekam in Russland gewisse Zusammenhänge bestätigt.

Wie Gabriel es schon ausgeführt hat, kann so ein *privates, kommerzielles Pfandrecht* nur verschenkt, aber nicht verkauft werden. Das verstößt gegen die Regeln.

Gabriel: Die Engländer und Amerikaner sind grundsätzlich in diesem Thema viel weiter als die Deutschen, wo auch schon viele von den sogenannten „normalen" Männern und Frauen wissen, wie das geht (*mit privaten, kommerziellen Pfandrechten*) und das auch praktizieren. Schriftliche Informationen gibt es darüber jedoch kaum, auch nicht im Internet. Ich kann übrigens nur vor dem Internet warnen. Wenn da jemand eine Anleitung gibt, wie man „Akzepte" schreibt oder „Pfandrechte" – Finger weg! Es genügt ein Fehler, und die Leute werden aus dem Verkehr gezogen. Hier sollte man mehr als vorsichtig sein. Bei uns hört man nach und nach über diese Dinge, aber in den USA und in England wissen bereits einige Angehörige des „Personals" über diese Dinge Bescheid.

Ein solches *privates, kommerzielles Pfandrecht* ist schnell kreiert, da man sehr schnell von der BRD-Zwangsverwaltung oder von ihren sogenannten Institutionen enthert wird. Einen Grund findet man immer.

Nochmals: Es soll um Himmels Willen keiner anfangen, selbstständig Pfandrechte zu schreiben nach Vorgaben aus dem Internet. Was da steht, sind Fallen. Ein falscher Satz, und das Leben ist ruiniert!

Wahnsinn, das hört sich wie ein Krimi an. Aber können Sie das bitte noch einmal zusammenfassen, denn das ist ja nun wirklich enorm wichtig.

Hannes Berger: Vielleicht übernehme ich das kurz. Es gibt also *private, kommerzielle Pfandrechte*. Es ist falsch formuliert, wenn man sagt: Es besteht ein Pfandrecht *gegen* jemanden oder *gegen* dieses Land, sondern dieses Pfandrecht wird als Ausgleich, als sogenannte „Heilung für eine Entehrung" bestätigt. Denn ich als „Mensch" und Investor in das Treuhandsystem darf nicht entehrt werden. Das ist das Allerschlimmste, was mir passieren kann, nämlich wenn mich ein anderer entehrt, also in dieser Kategorie. Und dann bestätigt man demjenigen ein Pfandrecht als Ausgleich. Zum Beispiel die Person „Bundespolitiker XY" ist öffentlich und ist versichert oder ein Richter zum Beispiel. Und wenn ein Richter nicht mehr versicherbar ist, weil ein Pfandrecht anhängig ist, dann muss er gehen, wird also seines Amtes enthoben.

Sollte dieses Pfandrecht an jemanden verschenkt werden, der das liquidieren kann (zum Beispiel der Vatikan, die *City of London* oder Großbanken oder Russland oder China, also kommerzielle Einheiten, die auch die militärische Größe haben, das durchzusetzen), dann ist der Pfandrechtsschuldner weg, er ist ruiniert.

In seiner Funktion mit der Benutzung der Person „Bundespolitiker XY" ist der Verwalter der Person im Öffentlichen und darf nicht privat antworten über den „Bundespolitiker XY", sondern er muss mit seinem Vornamen „Anton Müller" antworten. Aber dann ist er privat unbegrenzt haftbar und nicht mehr über seine „Person" abgesichert. Eigentlich ging es in Gabriels Schreiben gar nicht um den Bundespolitiker XY, sondern um seinen Rechtsstreit mit dem Finanzamt in seiner Stadt. Aber die Situation eskalierte immer mehr, und am Ende gab es nur noch eine Heilungsvariante: das *private, kommerzielle Pfandrecht*.

Die Handlungsweise beim Pfandrecht ist ein langer Prozess. Wenn man das schnell durchzieht, dauert es ca. 30 Tage, bis das Pfandrecht abgeschlossen ist. Wenn ich nicht widerspreche, gilt das Geschriebene als angenommen. Und so wurde das Pfandrecht fertiggestellt über mehr als 100 Milliarden Euro, eingetragen in das UCC1. Das UCC1 ist das Schuldnerverzeichnis in dieser Abteilung, aber öffentlich einsehbar. Man hätte es wissen können.

Und weil der „Mann XY" mit dem verdeckten Haftungsrisiko nicht mehr versicherbar ist, musste er sein öffentliches Amt abgeben. Um das zu inszenieren, hat die Bundesregierung etwas konstruiert, was ich jetzt nicht ausführen darf, denn dann weiß ja jeder, um wen es sich handelt. Aber dadurch wird offensichtlich, dass das ein Zusammenspiel ist zwischen der Politik und den Medien. Es kommen Anweisungen, dann wird das Thema hochgespielt: *„Bundespolitiker XY muss weg!"* Und dann wurde der entfernt. Sofort nachdem der Bundespolitiker XY weg war, wurde das Verfahren eingestellt. Das war eine Blendgranate für die Bevölkerung.

Gut, vielen Dank, das habe ich jetzt verstanden. Können Sie mir etwas zum sog. „Strohmannkonto" sagen?

Der Begriff „Strohmannkonto" ist der Versuch, auf eine einfache Sprache herunterzubrechen, wie unsere Position im System ist. Wir sind nur Verwalter von Personen... Man muss sich das so vorstellen: Was ist Liquidität eigentlich? Liquidität sind nicht nur Nullen und Einsen, die auf einem Computer generiert werden, das ist Blödsinn. Jeder Mann und jede Frau auf diesem Planeten hat ein sogenanntes *Kollateralkonto*, das ist die Umrechnung ihrer Anspruchstellungen in Dollar.

Um es vereinfacht zu formulieren: Wenn zehn Leute ein Sechsfamilienhaus besitzen, dann sind sie ja nicht Besitzer einer Wohnung, sondern haben immer nur einen Teil jeder Wohnung. Das heißt, sie haben eine Anspruchstellung an dieses Haus. Und diese Anspruchstellung umgerechnet ergibt das sog. *Kollateralkonto*, umgangssprachlich auch *Freistellungskonto* genannt. Es ist kein Konto mit Dollar oder Euros, sondern es ist ein Konto mit einer Anspruchstellung. Wenn ich auf dieses Anspruchstellungskonto zugreifen will, also Liquidität von diesem Konto haben möchte, dann stelle ich einen Kreditantrag, und dieser Antrag wird der Treuhandverwaltung vorgelegt, und die bildet dann (über die *Deutsche Bundesbank*) Liquidität daraus. Das heißt, die übernimmt die Haftung für die Herausgabe von Liquidität. Dann wird das evtl. als Papierzettelchen – auch „Euros" genannt – zur Verfügung gestellt oder als Buchgeld. Früher, zu DM-Zeiten, wurden Schuldverschreibungen herausgegeben, sog. Banknoten. Heute gibt es nur noch Papierzettelchen, sprich Euros. Über diese Liquidität kann ich dann verfügen. Aber ich muss per Unterschrift die Garantie übernehmen, die Versicherung. Und die Versicherung ist: Ich leiste quasi durch meine Unterschrift die Sicherheit über mein Kollateralkonto. Wenn ich also 1 Million haben will von meinem Kollateralkonto, unterschreibe ich für eine Million, und dann gebe ich 1 Million meines Kollaterals als Sicherheit auf der Passiva-Seite, und die Bank kann auf der Aktiva-Seite die 1 Million generieren. Das ist alles, worum es geht. Und diese 1 Million muss wieder vom Markt runter.

Wenn ich in einem System lebe, in dem alle Männer und alle Frauen alles (Besitz) einer Verwaltung übergeben haben – die Verwaltung kümmert sich darum, dass alles geregelt wird –, dann kann ich mich innerhalb dieses Systems frei bewegen, und ich brauche nichts zu bezahlen, denn es ist ja mit meinem Geld bezahlt. So, es ist alles geregelt darin, ich darf für nichts bezahlen, und die Abwicklung folgt über mein Strohmannkonto, sprich Kollateralkonto (siehe dazu: *The Chicago Plan Revisited* von 2012). Das heißt, ich unterschreibe, dass ich eine Leistung des Treuhandsystems in Anspruch genommen habe, und dann wird es mit meinem Strohmannkonto verrechnet. Ich arbeite, und dann wird das Konto wieder aufgefüllt. So läuft das normalerweise.

Ich habe von jemandem aus den höchsten Kreisen der BRD erklärt bekommen, dass wenn jemand in finanzielle Not gerät, riesige Summen bereitgestellt werden, und zwar werden monatlich 13.650 Euro für jeden Hartz-4-Empfänger bereitgestellt (privates Budget), die an die Sozialversicherungsträger ausgezahlt werden. Zirka 650 Euro gehen an die Männer und Frauen, und der „Rest" (13.000 Euro) sind Verwaltungskosten. Wenn dies ausgezahlt würde, würde das Treuhandsystem kollabieren. So viel zum Thema Grundeinkommen. Diese Summe wird vom Kollateralkonto runtergebucht. Dieser Jemand aus den höchsten Kreisen hat mir die Existenz des Kollateralkontos bestätigt. Das Problem ist, Jan, ich kann das hier auf 200 Seiten ausbauen bis ins letzte Detail.

Das Problem ist aber, dass ein Teil der Leser dann von der Brücke springt. Das ist so...

Das ist auch der Grund, warum wir es hier an dieser Stelle bei dem belassen, was wir haben. Ich hätte zum Schluss noch ein paar Fragen zur aktuellen Situation. Wie kann man die Flüchtlingsinvasion einschätzen?

Hannes Berger: Das, was jetzt mit den Flüchtlingen passiert, das hat nicht nur den einen Hintergrund, dass man Europa und vor allem die Weißen auslöschen will, sondern es ist nicht gelungen, Afrika mit Krieg zu überziehen und die Bodenschätze zu rauben, obwohl man es mit verschiedenen Revolutionen und durch Stammeskriege versucht hat. Jetzt macht man es anders. Diese Länder haben aufgrund der geringen Bildung und der vielen Analphabeten nur eine geringe Beleihfähigkeit (Kollateralwert). Und jetzt sorgt man dafür, dass die Leute aus den Ländern abhauen/auswandern/fliehen, und somit sinkt die Menge an beleihfähigem Kollateral, und das Land wird somit in die Pleite getrieben. Anschließend kann man es billig übernehmen. In der Aktienwelt oder an der Börse würde man sagen: eine feindliche Übernahme – ohne Krieg. Den Krieg werden wir hier in Deutschland bekommen...

Hier kann ich eine Geschichte aus erster Hand berichten: Ein Bekannter ist ein Physiotherapeut und hatte einen syrischen Asylanten auf seiner Behandlungsbank liegen, der relativ gut deutsch sprach. Und dieser Asylant erzählte ihm etwas aufgebracht, dass er nun mit seiner vierköpfigen Familie in einem kleinen Zimmer in einer Asylunterbringung lebe, obwohl ihm von einem Deutschen in Syrien versichert worden war, dass er in Deutschland ein Haus, ein Auto und eine Arbeitsstelle bekommen würde. Und er berichtete auch, dass ihm andere Syrer, die er auf seiner Überfahrt getroffen hatte, die gleiche Geschichte von dem Haus, dem Auto und der Arbeitsstelle erzählten. Inzwischen hat die Leiterin der Aufnahmestelle in Rosenheim in einem Fernsehinterview erklärt, dass sie von Asylanten immer wieder gefragt werde, wo denn das Haus und das Auto bliebe... Das bedeutet, dass da unten jemand, der europäisch aussieht und deutsch spricht, die Leute animiert, sich auf den Weg nach Deutschland zu machen. Ob das nun MOSSAD- oder

CIA-Agenten waren oder tatsächlich Deutsche, kann ich nicht sagen. Aber Fakt ist, dass diese Situation ganz bewusst herbeigeführt wurde. Vor kurzem hat mir ein Bekannter erzählt, dass er von einem Bundestagsabgeordneten erfahren habe, dass die Bundesregierung von der EZB pro Asylant 10.000 Euro bekommt. (Bei 1 Million Asylanten ergibt das 10 Milliarden.)

Hannes Berger: Das ist fast zu wenig, glaube ich. Ich bin mir bei der Summe nicht sicher, aber Gabriel sprach ja davon, dass bei jedem Hartz-IV-Empfänger monatlich um die 13.650 Euro aus der Kollateralkasse entnommen werden, wobei der Hartz-IV-Empfänger davon letztlich um die 650 Euro bekommt. Das ist eine Riesendiskrepanz und ein Riesenbetrug. Da wird einfach nur geplündert. Und bei den Asylanten ist der Betrag bestimmt höher als 10.000 Euro.

Gabriel: Bitte beachtet die Fernsehbilder… Die Asylbewerber müssen bei der Registrierung (regis = dem König übertragen) nicht nur unterschreiben, sondern auch noch einen Fingerabdruck geben. Der Fingerabdruck ist die Unterschrift des lebenden Mannes bzw. der lebenden Frau. Hier werden beleihfähige Kollateralkonten eröffnet – also eine Bilanzverlängerung auf Kosten der Zweiten und Dritten Welt. Meiner Meinung nach ist das ein Verbrechen an unseren Urenkeln.

Hannes Berger: Das Kollateral, welches die Menschen hier im Land erschaffen haben – und zwar nicht nur die Bewohner jetzt, sondern mindestens noch die letzten sieben Generationen zuvor –, wird einfach geplündert. Und die Banken sind dazu da, das Kollateral zu konvertieren, vom Privaten ins Öffentliche, vom „Mann" und von der „Frau" zur „Person". Man sollte sich mal einen Kreditvertrag bei der Bank anschauen: Wenn man einen Kredit beantragt, so steht in dem Kreditantrag nicht etwa: *„Der Herr Sowieso beantragt einen Kredit über eine bestimmte Summe Geld."*, sondern er „bestellt". Er bestellt sein eigenes Geld aus dem Kollateral. Das steht tatsächlich so drin, und das sollte sich jeder einmal genauer anschauen, diesen Kredit*antrag*. Später kommt es zum Kredit*vertrag*. Und wenn ein Kredit bewilligt wird, wird nur geprüft, ob derjenige, der das Geld haben will, in der Lage ist, das

Geld wieder ins Kollateral zurückzuführen. Aber er beantragt bzw. bestellt *sein eigenes Geld*. Und die Banken leiten das dann weiter an die *Bundesbank*, und die *Bundesbank* konvertiert dann aus dem Kollateral ins Öffentliche und überweist das Geld bzw. stellt es zur Verfügung.

Also das ist ungeheuerlich. Das höre ich zum ersten Mal – wie so Vieles. Aber das mit dem Kreditantrag werde ich mal einen Bankier fragen, den ich kenne. Apropos Banken: Wie kann man in diesem Zusammenhang die Lehman-Pleite einschätzen?

Hannes Berger: Die Bank ist geopfert worden. Viele, über einhundert Kleinbanken sind da mitgefallen, die wurden von den Großen übernommen. Das hatte sich einfach konzentriert, das war der Plan. Lehman wurde geopfert, denn die Amerikaner hatten im Vorfeld Pakete von Wertpapieren geschnürt. Also alles, was man bei der Bank unterschreibt oder auf dem Tablet, wird als Wertpapier verkauft und gehandelt. Aus jeder Unterschrift entsteht Wertschöpfung, und die ist beleihfähig. Das heißt aber natürlich nicht, wenn ich einen kleinen Zettel bei der Bank unterschreibe, dass dieser kleine Zettel gehandelt wird, sondern da wird ein Paket zusammengepackt, und das ganze Paket wird dann gehandelt – und immer weiterverkauft, meist mit dem Faktor x10 bis zum Faktor x100. Wenn ich nun beispielsweise etwas für einhunderttausend Euro an jemanden verkaufe, dann verkauft es dieser für eine Million weiter und der nächste für zehn Millionen. Das funktioniert in diesem Casino, so lange niemand auf die Idee kommt, das Paket aufzumachen. Und bei Lehman war es so. Die Europäer waren so dumm, die faulen Häuslekredite der Amerikaner als Paket geschnürt aufzukaufen, weil sie dachten, sie machen damit ein Riesengeschäft. Die Kredite, das hat sich später herausgestellt, diese Wertpapiere waren uneinbringlich und haben auch bei uns noch einige Banken in die Pleite getrieben. Und nur für Sie so nebenbei: Die Inhaber der Großbanken, die dahintersteckten, gehörten dem gleichen Volksstamm an wie auch die Familie Lehman...

Gabriel: An dieser Stelle wäre noch zu bemerken, dass bei der ganzen Lehman-Brothers-Pleite etwas zu Tage trat, was kaum in die Öffentlichkeit gelangte: die Anspruchsstellungen aufgrund von Grundschuldbestellungsurkunden. Das beachtet kaum jemand. Niemand aus den „unteren Ebenen" kennt die Spielregeln. Deshalb können „die" machen, was sie wollen. Und das Einzige, was sie tun ist, alles geheim zu halten. „Die" wissen, warum.

Ich sehe, das Thema ist derart komplex, da könnten wir noch Stunden weitersprechen. Wie kann sich jetzt jemand weiterbilden, der mehr über diese Thematik erfahren möchte? Wohin kann er sich wenden?

Hannes Berger: Es gibt in dem Sinne keine Gruppen, die sich in der Öffentlichkeit treffen und diese Themen diskutieren. Es gibt die eine oder andere „Untergrundbewegung", wie die von Gabriel, oder Leute, mit denen ich mich treffe. Im Moment muss man sich da also selbst durchbeißen und selbst recherchieren. Es gibt bisher auch keine Veröffentlichungen in Buchform. Es gibt aber englischsprachige Internetseiten, es gibt auch deutsche, aber das sind alles nur Halbwahrheiten, gemischt mit Desinformation. Man muss eher „zufällig" an jemanden geraten, der bereits in einer Untergrundbewegung ist. Es werden aber nur dann Informationen weitergegeben, wenn gesichert ist, dass alles vertraulich bleibt. Es geht hier vor allem darum, über diese Sachen vielleicht eine Veränderung herbeizuführen, z.B. dass Deutschland wieder souverän wird oder dass die Männer und Frauen wieder freier werden. Wir wollen die totale Versklavung verhindern.

Gabriel: Es ist die Frage zu klären, wie man es schafft, die Männer und Frauen (=Investoren) darüber zu informieren, ohne dabei Wut auszulösen. Denn das Schlimmste, was ALLEN passieren kann, ist die Auflösung der (Versorgungs-)Strukturen. Es ist die Aufgabe der „Wissenden", die Menschen bedächtig und überlegt zu informieren, sodass ein vorsichtiges Umsteuern in humanere Strukturen möglich ist.

Welche Rollen spielen der Kommunismus, Demokratie usw.? Ich frage deshalb, da der Illuminatensohn Ben Morgenstern erklärt hatte, dass es in der politischen und wirtschaftlichen Geschichte immer nur darum ging, dass die reichsten Familien auf der Erde das auch immer bleiben werden. Es ging um die Familien, die seit langer Zeit Monopole haben

auf Rohstoffe wie Diamanten, Gold, Kupfer aber auch auf Essen, Wasser, Öl usw. Er beschrieb für jeden nachvollziehbar, dass alle Regierungen, egal wie die Systeme hießen, immer nur eingesetzt waren, um die Menschen zu beschäftigen und sie in dem Glauben zu lassen, sie hätten irgendetwas mitzuentscheiden – haben sie aber nicht.

Hannes Berger: Den Leuten gehört nichts, gar nichts. Auch wenn jemand denkt, er habe ein eigenes Haus, das ihm gehöre, weil es im Grundbuch eingetragen ist. Das Grundbuch ist die Inventarliste der BRD-Zwangsverwaltung. Er bildet sich ein, er wäre der Eigentümer, aber er ist nur der Besitzer. Er ist der Unterverwalter der Oberverwaltung, er hat es im System abgeliefert. Wenn jemand tatsächlich eine abbezahlte Immobilie hat und will die ein bisschen schützen, dann muss er zum Katasteramt. Das ist die einzige souveräne Einrichtung, die übrig geblieben ist aus dem Kaiserreich, außer dem Standesamt, und dieser Beamte im Katasteramt ist tatsächlich „Beamter", kein Bediensteter, und hat weiterhin hoheitliche Rechte. Und wenn der einem bescheinigt, dass man Eigentümer ist, dann ist es auch nicht so einfach, die Immobilie weggenommen zu bekommen, wie das bei der BRD der Fall ist. Oder in eine Stiftung einbringen, aber dann ist es auch weg. Man hat es durch die Stiftung zwar irgendwie geschützt, aber es ist nicht mehr wirklich Deins. Und die Katasterämter werden mittlerweile in den Landratsämtern versteckt. Da gibt es dann noch einen älteren Herrn in so einem kleinen Büro, und der ist auch nicht immer da. Also es wird versucht zu verhindern, dass jemand da draufkommt. Aber das mit dem Katasteramt hat Daniel Prinz auch schon geschrieben.

Gabriel: Einer der Rockefellers hat einmal gesagt, dass er kein Eigentum will, sondern nur die Kontrolle darüber. Und dies wird mit steigender Geschwindigkeit praktiziert. Darum geht es. Wenn wir Männer und Frauen alle Eigentumsansprüche als Sicherheiten für die Bildung von Liquidität hinterlegt haben.

Welche Rolle spielt Deutschland bei alledem? Nimmt Deutschland aufgrund seiner Geschichte eine Sonderrolle ein?

Hannes Berger: Wir Deutschen sind quasi staatenlos. Die BRD gibt es ja nicht, das ist ein Konstrukt. Der Zweite Weltkrieg war nur der Waffenstillstandsbruch vom Ersten, daher befinden wir uns im Moment noch im Kaiserreich, was Angela Merkel allerdings geheimhalten will, weshalb sie die BRD mit der EU verschmelzen möchte. Und bei unserem Kartellgebiet läuft nun 2017 auch die 99-Jahre-Lizenz ab, die Wilhelm II. 1918 nochmals verlängert hatte. Interessant ist in diesem Zusammenhang, dass kürzlich ein polnischer Politiker öffentlich im Fernsehen sagte, dass er befürchte, dass Deutschland (nicht die BRD) wieder Gebietsansprüche stellen könnte und die besetzten Gebiete dann geräumt werden müssten.

Deutschland ist bei der UNO nicht als „Federal Republic of Germany" gelistet, sondern als „Germany" – Deutschland. Sie (die BRD) ist eine NGO, eine „Non Governmental Organization", eine *Nichtregierungsorganisation*. Und was bitte ist eine Nichtregierungsorganisation? Eine souveräne Regierung eines souveränen Staates vielleicht? Für diejenigen, die noch imstande sind, selbständig zu denken und nicht den Lügen und Täuschungen der Mainstreammedien aufsitzen, wird sich die Beantwortung dieser Frage erübrigen!

Nur beiläufig noch eine andere Sache, die wir gerade überprüfen:
Alle diese Organisationen und sogenannten „Staaten", die bei der UNO gelistet sind, müssen einen Versicherungsschein hinterlegen. Beim Versicherungsschein der BRD, der dort hinterlegt ist, steht als Gründungsjahr angeblich 1933 drin, nicht 1949! Ich habe den zuvor genannten Adeligen, der in Russland war, gebeten, seine Anwälte darauf anzusetzen, eine Kopie dieses Versicherungsscheins beizubringen. Sollte sich dieser Sachverhalt bewahrheiten, würde das bedeuten, dass entweder Adolf Hitler darüber Bescheid gewusst haben musste und vielleicht sogar Teil der Machenschaften war, die letztlich zur Zerstörung des Reiches geführt hatten. Oder aber die BRD wurde schon mal vorsorglich von den zukünftigen Beherrschern gegründet, weil alles wunderbar nach den Plänen der „Mächte im Hintergrund" („Powers that be") lief und man wusste, was geschehen wird.

Gibt es Hoffnung?

Gabriel: Aufgeben – das gibt es in meinem Wortschatz nicht. Es gibt immer eine Lösung. Wir müssen nur bereit dazu sein, vorhandene Denkstrukturen zu hinterfragen und den Mut haben, diese zu verlassen. Wir Männer und Frauen haben die Pflicht, uns zu informieren und uns an Veränderungen aktiv zu beteiligen. Das sind wir unseren Kindern und Enkeln schuldig. In dem Maße, in dem wir unsere Eigenverantwortung zurücknehmen, entziehen wir dem vorhandenen Treuhandsystem die Macht über uns, und wir erklären uns „erwachsen". Wir heben das angewendete „In-Loco-Parentis"-System auf, und die Firma, die sich „Staat" nennt, muss die Elternrolle aufgeben. Das können Kleinigkeiten sein. Ein Menschenleben ist nicht versicherbar. Wie kann ich auf der Autobahn einem anderen bei über 150 km/h mit 10 m Abstand auffahren? Das ist für mich ein Mordversuch. Aber da fängt es an. Wir sind zu sehr versichert.

Mahatma Gandhi hat einmal gesagt: *„Die Veränderungen, die wir im Außen sehen, müssen erst in unserem Inneren stattfinden."* Das ist absolut richtig aus meiner Sicht. Wir müssen anfangen, Fragen zu stellen: Warum, wieso, weshalb? In dem Maße wird die Treuhandverwaltung (Zwang oder nicht Zwang) gezwungen, Antworten zu geben. Aktuell wird jeder, der Fragen stellt, in die „Reichsbürgerecke" gestellt und lächerlich gemacht. Na und! Wenn die sog. Behördenmitarbeiter den Parolen des sog. Innenministeriums bezüglich „Reichsbürger" Glauben schenken, dann ist dies deren Entscheidung. Gott hat uns den Kopf, das darin befindliche Gehirn und die chemischen Prozesse darin (auch *Verstand* genannt) geschenkt, um diese zu nutzen. Falls das die Vorschriften verbieten, dann müssen die „Verstandes-Verweigerer" mit den Konsequenzen aus der Verweigerung der Verstandes-Nutzung leben.

Die Lösung ist so einfach, dass sie jeder finden kann. Aber sie ist zu offensichtlich. Der erste Schritt besteht aus vier Buchstaben: **n-e-i-n**. Die kann jeder vor dem Spiegel zuhause üben. Niemand hat das Recht, uns zu etwas zu zwingen, was wir nicht wollen. Und wenn wir den freien Willen leben, beseelt davon, dies ehrenvoll und ohne die Absicht, einen anderen zu schädigen, dann haben wir uns alle auf den Weg in eine andere Welt gemacht. Ob diese besser ist? Wir werden es sehen. Wenn wir nichts tun, werden wir es aber nie erfahren.

Was wäre, wenn die Reichsdeutschen tatsächlich kämen?

Hannes Berger: Ich bin mir nicht mehr sicher, ob ich froh wäre, wenn die Reichsdeutschen kämen. Ich denke jetzt nur an meinen Neffen und meine Nichte. Die sind natürlich fehlgeleitet, das kann man zwar wieder ändern, man muss sich halt nur anstrengen, aber im Grunde genommen sind sie systemkonform. Aber die sind deswegen keine schlechten Menschen. Das sind deutsche Jugendliche, und die sind so erzogen worden. Wenn die Reichsdeutschen kämen und übernehmen würden, ich glaube, die würden 95% oder 99% der BRD-Insassen erst einmal in ein Umerziehungslager sperren. Denn was will man mit den umerzogenen, verdummten, veramerikanisierten Massen anfangen?

Wie sehen Sie die Lage mit den Migranten?

Hannes Berger: Durch die Migranteninvasion wird es überzogen, damit wird es überreizt, und das gezielt. Es wird Millionen Tote geben. Nicht nur die, die durch die Muselmanen abgeschlachtet werden, wenn es zum Bürgerkrieg kommt – die meine ich nicht. Stell Dir vor, unser Wirtschafts- oder Sozialsystem bricht zusammen, bei den Millionen, die da nach Europa kommen, die nehmen sich dann das, was sie wollen. Und wenn das losgeht, dann bricht die Versorgung von Hunderttausenden alter Menschen, die von Pflegediensten versorgt werden, zusammen. Die verhungern in den Großstädten auf dem eigenen Sofa. Es ist ein Leichtes, über die *privaten, kommerziellen Pfandrechte* die BRD zum Kollaps zu führen. Aber wer will das, wer kann das verantworten?

Gabriel: Bitte das mit den *privaten, kommerziellen Pfandrechten* nicht überbewerten. Die großen Varianten werden im Hintergrund anders geregelt. Die Sorgen bezüglich der allgemeinen Versorgung sind zwar berechtigt, aber wir sollten immer daran denken, dass wir hier in Europa eine zu mindestens 30% subventionierte Lebensmittel*über*produktion haben, die wir subventioniert in die Dritte Welt schicken und damit deren Produzenten ruinieren.

Wenn man die BRICS-Staaten ansieht und deren eigenen Währungs-fonds – die Konkurrenz zum IWF –, dann sieht man, dass nicht alle bei dem Neue-Weltordnung-Spiel mitspielen wollen.

Hannes Berger: Ja, das macht Hoffnung. Das zeigt sich beispielsweise auch am Fall Philippinen. Die Amerikaner hatten ihre Militärbasen im pazifisch-asiatischen Raum, die sie vorher stillgelegt hatten, wieder re-aktivieren wollen. Aber die Philippinos hatten abgelehnt, sie wollten keine amerikanischen Militärbasen auf ihrem Areal. Und dann kam „zu-fällig" dieser Taifun Koppu im Oktober 2015, und sofort einen Tag spä-ter waren ein amerikanischer Flugzeugträger und zwei Kriegsschiffe vor Ort. Was um Himmels Willen haben Flugzeugträger und Kriegsschiffe im Katastrophengebiet zu tun? Die sind sofort da reingegangen und ha-ben auf diese Art und Weise unter dem Deckmäntelchen des „Gutmen-schentums" Hunderte, wenn nicht Tausende von Soldaten ins Land ge-bracht. Nach dem Motto: *„Wir müssen euch doch helfen!"* Dieses Thema wurde weltweit durch die eigenen Medien so gepusht und der Druck auf die philippinische Regierung so erhöht, dass sie die sogenannte „Hilfe" zuletzt zulassen mussten.

Haiti ist ein ähnlicher Fall, aber hier ging es wieder um ein *privates, kommerzielles Pfandrecht* – allerdings habe ich die Geschichte nur vom Hörensagen. Haiti hatte angeblich ein sehr hohes kommerzielles Pfand-recht, Schuldner war die „Firma USA". Angeblich hatte man daraufhin 2010 das große Erdbeben inszeniert, was mit den heutigen Erdbeben-waffen überhaupt kein Problem mehr darstellt. Und wieder waren die USA mit ihrem Militär vor Ort und haben alles durchsucht. Ob sie es gefunden haben, kann ich nicht sagen. Aber der Nebeneffekt war, dass seither die Clintons die Goldminen auf Haiti plündern. So hatte man es mir erzählt.

Da fällt mir der japanische Finanzminister Heizo Takenaka ein, der laut Benjamin Fulford eine ähnliche Bemerkung abgegeben hat. Fulford hatte ihn in einem Interview gefragt: *„Warum haben Sie die Kontrolle über das japanische Finanzsystem an eine Gruppe von amerikanischen und europäischen Oligarchen ausgehändigt?"*, woraufhin Takenaka geantwor-tet haben soll: *„Weil Japan von einer Erdbebenmaschine bedroht wurde!"*

Hannes Berger: Ja, genau das meine ich. Und es ist auch verdächtig, dass genau in dem Jahr, in dem über eine Million Flüchtlinge nach Europa kommen, wir den wärmsten Winter haben – dass auch alle weiter ungestört kommen können… Ich traue denen inzwischen wirklich alles zu.

Gabriel: Schauen Sie sich einmal die *ENMOD-Convention* (Umweltkriegsübereinkommen) von 1976 an. Das ist der Vertrag, in dem sich die Firmen, die sich Staaten nennen, verpflichten, Wettermanipulation nicht als Kriegswaffe einzusetzen.

Meine Herren, ich bedanke mich ganz herzlich für dieses äußerst informative, aber für mich auch ziemlich heftige Gespräch. Da ich davon ausgehe, dass es zum „Whistleblower"-Buch einen Band 2 geben wird, werden wir wohl in Kürze wieder zusammensitzen, und ich werde hoffentlich von den neuesten Entwicklungen erfahren.

Ist es mir erlaubt, noch ein paar Worte direkt an diejenigen zu richten, die dieses Interview lesen werden?

Sicher!

Ich möchte mich im Namen aller Männer, Frauen und Kinder gerne bei denen bedanken, die sich unabhängig von Glaubensrichtung, Hautfarbe oder Volkszugehörigkeit weltweit eingesetzt haben, um die Wahrheit ans Licht zu bringen. Viele davon haben mit ihrer Existenz dafür bezahlt, manche sogar mit ihrem Leben. Aber eines ist sicher: Die Wahrheit lässt sich nicht unterdrücken, wenn sich mutige Männer und Frauen, ungeachtet der Gefahr, dafür einsetzen. Deshalb mein Aufruf an dieser Stelle: Habt den Mut zu Wahrheit, Ehre und Gerechtigkeit, sodass die Opfer, die so viele von uns schon gebracht haben, Früchte tragen in einer anderen und hoffentlich besseren Welt.

Vielen Dank nochmals!

Sehr geehrte Leserinnen und Leser, ich kann mir vorstellen, dass auch Ihnen nun der Kopf raucht. Es ist für jemanden, der zum ersten Mal von dieser Thematik hört, sicherlich sehr schwer, das nachzuvollziehen. Auch mir, der inzwischen seit über einem Jahr an der Thematik dran ist, kommen immer wieder Zweifel auf bzw. wohl mehr Verständnisschwierigkeiten. Doch muss ich sagen, dass ich inzwischen etliche einflussreiche Freunde und Bekannte aktiviert habe, selbst zu recherchieren – darunter Anwälte, Adelige oder Wirtschaftsleute –, und es scheint wirklich etwas an der Sache dran zu sein.

Nun, ich werde auch weiterhin dranbleiben und schauen, ob wir für Band 2 Zusätzliches erfahren.

Neue Therapieformen werden unterdrückt

Am 3.12.2015 führte ich ein Interview mit Uschi und Axel, die die meisten Leser ja bereits aus dem Vorwort von Daniel Prinz's Buch „Wenn das die Deutschen wüssten" kennen. Kurz zur Erinnerung: Axel ist bereits im Ruhestand und hat vor ca. 30 Jahren die Heilpraktikerausbildung abgeschlossen, um sich ein entsprechendes Gesundheitswissen anzueignen – parallel zu seinem eigentlichen Beruf. Uschi ist auch Heilpraktikerin und beide reisen seit vielen Jahren auf Ärztekongresse oder besuchen Seminare zu neuen Therapieformen, um sich in diesem Bereich fortzubilden. Dabei sind ihnen spannende und auch mysteriöse Ereignisse zu Ohren gekommen bzw. auch selbst widerfahren. Sie sind in dem Sinne keine klassischen „Whistleblower", haben aber dennoch Brisantes zu berichten – Sie werden erstaunt sein! (Tonband liegt vor)

Uschi und Axel, als wir im Sommer 2015 auf eurer Yacht in Kroatien zusammensaßen und ich euch dazu überreden wollte, ein Buch über eure Erlebnisse und Erfahrungen zu schreiben, wart ihr gar nicht begeistert. Eure Bedenken waren einerseits zeitlicher Natur, aber auch aufgrund der Brisanz. Jetzt habe ich euch zumindest für ein Interview bewegen können, wofür ich euch herzlich danke.

Uschi: Gerne, Jan. Tatsächlich ist es so, dass es – vor allem im Gesundheitsbereich – einige richtige Verschwörungen gibt. Aufgrund dessen, was wir im medizinischen Bereich in Erfahrung bringen konnten, wurden wir mehr oder minder geschult, auch an anderer Stelle genauer hinzuschauen. Deswegen sind wir auch im politischen Bereich etwas sensibler geworden – siehe unser Lieblingsthema „Souveränität Deutschlands" und „Gelber Schein".

Gibt es in dieser Richtung etwas Neues?

Uschi: Derzeit gibt es eine sehr interessante neue Bewegung in Deutschland, und zwar die *Re-Aktivierung der Urgemeinden*. 2008 haben sich ja alle deutschen Gemeinden in das *Dun & Bradstreet*-Portal als Firma einschreiben müssen. Meinem Kenntnisstand nach wurden die Bodenrechte zwischenzeitlich abgegeben, und seit dem 1.1.2016 sind alle Gemeinden dem *UCC* unterworfen worden, dem *Uniform Commercial Code*, also dem Handelsrecht. Das heißt nun im Klartext, wenn Bodenrechte nicht mehr existieren, dass die Menschen „DEUTSCH", das PERSONAL, also diejenigen, die nicht nach § 4.1. RuStAG Deutsche sind, keinerlei Grund- und Bodenrechte mehr haben. Denn es gelten immer noch die SHAEF-Gesetze! Die sog. „Neudeutschen", also die immigrierten Menschen, die die deutsche Staatsangehörigkeit „erworben" haben („Grüner Schein"), haben derzeit dann mehr Rechte auf den Boden als die Apoliden, die Staatenlosen – also Deutsche, die nur einen Personalausweis haben und einen Reisepass, aber keinen Staatsangehörigkeitsausweis (Gelber Schein)! (*RuStAG* ist das *„Reichs- und Staatsangehörigkeitsgesetz"* vom Stand 1913; *SHAEF* war das *„Supreme Headquarters, Allied Expeditionary Force"*, das Hauptquartier der Alliierten Streitkräfte seit 1943; A.d.V.)

Axel: Mit der Aktivierung der Urgemeinden – die nur Männer nach § 4.1. RuStAG vollziehen können – und der nachfolgenden Proklamation können die Bodenrechte zurückgeholt werden, da diese dann bis vor 1913 zurückreichen und hier die SHAEF-Gesetze unserer Besatzer sowie das UCC nicht gelten. Die bekannteste Gemeinde ist die Gemeinde Neuhaus, die Matthias Klama aktiviert hat. Seien wir also wachsam!!!!

Allerdings! Diese Thematik habe ich in diesem Buch separat und ausführlich mit zwei Insidern behandelt. Deswegen müssen wir heute nicht näher darauf eingehen. Was war euch zuletzt widerfahren, was die Leser noch interessieren könnte?

Uschi: Wir waren auf einem Kongress in Barcelona. Kernthema des Kongresses war Krebs. Dort haben Ärzte über verschiedene Themen gesprochen, die alle mit Krebs zu tun hatten. Ein sehr angesehener Professor aus Österreich – Dr. ███ – hat uns erzählt, dass er bei seinen Patienten DCS oder DCA (Dichlor-Essigsäure) anwendet. Und dieses DCA ist offensichtlich eine sehr gute Wirksubstanz gegen Krebs, es beeinflusst den Stoffwechsel des Krebses. Der Professor therapiert zwar immer noch mit Chemotherapie, um seiner Meinung nach weniger angreifbar zu sein. Aber als er seine Therapieerfolge mit DCA publizierte, ist er schon einmal mit dem Tode bedroht worden – nur aufgrund dessen, weil er in seiner Stellung als Professor so etwas veröffentlicht. Schon kommen die Anfeindungen. Das ist unglaublich...

Und dieser Arzt hat auf dem Kongress Kollegen gezielt gefragt, ob sie bei krebserkrankten Angehörigen auch die Chemotherapie anwenden würden?

Uschi: Ja, von den Ärzten, die auf dem Kongress gesprochen hatten, würde keiner eine Chemotherapie bei Familienmitgliedern anwenden. Aber sie müssen es machen, weil dies die Leitlinie für einen Onkologen (Krebsarzt; A.d.V.) ist. Wenn ein Arzt heute therapeutisch im normalen Bereich tätig ist, also als Schulmediziner, dann gibt es eine medizinische Leitlinie, und die Ärzte müssen sich an diese Leitlinie halten. Wenn sie das nicht tun, sind sie extrem angreifbar.

Das zu Anfang beschriebene Symposium in Barcelona war organisiert von Ralf ███. Ralf ███ ist Heilpraktiker und ein sehr guter Therapeut, der die *Cellsymbiosis-Therapie* nach Dr. ███████████ bekannt gemacht hat.

Über die *Cellsymbiosis-Therapie* gibt es auch in Deutschland verschiedene Vorträge von unterschiedlichen Leuten. Ein Therapeut wurde einmal festgehalten bzw. auf einem Flughafen verhaftet, ohne zu ahnen, weshalb. In seinem Fall waren bei gleich mehreren Staatsanwaltschaften Anzeigen wegen angeblichen Betrugs gegen ihn eingegangen. Einfach nur, weil er mit der *Cellsymbiosis-Therapie* behandelte. Zu seinem Glück dokumentiert er alle seine Behandlungen mit Blutwerten usw., und konnte seine Therapie-Erfolge belegen. Daraufhin wurde er freigelassen, aber das war natürlich heftig. Trotzdem hat die Finanzbehörde alles durchsucht. Angeblich gingen mehrere anonyme Anzeige gegen ihn ein, und er musste eine sehr hohe Summe nachbezahlen. Die Finanzbehörden sagten, dass sie, wenn er der Zahlung nicht zustimme, alle seine Patienten anschreiben würden, dass er wegen Steuerhinterziehung angeklagt sei. Das muss man sich mal vorstellen, wie die arbeiten. Gott sei Dank hatte dieser Therapeut seine Unterlagen so in Ordnung, dass er aus der Geschichte herauskam, aber die vom Finanzamt geforderten Gelder hat er lieber bezahlt, um zu verhindern, dass alle seine Patienten angeschrieben werden.

Ihr erwähntet einmal das GcMAF. Was ist das?

Uschi: GcMAF (*Gc Makrophagen-Aktivierender Faktor*) ist eigentlich ein körpereigener Stoff, der die T-Killerzellen (T_K, zytotoxische Zellen) antriggert. Über ein Enzym, das vom Krebs ausgeschüttet wird – das nennt sich *Nagalase* –, wird das körpereigene GcMAF zerstört. Bereits in den 1990er-Jahren hat ein Professor Yamamoto in Japan dazu geforscht und Arbeiten darüber geschrieben, die dann allerdings in der Versenkung verschwunden sind. Jetzt wurden sie in Amerika wieder hervorgeholt.

Wir waren auf einem Vortrag in Deutschland über GcMAF, und es gibt einige Ärzte, die damit therapieren. Man kann GcMAF in Deutschland über ein Labor bestellen, und wenn man als Therapeut selbst hinfährt, kann man sich solche Ampullen auch holen. Das Präparat wird dann gespritzt, und das triggert Deine natürlichen Killerzellen, damit diese wieder den Krebs erkennen und bekämpfen können. Dabei ist wichtig, dass der Vitamin-D-Spiegel im Blut zuvor stark erhöht wird. Man triggert zuerst das Vitamin D mit Spritzen hoch, damit viel Vitamin D im Blut vorhanden ist, und anschließend spritzt man das GcMAF. Dazu gibt es ganz hervorragende Ergebnisse. Es gibt einige Ärzte in Deutschland, die es verwenden. Einer sitzt z.B. in Bad Reichenhall, Dr. ███████, das ist ein Spezialist in diesem Bereich.

Ein ganz anderes Thema: Ich hatte mir bei unserem letzten Zusammentreffen notiert, dass ein Bekannter von euch mit einer Wetterkanone experimentiert hatte und dann ein Hubschrauber angeflogen kam. Dabei fiel auch der Begriff „Essigwasser"…

Uschi: Wir haben einen Freund, der zusammen mit einer Gruppe an spannenden wissenschaftlichen Projekten arbeitet – vor allem in den Bereichen „Freie Energie" und alternative Heilmethoden mit Frequenzen. Auf diesem Gebiet sind sie sehr weit fortgeschritten, aber sie arbeiten ganz im Untergrund – aus bekannten Gründen. Einer aus dieser Gruppe hat eine Wetterkanone aufgestellt, also einen sog. „Cloudbuster" nach Wilhelm Reich, und diesen mit Essigwasser verbunden. Dann kam nach kurzer Zeit ein Hubschrauber, der irgendetwas versprühte.

Ja, das kenne ich von zwei Bekannten. Der eine hatte sich einen Cloud-buster im Internet bestellt und in seinem Garten platziert. Mit einem Cloudbuster vollzieht man gewissermaßen eine Himmels-Akupunktur und reinigt die Umgebung von schädlichen Mobilfunkstrahlen. Es lassen sich aber auch Chemtrails damit auflösen. Mit großen Cloudbustern ist es Forschern wie Madjid Abdellaziz möglich, in Wüstenregionen Regen zu erzeugen. Innerhalb einer Stunde kam ein Hubschrauber und kreiste über seinem Grundstück. Das erzählte er seinem Mitarbeiter Jörg W., der nur meinte: *„Du Schwätzer. Willst Du Dich wichtig machen…?"* Der kaufte sich auch einen Cloudbuster, hat diesen in seinem Garten aufgestellt – Freunde waren als Zeugen mit dabei – und hatte seine Kamera griffbereit. Knapp eine Dreiviertelstunde später kam ein kleiner Hubschrauber angeflogen, der zirka 10 Minuten über seinem Grundstück kreiste. Es saß ein Mann leicht herausgelehnt in dem Hubschrauber mit einem Bein auf einer der beiden Landekufen und machte mit einer Kamera Fotos von diesem Grundstück. All das hat mein Bekannter fotografiert, und die Fotos liegen mir vor. Das ist doch der Knaller, oder?

Uschi: Nun, ich gehe davon aus, dass die Cloudbuster offenbar in der Luft oder Atmosphäre etwas verändern, was auf dem Radar der Luft-überwachung sichtbar wird. Deswegen kommen die und schauen nach, was sich dort befindet. Bei dem Bekannten von Uwe ███████ ist es wohl so, dass es ihm, seit die über seinem Grundstück etwas versprüht haben, ziemlich schlecht geht – gesundheitlich.

Abb. 17:
Dieses Foto hat Jörg W. am 12.7.2011 in Pforzheim aufgenommen, eine Dreiviertel-stunde, nachdem er seinen Cloudbuster aufgestellt hatte. Auf der linken Seite sieht man noch das Bein des Fotografen auf der Landekufe des Hub-schraubers und – wenn Sie eine Lupe zur Hand nehmen – auch das Objektiv der Kamera.

Ihr hattet bei unserem Gespräch auch das Anti-Krebsmittel *Salvestrole* erwähnt. Ihr wart auf einem Vortrag, der im Geheimen stattfand...

Uschi: Ja, diese Vorträge werden im geschlossenen Kreis geführt. Du wirst über eine Firma, die diese Mittel vertreibt, eingeladen. Aber es wird nicht von *Salvestrolen* oder so etwas gesprochen, und Du weißt während des Vortrags auch gar nicht, um welches Produkt es sich handelt. Das liegt daran, dass der Dr. ███ eben auch schon bedroht wurde, sollte er das publik machen. Er hat in England an einer Universität als Arzt sechzehn Jahre lang geforscht, und nachdem er die Wirksamkeit der Salvestrole herausgefunden hatte, wurde ihm die Möglichkeit weiterzuforschen genommen. Aber er war Gott sei Dank schon etwas älter und ist in Rente gegangen und agiert seitdem privat. Er sagt, wenn man ihn damit in Verbindung bringt, dass er bei einem Vortrag einmal das Wort *Salvestrole* nennt, er dann im Gefängnis landet.
Wir haben ihn später einmal privat gefragt, um welches Produkt es sich handelt. Er gab mir die ganzen wissenschaftlichen Erkenntnisse darüber, und wir haben inzwischen alles, was man dazu benötigt, auch im Haus. Dieser Arzt hat uns dargelegt, wie das Mittel funktioniert und wie es wirkt. Das geht über einen Stoff, den nur der Krebs ausströmt – das ist das CYP430-1B1 –, und diesen Stoff greifen die Salvestrole an. Es gibt sehr gute Forschungen darüber und wie der Krebs einfach verschwindet, getestet *in vivo* und *in vitro* (*in vivo* = im Körper, *in vitro* = im Reagenzglas; A.d.A.).

Axel: Ergänzend muss man dazusagen, dass es Pflanzen sind, die diese Salvestrole bilden, und wenn diese mit Pestiziden behandelt werden, reduziert sich der Gehalt an Salvestrolen um das Dreißigfache. Das heißt, es befinden sich kaum noch Antikrebsstoffe in der Pflanze. Die Forscher haben fest-

Abb. 18: Madjid Abdellaziz mit einem Cloudbuster im Einsatz (www.desert-greening.com)

gestellt, dass sich mit einer bestimmten Einfärbungsmethode unverdächtiges Zellmaterial nicht verfärbt, präkanzeröses Gewebe hingegen sich leicht braun und kanzeröses Gewebe richtig dunkelbraun verfärbt.

Uschi: Es ist keine einzelne, spezielle Pflanze, sondern es handelt sich um verschiedene Bitterstoff-Pflanzen, die diese Salvestrole bilden. Das sind etwa dreißig verschiedene. Diese speziellen Bitterstoffe werden auch aus diesen Nahrungsmitteln herausgezüchtet, und vor allen Dingen werden diese Salvestrole zunichtegemacht, wenn man parallel noch Nahrungsmittel zu sich nimmt, die zuvor mit Pestiziden oder Fungiziden behandelt wurden. Das ist das, was Axel meint: Es ist so wichtig, dass man wirklich organisch wertvolle, also Bio-Produkte, zu sich nimmt und keinerlei gespritzte Nahrungsmittel. Denn sonst wird dieser protektive und auch therapierende Effekt sofort zunichtegemacht.

Dann gibt es den Herrn ▮▮▮, der Tumore mit Strom behandelt.

Uschi: Der Herr ▮▮▮ ist auch ein sehr streitbarer Mensch, er ist Heilpraktiker mit 20 Jahren Erfahrung. Er hat herausgefunden, wie man Tumorzellen mechanisch zerstören kann. Er arbeitet mit einem Millivolt-Strom, der durch den Tumor geführt wird, wodurch dieser zerplatzt. Das ist grandios. Alle oberflächlichen Tumore verschmilzt es dann, und zwar *nur* die Tumore, denn Tumore besitzen eine andere Zellspannung als gesundes Gewebe. Das gesunde Gewebe wird dabei nicht verletzt. Ein Tumor hat nur 20 mV und eine normale, gesunde Zelle hat 80 mV Spannung. Deshalb kann man mit dem Gerät zunächst einmal erkennen, wo sich ein Tumor überhaupt befindet, was durch einen Zeigerabfall erkennbar wird, und anschließend kann mit dem gleichen Gerät der Tumor zum Platzen gebracht werden.

Axel: Herr ▮▮▮ hat das in tausenden Studien nachgewiesen und Riesenärger bekommen, mit der Steuerfahndung und anderen Repressalien. Aber bis zum Schluss haben sie ihn nicht gekriegt. Er hat jahrelang prozessiert, gegen die Pharmaindustrie und so weiter. Aber er ist durchgekommen und macht inzwischen ganz offiziell Reklame.

Gut. Und was ist mit Professor Nazarov?

Uschi: Professor Nazarov selbst ist bereits tot, aber es gibt noch das *Nazarov-Institut* in Bad Lobenstein. Der Professor hat bis 1989 die russischen Sportler mit seinen Geräten betreut. Das sind Geräte zur Muskelstimulation, die über den Muskel ins Bindegewebe und dann in die Nerven wirken. Das heißt, wenn Du mit diesen Geräten 20 Minuten trainierst, ist das, als würdest Du stundenlang trainieren, so stark ist der Trainingseffekt. Professor Nazarov entdeckte auch, wenn defekte Nerven von oben nach unten keine Informationen mehr durchlassen, weil an dieser Stelle irgendein Cut, eine Blockade ist, dass man die Nervenleitung von unten nach oben wieder so trainieren kann, dass die Information wieder zum Gehirn gelangt und dadurch die Paräthesien oder Lähmungen verbessert. Er hat dadurch z.B. Paresen, Gesichtsparesen, Facialisparesen, also Gesichtslähmungen, geheilt. Ich habe die Bilder gesehen, das ist wirklich erstaunlich! Das sind ganz interessante Geräte, die keiner mehr kennt. Die Geräte gibt es aber heute noch, sie sind allerdings etwas ältlich anmutend. Jetzt macht das eine schon etwas ältere Ärztin, die mit Professor Nazarov 25 Jahre zusammengearbeitet hat, bevor er vorletztes Jahr verstorben ist.

Axel: Er war zudem Geheimnisträger und unter Schutz, da er die russischen Sportler über Jahrzehnte hinweg behandelt hatte. Diese Information durfte er aber nicht weitergeben.

Uschi: Wir haben zum Test mal zwei Behandlungen mitgemacht. Ich habe mich danach derart fit gefühlt, das war wirklich erstaunlich. Das sind verschiedene Frequenzen, die praktisch über einen gespannten Muskel ins Bindegewebe und dann in die Nerven gehen. Und das reaktiviert eigentlich auch die ATP-Produktion. (*Adenosintriphosphat* ist der Energieträger in lebenden Organismen; A.d.V.) Das ist wirklich eine ganz, ganz hochinteressante Thematik, die kaum einer kennt.

Ihr habt mir auch von irgendeinem Inder erzählt, der eine Pille hat, durch die einem die Zähne ausfallen...

Uschi: Das wissen wir über unseren Freund Thomas ███ – ein Heilpraktiker und ganz seriöser Mann. Er ist es, der diesen indischen Therapeuten kennengelernt hat. Du bekommst diese Pille und bist dann etwa vier Wochen in einer Zelle, kriegst lauter Kräutersud als Nahrung. Die Zelle darfst Du nicht verlassen, und Du wirst in der Zeit praktisch mit Dir selbst konfrontiert. Du magerst ab bis fast aufs Skelett, der Körper wird sauber gemacht. Es fallen Dir die Haare aus, die Zähne, und es wächst alles wieder nach. Anschließend bist Du auf dem Stand eines Zwanzigjährigen. Das machen die Inder, und der Thomas hat gesagt, hat dort Leute kennengelernt, die das bereits vollzogen haben.

Das klingt mehr als spannend. Den Herrn müsste ich mal selbst dazu befragen. Uschi, Du hast mir mal eine ganz wilde Geschichte erzählt, die Du mit einem Hodscha erlebt hast, einem bulgarischen Schamanen.

Uschi: Ja, das ist die wohl merkwürdigste Geschichte meines Lebens. Einer Freundin von mir wurde in Bulgarien gesagt, dass jemand auf einem Grundstück einen Fluch vergraben habe, der gegen ihren Mann gerichtet sei. Als sie mir das erzählte, fragte ich sie, ob sie mich auf den Arm nehmen wolle. *„Nein!"*, meinte sie, *„Er hat mir das aufgemalt. Es ist exakt das Gründstück, auf dem wir damals gewohnt hatten. Der Mann war noch nie in Deutschland!"*
Meine Freundin hat ihn also einfliegen lassen, diesen Hodscha, hat eine Übersetzerin organisiert, und ich sagte sofort: *„Da will ich dabei sein, weil ich das nicht glaube. Das will ich mit eigenen Augen sehen!"* An jenem Tag hat es geschüttet, wie aus Kübeln. Wir waren mit Eimerchen und Schaufel bewaffnet an dem Grundstück, an dem sie früher gewohnt hatte. Die neue Besitzerin wusste, dass wir kommen. Der Hodscha hatte nur einen Holzstock mit dabei. Ich stellte klar, dass *ich* schaufeln werde, denn nur so konnte ich sicher gehen, dass hier nicht getrickst wird. Der Hodscha hat dann ganz genau die Stelle angegeben, an der zu schaufeln ist – das war ein ganz ebener Rasen an einer x-beliebigen Stelle. Man hatte da nichts gesehen. Es war ein ganz normaler Rasen, kein Haufen oder sonstige Unebenheiten. Der Hodscha war auch vorher noch nie in Deutschland gewesen, geschweige denn auf diesem Grundstück. Aber er sagte: *„Hier ist es vergraben."* Den Hodscha selbst habe ich übrigens nicht an die Stelle hingelassen. Ich wollte verhindern, dass

er dort vielleicht etwas fallen lässt. Ich schaufelte also und musste die ausgehobene Erde in den Eimer schütten. So nach 3-4 Mal schaufeln kam er von der Ferne mit seinem Holzstab zu dem Eimer, hat den Stab dort kurz eingetunkt und hat 3 Punkte mit dem schmutzigen Wasser auf seine rechte Handfläche getupft. Nachdem er es begutachtet hatte, sagte er: *„weiterschaufeln"*. Also schaufelte ich weiter, und auf einmal fand ich einen mittelgroßen Solitärstein. Das fand ich dann doch sehr verwunderlich. Den Stein habe ich herausgehoben und zur Seite gelegt. Der Hodscha selbst kam nicht an den Stein ran. Ich schaufelte das dann erneut in das Eimerchen rein, der Hodscha rührte wieder in diesem Brackwasser herum, macht drei Tupfen auf die Handfläche und auf einmal fing das auf seiner Hand zu schäumen an. Dann sagte er: *„Gut, der Fluch ist jetzt in dem Wasser, jetzt können wir anfangen zu sieben."* Wir besorgten ein Sieb und begannen damit, die Erde aus dem Einer zu sieben. Genauer gesagt habe *ich* gesiebt, ich wollte nicht, dass der Hodscha an den Eimer rankommt. Ich wollte ausschließen, dass er damit in Berührung kommt, damit eine Manipulation ausgeschlossen werden konnte. Und auf einmal haben wir dann ein kleines Stoff-Päckchen gesehen. Meine Freundin hat erkannt, dass dieses Stückchen Stoff vom alten Schlafanzug ihres Mannes stammt. Und da war ganz klein, mit 3 Nadeln befestigt, ein weißes Papier mit einer ganz klein geschriebenen, fremdartigen Schrift. Durch das Vergraben war das natürlich alles etwas verwaschen. Das Stoffpäckchen haben wir dann geöffnet, und es wurden dann Rituale durchgeführt, damit dieser Fluch aufgelöst wird.

Das klingt nach Voodoo – ein Stück Stoff und Nadeln. Vermutlich stand nichts Schönes auf dem Zettel…

Uschi: Mittlerweile ist bekannt, dass es die Ex-Schwiegermutter war, die das veranlasst hatte. Die war wohl bei einer Voodoo-Meisterin und hatte ihren Ex-Schwiegersohn, der sich von ihrer Tochter getrennt hatte, mit dem Fluch belegt. Man weiß also, wer es war. Mit den Kindern war dann auch noch das Gleiche, jedoch in Salzburg. Dort ist meine Freundin mit dem Hodscha auch noch hingefahren.

Was hat sich denn nach dem Lösen des Fluches bei dem Mann verändert, von dessen Schlafanzug das Stück Stoff stammte?

Uschi: Meines Wissens hat sich bei ihm zwar nichts groß verändert, aber er ist für sein Alter in einem recht guten gesundheitlichen Zustand. Und finanziell scheint es auch gut zu laufen. Ich weiß also nicht, ob das ohne Fluch so viel besser geworden ist. Was ich mit Sicherheit bestätigen kann ist, dass es da einen Fluch gab und einen Mann, der noch nie in diesem Land gewesen ist und noch nie an diesem Ort oder auf diesem Grundstück, der die Sprache nicht spricht, die Frau nicht gekannt hat, und doch sagte: *„An dieser Stelle liegt ein Fluch vergraben."* Dieser Hodscha hat in Bulgarien das Grundstück so genau aufgemalt, dass meine Freundin ihr ehemaliges Grundstück erkannt hat, woraufhin sie ihn einfliegen ließ. Das ist wirklich erstaunlich.

Als Du mir die Geschichte zum ersten Mal erzählt hast, hattest Du auch berichtet, dass der Hodscha telefoniert hat – aber ohne Telefon!

Ja, das war richtig grenzwertig. Wenn ich es selbst nicht erlebt hätte, ich würde Dir den Vogel zeigen. Als wir von dem Fluch-Grundstück weg, in die Wohnung meiner Freundin gefahren sind, bekam der Hodscha einen Anruf aus Bulgarien – aber nicht über ein Mobiltelefon, sondern über seine Hand. Ja, das klingt verrückt, aber er hat sich seine Hand ans Ohr gehalten, so mit dem kleinen Finger zum Mund und dem Daumen zum Ohr. Und er hat laut gesprochen.

Axel: Der Hodscha hat auf einmal angefangen zu telefonieren – mit der Hand, ohne Handy und hat eine Viertelstunde so gesprochen.

Uschi: Und er war dann ganz fürchterlich erschrocken und hat gesagt, dass er heimfliegen müsse, sein bester Freund habe bei der Rückfahrt vom Flughafen einen Herzinfarkt gehabt und sei verstorben. Er war wie zur Salzsäule erstarrt vor Schreck. Ja, er hat wirklich laut telefoniert. Das war eine ganz merkwürdige Situation, wie er so heftig in die Hand geredet hat und hinterher ganz fertig war. Wir wussten nicht, ob wir lachen sollen, ob er uns vielleicht auf den Arm nehmen will. Aber es muss wohl gestimmt haben, denn die Übersetzerin, die den Hodscha ja kannte, hatte dann nach ihrer Rückkehr nachgefragt und bekam die Bestätigung, dass der Freund des Hodschas tatsächlich zu diesem Zeitpunkt verstorben war. Das ist eine Wahnsinnsgeschichte!

Aber das habe ich selbst erlebt. Würde mir das jemand erzählen, ich würde es wohl nicht glauben. Ich kann Dir auf jeden Fall sagen, dass ich durch dieses Erlebnis sehr demütig geworden bin. Ich glaube, dass es noch eine Menge zwischen Himmel und Erde gibt, was wir noch nicht verstehen.

Was hat es mit dem Erdtelefon auf sich, von dem Axel mir erzählte?

Uschi: Das hat uns das erste Mal ein Bekannter von uns erzählt, der als Jugendlicher diese Technik angewandt hat. Und zwar hatte er einen Großauftrag bekommen. Es ging um ein großes Bankgebäude in München, das abgerissen werden sollte. Mit Sprengung konnte man an der Stelle allerdings nicht arbeiten. Klaus, unser Bekannter, hatte dann die Fundamentstützen mit Infraschall (1,83 Hz) zerstört. Damit hat er bereits als Jugendlicher Geld verdient. Und er hat mir erzählt, dass er schon damals mit einem Erdtelefon praktisch über die ganze Welt hinweg telefoniert hat. Ein Erdtelefon ist wie ein Stab, den man in die Erde steckt, wodurch man dann ohne Zeitverlust, ohne weitere Hilfsmittel z.B. mit Amerika sprechen kann. Dort muss dann auch jemand einen solchen Stab in den Boden stecken. Dafür muss es wohl Systeme geben. Ich habe meinen Onkel gefragt, der bis zu seiner Pensionierung Entwicklungsingenieur bei *Rohde & Schwarz* war, und der meinte, das habe er als junger Mann ebenfalls gemacht. Es gibt also offenbar ein Erdtelefon-System, das ein paar Wissende für sich nutzen und das nicht abgehört werden kann. Es ist ein System, das offensichtlich funktioniert und von dem keiner weiß.

Axel: Der Klaus hat noch andere spannende Dinge drauf, z.B. mit „Freier Energie". Er hat in dieser Richtung Motoren gebaut. Damit wurde er zum Konkurrenten der großen Ölkonzerne. Ich weiß, dass er einen Automotor so umgebaut hatte, dass er mit Wasser lief. Nachdem er mit seinem Wasserauto bei einem Politiker vorstellig geworden war, den er persönlich kannte, gab ihm dieser den freundschaftlichen Rat, das nicht publik zu machen, da er *„ansonsten vielleicht einen Unfall ha-*

ben könnte". Er wurde kurz darauf auch von zwei Herren eines Ölkonzerns besucht und darauf hingewiesen, dass seine Erfindung nicht erwünscht sei.

Uschi: Er war auch einmal in der Türkei unterwegs, dort gibt es spezielle Energiesteine. Einmal war Klaus auf einer Militärbasis, weil er irgendetwas reparieren musste. Er berichtete von Folgendem: Die nehmen ein Auto mit einem normalen Benzinmotor, dem sie jedoch noch einen zusätzlichen Tank einbauen, der mit Wasser befüllt wird. In diesen Wassertank legen sie dann diese Steine, von denen Klaus vermutet, dass sie radioaktiv sind. Durch diese Steine teilt sich das Wasser nach zirka 30 Minuten in Wasserstoff und Sauerstoff – und das Auto fährt dann mit dem Wasserstoff.

Also dass es solche Umbauten gibt, das weiß ich aus erster Hand, aber in Verbindung mit solchen „Steinen" kenne ich das nicht…

Axel: Klaus ist Sachverständiger für Boote und Kraftfahrzeuge. Er hat auch Radar auf dem Dach. Und er ist in seiner Vorgehensweise, was Behörden angeht, oft sehr provokativ. Er spricht mit den Verwaltungsangestellten so, wie man es normalerweise nicht tut. Wenn es um rechtliche Sachen geht, sagt er: *„Wir machen alles nach Handelsrecht, damit Sie gleich Bescheid wissen…"* Und die Richter sind ganz nett, und dann läuft das.

Ich werde ihn kontaktieren und schauen, dass er mir auch ein Interview gibt. Kommen wir zu einem anderen Thema. Wer ist der Quantenkybernetiker Andreas █?

Uschi: Andreas █ hat eine Zeitlang das *Megawave*-Gerät vertrieben, ein Resonanzfeld-Therapiegerät, das mit 150 MHz arbeitet. Das war die Zeit, als ich ihn kennenlernte. Andreas ist ein Doktor der Quantenkybernetik und ein ganz interessanter Mensch. Er hat dann ein neues Gerät entwickelt. Der Grund war, dass bei dem *Megawave*-Gerät von Dieter Broers laut seiner Erkenntnis die Wellen nicht exakt auf 150 MHz liegen, sondern um den Wert 150 oszillieren. Mal triffst Du die 150 MHz und mal nicht. Andreas █ hat dann durch glückliche Fügungen einen Techniker kennengelernt, und der trifft die 150 MHz ganz genau.

Ich habe das Gerät ausprobiert und finde die Ergebnisse gigantisch, da steigt Dir die Kundalini-Energie (eine feinstoffliche Kraft im Körper, die aktiviert werden kann; A.d.V.) in einer Sekundenschnelle auf. Das ist ein Supergerät. Und er ist ein hochinteressanter Mensch, mit dem man sich sehr gut unterhalten kann.

Gut, vielen Dank. Ihr hattet aber auch einen Erfinder erwähnt, der verschwunden ist.

Uschi: Ja, wir hatten vor Jahren eine Dame kennengelernt, die im Europäischen Patentamt in München die Patente betreute. Deren Leben hat sich massiv verändert nach einem Erlebnis, das sie im Amt hatte. Und zwar war ein Erfinder bei ihr, der ein Patent zur „Freie Energiegewinnung" angemeldet hatte. Und auf einmal war die CIA im Haus, also im Patentamt. Sie durfte dann nicht an ihren Arbeitsplatz, und am nächsten Tag war die Patent-Anmeldung weg, die Nummer war weg, die ganzen Kontaktdaten zu diesem Mann waren verschwunden, alles war gelöscht. Sie hat dann noch versucht, ihn persönlich zu erreichen – die Telefon- und Faxnummer hatte sie noch –, aber er war nicht mehr auffindbar. Beim Telefon kam *„Kein Anschluss unter dieser Nummer."*, kein Fax ging mehr durch. Der Mann war praktisch gelöscht.

Axel: Das dürfen die auch. Das ist völlig legal. Wir sind ja nicht souverän, wir sind ja noch von den Amis besetzt.

Uschi: Also es passiert ja offensichtlich öfter solche Sachen. Wenn Du in einem Patent offenlegst, dass es in eine gewisse Richtung geht, und Du ein kleiner Ein-Mann-Erfinder bist, dann bist Du weg vom Fenster.

Da hast Du recht. Ich erinnere mich aber noch an eine Geschichte von einem Arzt mit einem Krebsmittel, der Besuch bekam und plötzlich verschwunden war. Das hattest Du erzählt, Axel.

Axel: Das war ein Professor. Unser Bekannter Uwe ███ kannte den Professor persönlich, hat noch zwei oder drei Tage vorher mit ihm telefoniert. Dieser Professor hatte mit einem Kräuteröl eine neue AIDS-Therapie entwickelt und hatte damit Erfolg! Den Patienten ging es besser, die Therapie war positiv verlaufen. Dann veröffentlichte er dazu eine Studie. Nach der Veröffentlichung wurde er gewarnt. Er bekam Besuch von Männern, die in einem schwarzen Auto vorgefahren sind – mehrere Männer in schwarzen Anzügen. Der Professor hatte mit ihnen bereits gerechnet und deswegen um das Haus herum Kameras aufgebaut, weil sie schon einmal bei ihm waren. Er konnte sie wieder verscheuchen. Als Uwe dann ein paar Tage später wieder bei ihm angerufen hat, war er praktisch nicht mehr erreichbar. Das Telefon war abgestellt, und seitdem hat ihn auch keiner mehr gesehen.

Uschi: Ich kenne die Geschichte von Volker ████, das war der Freund dieses Professors. Von Volker weiß ich auch, dass er für den Fall, dass ihm etwas zustößt, von seinem Freund die Geheimrezeptur erhalten hatte. Volker hat dieses Öl heute noch, und man kann es heute auch noch kaufen. Es weiß nur keiner, wofür man es alles einsetzen kann. Es ist ein reines Pflanzen-Heilöl und kann bei vielen Beschwerden angewandt werden – das *JCH-Öl*.
Dazu fällt mir aber noch eine andere Geschichte ein, die Dich interessieren wird, Jan.

Sprich...

Uschi: Wir hatten auf einem Kongress im *3E-Zentrum* jemanden kennengelernt. Der hieß Bernd ████ und war früher Profiler bei der Polizei. Dieser Herr hat unglaubliche Erfolge in der Krebsheilung, weil er mit dem Patienten in dessen persönliche Geschichte geht und hinterfragt, wieso derjenige den Krebs bekommen hat. Das ist ähnlich wie bei Dr. Hamer, aber der Bernd macht es nur über Gespräche – und dann verschwindet der Krebs. Durch dieses Profiling-Denken geht er genau an den Punkt, an dem ein Mensch einen Krebs entwickelt hat.

Er macht sozusagen ein Therapiegespräch?

Uschi: Ja, ein Therapiegespräch, und er hat ganz viele dokumentierte Heilungen bei Krebs.

Axel: Das ist eine ganz tolle Geschichte, weil das alles nachvollziehbar und ganz offiziell ist.

Ja, das ist spannend. Das behandeln wir nochmals separat. Was weißt Du noch zum Thema „Freie Energie"?

Uschi: Mein Sohn experimentiert auch damit herum. Du hältst ja nichts von der *Keshe*-Entwicklung, Jan, aber wir haben mit Leuten gesprochen, die sich das Gerät selber nach Bauanleitung zusammengebastelt haben. Sie haben das Gerät praktisch mit dem Auto verbunden und schon bei der ersten Fahrt 30% weniger Sprit verbraucht – obwohl einer der Bastler mit Vollgas unterwegs war. Also so ganz von der Hand weisen würde ich das nicht. Wir testen noch. Derjenige, der das entwickelt hat, lebt in Österreich. Man kann aber über Italien das Originalgerät direkt beziehen. (www.keshefoundationitalia.it)

Axel: Es ist auffällig, dass viele Erfinder an Krebs erkranken. Ich bin ja nun wirklich nicht paranoid, aber das ist schon auffällig – vor allem Bauchspeicheldrüsenkrebs. Einer dieser Erfinder, mit dem wir Kontakt hatten, ist inzwischen verstorben. Dieser Mann hatte die „Elektrokultur" wiederentdeckt. Darüber gab es mal einen großen Artikel in der Zeitschrift *Raum & Zeit*. Es wird hierbei ein Kupferkabel ohne Anschluss, eine Anode und eine Kathode, in den Boden gelegt, und man erhält dadurch wesentlich bessere Wachstumsergebnisse im Gemüsebeet. Wir selbst hatten eine riesige Zucchini als Resultat, nur dadurch. Kurz nach der Veröffentlichung seines Artikels hat er alle Kurse abgesagt. Wir wollten einen seiner Kurse buchen, nachdem wir den Artikel gelesen hatten. Aber da ging schon nichts mehr.

Ihr kennt doch einige Therapeuten, die Krebs erfolgreich behandeln können, warum schickt ihr die Betroffenen nicht da hin?

Uschi: Da kannst Du sicher sein, dass wir solche Tipps geben, wenn wir die Gelegenheit dazu bekommen. Aber wenn der Betroffene nicht will oder meint, es auf andere Weise schaffen zu können, dann sind wir auch machtlos… Zudem kennen wir die meisten davon auch nicht so gut.

Das habe ich im Freundes- und Bekanntenkreis auch schon erlebt. Dass ich einen Hinweis auf andere Therapieformen gebe, als Alternative zu denen, die der Hausarzt empfiehlt, aber meist stößt man da auf taube Ohren. Das ist halt der Freie Wille, den es zu respektieren gilt…

Hm. Ich habe mir noch notiert, dass eine Bekannte von euch Überlebenspakete gekauft hatte und dann Ärger bekam. Wie war das noch mal?

Ja, das ist eine merkwürdige Geschichte. In unserem Bekanntenkreis haben wir eine Ärztin, ████████████████, das ist etwa 3-4 Jahre her. Sie hat sich im Internet eine schusssichere Weste, Gasmasken und Überlebenspakete im größeren Stil gekauft. Das tat sie, da sie der Meinung war, dass die Zeiten ja nicht unbedingt besser werden und es nicht verkehrt sein kann, wenn man etwas für schwierige Zeiten vorsorgt. Deswegen hat sie solche Bundeswehrpakete gekauft – gebunkert für schlechte Zeiten sozusagen. In der übernächsten Nacht, um 2 Uhr früh, kamen dann Hubschrauber, kreisten über dem Gelände und suchten dieses mit Suchscheinwerfern ab und leuchteten auch direkt ins Schlafzimmer.

Axel: Man muss dazu sagen, dass die ein großes Anwesen haben, ein richtiges Schlösschen, am Ammersee, auf dem Berg.

Uschi: Dann waren sie auf einmal da, so quasi nach dem Motto: *„Wir beobachten Dich!"*

Axel: Die Gasmasken kosten ja nicht viel, deswegen hatte sie auch gleich mehrere gekauft. Vielleicht dachten die an eine Wehrsportgruppe oder Ähnliches.

Das Entscheidende ist ja bei dieser Geschichte, dass jemand registriert, was im Internet gekauft wird und sich dann seine Gedanken darüber macht – sprich: Leute losschickt. Wo hat sie die Sachen bestellt?

Uschi: Vermutlich bei *ebay*, dort kauft sie – wie ja die meisten von uns – vieles ein, bei einem ganz normalen Händler. Das musst Du Dir vorstellen, da kommen die mit einem Hubschrauber und jagen einem Angst ein. Da siehst Du, wie wir überwacht werden, und der Vorfall ist ja schon Jahre her. Was immer Du kaufst, machst und tust, es wird sofort registriert. Dabei muss man sich auch überlegen, was das kostet, wenn die wegen solch einer Aktion gleich einen Hubschrauber losschicken.

Uschi und Axel, ihr wart gerade in Paraguay – aufgrund der Situation in Deutschland –, und habt dort einen Mann getroffen, der für euch diverse Dokumente besorgt hat. Dieser ist als Übersetzer u. a. für die Regierung tätig. Er hatte euch etwas höchst Interessantes berichtet...

Ja, das war mehr als eine Überraschung. Offensichtlich ist in Paraguay bekannt, dass z.B. die Familie Bush dort größere Areale erworben hat – vor allem im Gran Chaco, einem Gebiet im Norden Paraguays. Ein Mann, der uns behilflich war, war auch Familie Bush hilfreich zur Hand gegangen. Er hat auch die entsprechenden Papiere gesehen. Dass die Bushs in Paraguay Land gekauft hatten, hatten wir bereits von mehreren Quellen gehört, aber diesmal war es aus erster Hand. Und dieser Herr erzählte uns auch, dass Angela Merkel im Dreiländereck Paraguay-Argentinien-Brasilien Grundstücke besitzt und ebenfalls im Gran Chaco.

Das stimmt nachdenklich. Nun, unsere Noch-Bundeskanzlerin wird sich schon etwas dabei gedacht haben, wenn Sie in Paraguay eine sichere Bleibe erworben hat. Wenn ich so in meinem Bekanntenkreis oder bei uns in der Gemeinde herumfrage, dann sollte sie sich hier besser nicht blicken lassen...

Nun gut. Euch beiden danke ich zunächst einmal ganz herzlich für die Bereitschaft, diese interessanten Themen mit mir und den Lesern zu teilen. Nachdem auch euer Leben sicherlich spannend bleibt, gibt es evtl. in „Whistleblower 2" Neues zu berichten.

So wird es sein!

Sollten Sie Fragen an Uschi oder Axel haben, so ist dies über diese E-Mail-Adresse möglich: amadeus@amadeus-verlag.com

Demonstranten in Hongkong waren bezahlt

Vor vielen Jahren lernte ich eine Journalistin kennen, die weltweit tätig und auch heute trotz Ruhestandes weiterhin weltweit unterwegs ist. Sie arbeitete neben Deutschland lange in Brasilien, in England, Ungarn, Polen und in den USA. Sie hatte unter anderem auch ein persönliches Treffen mit Zbigniew Brzezinski und weiß genau, was auf unserem Planeten abgeht. Immer wieder meldet sie sich von irgendwo in der Welt und schreibt mir ein paar Zeilen, was sie wieder herausgefunden hat. Es sind immer Bausteine, die sich weltweit fügen.

Meine Interviewpartnerin möchte anonym bleiben, da sie weiterhin beratend tätig ist. (Ein Tonband liegt vor.)

Ursula, Du bist seit 40 Jahren Journalistin. Du hast viel veröffentlicht. Aber es gibt ein paar Episoden, die durftest oder wolltest Du nicht veröffentlichen.

Ja, Jan. Es gibt Informationen, die kannst Du in der Tagespresse nicht unterbringen. Man kann sich wohl privat darüber austauschen, aber auch da muss man in der jetzigen Zeit der Unruhe aufpassen, mit wem man sich unterhält. Auf meinen Reisen sehe ich viel und treffe interessante Menschen.

Wo warst Du zuletzt?

Im Oktober 2015 kam ich aus Zentralasien, wo ich bereits mehrmals war, und meiner Meinung nach werden dort auch die nächsten lokalen Unruhen vorbereitet.

Was war der Anlass für die Reise?

Zentralasien interessiert mich, der Bau der neuen Seidenstraße und das Projekt Transeurasische Landbrücke. Dieses Projekt ist seit 30 Jahren geplant und nun seit einigen Jahren auch im Bau. Es geht um die Eisenbahnstrecken von Bejing über Kyrgystan, Kasachstan, Russland bis nach Spanien. Alle Waren werden von China aus auf dem Landweg oder Wasserweg transportiert. Seit Jahren verbindet die Schiene zweimal in der Woche Bejing und Hamburg (DB und Schenker). Vor Jahren wurde der Transrapid, welcher in Deutschland scheiterte, erfolgreich nach China verkauft.

Was meintest Du vor Wochen, als Du mir mitgeteilt hast, dass wir eine neue Zeitrechnung haben?

Ich meine damit die Vorfälle von 2001 mit dem WTC – was meiner Ansicht nach auch die neue Zeitrechnung ist. Man, spricht nicht mehr von der Zeit „vor Christus" und „nach Christus", sondern von „vor dem 11. September 2001" und danach.

Was hat es mit den Castingfirmen auf sich, von denen wir schon sprachen?

Das gibt es weltweit. In Berlin gab es eine Firma, die machte das regelmäßig in einem großen Hotel – Hotel Esterel in Neukölln. Das war als Showcasting ausgewiesen. Dort wurden Personen gesucht – männlich, weiblich –, wenn es geht, mit dunkler Hautfarbe, nicht ganz schwarz, aber dunkler, schwarze Haare und wenn es geht, mit dunklen Augen, arabisch oder farsi sprechend. Kennst Du das aus Bayern?

Nein.

Also Bewerber werden gecastet, wie zu einem Film. Dann heißt es: „*Wir machen interkulturelle Arbeit! Wir machen diese Vorbereitungen, damit sich diese Kulturen besser verstehen.*" Aber meines Erachtens ist es so: Alles, was wir sehen, an Bildern im Fernsehen, alles, was wir hören, ist schon gemacht. Im Jugoslawienkrieg war das genauso: Viele Bilder waren schon längst vorab gedreht worden, das waren gestellte Bilder.
Die kommen also in ein Camp – eines davon ist in der Nähe von Nürnberg –, wobei das alles von außen nicht groß zu erkennen ist. Dort ist der Aufenthalt Minimum drei Monate, maximal sechs Monate zur Wiederholung, und man bekommt pro Tag 70-130 Euro bei freier Kost und Logis. Du darfst kein Handy benutzen, keinen Computer. Sollte aber etwas mit der Familie sein, so gibt es eine Stelle, wo die Akteure anrufen können. Aber man ist bis zu einem halben Jahr abgeschottet. Und überlege Dir mal, wie viel Geld da verdient wird.

Und was machen die Leute da drin?

Sie spielen Krieg. Die werden angezogen wie Zigeuner, wie Taliban, Soldaten, Sanitäter u.a. – und plötzlich haben wir die Bilder, die wir dann in den Nachrichten sehen. Das funktioniert nur, weil die Menschen schon derart hirngewaschen sind. Das ist alles Fake. Und diese Camps gibt es weltweit. Ich kenne Leute, die sich beworben haben.

Das heißt, diejenigen, die da drin waren, kommen nach den 3 oder mehr Monaten wieder raus und wissen gar nicht, dass sie gefilmt wurden?

Doch, doch, das wissen die Akteure schon. Und sie wissen auch, dass sie sich, wenn es piept, hinlegen und sich tot stellen müssen. Aber sie wissen nicht, wofür die Aufnahmen verwendet werden. In Deutschland wird diese Arbeit über die Lohnsteuerkarte abgerechnet. Es ist ein offizieller Job.

Ja gut, aber wenn die Darsteller nachher nicht wissen, wo das mal gesendet wird... Aber Moment, das ist interessant. Es war vor allem beim 11. September 2011 bekannt geworden, dass verschiedene Darsteller mit verschiedenen Verkleidungen als Augenzeugen aufgetreten sind – sog. *Crisis Actors*. Im Buch „Politisch unkorrekt" sind mehrere solcher Darsteller-Zeugen abgebildet. Ach ja, und der Michael Morris hat sie in seinem „Was Sie nicht wissen sollen – Band 2" auch erwähnt. Jetzt dämmert mir was. Das ist wirklich frech...

Jan, wir leben in einer Zeit – wenn ich mir das weltweit anschaue und mit den Menschen spreche –, in der die Wahrnehmung zunehmend gestört ist. Vielleicht war sie aber immer schon gestört, und wir sehen gar nicht, was da ist. Und was wir hören, hören wir gar nicht. Fakt ist, dass wir nicht mehr unterscheiden können zwischen Cyberspace und Realität, und das wirklich rund um die Welt. Ich ertappe mich auch manchmal dabei.

Du hast einige Jahre in Brasilien gelebt und besuchst das Land immer wieder. Was ist Dir dort aufgefallen?

Ich war ja Anfang 2015 fast drei Monate in Brasilien, und ich muss sagen, dass es diesem Land noch nie so schlecht ging wie jetzt. Vor vier Jahren, als ich das letzte Mal dort war, war da diese Bewegung im Süden Brasiliens in aller Munde – „Persoas sem terra". Das sind Menschen ohne Land, die Landlosen – wunderbar hingestellt mit Castings. Da fährt man vorbei an 200-300 km langen Sojabohnen- oder Zuckerrohr-Plantagen, und plötzlich sieht man da Hütten aufgebaut, und es weht Wäsche auf der Wäscheleine. Da denke ich mir: Was soll denn das, mitten in der Pampa? Und da sitzt eine einzelne Person. Ich bin also hin und frage sie, was sie hier macht. Sie antwortet: *„Ja, ich habe heute hier Dienst und muss aufpassen, dass hier niemand reinkommt."* Dann frage ich: *„Aber was heißt hier reinkommt, das ist doch mitten auf dem Feld, mitten im Nirgendwo."* Wenn man da nicht gezielt hinschaut, fällt einem das gar nicht auf. *„Ja, aber wir machen das so, wir sind eine Gemeinschaft, blablabla…"*
Das war eines dieser Casting-Camps. Auf diese Weise entstehen Fotos oder Filmszenen, die wir später in den Nachrichten sehen. Auch bei 9/11 gab es einige Szenen, die gestellt waren, vermutlich die eine oder andere Sequenz mit den Flugzeugen auch. Ich erinnere mich, dass man bei einem der Filme die Nase des Flugzeugs auf der anderen Seite des Gebäudes hat herauskommen sehen. Das ist ja nicht möglich. Da hat wohl einer der Manipulatoren Murks gebaut. Jedenfalls hatte man bei 9/11 gestellte bzw. vorfabrizierte Szenen in die Live-Bilder hineingeschnitten. Das fällt normalerweise auch nicht auf, außer man macht eben Fehler…

Man kann davon ausgehen, dass die Machthabenden wissen, was sie machen… Ursula, 2014 hast Du während der sog. „Regenschirm-Revolution" die Stadt Hongkong besucht. Was hast Du dort erlebt?

Nun, wir hatten ja 2014 in unseren Nachrichten von den Demonstrationen mitten in Hongkong gehört. Ich war also dort, und zwar mehrmals, weil wir an diesem zentralen Platz immer wieder vorbeigehen mussten. Dort ist auch die U-Bahn-Station usw. Als man das im Fernsehen gesehen hat, meinte man ja, dass dort viele tausende Menschen demonstrierten. Als ich aber aus der U-Bahn kam, sah ich nun diesen relativ kleinen Platz mit ein paar Polizisten, also nicht übermäßig, wie das im Fernsehen den Eindruck hinterließ. Die Polizisten hatten auch die Helme nicht geschlossen. Und die sagten zu uns, dass wir weitergehen sollten, da sie das hier beschützen müssten. Dann habe ich die jungen Leute, die da angeblich demonstrierten, angesprochen, und die haben mir gesagt, dass sie Geld dafür bekommen, dass sie da herumsitzen, und dass sie sich immer abwechseln müssten. Also wenn da 200 Leute versammelt waren, dann war es viel. Das haben die Medienfachleute, also durch die Kameraeinstellung, geschickt eingefangen, sodass es nach wesentlich mehr aussah. Wurden vielleicht auch Szenen vorher zusammengestellt? Ich weiß es nicht. Interessant fand ich aber, dass dort ein Babybett stand, das immer wieder aus verschiedenen Perspektiven gefilmt oder fotografiert wurde. Aber da war kein Baby drin. Ich habe selbst hineingesehen.

Das ist echt ein Witz. Ich hatte, nachdem Du mich damals aus Hongkong angerufen hast, einmal die Nachrichten verfolgt. Die sprachen von zehntausenden Demonstranten. Wer steckt Deiner Meinung nach dahinter?

Castingfirmen, die das gut organisieren, auch dort. Auch dort sind es die neuen Jobs für viele Menschen und ein Verdienst – manchmal für die ganze Familie.

Der Begriff „Lügenpresse" scheint also doch berechtigt zu sein.

Das ist gelinde ausgedrückt. Ich frage mich: War es jemals anders in der Geschichte?

Aber es muss ja jemand organisieren. Michael Morris hatte dazu in seinem Buch „Was Sie nicht wissen sollen – Band 2" geschrieben, dass damals USAID (*United States Agency for International Development*) und NED (*National Endowment for Democracy*) als Initiatoren der Proteste in Hongkong beteiligt waren, gemeinsam mit der serbischen OTPOR (CANVAS). Das sind Organisatoren, die überall dort zu finden sind, wo Demonstrationen gegen die jeweiligen Regierungen ausbrechen.

Nun, das kann durchaus sein. Wer die Demonstranten nun genau bezahlt und initiiert hat, weiß ich nicht. Ich kann nur sagen, dass die Demonstranten von sich aus zugaben, Geld dafür bekommen zu haben, dass sie dort demonstrieren...

Kommen wir noch zu einem anderen Thema. Bereits vor Jahren hast Du mir etwas über die Gründer der Automarke Skoda erzählen...

Ja, das ist schon ein paar Jahre zurück, da wollte ich eine Recherche machen, als Skoda von VW übernommen worden ist. Und dann bin ich ziemlich schnell zurückgepfiffen worden von einer Person, die mir nahestand. Die sagte: *„Tun Sie mir bitte den Gefallen und machen Sie das ja nicht, denn Sie werden nicht lange leben."* Und ich bekam auch Informationen, dass es vor dem Zweiten Weltkrieg die Skoda-Gründer Laurin und Klement waren, die das Werk geleitet haben und von den Amerikanern umgebracht wurden. Mehr kann ich jetzt nicht dazu sagen. Ich hatte es dann damals bleiben lassen. Das ist das Gleiche mit dem Roten Kreuz. Wer sich da an eine Recherche macht, bekommt Ärger.

Ich kann für mich nur sagen: *„Ich glaube keinem Politiker und auch nicht den Medien."*

Vielen Dank für das Gespräch!

„6 Millionen tote Afrikaner interessieren uns nicht..."

Am 12.12.2015 hatte ich die Gelegenheit, einen Mediziner kennenzulernen, der bei den *Ärzten ohne Grenzen* aktiv tätig und daher auch international im Einsatz ist. Bei diesem ersten Gespräch, bei dem wir uns zunächst einmal kennenlernten, hatte ich mir Stichworte aufgeschrieben, die ich beim zweiten Treffen am 26.1.2016 als Grundlage für unser Gespräch heranzog. Hier erfuhr ich eine der größten Schweinereien der auswärtigen Politik der USA – aber lesen Sie selbst.

Wir hatten bei unserem ersten Gespräch viele spannende Themen behandelt. Ich möchte aber jetzt gleich zum heftigsten kommen, das mich persönlich auch wirklich betroffen gemacht hat – was Menschen mit Menschen machen. Es geht um den Ruanda-Konflikt im Jahre 1994. Bitte berichten Sie.

Ja, es war 1996, als ich den Botschaftsangehörigen einer Botschaft aus dem Nahen Osten traf, der auch einen Diplomatenstatus besitzt. Dieser war im Jahre 1993 Zeuge eines Gesprächs zwischen dem belgischen Außenminister, dem englischen Botschafter und dem französischen Botschafter. Er war bei diesem Gespräch anwesend – es war ein lockeres Gespräch –, und man hatte sich über einen Automatismus unterhalten, der für den Kongo, Ruanda und Uganda eingerichtet wurde. Dieser war, dass von amerikanischer Seite eine Rebellenarmee finanziert worden ist, die das Territorium räumen und besetzen soll, um alte amerikanische Förderrechte zur Geltung zu bringen. Denn im Osten Kongos, im Grenzgebiet zu Ruanda, lagerten zu diesem Zeitpunkt „seltene Erden", die gefördert werden sollten. Es ging um einen Halbleiter und Metalle, wobei es sich hauptsächlich um Tantal handelte. Tantal ist ein Metall, das Bestandteil des Erzes Coltan ist. Tantal wird in der Handy-Technik, aber auch in Flugzeugturbinen und in der Radartechnik verwendet und ist im Vergleich zu herkömmlichen Metallen besonders hitze- und säurebeständig. Jedenfalls wollte der Westen – insbesondere die Amerikaner – dieses Vorkommen an Tantal ausschöpfen. Man ging damals davon aus, dass zirka 80 Prozent des Gesamtvorkommens auf der Welt in diesem Gebiet lagerte. Es wurde also vom Westen eine Rebellenarmee finanziert, die diese Gegend „säubert" und sichert, sodass amerikanische und andere westliche Firmen das Material dort abbauen können.

Das heißt in einfacheren Worten: Dort lagerte ein Rohstoff, den man wollte, doch in diesem Gebiet lebten verschiedene afrikanische Stämme, die diesen Abbauvorstellungen im Wege standen. Man hat deswegen eine Rebellenarmee finanziert, die diesen Konflikt initiierte, der in Ruanda und im Kongo von 1993 bis heute rund sechs Millionen Afrikaner das Leben kostete.

Genau. Es gab damals eine Überwerfung der Präsidenten vom Kongo und Ruanda mit dem Westen – mit den Belgiern, Franzosen und Amerikanern. Der Präsident von Ruanda wurde in einem Flugzeug mit einer Rakete abgeschossen, die nachweislich über amerikanische Versorgungskanäle geliefert wurde. Die Franzosen hatten sich rausgehalten, zwei französische Piloten waren mit an Bord. Es gab dann diplomatische Verstrickungen, man hatte aber den Ball flach gehalten, denn letztendlich wurde das Territorium geräumt, und es gab zu Beginn des Massenmordes innerhalb von 100 Tagen zirka 1 Million Opfer, und es kamen bis zum Ende des Konflikts noch viele weitere mit hinzu. Das war der Preis für die Förderrechte des Tantals im Kongo.

Und das hatte der Diplomat, der bei diesem Gespräch anwesend war, 1993 schon gehört. Er hatte es damals nicht geglaubt, dass das eintreten würde, doch es wurde umgesetzt.

Hier fällt mir ein spannendes Treffen mit dem Sohn des damaligen Armeechefs von Ruanda ein, den ich 1997 in Brüssel in einer Asylantenunterkunft besuchte und mit dem ich ein Gespräch führte. Er sagte damals, dass es zwei Banken gewesen seien, die beide kriegführenden Parteien finanzierten, die Tutsi und die Hutu, damit diese Waffen kaufen konnten. Und beide Banken waren ▉▉▉▉ Banken gewesen. Das weiß ich noch genau.

Nun, dazu kann ich jetzt nichts sagen. Ich weiß nur das, was mir der Diplomat erzählte. Es waren jedenfalls genau diese Tutsi und Hutu, die man aus diesem Gebiet vertreiben wollte. Bei dem ersten Massaker kamen hauptsächlich Tutsi ums Leben und auch gemäßigte Hutu. Aber das Gebiet war dann jedenfalls frei, um die Bodenschätze zu fördern. Es gab dann von mehreren Menschenrechtsorganisationen Berichte – unter anderem von den *Ärzten ohne Grenzen* –, die auf diese Umstände hingewiesen haben. Dies übte Druck auf die UNO aus. Die UNO hat daraufhin aber bei der ganzen Verstrickung über die Amerikaner – Madeleine Albright war damals übrigens in die Sache involviert – diese Rebellenarmee als Pufferarmee zwischen die kriegführenden Parteien des Kongos und Ruandas benutzt und das durch die Rebellen besetzte Gebiet als Sicherheitszone verkauft. Dabei haben die Rebelleneinheiten in Wirklichkeit diesen Völkermord begangen und das Territorium für die Förderung freigemacht.

Ich finde das eine absolute Katastrophe, und es zeigt, wie kaltblütig gewisse Unternehmen und Politiker sind, dass sie mehrere Millionen Menschen für Rohstoffe opfern.
Ein weiteres Thema unseres ersten Gesprächs waren die Luftangriffe der Alliierten auf Dresden.

Ja, ich hatte unabhängig voneinander zwei ältere Damen als Patienten, die mir ebenfalls aus erster Hand ein und dieselbe Geschichte erzählten, obwohl sie sich nicht kannten. Die eine war übrigens selbst Ärztin und im März 1945 beim Roten Kreuz in Dresden, die andere war die Frau des Zahnarztes aus meiner Heimatstadt. Beide Damen berichteten Folgendes: Es hielten sich damals um die 2 Millionen Flüchtlinge aus den Ostgebieten ungeschützt in und außerhalb der Stadt auf den Elbwiesen auf. Damals wurden von den Alliierten zuerst Sprengbomben geworfen, um in Dresden die Häuser zu entziegeln, also die Dächer zu öffnen, um dann mit der nächsten Angriffswelle Brandbomben und Phosphor abzuwerfen, und das gegen die Zivilbevölkerung! Es ging dann um die Anzahl der Toten. Beide haben behauptet, sie haben mit der Methode, wie sie die Leichen entsorgt haben, die Anzahl der Toten exakt bestimmen können. Nach gut deutschem Ordnungswesen wurde das auch dokumentiert. Man hatte damals die Leichen zusammengetragen und zu 500 Stück zu Scheiterhäufen aufgetürmt und Holz, Teer und Balken dazugelegt, um es dann anzuzünden. Und aufgrund der Anzahl der Scheiterhaufen konnte man zusätzlich zu den Aufzeichnungen des Roten Kreuzes rekapitulieren, um wie viele Tote es sich handelte. Es gibt auch Luftaufnahmen der brennenden Scheiterhaufen. Heute wird bei dem Bombardement von Dresden von 15.000 Toten gesprochen, bei *wikipedia* steht zwischen 22.000 und 25.000. Es waren aber definitiv über 300.000! Es waren damals so viele Menschen ums Leben gekommen, dass man im Umkreis von 50 km die Jungen aus den Schulen heranzog, um die Leichen zu bergen. So viele waren das. Es war damals nicht möglich, die Leichen zu vergraben, da der Boden noch gefroren war. Deswegen und wegen der Seuchengefahr wählte man die Scheiterhaufen-Variante.

Sie können aber auch mit einer Geschichte über Jörg Haider aufwarten.

Kurz nach dem Tod Haiders hatte ich eine Unterhaltung mit zwei mir bekannten steirischen Regionalpolitikern, die wiederum mit Haider gut bekannt bzw. befreundet waren. Wir sprachen über den tödlichen Autounfall. Sie sprachen ganz unverhohlen von einer Liquidierung Haiders wegen seiner Äußerungen in der Öffentlichkeit und davon, dass diesbezüglich in politischen Insiderkreisen Einigkeit herrscht. Haider hätte in der amerikanischen Immobilienkrise, als alle darüber gesprochen hatten, dass das Geld weg wäre, gesagt: *„Geld ist nie weg, es fließt nur woanders hin!"* Haider hätte dann die Banken und die Finanzierungsgesellschaften, die dahinter steckten und in deren Kanäle das Geld geflossen war, in einem Fernsehinterview benannt. Das hätte er wohl besser unterlassen...

Und wer war das?

Genannt wurden diverse Privatbanken von der Ostküste. Wenn man diese beim Namen nennt, kann es durchaus sein, dass man eine Anzeige wegen Volksverhetzung bekommt...

Bei unserem ersten Zusammentreffen erwähnten Sie auch eine Bekannte, die Kontakt zu Mitgliedern der *Trilateralen Kommission* hatte. (Anmerkung: Die *Trilaterale Kommission* wurde 1973 von dem Multimilliardär David Rockefeller gegründet – und zwar während einer *Bilderberger*-Konferenz. Diese bezeichnen sich selbst als eine politische Diskussionsgruppe, wobei hier zwischen 300 und 400 einflussreiche Leute

aus Nordamerika, Europa und Japan zusammenkommen, um die Richtung der Weltpolitik zu planen.)

Ja, das war eine gute Bekannte von mir, sie ist mittlerweile leider verstorben. Es handelt sich um eine amerikanische Journalistin, die Leute aus der *Trilateralen Kommission* kannte. Sie erklärte mir, dass man nach außen *trilateral* als geographisch symbolische Wortgebung für eine wirtschaftliche, politische Konsensfindung zwischen den USA, Europa und Japan definiere. Das hört sich in der Öffentlichkeit ganz gut an. Intern, und zwar schon lange vor ihrer offiziellen Gründung, verstehe sich die *Kommission* hingegen als Vereinigung von führenden amerikanischen Mitgliedern aus Wirtschaft, Politik und Militär zum Zwecke der Koordinierung von geostrategischen und außenwirtschaftlichen Interessen der USA und deren Durchsetzung durch politische und militärische Mittel. Sie fragte immer wieder, wieso wir Deutschen so blöd seien, uns die Repressalien der Geschichtsfälschung der Alliierten gefallen zu lassen. Sie sagte, dass alle militärischen Konflikte nach dem Zweiten Weltkrieg von Amerika aus gesteuert wurden, von Mitgliedern der *Trilateralen Kommission* und der *Bilderberger*.

In der *Trilateralen Kommission* trifft sozusagen der „militärisch-industrielle Komplex" zusammen, von dem Dwight D. Eisenhower bei seiner Abschiedsrede einst sprach.

Ja, und hier kommen wir nochmals zu Ruanda zurück, denn daran sieht man, wie die *Trilaterale Kommission* funktioniert. Amerikanische Firmen wollten die Förderrechte haben bzw. behalten, weil es um Elemente ging, die die Industrie braucht. Und die Industrie macht die Kohle. Davon lebt das Militär, und davon lebt auch die Politik. So wird das amerikanische System finanziert. Auch die Rüstung wird damit finanziert. Und jetzt arbeiten für diese amerikanischen Firmen Leute aus dem Militär, oder ehemalige Militärangehörige, die die logistische Basis bereiten, die Rebellen finanzieren, diese ausbilden und bewaffnen. Anschließend verkaufen die Politiker die ganze Aktion noch als „Friedensmaßnahme", als Regularium in einem innerafrikanischen Konflikt. Das ist eigentlich genial. Und Madame Albright hat bei dieser Aktion wichtige Fäden gezogen.

Aber das Ganze geht ja noch weiter, denn die Minen müssen ja ausgebeutet werden. Das übernehmen afrikanische Zwangsarbeiter – oftmals Kinder. Hier wird das afrikanische Volk nochmals vernichtet. Und zur Fleisch-Versorgung der Coltanminen im Kahuzi-Biega-Nationalpark werden die Bestände an Elefanten und seltenen Tiefland-Gorillas dezimiert. Laut den Berichten von Artenschützern ist von den ehemals rund 3.600 Elefanten dieses Nationalparks heute kaum noch einer am Leben. Inzwischen sind die Minen weitgehend ausgeschöpft, und man fördert an anderen Orten wie Australien und überlässt das afrikanische Feld jetzt wieder den Europäern. Es gab später eine Untersuchung im amerikanischen Kongress zu einer möglichen amerikanischen Beteiligung an solchen Massakern, die wie immer in der Sache ergebnislos verlief.

Das mit den Kinder-Sklaven ist auch so eine Sache, die mich erschüttert. Würden die Illuminaten denn auch ihre eigenen Kinder dort arbeiten lassen? Nein, natürlich nicht, die sind ja keine „nutzlosen Esser", wie sie diese gerne bezeichnen. Aber irgendwann werden sie ernten, was sie gesät haben...

Ein ganz anderes Thema: Ich hatte ein Gespräch mit einem hohen Beamten der Bereitschaftspolizei in unserer Region. Dieser hat mir bestätigt, was ich zuvor schon als Gerücht vernommen hatte, nämlich dass Asylanten, die in Supermärkten Diebstähle begehen, gar nicht mehr angezeigt werden. Die Kassiererinnen sollen die kriminellen Asylanten gehen lassen und die Rechnung dann ans örtliche Landratsamt weiterreichen, von dort wird es dann bezahlt. Die Polizei mache Angestellte von Supermärkten, die dennoch Diebstähle zur Anzeige bringen wollen, auf die interne Anweisung zur Unterlassung der Anzeigen aufmerksam.

Wir sprachen auch über die „Souveränität" Deutschlands...

Zum Thema der angeblichen Souveränität des deutschen Staates kann ich ein Beispiel für die Außerkraftsetzung dieser Souveränität und die Kontrolle und Destabilisierung durch ausländische Dienste anführen: Wer hat sich denn die ganzen Stasi-Unterlagen in der Nacht des Mauerfalls unter den Nagel gerissen? Als die Mauer fiel, ist der amerikanische Geheimdienst in die Stasi-Zentrale rein, hat 18 Millionen Dateien mitgenommen, und die deutschen Dienste mussten aus sicherer Entfernung tatenlos zusehen. Die Dateien haben sie dann sechs Jahre später zum ersten Mal zu Gesicht bekommen – und zwar in zensierter und gekürzter Form. Was geschah mit den 20.000 DDR-Agenten, die im Westen tätig waren – die höchste Agententätigkeit auf der Welt war damals zwischen der DDR und der BRD? Da können Sie sich nun überlegen, für wen die nachher gearbeitet haben und es heute noch tun. Jetzt muss man sich einmal fragen, wo ein Herr Gauck und eine Frau Merkel aufgewachsen sind und welche Werte man ihnen in ihrer Jugend und auch später in diesem totalitären, undemokratischen Unrechtssystem vermittelt hat und welche Rolle sie in ihm wirklich gespielt haben. Merkel war Funktionärin bei der DDR-Jugend und hat beruflich eine ganz passable Karriere mit Studium etc. hingelegt. Wie jeder weiß, ging das nicht ohne einwandfreie „Kooperation" mit dem System und mindestens konformem Verhalten im Hinblick auf die eigene Kariere... Mit demokratischer Überzeugung und verinnerlichtem Demokratieverständnis hat das nichts zu tun. Solche Leute wollen uns heute über Moral, Anstand und demokratische Bürgerrechte und -pflichten belehren... Mit einer solchen Vergangenheit ist jeder Politiker erpressbar und wird zur Marionette der Kräfte im Ausland, denen der Inhalt ihrer unterschlagenen Stasi-Akten bekannt ist. Das hat auch mit ihrem rasanten Aufstieg in der CDU bei der Elf-Aquitaine-Affaire und dem Fall Helmut Kohls zu tun.

Übrigens untersteht der BND dem Bundeskanzleramt, verantwortlich zeichnet der Bundeskanzleramtsminister, und jeder Auslandseinsatz des BND muss der Kanzlerin vorgetragen werden. Das heißt, dass Frau Merkel über jeden Auslandseinsatz des BND Kenntnis hatte und hat. Das inkludiert die Überwachung unserer europäischen Nachbarn im Auftrag und als Handlanger der NSA, von der französischen Regierung, französischen Firmen, deren Militäranlagen usw. Also kann sie sich nicht aus der Affäre ziehen und sagen: *„Ich habe nichts davon gewusst."*

Dass die deutsche Bundeswehr wehrunfähig gemacht wurde, ist auch ganz bewusst geschehen.

Ja, so sehe ich es auch und fand dafür auch Bestätigung von anderen Whistleblowern – vor allem einem aus der Bundeswehr. Mal schauen, ob

es dazu kommt, dass Ursula von der Leyen die neue Kanzlerin wird, sie war ja auf der letzten Bilderberger-Konferenz.

Die Merkel hat jedenfalls einen guten Job für die Feinde Deutschlands gemacht, vor allem für Obama. Es geht um gesellschaftliche Destabilisierung. Militärisch sind wir längst destabilisiert, politisch sind wir noch stark, weil wir wirtschaftlich noch gut dastehen. Aber die Situation ist die, dass pro Jahr über 200 Firmen weggepustet werden, oftmals durch feindliche Übernahmen. Die sind zwar noch auf deutschem Boden, aber nicht mehr in deutschem Besitz. Und es werden nur die besten Firmen feindlich übernommen – mithilfe unserer Nachrichtendienste, die für andere Nachrichtendienste agieren.

Es gibt ja ein Abkommen – ich glaube aus dem Jahre 1963 –, dass der BND und die NSA zusammenarbeiten. Es gibt da einen Vertrag. Das erklärte mir ein Bekannter, der jahrzehntelang für den BND tätig war.

Na ja, mag sein, dass es da einen Vertrag gibt, aber diese Zusammenarbeit ist insofern sehr einseitig, als dass der BND den amerikanischen Diensten unterstellt ist, und das seit dem Kapitulationsvertrag von 1945, da braucht es nicht die Farce eines Vertrages. Ja, und 99 Prozent der Agententätigkeit in Deutschland ist Wirtschaftsspionage. Und unsere Dienste können unsere Firmen nicht schützen, im Gegenteil. Das Schlimme ist, der Waffenproduzent *Heckler & Koch* wendet sich an den MAD (Militärischer Abschirmdienst, Geheimdienst der Bundeswehr; A.d.V.) und bittet um Hilfe bei der Desinformationskampagne, die gegen dieses Unternehmen gestartet wurde, dass die Kurse fallen und dass sie kurz vor einer feindlichen Übernahme stehen. Und was macht der MAD? Der bringt das an die Öffentlichkeit und behauptet, *Heckler & Koch* hätte versucht, den MAD dazu zu bringen, Spiegel-Journalisten zu überwachen. Da hauen unsere Dienste noch unsere eigenen Firmen in die Pfanne.

Nun geht es darum, Deutschland gesellschaftlich zu destabilisieren. Der Chef vom Ifo-Institut stellt sich doch tatsächlich hin und erzählt den Schwachsinn, dass wir 30 Millionen Zuwanderer benötigen würden, um unser Rentenproblem zu lösen. So verkauft man das. Und dann höre ich, in Manier geistiger Hirnwäsche, alle zwei Wochen den Satz in den

Nachrichten, dass über zwei Drittel der deutschen Bevölkerung hinter der Einwanderungspolitik der Bundesregierung stehen. Egal wie man zu diesem Thema steht, Fakt ist, dass 66% Zustimmung glatt gelogen sind, keine 5% befürworten die Einwanderung.

So funktioniert Desinformation, und so wird die Lüge mit der zunehmenden Wiederholung zur Wahrheit, und das Gefährlichste für die Gesichtslosen ist die Information. Deswegen ist auch die Presse unter Kontrolle einiger Wenigen. Und deswegen wird die Presse auch kontrolliert und zensiert. Deshalb gibt es den allseits bekannten, in Presse, Politik und Polizei verwendeten Begriff der *„offiziellen Version einer Nachricht"*... Dementsprechend gibt es auch die *„inoffizielle Version"* derselben Nachricht. Jeder, der bis drei zählen kann, kann sich jetzt selbst überlegen, welche Version die richtige ist – die inoffizielle, die man zurückhält, oder die offizielle, die man nach Belieben verdreht und retouchiert, wie man sie braucht, bevor man sie für die Öffentlichkeit freigibt.

Es gibt einen Passus im Zwei-Plus-Vier-Vertrag, dass die Deutschen die Geschichtsschreibung der Alliierten nicht in Frage stellen dürfen. Das wurde 1990 im Zwei-Plus-Vier-Vertrag verlängert.

Ja, das ist richtig. Das steht im Überleitungsvertrag von 1954, Artikel 7 (1). Darin war verbindlich festgelegt, dass *„deutsche Gerichte und Behörden... alle Urteile und Entscheidungen"* aus den Nürnberger Prozessen *„in jeder Hinsicht als rechtskräftig und rechtswirksam... zu behandeln haben"*. Wichtig war vor allem der Passus, dass dazu die *„Feststellungen"* zum Ablauf der Ereignisse gehörten, die zum Kriege führten. Das umzusetzen unterlag den Kultusministerien der Länder, die wiederum die Aufsicht über den Inhalt der Geschichtsbücher an den Schulen führen. Die Alliierten bestanden beim Zwei-Plus-Vier-Vertrag im Jahre 1990 darauf, dass der Artikel 7 (1) weiterhin Bestand hat. Der Zwei-Plus-Vier-Vertrag hatte den Überleitungsvertrag von 1954 abgelöst. Diese Vereinbarung wurde am 27. und 28. September 1990 von unseren deutschen Vertretern schriftlich zugesichert.

Ja, das wissen aber die wenigsten Deutschen. Das ist der wahre Grund für unsere Situation in der deutschen Medienlandschaft.

Kommen wir zu einem weiteren Punkt: die gezielte Krankmachung bzw. Verseuchung der Bevölkerung, um unser Rentenproblem zu lösen.

Unser Rentenproblem ist unser größtes Problem. Und da hatte der Präsident der Ärztekammer, Karsten Vilmar, schon vor 15 Jahren den Begriff geprägt, der dann auch das Unwort des Jahres wurde: die Gesundheitspolitik des *sozialverträglichen Frühablebens.* Da kann man sich schon fragen, wer und was hinter solchen Zielen steckt. Nun, es ist klar, dass man eine Bevölkerung, die im Schnitt fast 100 Jahre alt werden würde, mit dem, was im Rententopf drin ist, nicht ernähren kann. Im Rententopf ist Geld. Wenn nichts mehr hinzukommt, haben wir ein Problem. Die Leute werden immer älter, und deswegen müssen wir die Reißleine ziehen und dafür sorgen, dass die Menschen nicht mehr so alt werden.

Wie wird das gemacht? Über die entsprechend schlechte Ernährung?

Ja klar. Überall haben wir Chemikalien im Einsatz. Das beginnt bereits in der Landwirtschaft mit dem massiven Einsatz von Spritzmitteln oder Giften gegen Insekten, Pilze, Bakterien und Unkraut. Das geschieht über Uran aus Kunstdünger, der ins Trinkwasser gelangt. Daher ist in den letzten Jahrzehnten die Anzahl der neurologischen Erkrankungen und Krebserkrankungen rapide angestiegen – so reguliert sich das Problem von selbst.

Der *Club of Rome* hatte ja bereits 1972 in seinem Bericht „Grenzen des Wachstums" festgehalten, dass nach dem Jahr 2000 die Schere immer weiter auseinandergehen würde und es immer weniger Rohstoffe für immer mehr Menschen gebe und man deswegen die Geburtenrate senken und die Sterberate erhöhen müsse.

Genau. Die Menschen werden deswegen bewusst dezimiert – über Krankheiten, Epidemien usw.

Gibt es hier auch einen Zusammenhang, den Sie als Mediziner beobachten können?

Ja, zum einen ist das diese massive Fluoridierung seit dem Kindesalter, die ich nicht nachvollziehen kann, auch mit den Defloretten, die man den Kindern nur deshalb gibt, damit sie später einmal eine harte Zahnsubstanz haben sollen. Fluor ist ein Zellgift, das wissen wir alle. Und die Jodierung des Speisesalzes geht in die gleiche Richtung. Das sind alles Geschehnisse, bei denen wir in natürliche Prozesse eingreifen, die die Natur so nicht vorgesehen hat. Schlimmer sind aber noch die Spritzmittel in der Landwirtschaft. Was zum Beispiel in der deutschen Wissenschaft vertuscht wird, ist Ursache für den deutlichen Anstieg einiger neurologischer Erkrankungen wie Alzheimer oder Parkinson. In der internationalen Literatur wird der Einsatz von Pestiziden und Insektiziden als mögliche Ursache für diese Krankheiten genannt. In Deutschland wird das hingegen in der gesamten führenden Literatur unter den Teppich gekehrt. Zudem wird der Begriff *Insektizid* als *Insektengift* übersetzt. Das ist aber ein völlig anderer Begriff. Ein *Insektengift* ist das Gift aus dem Stachel der Wespe zum Beispiel. Hier wird bewusst eine falsche Fährte gelegt. Das ist in der gesamten Literatur so, und bei den führenden Neurologen wird dieser Zusammenhang zwischen Insektiziden und den genannten Krankheiten in Frage gestellt. Hier liegt meiner Ansicht nach eine Zensur vor.

Gibt es weitere Formen der bewussten Krankmachung der Bevölkerung?

Ich habe bei Literaturrecherchen in wissenschaftlichen Arbeiten im Bereich der Neurologie noch etwas herausgefunden. Da geht es um die biochemischen Mechanismen bei einigen neurologischen Erkrankungen und welche Faktoren wo eingreifen. Fakt ist, dass unsere Nervenzellen durch eine ganze Reihe an Giften gestört, geschädigt und zerstört werden. Das wären unter anderem alle möglichen Metalle, die sich im Nervengewebe ablagern, und es ist eine Summation sämtlicher negativer Faktoren, die neurologische Erkrankungen auslösen (die *Neurologie* ist die Lehre von den Erkrankungen des Nervensystems; A.d.V.). Hierzu muss Folgendes zusammenkommen: giftige Metalle, auch Metalle, die wir nur für wenig giftig erachten, die es aber dennoch sind, wie zum Beispiel Nickel, Chrom, Aluminium, Cobalt, Blei und die Schwermetalle sowieso. Diese lagern sich im Nervengewebe ab und führen dort zu

Zellschäden, und ab einem gewissen Punkt ist die Summation dieser Faktoren so groß, dass systematische Defekte entstehen, die sich von selbst ausbreiten. Und zu diesen Substanzen gehören neben den Metallen auch chlorierte Kohlenwasserstoffe, Insektizide, Pestizide und dergleichen. Was Hirn- und Nervenzellen ohnehin schädigt, sind bakterielle und virale Entzündungen. Aber dem sind wir Menschen schon immer ausgesetzt. Das alleine führt aber noch nicht zum Anstieg dieser Erkrankungen, sondern das, was wir in unserer Zivilisation diesem Prozess hinzufügen. Das führt dazu, dass wir mittlerweile bei manchen neurologischen Erkrankungen Anstiege von 20 bis 40 Prozent, stellenweise sogar um den Faktor 20 haben.

Das hieße im Umkehrschluss, dass wir älter werden würden, wenn wir diese bewusst implizierten Gifte nicht hätten.

Selbstverständlich, und wenn wir zu der gesunden Ernährung eine gute gesundheitliche Versorgung hätten – was unseren Vorfahren fehlte –, dann hätten wir eine starke Erhöhung des Lebensalters. Das ist aber nicht finanzierbar. Der heutige Mensch könnte durchaus 120 Jahre alt werden. Es ist so: Innerhalb der Gesellschaft entsteht ein gewisser Gradient, der bereits in einigen Studien angesprochen worden ist, dass Menschen aus sozial schwächeren Kreisen etwa zehn Jahre früher sterben als solche aus besseren Schichten mit höherem Lebensstandard und höherer Bildung. Das hat mit der Ernähung zu tun, mit bewusstem Leben, mit Erziehung und möglicherweise auch mit den Genen, wenn bereits die Vorfahren bewusster gelebt haben. Das hat bestimmt auch mit dem Alkohol- oder Drogenkonsum zu tun und generell mit der Lebensweise – auch mit Stress bzw. dem Umgang mit Stress. Und das hat eben auch mit den sozialen Schichten zu tun, denen man zugehörig ist.

Es geht also um das Konsumieren gesunder Lebensmittel.

Ja. Wer konsumiert denn gesund und bewusst – auch im Hinblick auf Schadstoffe und Giftstoffe sowie genveränderte Nahrungsmittel? Da gibt es eine Elite, die um diese Dinge weiß, und der Rest geht in den Supermarkt und schaut – gerade die Deutschen –, wo es gerade am billigsten ist. *„Wo kann ich ein Schnäppchen machen beim Einkauf von Le-*

bensmitteln?" Aber gerade hier sollte man sehr bewusst darauf achten, was man seinem Körper zuführt. Die Leute geben für alles Geld aus, für Klamotten, für Autos, Stereoanlagen, Monsterfernseher und Smartphones, kurz: für künstlich erzeugte Bedürfnisse, hinter deren Bedienung milliardenschwere Geschäftsinteressen stehen. Dabei sollte der Mensch sein Augenmerk in erster Linie auf seine essentiellen Bedürfnisse, die einer gesunden Ernährung legen. Denn damit kann ich meinen Körper unterstützen. Aber genau da spart der Deutsche. Das macht der Italiener nicht, das macht der Franzose nicht.

Es kommt noch ein weiterer Punkt hinzu: Ich war am letzten Wochenende bei einem Radiästheten, der mir etwas wieder in Erinnerung rief, was ich schon einmal wusste. Es ging um das *Od* bzw. die *Odkraft*. Das ist die Bezeichnung der Germanen für die Lebenskraft, die dem Menschen innewohnt. Diese Odkraft wird automatisch übertragen, wenn wir mit etwas in Berührung kommen: wenn wir ein Kleidungsstück tragen oder jemandem etwas aushändigen. Es gibt Menschen, die können ein Objekt anfassen und dann alles über denjenigen sagen, der dieses Objekt – zum Beispiel einen Ring – einst getragen hat. Beim Handauflegen kann man diese Odkraft auch bewusst auf einen anderen Menschen übertragen. Der Heiler Bruno Gröning hatte zum Beispiel seine Odkraft auf Staniolkugeln übertragen und diese kranken Menschen mitgegeben, damit sie schneller gesunden. Dieser Radiästhet, Hugo Grote, den ich am 21.1.2016 zusammen mit meinem Freund Adam Jakob traf, erklärte, dass es am besten wäre, seine Nahrungsmittel selbst zu pflücken bzw. zu ernten und auch zuzubereiten, um einen Kontakt zu einer fremden Odkraft zu vermeiden. Denn diese beeinflusst einen, ob man das möchte oder nicht. Viele kennen das, dass sie sich unwohl fühlen, wenn sie sich in ein Hotelbett legen oder wenn sie ein Kleidungsstück anziehen, das zuvor jemand anderes getragen hat. Bei der Nahrung ist das so, dass zum Beispiel eine Orange, die aus Israel stammt, dort von jemandem gepflückt, wieder von jemand anderem verpackt, von dem Menschen im Supermarkt ins Regal gelegt und dann erst von mir verzehrt wird. Es sind hier mindestens Odkräfte von drei anderen Menschen dabei, die auf mich übergehen. Will ich das? Oder die Erdnüsse aus den USA oder die Weintrauben aus Südafrika – weiß ich, wer dieser Mensch war, der das in Händen hielt, was ich nun zu mir nehme? War der vielleicht ein Verbrecher, jemand in Angst oder jemand, der traurig oder hasserfüllt war? All das nehmen wir – wenn auch unbewusst – in uns auf. Was ist, wenn die Person, die meine Nahrungsmittel geerntet hat, krebskrank war oder AIDS hatte? Was geschieht mit dieser Energie, mit dieser Information, die nun zu mir gelangt? Was macht sie mit mir? Ähnlich ist es ja auch beim Austausch von Körperflüssigkeiten, also vor allem beim Geschlechtsverkehr. Das kreidet man mir gerade aktuell auf der Wikipedia-Seite über mich an, nämlich dass ich dazu rate, gut achtzugeben, mit wem man das Liebesspiel ausführt, da hier auch Informationen übertragen werden, die lange an einem haften bleiben.

Nun, diesen Begriff des *Ods* kannte ich bislang nicht, aber da ich in meiner Freizeit auch schreinerisch tätig bin, kenne ich den Begriff des *Beseelens*, also dass wir tote Gegenstände beseelen können. Es macht zum Beispiel einen Unterschied, ob ich ein Möbelstück vor mir habe, welches im Akkord maschinell gefertigt wurde oder aber einen Tisch, der von Hand gefertigt und auch von Hand individuell von einem Schnitzer verziert worden ist. Dadurch haucht der Künstler seinem Werkstück eine Seele ein oder anders gesagt: Es geht die Energie des Handwerkers auf das Möbelstück über. Es ist die Mühe und auch das Bestreben, eine perfekte Arbeit abzuliefern. All das geht hier mit hinein. Der Raum und seine Atmosphäre – wo sich dieser Gegenstand befindet – werden wiederum von dieser Energie beeinflusst. Die meisten Menschen spüren das.

Stimmt. Wir kennen ja aus dem Volksmund den Begriff: *„Es ist mit Liebe gekocht worden."* Ich glaube, dass jeder es schmeckt, ob ein Mittagsgericht aus einer Großküche kommt oder von der Oma liebevoll zubereitet wurde, die dabei Freude empfindet, wenn sie für die Enkel deren Lieblingsgericht kocht.

Kommen wir aber noch zu einem anderen Thema: Sie waren kürzlich auf Rhodos und hatten ein äußerst spannendes Gespräch mit einem Herrn, der offenbar einer Untergrundbewegung angehört, die einen politischen Umsturz plant.

Ja, das ist eines der erstaunlichsten Erlebnisse, die ich hatte. Ich kam mit einem Griechen ins Gespräch. Zunächst ging es um griechische Mythologie. Es ging um die Ilias und die Odyssee, und ich stellte fest, dass dies der erste Grieche war, den ich kennenlernte, der sich in seiner eigenen, heimatlichen Mythologie auskannte, und wir unterhielten uns angeregt. Dann kamen wir auf die Politik zu sprechen, und wir waren schnell der Auffassung, dass wir ähnliche Ansichten vertraten.

Ihr habt englisch gesprochen?

Ja, das war das beste Englisch, das ich je von einem Nicht-Engländer gehört hatte. Der hatte einen unglaublichen Wortschatz. Wir kamen auf das Thema Freimaurerei, Globalisierung, die Illuminati-Familien usw. zu sprechen und stellten uns dann gegenseitig die Frage, was man wohl tun könne. Ich meinte, dass man, wenn man sich organisieren würde, recht schnell ausgeschaltet wird. Er blieb dann recht gelassen und meinte nur, dass sie in Griechenland gerade dabei wären, ein Projekt umzusetzen, die Griechen zu befreien, wirtschaftlich und in jeder Hinsicht – durch eine Untergrundbewegung. Er sagte: *„Wir Griechen kämpfen nur für uns. Wir wollen unser Land befreien. Für diesen Prozess gibt es ein Synonym. Wir sind vereinigt und stehen untereinander in Verbindung. Wir werden nicht kontrolliert, wir haben eine eigene Submission-Plattform im Internet, die kein Mensch außer uns kennt, die außer uns niemand benutzen, geschweige denn überwachen kann."* Er sagte, dass das Projekt der Befreiung – und er hat hier von „Abrechnung" gesprochen – „Odyssee" heißt und verglich die gegenwärtige Situation Griechenlands mit der mythologischen Situation und sagte, dass sie kurz vor der Abrechnung seien. Und die Art, wie er das aus der Mythologie auf die Gegenwart übertragen hatte, bescherte mir eine Gänsehaut.

Ich hatte mir vom ersten Gespräch notiert, dass 90 Prozent der Griechen Türken sein sollen und dass dies an etwas erkennbar wäre. Was hat es damit auf sich?

Ja, ich entgegnete dann diesem Griechen, dass doch der größte Teil der Griechen uninformiert sei und keine Ahnung von diesen Themen hätte. Darauf antwortete er: *„Ja, das Volk, das werden wir zum richtigen Zeit-*

punkt davon in Kenntnis setzen. Aber das Volk ist eine Herde Lämmer,
die kannst Du nach rechts führen oder nach links. Zurzeit werden sie in ihr
Unheil geführt, verkauft, verraten und desinformiert. Wir werden sie in-
nerhalb von zwei Tagen informieren und auf den rechten Weg führen."
Das war wirklich sehr beeindruckend, wie er gesprochen hat. Mit einer
inneren Ruhe und Ausstrahlung – das hat mich beeindruckt.

Und was hatte es mit diesen 90 Prozent Türken innerhalb der Griechen auf sich?

Genau. Griechenland war ja türkisch besetzt. Und innerhalb der griechischen Gesellschaft gibt es eine Vereinigung der „rein-griechischen
Griechen". Im heutigen Deutschland wäre so etwas gar nicht denkbar.
Aber die Griechen sind ja freigesprochen von dem, was im Dritten
Reich passiert ist, und haben damit nichts zu tun. Und die übertragen
einen knallharten Rassismus auf ihre hellenische Herkunft. Sie sagen, es
gibt sieben Merkmale eines echten Griechen, dazu gehören verschiedene Grübchen und andere rassische Merkmale, wie das griechische Profil,
die Augen usw. Und ich erinnere mich daran, dass ich vor zirka 20 Jahren eine griechische Journalistin kennengelernt hatte, die damals auch
ganz offen über diese Thematik sprach – also über die „echten" Griechen und die Reinerhaltung der „griechischen Gene". Die hatte damals
gar keinen Hehl daraus gemacht. Bei uns in Deutschland wäre das ex-
tremster Rassismus. Diese Journalistin hatte die anderen Griechen behandelt wie Dreck. Sie war eine sehr gebildete und attraktive Frau, die
uns gegenüber die besten Umgangsformen zeigte und eine gepflegte
Konversation führte – aber sie war eine Rassistin vor dem Herrn. Und
diese Dame sagte damals schon, dass sie die alten griechischen Verhältnisse wiederherstellen wollen – vor über 20 Jahren! Das war blanker
Rassismus. Das wäre bei uns in Deutschland undenkbar.

Der Grieche wusste also über Freimaurer, Rothschild, Bilderberger usw. Bescheid?

Über alles... Er erwähnte auch das „Venus-Projekt", eine Art zukunfts-
visionäre Lebensart, und meinte, auch wenn die Illuminaten alles auf der
Erde vernichten würden, könnten sie trotzdem weiterleben – mit die-

sem Venus-Projekt. Es sei alles vorbereitet. Das geht wohl auch unter Wasser – oder vor allem unter Wasser. Das müssen Sie mal googlen. Das sind autonome, in sich abgeschlossene Lebenssysteme mit eigener Energieversorgung usw.

Als letzte Notiz habe ich auf meinem Zettel stehen, dass es eine Episode gibt von den Castor-Transporten, die in den Bereich der „Lügenpresse" gehört.

Ja, es gibt noch eine Geschichte von einem Freund und Arztkollegen von *Ärzte ohne Grenzen*. Er ist Internist und auch bei *Ärzte gegen den Atomkrieg* aktiv. Er erzählte mir mal von den Catsor-Transporten. Sie hatten dort mit drei Ärzten ein kleines Notfallzelt errichtet. Bei dem Protest waren Bauern, Lehrer und Kinder anwesend und protestierten gegen Atomkraft. Die wollten nicht, dass das Zeug bei ihnen zwischengelagert wird. Denen gegenüber stand vor den Gleisen eine Polizeieinheit, um diese zu sichern. Und die standen sich drei Tage lang gegenüber, weil die Demonstranten nicht genau wussten, wann die Transporte vorbeikommen. Der Arzt hatte nun beobachtet, dass sich die Demonstranten mit den Polizisten unterhalten hatten und eine recht friedliche Stimmung vorherrschte. Man hatte fast den Eindruck, dass sich in diesen Tagen zwischen den Demonstranten und den Polizisten ein entspanntes Verhältnis entwickelt hatte. Unmittelbar vor dem Eintreffen des Transportes wurde diese Polizeieinheit allerdings abgezogen, und es kam eine junge, thüringische Einheit. Das war eine robustere Truppe, Zwei-Meter-Typen, breit gebaut. Dann hatten diese die Demonstranten dreimal aufgefordert, die Blockade aufzulösen – nochmals bemerkt, dass es keine Randalierer waren, sondern eher ältere Leute sowie Kinder –, was diese jedoch nicht taten. Nach der dritten Aufforderung hatten diese dann die Schlagstöcke rausgeholt und angefangen, auf die Demonstranten einzuprügeln. Dann haben sie die Demonstranten hochgehoben und weggetragen. Anschließend erzählte der Arzt, dass sie innerhalb einer Viertelstunde über 20 Nasenbeinbrüche in diesem kleinen Zelt hatten. Er hatte dann beobachtet, wie zwei Polizisten eine Person hochgehoben hatten und beim Hochheben einer dem Demonstranten absichtlich die Nase herumgedreht und dadurch gebrochen hatte. So hatten sie es mit vielen gemacht. Das war angeordnet.

Er berichtete dann, dass die komplette Presse dagestanden war – ARD, ZDF, SAT1, PRO7, alles, was Bilder macht. Die hatten das gefilmt, und die Journalisten und Ärzte haben sich darüber unterhalten, wie schlimm das ist, was da passiert, und dass das Konsequenzen haben würde, denn das ginge gar nicht. Am nächsten Tag sah man im Fernsehen hingegen Aufnahmen, auf denen lachende Polizisten lachende Demonstranten weggetragen haben und die Demonstranten den Polizisten Blümchen in die Mütze reinsteckten. Alle Sender hatten diese Bilder gesendet. Das heißt, dass alle Sender mitgemacht haben!

Lügenpresse – ganz einfach...

Absolut. Und ich kann hier gleich noch etwas aus eigener Erfahrung schildern. Als wir im Juni 2011 auf der griechischen Insel Rhodos in Urlaub waren, sind wir noch aufs Festland und wollten nach Athen. Meine Frau und ich hatten dann mit Freunden zuhause telefoniert, und die sagten, dass wir auf gar keinen Fall in die Innenstadt gehen sollten, da dort tausende radikaler Demonstranten wären, die Deutschlandfahnen verbrennen würden und Randale machten. Es würde dort Hatz auf Deutsche gemacht werden. Vermummte hätten Autos und Geschäfte angezündet und Molotow-Cocktails geworfen, in den Geschäften seien die Scheiben eingeschmissen oder Schaufenster verbarrikadiert worden usw. Wir hatten dann im Hotel die deutschen Nachrichten eingeschaltet und tatsächlich diese Bilder gesehen. Ich hatte meiner Frau aber versprochen, dass wir ins Zentrum fahren und auch die Akropolis ansehen, deswegen haben wir uns dann auf verschlungenen Wegen in die Innenstadt vorgewagt – immer in Hab-Acht-Stellung, ob wir von irgendjemandem angegriffen werden oder Demonstranten begegnen. Dann kamen wir im Zentrum auf dem Syntagma-Platz an, der in der Tagesschau zu sehen war, auf dem die Randale stattfand – und waren überrascht. Alle Geschäfte waren geöffnet, keine kaputten Scheiben, keine Merkel-Puppen mit Hakenkreuz-Binde am Galgen – nichts. Ich bin dann zweimal um den Syntagma-Platz herumgefahren, da war überhaupt nichts. Es waren drei Infostände aufgebaut, an denen junge Herren mit Krawatte – keine Vermummten! – Laufzettel verteilten. Wir sind dann zur Akropolis hoch und sahen dort ein Plakat gegen die EU hängen, auf dem stand, dass man gegen die EU-Maßnahmen demonstrieren solle. Um 8 Uhr morgens öffnen dort die Tore. Fünf Minuten vor acht kam dann ein Wachmann mit einer Trillerpfeife und trillerte. Kurz darauf traten aus der Akropolis ein paar Studenten heraus und hängten die Plakate von der Akropolis ab. Die sind dann friedlich aus der Akropolis raus, und die Touristen strömten rein – fertig. Wir hatten dann noch ein paar Worte mit den Demonstranten gewechselt. Und das war alles.

Warum wird in Deutschland in den Nachrichten gegen die Griechen gehetzt? Warum wird das deutsche Volk gegen das griechische aufgehetzt? Das war blank gelogen!

Ja. Als wir am nächsten Tag wieder zu Hause waren, habe ich alle Fernsehsender durchgeschaltet, habe mir das wieder angeguckt mit den Demonstrationen und den brennenden Puppen usw. Es war aber NICHTS in Athen. Warum macht man das?
Es gibt nur eine Erklärung: Die deutsche Presse *muss* diese gefälschten Aufnahmen zeigen. Die Pressestellen selbst, die Sender, die wissen, dass es gefälscht ist, aber sie müssen es tun – auf Anordnung.

Das war wie mit dem Foto der europäischen Politiker, die in Paris nach dem Attentat auf *Charlie Hebdo* Hand in Hand zusammenstanden. Es sah für den Fernsehzuschauer so aus, als würden die Politiker mitten in Paris stehen mit hunderten Menschen hinter sich. Dieses Foto wurde weltweit in den Medien gezeigt. Nur Stunden später kam bereits heraus, dass man eine Straße abgeriegelt hatte und dort die Politiker zusammenstanden – geschützt durch Security. Die Smartphones und die unabhängigen, alternativen Nachrichtenportale machen es möglich... Das fliegt jetzt alles auf, all die Lügen.

Mir hat einmal ein höherer Bundeswehroffizier erzählt, dass viele der Aufnahmen, die letzten Endes zum Kosovo-Krieg geführt haben, gefälscht waren. Es gab dazu auch eine Reportage, in der sie den Scharping vorgeführt hatten. Die hatten Scharping im Interview mehrmals der Lüge bezichtigt. Die Reportage hieß „Es begann mit einer Lüge".

O.k. Vielen Dank für das überaus interessante Gespräch. Ihnen alles Gute weiterhin!

Geomantische Kriegsführung –
Kriege um die Kraftorte der Erde

Einer meiner engsten Freunde ist der ehemalige Bauunternehmer Adam Jakob, der seit 2013 nicht nur sehr erfolgreich als Energetiker (Geistheiler) und Aurachirurg arbeitet, sondern auch die Erdakupunktur praktiziert. Dadurch werden Störzonen aufgehoben zum Wohle von Mensch und Erde. Adams Freund und in gewisser Weise auch sein Mentor war Erich Neumann, einer der letzten Tempelritter. Dieser hatte nicht nur das alte Templerwissen in sich vereint, sondern war auch ein Schüler von Viktor Schauberger. Erich hatte eine Freie-Energie-Maschine auf Wasserbasis gebaut, die er mir bei einer unserer Zusammentreffen auch zeigte. Zudem hatte er uns auch seinen selbstgebauten *Cloudbuster* (Wetterkanone) vorgeführt und die Wolken über seinem Haus in einer bestimmten Runen-Form sich formieren lassen.

Adam erlernte aber auch noch etwas anderes von Erich Neuman: das Wissen um die *Geomantische Kriegsführung*. Was es damit auf sich hat und wie dies angewandt wird, erzählt uns Adam in seinen eigenen Worten:

Adam Jakob: Ich habe von meinem Lehrmeister Erich Neumann, der 1999 verstorben ist, erfahren, wie nahezu jedes Grundstück zu einem Ort der Kraft verwandelt werden kann. Erich war einer der letzten Templer, die das Wissen darüber hatten. Wichtig ist dabei zu wissen, dass die Erde wie auch der Mensch *Meridiane* besitzt (auch *Leylines* oder *Drachenpfade* genannt). Diese können blockiert (inaktiv) sein, ein Minusfeld oder ein Positivfeld haben. Solche Blockaden können Mensch und Natur vernichten. Sobald diese Punkte gefunden sind, können diese, ähnlich wie bei der menschlichen Akupunktur, wieder zum Fließen bzw. wieder richtig ausgerichtet werden. Erich hat mir insbesondere gezeigt, wie schädlich Energieblockaden auf Grundstücken sein können. Dies führt in der Regel zum Stillstand auf allen Ebenen, das heißt, es bestehen Blockaden für Mensch

Abb. 19: Adam Jakob

305

und Natur. Sobald auf einem Grundstück ein Ort der Kraft entsteht, kann sich dieser im Umkreis von 500 Metern auf alles positiv auswirken. Doch dann berichtete er mir auch, dass nicht nur auf den Grundstücken, sondern über die ganze Erde verteilt viel mächtigere Hauptenergiepunkte und Chakren vorhanden sind. Um diese Punkte werden schon seit dem Altertum Kriege geführt. Wer diese Punkte beherrscht, kontrolliert die Welt innerhalb des jeweiligen Wirkungsbereiches.

Ein Beispiel aus Europa: Auf der Insel Gozo, der Nachbarinsel Maltas, steht die viertgrößte Kuppelkirche Europas (nach Rom, London und einer weiteren auf Malta). Man fragt sich, was eine solch riesige Kirchenkuppel auf einer kleinen Insel mit 30.000 Bewohnern macht. Der Grund ist, dass an dieser Stelle der Hauptenergiepunkt für den Mittelmeerraum ist. In dieser Kirche befindet sich ein Schaltpunkt, um diese Energien zu lenken bzw. auszurichten. Die Insel Gozo selbst ist gerade mal 29 Kilometer lang und 8 Kilometer breit, hat aber eine unglaubliche Dichte an Kirchen. Dieses Wirkungsfeld hat einen Durchmesser von ca. 2.000 Kilometern. Es wirkt sich auf fast gesamt Italien, Serbien, Mazedonien, Albanien und große Teile Libyens aus. Dies bedeutet, in der Kuppelkirche auf Gozo kann der gesamte Energiefluss der betreffenden Region nach Belieben geschaltet und damit auch beherrscht werden. Wer dieses gigantische elektromagnetische Minusfeld beherrscht, ist der Herrscher über diese Region. Nicht umsonst ist der Malteserorden ein so mächtiger Orden und hatte sich gerade dort gebildet.

Ein weiteres Beispiel: Die stärkste energetische Positivzone in Mitteleuropa wird geografisch von Deutschland, Luxemburg, halb Belgien und ganz Holland begrenzt. Dieses energetische Wirkungsfeld hat einen Durchmesser von ca. 650 Kilometern. Sein energetischer Mittelpunkt sind die Externsteine. Schon die Römer wollten diese Gegend immer wieder erobern und damit beherrschen, scheiterten aber jedes Mal kläglich. Aber auch kleinere Energiefelder, wie z.B. in München (ca. 330 km im Umkreis), haben eine enorme Wirkkraft. Hier liegt der Mittel- und Schaltpunkt in Wessobrunn, einem ehemaligen Zisterzienser-Kloster. Von dort kann ganz Oberbayern „geschaltet" werden. (Kleine Randnotiz: Nach dem Olympiaattentat 1972 wurde 1995 auf einer der Energielinien ein „Denkmal" gesetzt. Es handelt sich hier eindeutig um einen Schalthebel. Dieser wurde „zufällig" so angebracht, dass sogar Gesamtdeutschland inaktiv geschaltet gewesen wäre, da eine Verbindungslinie zwischen den Externsteinen und München existiert. Dem wurde noch zu Lebzeiten durch Erich Neumann erfolgreich entgegengewirkt.

Zwei weitere Erdchakren befinden sich in Polen: Eines ist bei Krakau (3.800 km Wirkungsdurchmesser). Es wurde überbaut und befindet sich im Besitz einer nicht christlichen Institution. Das andere liegt in den Pripjet-Sümpfen. Weitere Chakren sind unter anderem in Tibet (Eroberung durch China), Jerusalem (ständiger Krieg seit der Antike), aber auch am Südpol und auf der Krim. Fast alle Hauptenergiezentren werden inzwischen „beherrscht". Diese Liste könnte man beliebig fortsetzen.

Aber wieso heißt die Überschrift „Kriege um die Kraftorte der Erde"? Weil seit hunderten von Jahren auf den Leylines, also auf den Erdmeridianen, und speziell auf diesen Kraftpunkten, Bauwerke mit Kuppeln oder Obelisken oder Ähnlichem errichtet werden – entweder christliche Kirchen, Synagogen oder Moscheen. Die meisten dieser Gebäude wurden auf bereits bestehenden germanischen oder keltischen Kultplätzen errichtet, sprich drübergebaut, weil diese Völker schon zuvor davon Kenntnis hatten. Durch die Aneinanderreihung dieser Kuppelgebäude oder Obelisken, die man sich wie Akupunkturnadeln auf den menschlichen Meridianen vorstellen kann, wird die Energie von Kuppel zu Kuppel übertragen, bis sie über die Hauptschaltpunkte (Gozo, Externsteine, Moskau, Krim, Schottland usw.) bis nach Rom und von dort aus nach Jerusalem weitergegeben wird, wo sie sich dann schließlich sammelt und

Abb. 20:
Das Denkmal in München.

Abb. 21:
Die gigantische Kirche auf Gozo.

307

genutzt wird. Sie wird von denjenigen genutzt, die darüber Bescheid wissen. Da auf solchen Kraftpunkten Bauwerke unterschiedlicher Religionen stehen, zeigt dies, dass die Mächte hinter diesem Energieabsaugen ÜBER den Religionen stehen bzw. diese nur benutzen. Wer solche Energiezentren beherrscht, braucht keine Massenmedien oder Waffen, um Mensch und Natur in diesen Feldern zu beeinflussen. Es geht schlicht um Energie, nicht die von Öl oder Ähnlichem. Nein, es geht um *unsere* Energien, und damit um die Abhängigkeit von diesen Verursachern.

So, und nun kommt der eigentliche Aspekt: Erich und seine Templer hatten hier entgegengewirkt, weshalb man von „Geomantischer Kriegsführung" spricht. Im Beisein von Jan van Helsing hatte Erich uns 1996 vorgeführt, wie das geht. Er besaß eine Holztafel, ein großes Brett, auf dem sich eine Landkarte befand und alle kuppelartigen Gebäude Europas sowie Obelisken durch eingeschlagene kleine Nägel gekennzeichnet waren. Diese waren wiederum durch Bindfäden miteinander verbunden, und so sah man maßstabsgetreu, wie die Energiemeridiane in Europa verlaufen und wo genau die Kuppelgebäude oder Obelisken stehen. Was Erich und seine Templerbrüder dann gemacht haben ist Folgendes: Wurde beispielsweise ein neues kuppelartiges Gebäude auf einer Leyline errichtet, wurde dies auf dem Holbrett markiert. Dann hatten sie geschaut, wo ein Unterbrechen dieser Verbindung am geeignetsten ist und sind dann ins Auto gestiegen und dort hingefahren. An der ausgewählten Stelle haben sie dann – z.B. in einem Waldgebiet – eine Mauer in Runenform, eine spezielle Stele oder ein anderes germanisches Objekt platziert, um den Energiefluss der „Gegenseite" zu unterbrechen. Solche Mauern oder Stelen wurden danach getarnt oder mit Erde überschüttet, sodass sie nicht gefunden werden konnten. Somit war der Gegner nun gezwungen, vor oder nach solch einer Energieunterbrechung wieder ein neues kuppelartiges Gebäude zu errichten, um – ähnlich wie bei der Akupunktur – deren Energie wieder ins Fließen zu bringen.

Abb. 22:
Washington Monument

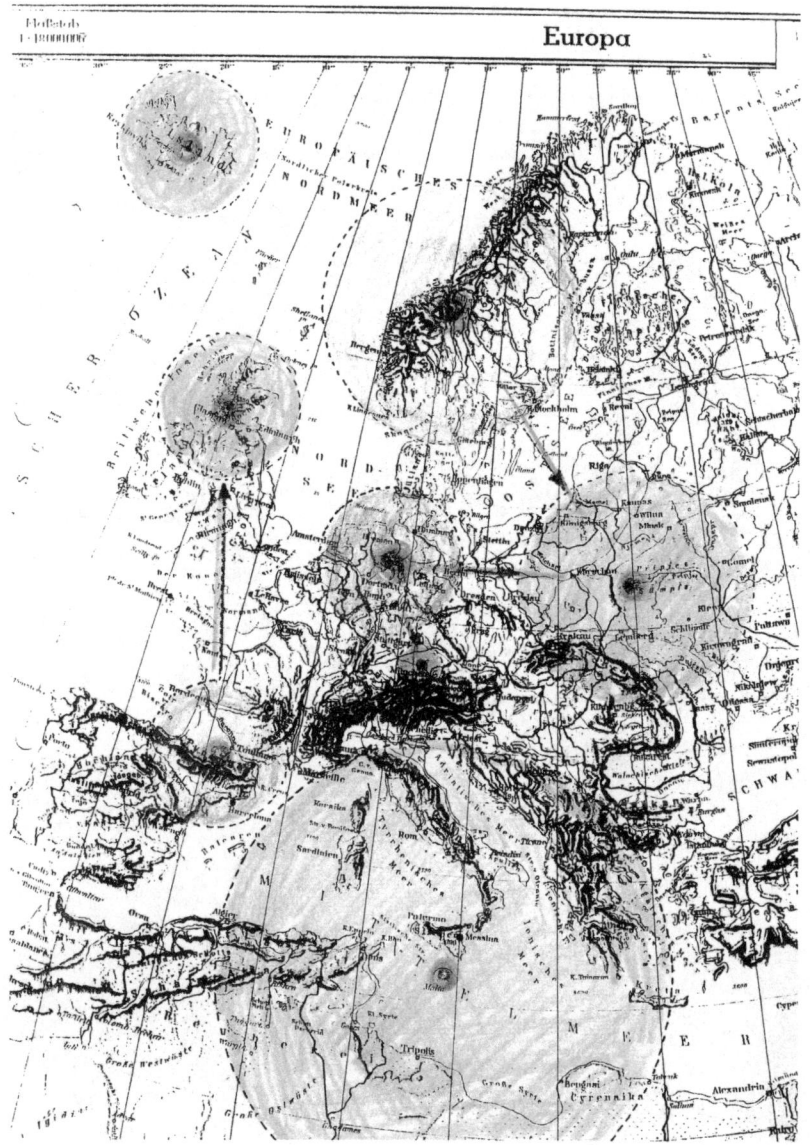

Abb. 23:
Die europäischen Haupt-Erdchakren: Island, Nordschottland, Trondheim, Pripjet-Sümpfe von Polen, Externsteine, Montsegur und Gozo.

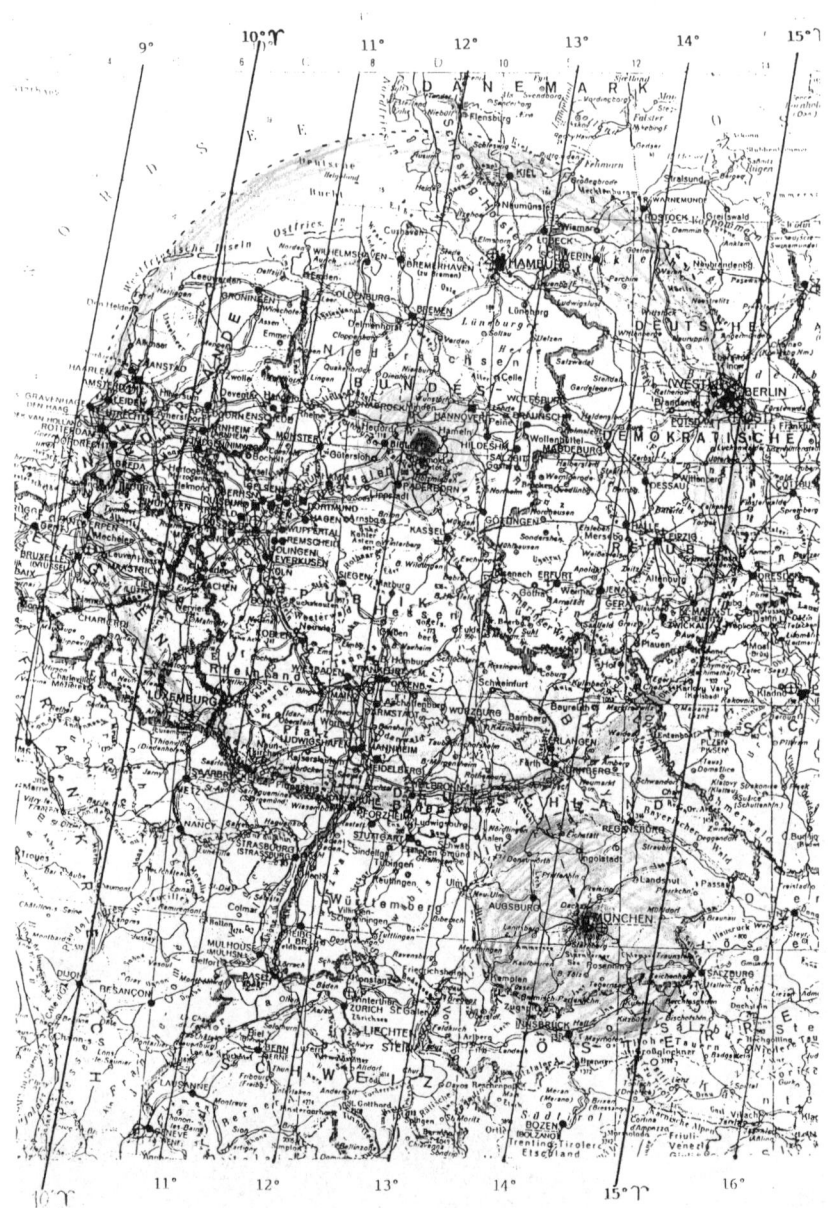

Abb. 24:
Eine Kraftlinie verläuft von den Externsteinen nach München.

Dass die Illuminati – denn genau das sind diejenigen, die all das seit Jahrhunderten mit ihren verschiedenen Logen betreiben – das heute immer noch fleißig tun, erkennt man daran, dass auch weiterhin an solchen Energiepunkten Kuppelgebäude errichtet werden. Und ein Geomant kann erkennen, dass auch heute noch jemand da ist, der diese Energielinien unterbricht. Doch wer das ist, kann ich nicht sagen.

Jetzt aber die gute Seite: Von allen Orten wird die Energie – ähnlich einem Schienennetz – in die Umgebung transportiert. Und dieses Schienennetz ist über „Weichen" (Schalthebel) zu schalten. Das bedeutet, dass diese beeinflussenden Felder trotzdem zum Wohl der Menschen und Natur positiv geschaltet werden können, ohne dass die Verursacher etwas dagegen tun können. Das ist meine Arbeit. Zudem sind noch nicht alle Hauptpunkte in den Händen dieser Macht.

Achten Sie künftig auf ungewöhnliche Bauwerke in der Nähe von weltlichen Machtzentren (z.B. Washington, Obelisk). Dort könnten Schaltpunkte vorliegen.

Kontakt zu Adam Jakob: www.adamjakob.de

Abb. 25: Jan van Helsing mit Adam Jakob und Hugo Grote im Museum von Erich Neumann

„Hast Du als Medienschaffender keine klare ‚linke' Position, bist Du ein Nazi!"

Im November 2015 hatte ich die Idee für ein neues Filmprojekt. Ich fuhr nach Hamburg und traf mich dort im Schanzenviertel mit einem ehemaligen Schauspieler, der heute als Gastronom tätig ist, aber immer noch in der Medienbranche gut vernetzt ist. Ihn wollte ich um Rat fragen. Zudem suchte ich für die englische Fassung unseres Filmes „Die Cheops-Lüge" einen Übersetzer und Sprecher und für mein neues Projekt jemanden, der mir die Filmmusik komponieren würde. Der Schauspieler/Gastronom machte mich daher mit zweien seiner Freunde bekannt. Wir trafen uns zu viert in einer ruhigen Ecke eines Szenelokals, damit ich unser Ideenfindungsgespräch aufnehmen konnte. Nachdem wir das Geschäftliche besprochen hatten, entwickelte sich unsere Unterhaltung zunehmend in eine politische Richtung. Teile dieses Gespräches fand ich so spannend, dass ich die Gruppe im Nachhinein um Zustimmung bat, dies in diesem Buch veröffentlichen zu dürfen – logischerweise musste ich die meisten gefallenen Namen herausnehmen oder schwärzen. Es waren der Ex-Schauspieler zugegen, ein Musiker und ein Moderator, der auch schon in anderen Bereichen, wie z.B. beim Radio und im Fernsehen, tätig war.

Musiker, erzähle mir doch bitte, wie Du in die Musikszene reingekommen bist.

Musiker: Ich bin schon seit meiner Kindheit musikalisch aktiv und bin das, was man instrumental begabt nennt. Ich spiele mehrere Instrumente und habe im Lauf der Jahre in mehreren Bands und viel als Studiomusiker gespielt.

Und Du, Moderator?

Moderator: Ich habe viele Jahre als Radiomoderator gearbeitet und sehr viele Events, Partys und Konzerte moderiert. Weil ich mehrere Sprachen spreche, wurde ich auch immer wieder für große internationale Stars geholt und habe auch viel bei Pressekonferenzen übersetzt und war journalistisch tätig.

Ihr habt also mit bekannten Musikern zusammengearbeitet.

Musiker: Ja, als Studiomusiker hat man wenig mit anderen Musikern zu tun, aber ich habe auch viel live gespielt, und da war ich über die Jahre mit vielen Stars „backstage", also hinter der Bühne, und hatte mit denen direkt zu tun. Und deshalb spreche ich hier aus erster Hand. Ich weiß, was ich gesehen habe. Jedenfalls ist es bei vielen Stars so, dass sie hinter der Bühne ein ganz anderes Gesicht haben als „on stage".

Wie meinst Du das?

Musiker: Viele sind total zerstört von Drogen oder Alkohol, denn ganz viele von ihnen sind alleine, haben keine Familie, so wie wir das kennen. Das sind Menschen, die kaum Freunde haben oder jemanden, der sie wirklich liebt. Wenn sie jemand liebt, dann wegen deren Ruhm oder wegen des Geldes. Und das macht einsam. Oder sie haben eben kein Geld – wie die jetzt in Mode gekommenen gecasteten Jungs von diesen Fernsehshows (*DSDS*, *Popstars*, *Starsearch* u.a.). Ich habe das damals bei den ██████ mitbekommen, eine berühmte Girls-Band, die hatten damals 4.000 DM netto bekommen – das ist ein Hungerlohn. Die Sender haben diese jungen Menschen verheizt. Sie werden benutzt. Auf der Bühne strahlen sie, aber wenn das Licht ausgeht, ist da nur Leere und Traurigkeit, und die versucht man oft mit Hilfsmitteln zu vertreiben.

Moderator: Ja, die wenigsten Musiker sind Millionäre. Das glauben wohl die Menschen, weil es in den Medien meist so dargestellt wird, aber dem ist nicht so. Und die gecasteten Marionetten sowieso nicht.

Es ist also ein Drogensumpf.

Musiker: Ja, so kann man es nennen. Natürlich nicht alle, aber bei manchen ist es ganz massiv. Und sie konsumieren das ganz offen hinter der Bühne. Und es ist denen auch egal, ob da Kinder dabei zuschauen oder Halbwüchsige. Drogen sind eigentlich fast überall verfügbar, die stehen oft im Backstage-Bereich gleich neben den Gummibärchen. Gute Drogen sind teuer, und wenn Du ohnehin wenig Geld hast, dann bist Du auch bald pleite.

Schauspieler: Ich glaube, dass in der Unterhaltungsbranche viele in so was hineinschlittern. Wenn sie jung sind, sehen sie es bei den Alten und wollen dazugehören, wollen cool sein. Es hat natürlich auch den Reiz des Verbotenen. Aber gute Drogen sind teuer, und schlechte Drogen sind extrem ungesund. Und leider verdirbt es die Menschen oft, sie verlieren die Bodenhaftung oder werden paranoid. Entweder sie sind immer aufgedreht oder aber sie kiffen und kriegen mit der Zeit gar nichts mehr mit.

Moderator: Ja, und dann gibt es einige Promis, die sich aufführen. Das sind eingebildete Kotzbrocken – von Natur aus. Ich verzichte hier darauf, Namen zu nennen, sonst bekomme ich Ärger. Obwohl, den Karl Moik kann ich nennen, vom Musikantenstadl. Er hatte immer einen auf gute Laune gemacht, war aber ein richtiger Choleriker. Und viele sind auch gebrochene Menschen und haben einen Vollschaden, weil sie mit dem Ruhm nicht klarkommen. Sie meinen, dass man immer nur „schnips" machen muss und man alles bekommt. Aber natürlich sind nicht alle so. Manche sind aber auch ganz offen und nett – und ganz schnell kommt eben immer das Thema Drogen.

Schauspieler: Wobei man aufpassen muss, dass man jetzt nicht alle als Drogenabhängige darstellt. Es geht ja auch nicht immer nur um harte Drogen. Aber es gibt schon viele, die sich vor jedem Auftritt zumindest Mut ansaufen müssen, auch beim Theater. Die trinken dann auch was während der Vorstellung, um die Angst vor dem Publikum zu überwinden und um lockerer zu sein.

Moderator: Ja, dann geht auch viel mit Frauen. Du kannst fast jede haben, die da herumschwirrt, zum Beispiel bei einem Konzert. Das ist so, weil Du – und auch ich als Moderator – Zugang in diesen magischen Backstage-Bereich hast und Du dann jemanden mitnehmen kannst. Das hat für viele Leute eine wahnsinnige Faszination. Und eigentlich ist es nur ein Gestänge hinter der Bühne. Da ist nichts Besonderes, da sitzen die, es gibt etwas zu essen und zu trinken, meist recht primitiv. Du stellst auf der Bühne etwas dar für diese Leute, vor allem für die Mädels, die daheim ihren Typen haben, der den ganzen Tag zum rödeln geht und vielleicht auf dem Bau arbeitet. Und dann sehen die einen Moderator, der vor ein paar tausend Fans spricht und die Masse aufputscht. Da ging es entweder gleich hinter der Bühne zur Sache oder später irgendwo... Zudem denken viele, dass Du, wenn Du im Fernsehen oder in der Musikbranche was zu tun hast, im Geld schwimmst. Das stimmt aber nicht. Da ist viel falsche Behauptung. Jedenfalls ist die Musikszene Sodom und Gomorra.

Aber wie kommen die alle an die Drogen? Die kann man doch nicht so einfach bekommen, oder?

Schauspieler: Doch, das ist ziemlich einfach. Die sind immer und überall verfügbar. Wenn Du weißt, wie es geht, dann kannst Du sie jederzeit und überall haben. Zumindest in der Stadt gibt es sie in jeder Disco und in jedem Club. Und es gibt überall Leute, die man anrufen kann und die liefern. Das ist wie bei *Call a Pizza*.

Im Ernst? Ist das nicht gefährlich?

Musiker: Offenbar nicht. Und am schlimmsten mit Drogen geht es in der Volksmusik zu. Da wird auch wirklich Kohle verdient. Also wenn Du irgendwo in Deutschland mit Musik Geld verdienen willst, dann mit Schlagern oder Volksmusik. Da werden auch die meisten Platten verkauft. Diese Musik ist auch am leichtesten zu machen, weil Du anspruchslose Texte singst wie Berge, Heimat und Liebe und einfache Akkorde spielst. Schau Dir doch mal die Volksmusikstars an. Das ist alles die gleiche Sülze. Die sind teilweise nicht älter als 30. Du glaubst doch nicht im Ernst, dass die sich das auch zu Hause anhören. Und was glaubst Du, wie viele in der Volksmusik schwul sind und nur nach vorne hin so tun, als wären sie es nicht. Die haben zwar eine Freundin, aber das ist alles Show.

Musiker, Du sagtest, dass mit der Volksmusik am meisten Geld verdient wird.

Musiker: Ja, das ist so. Das krasseste ist aber, dass viele von den Stars der Volksmusik diese Musik privat aber gar nicht anhören. Die kommen aus dem Rock, hatten aber keinen Erfolg und haben dann umgesattelt zur Volksmusik. Bei der Ballermann-Szene ist es genauso. Die machen das nur, weil damit Kohle zu machen ist. Vor allem, wenn man bei denen die Texte anhört, fasst man sich ans Hirn.

Moderator: Ja, wohingegen die richtig schweren Hardrocker wie Rammstein, die ja musikalisch richtig Ahnung haben, privat Klassik hören – Tschaikowsky, Rachmaninov usw.

Wie sieht es mit der politischen Haltung innerhalb der deutschen Musikszene aus?

Musiker: Normalerweise sind die alle politisch „links" ausgerichtet, bis auf ein paar Ausnahmen, wie zum Beispiel *Frei.Wild*, die sind wie die neuen *Böhsen Onkelz*, nur jünger und netter. Die hat man auch wegen eher nationalen Texten in die Pfanne gehauen. Es gibt auch in der Musikszene nur ein Links-Bewusstsein. Das sind alles Linke und Grüne. Etwas anderes wird nicht toleriert – basta. Bei *Frei.Wild* handelt es sich ja nicht einmal um Deutsche, sondern um Südtiroler. Sie machen aber einen ähnlichen Sound. Und sie werden voll in die rechte Ecke gedrückt – obwohl sie in den Plattencharts immer wieder auf der Nummer 1 stehen. Bei der *Echo*-Verleihung waren sie zunächst nominiert, wurden dann aber ausgeladen – und das, obwohl sie zu diesem Zeitpunkt die erfolgreichste Band in Deutschlands Charts waren. (Der *Echo* würdigt die erfolgreichsten Musiker eines Jahrgangs. Für die Nominierung spielen die Charterfolge eine Rolle, bei der Auszeichnung entscheidet auch eine Jury mit.; A.d.V.) Das muss man sich einmal vorstellen. Und verschiedene Musik-Promis wie der Nuschler Udo Lindenberg haben gesagt, da gehen wir nicht hin, wenn *Frei.Wild* kommt. Vor allem die Band *MIA*, *Die Ärzte* und *Kraftklub* hatten ihre Teilnahme abgesagt, sollte *Frei.Wild* weiterhin nominiert sein.

Moderator: Ich bin ja immer noch beim Radio tätig. Wenn mich jemand nach meiner politischen Meinung fragen würde, dann würde ich gar nichts sagen – oder lügen. Denn ansonsten hätte ich keinen Job mehr. Aber es fragt sowieso keiner, weil sie davon ausgehen, dass Du die offizielle Haltung unterstützt.

Ich würde an Deiner Stelle sagen, dass ich mir zu diesem oder jenem Thema noch keine abschließende Meinung gebildet habe...

Moderator: Ha, genau mit dieser Aussage zeigst Du ja schon, dass Du „rechts" bist. Denn wenn Du nicht überzeugt zu einem Thema Stellung beziehst, ist das aus deren Sicht verdächtig, zum Beispiel zum Thema Flüchtlinge. Da hat doch eine Flüchtlingsbetreuerin bei mir angefragt, ob ich nicht kostenlos ein Tonstudio für einen Nachmittag für eine Gruppe Asylanten organisieren könnte, damit die Musik aufnehmen können. Sie wollte, dass ich die pushe.

Musiker (lacht): Ja, ich hatte auch so eine Anfrage, habe das aber abgelehnt. Mich lässt ja auch niemand in seinem Tonstudio umsonst Musik aufnehmen oder nur, wenn ich ihm auch einen Gefallen tue. Tja, und seither bin ich bei uns in der Umgebung als „rechts" verschrien.

Und wie ist es im Filmbereich?

Schauspieler: Naja, prinzipiell sind die meisten Künstler und Kreativen eher „links", weil viele von ihnen ja irgendwie Außenseiter der Gesellschaft sind und die linken Parteien tendenziell immer mehr Verständnis und Duldung für Außenseiter oder Minderheiten hatten. Zudem waren die Linken auch immer eher ein Garant für Subvention und Kulturförderung als die rechten Parteien. Deshalb sind Schauspieler, Drehbuchautoren usw. tendenziell eher immer links gewesen. Das geht jedoch viel tiefer, weil sie nicht nur parteipolitisch uniform sind, sondern auch dadurch, dass sie von der Politik, sprich von den regierenden Parteien, abhängig sind. Kunst ist nicht nur in Deutschland, sondern in ganz Europa staatlich finanziert, anders als in den USA, wo es ein Mäzenatentum ist.

Was heißt das konkret?

Schauspieler: Das heißt konkret, dass jeder Film, jede Theaterproduktion, jede Oper mit Steuergeldern mitfinanziert wird. Das heißt, dass sich die Kulturschaffenden mit den politisch Verantwortlichen gut stellen müssen, sonst streichen die ihnen die Subventionen. Das heißt, dass die Vorsitzenden der einzelnen Berufsverbände sich regelmäßig mit Politikern treffen und ihnen gefallen müssen, damit die Kulturförderung nicht zurückgefahren wird. Wenn man sich fragt, warum deutsche Kinofilme – von wenigen Ausnahmen abgesehen – meist zahm und angepasst sind, so ist die Antwort, dass sie alle mit öffentlichen Geldern finanziert werden und die Vergabe dieser Gelder immer irgendwie mit der Politik und den öffentlich-rechtlichen Sendern verbunden ist. Da gibt es Auswahlgremien, die oft aus der Politik bestückt werden, direkt oder indirekt, manchmal auch mit Kirchenvertretern. Und dann sitzen natürlich auch immer ein paar Branchenvertreter mit drin, aber meist nur solche, die der Politik gefallen. Am Ende kommt halt immer nur das durch, was den politisch Verantwortlichen und deren Vertretern und Abgesandten gefällt, verstehst Du? Es liegt nicht daran, dass die Kreativen nicht auch gelegentlich andere Ideen oder andere politische Meinungen hätten, aber wenn Du bei einer Förderung ein Drehbuch einreichst, welches das bestehende politische System zu stark kritisiert, dann wird das Projekt einfach nicht gefördert, und es wird nie einer zu sehen bekommen. Auch wenn nach außen hin immer alle betonen, wie unabhängig sie doch sind!

Aber es kann doch nicht sein, dass alle Schauspieler und Drehbuchautoren und Regisseure dieselbe Meinung haben und immer das machen, was andere wollen? Die werden sich doch wenigstens hinter vorgehaltener Hand die Wahrheit sagen?

Schauspieler: Eher weniger! Im Gegenteil! Die Konkurrenz ist groß, und die Futtertröge sind zu klein für alle. Wer querschießt, ist raus. Also versuchen alle, sich besonders beliebt zu machen. Nach außen hin tun sie alle ganz lieb und „mencheln", so gut es geht, aber hinten herum versuchen sie, einander auszubooten. Viele „Künstler" – wenn man sie denn so nennen kann – gieren ja auch nach Aufmerksamkeit, das sind oft sehr unsichere und narzisstisch gestörte Menschen, ähnlich wie in der Politik. Viele sind extrem unsicher, auch wenn das nach außen hin nicht so wirkt. Sie wollen geliebt werden und können meist mit Kritik schlecht umgehen. Und wenn Du dann aber in der Öffentlichkeit stehst, ist der Druck groß, ja keinen Fehler zu machen, ja nie das Falsche zu sagen.

Das klingt sehr ernüchternd...

Schauspieler: Stell Dir vor, Du bist bei einer großen Preisverleihung eingeladen, mit rotem Teppich, Fernsehkameras und dem ganzen Kram. Auf der Bühne hält irgendeine Persönlichkeit aus der Medienbranche – sagen wir eine bekannte Schauspielerin – eine Ansprache. Diese Person war wenige Tage zuvor noch beim Kultursenator oder beim Bundeskulturminister zu einem kleinen Empfang eingeladen, und man duzt sich dort ganz kumpelhaft und gehört zum „erlesenen Kreis" dazu. Natürlich sagt diese Person auf der Bühne nichts, was die Regierenden in Bedrängnis bringen oder verärgern könnte, weil niemand die Hand beißt, die ihn füttert. Und wenn nun die Kamera durchs Publikum schwenkt, klatschen alle anderen Anwesenden im Saal mit Begeisterung, denn sie wollen ja nicht negativ auffallen. Stell Dir vor, eine bekannte Schauspielerin, sozial engagiert und politisch korrekt, hält eine Rede und lässt mit einfließen, dass man netter zu Flüchtlingen sein solle und dass man eine klare Kante gegen die „rechten Schläger" oder gegen die AfD zeigen muss. Wenn Du da im Publikum sitzt und „Buh" rufst oder einfach nur nicht klatschst und die Kamera schwenkt auf Dich, dann bist Du in den Abendnachrichten und wirst als Nazi diffamiert... Deine eigene Zunft meidet Dich, Du bekommst keine Jobs mehr und bist gezeichnet fürs Leben... Also klatschen alle brav, wenn oben auf der Bühne die Oberindianer irgendetwas faseln, das gut klingt, egal wie undifferenziert und realitätsfern es auch sein mag. Wenn Du das dann über Jahre hinweg machst, dann entfernst Du Dich immer weiter von der Realität und kriegst es gar nicht mehr mit. Du hast keine differenzierte Meinung mehr, weil Du nur mit Deinesgleichen abhängst. Du lebst in einer Scheinwelt und tust alles, um sie zu erhalten.

Moderator: Und nochmals: Wenn Du sagst, Du musst zunächst darüber nachdenken, bedeutet das ja, dass Du darüber nachdenkst. Das heißt, Du hast keine klare linke Meinung. Also sagst Du in den Medien, Du bist links, denn eine Mitte gibt es nicht. Entweder Du bist links oder Du bist ein Nazi.

Schauspieler: Du kannst Dich natürlich auch dumm stellen. Das funktioniert zumindest für die meisten Künstler ganz gut.

Wie geht das?

Schauspieler: Du sagst einfach, dass Du Dich nicht mit Politik beschäftigst. Oder Du sagst halt so Allgemeinplätze oder lenkst alles weg vom Tagesgeschehen, hin zu Zitaten großer Schriftsteller. Oder Du machst Witze oder erzählst was Schwülstiges, was überhaupt nichts damit zu tun hat, aber irgendwie gut klingt. Man muss sein Gegenüber verwirren. Da sind einige Schauspieler ganz groß drin. Das kommt immer gut an.

Moderator: Also bei mir ist das so, dass es, wenn ich durch den Sender laufe und mit den Mediengestaltenden unter vier Augen spreche, dann oft ganz anders aussieht. Am Mikrofon vertreten sie die Meinung des Senders, aber privat haben sie auch oft „politisch unkorrekte" Ansichten.

Schauspieler: Das Problem ist, dass man in Deutschland noch nie seine wirkliche politische Meinung sagen konnte.

Moderator: Und in den Medien schon fünfmal nicht. Ich habe mal vor ein paar Jahren einen Werbespot für eine deutschnationale Partei gesprochen, weil es offenbar keiner der bekannten Sprecher machen wollte. Gut, das würde ich heute vielleicht auch nicht mehr machen, aber die hatten gut bezahlt, und ich habe meine Stimme etwas verstellt, sodass man mich nicht gleich erkennt – dachte ich.

Schauspieler: Gib zu, Du hast das Geld gebraucht!

Moderator: Ja, aber ich hatte mir damals gedacht, dass der Text auch nicht unbedingt schlimmer war als der der CSU, also hatte ich das gemacht. Aber sollte das jemals herauskommen, dass ich für die gesprochen habe, kann ich einpacken. Tatsächlich war es so, dass mich der eine oder andere doch erkannt hatte, und es wurde nachgefragt, ob ich auch so denke wie die Partei, also ob ich mich mit deren Programm identifizieren kann. Ich hatte mich dann so rausgeredet, dass ich auch Konzerte oder Veranstaltungen moderiere, ohne zu wissen, was die Betroffenen so treiben. Der Chef eines Unternehmens, für das ich gearbeitet hatte, sagte mir, dass er mich nämlich sonst aus der Kartei gestrichen hätte.

Wenn ich eine Möbelhauseröffnung moderiere, dann frage ich auch nicht vorher nach, ob die Möbel in der Dritten Welt von Kindern gefertigt oder ob tropische Hölzer verwendet werden. Also hier muss man entweder schlagfertig sein oder dann vom Inhalt Abstand nehmen.

Glaubst Du, dass ein Til Schweiger tatsächlich von dem überzeugt ist, was er über Flüchtlinge sagt?

Schauspieler: Ja, ich glaube schon.

Musiker: Aber dieses Gutmenschtum hast Du auch in der Musik. Da setzen sich auch ständig irgendwelche Promis für Flüchtlinge und Ausländer ein. Da ist es aber oft aus rein kommerziellen Gründen, damit sie wieder mal im Fernsehen zu sehen sind bzw. überhaupt in den Medien auftauchen. Die erfolgreichen Musiker bewegen sich zwischen Studio, Tourbus, Konzerthallen und Partys hin und her. Die haben selbst noch nie einen Flüchtling aus der Nähe gesehen und wissen darüber auch nur das, was sie aus den Nachrichten kennen.

Schauspieler: Also ich kann es nur aus meiner früheren Zunft sagen, da muss es gar nicht einmal um das „brauchen" gehen, die tun das auch im engsten Kreis aus tiefster Überzeugung. Weißt Du, wenn Du Künstler bist, musst Du „links" sein. „Rechts" ist spießig. Punkt.

Moderator: Also ich kenne welche, die machen es nur wegen der Publicity, weil das funktioniert. Ich kenne aber auch Künstler oder Produzenten, wenn Du mit denen privat zusammen bist, dann haben die immer noch die Schere im Kopf. Du bist zwar privat zusammen, aber sie haben Angst, dass eine unbequeme Meinung doch irgendwie nach außen dringen könnte. Nach dem vierten Bier kann es aber sein, dass es dann doch mal aus dem einen oder anderen herausplatzt, aber sonst nicht. Ich kann von mir sagen, dass ich mit keinem einzigen Sprecher befreundet bin. Man trifft sich zwar immer wieder und trinkt einen zusammen, aber eine Freundschaft gibt es nicht.

Schauspieler: Ja, es stimmt schon, es gibt einige, bei denen man das Gefühl hat, dass sie es nur wegen der Publicity machen. Nimm die ██████ ██████. Abgesehen davon, dass ihre Präsenz und ihr Erfolg wohl daher kommen, dass ihr Mann einer der größten Medienunternehmer im Land ist, erlebt man sie bei Veranstaltungen zu später Stunde meist sturzbesoffen. Die wird völlig asozial und ausfallend, ist zu weniger bekannten Kollegen komplett asozial, aber dann fährt sie einmal im Jahr in die Dritte Welt und engagiert sich für benachteiligte Menschen. Und da ihr Mann halt mehrere Zeitungen hat, lässt es sich nicht vermeiden, dass da dann Fotografen dabei sind und darüber berichtet wird...

Das klingt aber alles sehr oberflächlich und anstrengend. Wie hält man das auf Dauer aus?

Moderator (lacht): Wunderst Du Dich noch, dass die meisten Drogen nehmen? Nüchtern ist das ja kaum zu ertragen.

Schauspieler: Anstrengend finde ich es deshalb, weil die meisten Kulturschaffenden anders funktionieren als etwa Menschen in der Wirtschaft oder in normalen Berufen. Sie verstehen vieles nicht, weil sie anders gepolt sind, sie sind meist empfindsamer als der Durchschnittsbürger und leben in einer anderen Welt, zumindest geistig. Sonst wären sie ja nie Schauspieler geworden. Viele sind echt naiv. Dennoch werden sie, wenn sie bekannter sind, in Talkshows oder so auch immer wieder zu politischen oder wirtschaftlichen Themen im weitesten Sinn befragt und äußern sich dazu. Das ist oft katastrophal, weil sie keine Ahnung haben und kompletten Stuss reden. Das ist oft wirklich schwer zu ertragen, weil sie oft auch in eine öffentliche Rolle als Autorität hineingedrängt werden, die sie nicht sind. Die wenigsten haben dann den Mut zu sagen: *„Das verstehe ich nicht, dazu sage ich nichts."*, weil sie Angst haben, blöd dazustehen. Außerdem wollen sie zeigen, wie gebildet sie sind. Sie plappern dann irgendwas nach, was sie im Feuilleton gelesen haben und gut klingt. Generell werden sie meiner Meinung nach oft einfach überschätzt und überbewertet, ähnlich wie bei Fußballern. Zudem werden sie eben, wie schon gesagt, auch oft von der Politik und den Medien benutzt, und oft merken sie es gar nicht, weil sie eitel sind und jegliche Form von Aufmerksamkeit lieben.

Du hattest vorhin kurz erwähnt, dass die Charts gefälscht sind. Wie soll das gehen?

Musiker: Du kaufst Deine Platten bzw. CDs selbst. Sobald Du 20.000 verkaufte Singles in einer bestimmten Zeit hast, wirst Du gelistet. Früher waren das mal 40.000, heute nur noch 20.000, weil das meiste über iTunes und andere Internet-Anbieter geht. Also bringe ich Platten auf den Markt, die ich dann selber aufkaufe – und schon stehe ich in den Airplay-Charts und werde im Radio gespielt.

Ist das bekannt?

Musiker: In der Musikbranche weiß das jeder, nur der Konsument, sprich der Radiohörer, weiß das nicht. Und derjenige mit der größten Kaufkraft steht immer auf Platz 1. Und wenn jemand die Möglichkeit hat, eine Million seiner CDs aufzukaufen, dann ist er nun mal auf Platz 1. Und wer auf Platz 1 ist, bekommt wieder neue Verträge usw. Und Du wirst feststellen, dass das oft ▓▓▓▓▓▓▓▓ ist. Mehr sage ich dazu nicht... Übrigens sind da schon einige aufgeflogen. Das musst Du mal googlen. Das ist aber erst seit den 1990er-Jahren so, dass die die eigenen Singles aufkaufen. In den USA ist das etwas schwieriger, denn da musst Du einiges mehr an Singles kaufen. Und die von der GEMA (*Gesellschaft für Verwertungsrechte*) sagen nichts, die wären ja doof, die bekommen ja pro ge- und verkaufter Single wieder Geld. Die GEMA ist auch wieder so ein Institut, das mehrmals kassiert. In Deutschland musstest Du in den Jahrzehnten zuvor viel mehr Singles verkaufen. Damals wurden ja noch richtige Hits geschrieben, also Musik, die Du auch heute noch hören kannst. Aber das Gedudel von heute kann man ja kaum ertragen. Das kann man kurze Zeit hören, dann ist der Titel wieder weg. Die heutigen Hits halten sich maximal sechs Wochen, dann werden sie nicht mehr gespielt. Und oftmals ist etwas Erfolgreiches ein Remake eines älteren Titels aus den 1970er- oder 1980er-Jahren, der schon einmal erfolgreich war.

Warum ist das so? Sind die zu blöde, was Eigenes zu machen?

Musiker: Erstens gibt es keine richtigen Musiker bzw. keine richtigen Bands mehr. Oder kennst Du noch Bands wie *U2*, *Bon Jovi* oder die

323

Scorpions? Zweitens hast Du im Studio per Knopfdruck viel leichter die Möglichkeit, ganz schnell einen Hit zu machen. Und drittens sind die Leute da draußen so verdummt, dass sie Musik nicht mehr verstehen und auch nicht mehr verstehen wollen.

Schauspieler: Ich würde es anders formulieren: Bis zu den 1980ern hatte jedes Jahrzehnt eine Musik, die eine Revolution gegen die Elterngeneration war. Musik war immer – von den 1950ern angefangen bis zum Ende der 1980er-Jahre – eine Revolution. Ende der 1980er-Jahre waren das Rap und Hiphop – teilweise bis in die Mitte der 1990er-Jahre. Und seitdem kam nichts mehr, nichts! In den 1990ern kam die ganze Clubszene auf, wo plötzlich DJs die Stars wurden und nicht mehr richtige Musiker, wo nur noch gemischt und verfälscht wurde. Und das hat keine Seele, das hat kein Anliegen. Musik wie von *Pink Floyd*, wo die Titel acht Minuten lang sind oder länger, wo Texte noch Sinn haben und kritisch sind, würde heute überhaupt nicht mehr rauskommen.

Musiker: Ja, es wird ja auch nicht mehr wirklich produziert, also richtige Musik, weil der Aufwand zu groß ist, weil die Leute es nicht mehr können, weil Du keine Musiker mehr findest, die erstens die Lust und zweitens das Talent haben, zum Beispiel bei Schlagzeugern, auf „klick" zu spielen, sprich alles perfekt zu spielen. In der heutigen computerisierten Zeit wollen die Konsumenten alles perfekt gespielt haben, das kann kaum noch ein Musiker erfüllen. Schau Dir mal einen Typen wie Udo Lindenberg an. Denkst Du, dass der bei Dieter Bohlen eine Chance hätte mit seinem Genuschel? Die würden den auslachen und heimschicken. Menschen bzw. Musiker mit einer Eigenart bzw. mit einem Können sind nicht erwünscht. Du musst heute wie aus dem Ei gepellt sein, musst fehlerfrei singen können. Warum? *Weil die Produzenten keine Zeit mehr haben, um wirklich jeden Ton aus Dir rauszulocken und um mit Dir zu arbeiten.* Sie haben oft schon vorgefertigte Songs und suchen sich dann jemanden, der genau dazu passt, über den sie dann den Song vermarkten können. So läuft das. Es geht nur um die Kohle. Die einzig halbseriöse Castingsendung im Fernsehen ist *The voice of Germany*, weil die zunächst einmal unabhängig vom Aussehen entscheiden. Zumindest in den ersten beiden Runden noch. Danach ändert sich das dann auch. Es geht nicht um Talente, sondern um Geld.

Schauspieler: Das ist im Schauspielbereich genauso. Bis in die Neunziger hinein gab es noch viele schräge Typen und Exzentriker in Film und Fernsehen. Heute regieren die harmlosen Durchschnittstypen. 1,75m groß, dunkelhaarig, durchschnittlich aussehend. Die dürfen dann auch ein wenig auf schräg machen. Aber wirkliche Charaktere mit Kanten und eigener Meinung kriegen keinen Job mehr. Meinst Du, ein Klaus Kinski könnte heute noch Karriere machen?

Musiker: Und wo sind die ganzen Plattenfirmen wie *Ariola* oder *EMI*? Es gibt nur noch *Sony*, und die haben die Macht. Wenn Du keinen Plattenvertrag bei *Sony* hast, kannst Du es vergessen. Alle anderen haben nicht die Maschinerie dahinter. Oder ein Herbert Grönemeyer? Glaubst Du, dass der mit seinem Singstil heute noch einen Vertrag bekommen würde? Die Musik wird nur noch für den Massenmenschen gemacht, nur noch für die dummen Leute. Musik ist eigentlich was Intelligentes und man muss intelligent sein, um sie zu verstehen. Deswegen hören die meisten intelligenten Leute, die etwas verstehen, klassische Musik. Warum? Weil sie die Musik verstehen, sie diese nachvollziehen können, weil sie eine Logik dahinter sehen. Sie wissen, wann die Streicher einsetzen, wann der Chor usw. Ähnlich ist es mit Filmmusik, den Soundtracks. Hier hast Du eine dynamische Musik, da es mal schneller oder langsamer oder auch mal leiser wird. Das hören nur Leute, die im Beruf Erfolg haben, die gefestigt sind, die Grips im Schädel haben.

Moderator: Genau! Den Einheitsbrei aus dem Radio hörst Du Dir drei Monate an, dann ist er totgespielt. Ähnlich ist das ja bei den Sprechern im Radio oder bei den Moderatoren. Die Stimme einer Frau im Rundfunk oder auch eines männlichen Sprechers ist zu einhundert Prozent austauschbar. Ich behaupte, dass ich jeden Moderator, der keinen Einschlag vom Dialekt hat, von *Antenne Bayern* packen und zu *Ö3* rüberschicken kann, und die Hörer merken es nicht. Warum? Weil sie nur noch Leute suchen, die ersetzbar sind, und zwar zu jeder Zeit. Die brauchen keine Charakterstimmen mehr wie Elmar Hörig oder Manfred Sexauer, das waren noch Persönlichkeiten im Radio. Warum werden die nicht gewollt? Weil der Hörer sich an diesen Moderator binden könnte. Der Hörer könnte ja sagen: *„Bei dem Moderator Heinz Schmitt höre ich* *jeden Morgen um 8 Uhr rein, der gefällt mir.* " Dann hätten die Programmchefs keine Macht mehr über ihr Programm. Es gibt noch ein paar wenige, meist in den Morgensendungen. Das sind noch Persönlichkeiten. Aber bei den Nachmittagssendungen ist es auf jeden Fall so, dass die Sprecher sofort ausgetauscht werden können. Die Senderchefs brauchen Leute, die man ersetzen kann.

Musiker: Die Sender spielen doch alle den gleichen Einheitsbrei. Es geht schon lange nicht mehr darum, was der Hörer hören möchte, sondern es geht darum, wie ich mich am besten vermarkte und am meisten Kohle mache, und das durch nationale und lokale Werbung.

Ich kannte mal ein Mädel aus meiner Punk-Zeit, die war später für ein Jugendmagazin tätig – den Titel sage ich jetzt besser nicht –, die haben in ihrem Heft mit hunderttausendfacher Auflage auch eine Charts-Liste. Das Mädel hatte mir damals erzählt, dass diese auch sehr „kreativ" gestaltet gewesen sei...

Moderator: Ja, das sind klar deren eigene Charts. Wir können jetzt auch die Jan-van-Helsing-Charts starten und wir entscheiden dann, welches Lied wir auf Nummer 1 setzen. Ob die bei dem Magazin Geld dafür kassieren, kann ich allerdings nicht sagen. Aber der Künstler versucht natürlich, sich mit dem Blatt gut zu stellen. Da wird man vielleicht mal zum Essen eingeladen, oder der Künstler gibt dem Magazin ein Exklusiv-Interview. Dafür steht er dann in den Charts weiter oben. Beim Radio ist das wieder anders. Da gibt es einen sog. *Musik-Research*. Im Radio läuft kein einziger Titel, der nicht hundertfach getestet wurde von irgendwelchen Agenturen, an die man eigentlich nicht direkt rankommt. Das sind Agenturen, die den Titel vorhören, und dann bemustern sie die Sender damit. Und alles, was nicht zu 100 Prozent von diesen Agenturen getestet wurde, wird nie im Radio gespielt. Deswegen hört sich auch jeder Sender gleich an. Bist Du bei denen nicht getestet und gelistet worden, gibt es keine Chance, jemals ein Airplay zu bekommen. Dann wirst Du nie im Radio gespielt werden. Es gibt vielleicht einzelne Ausnahmen, aber generell läuft das so.

Also wenn ich meine CD an einen Sender schicken würde...

Moderator: ...hört sich das kein Mensch an. Auch bei großen Sendern, die ich kenne, wird nicht das gespielt, was die Hörer hören wollen, sondern das, was anderswo entschieden wird – eben von den Agenturen.

Was mir auch mal aufgefallen ist, sind unsere heutigen Bundesligaspieler. Wenn die ein Interview geben, dann hört sich das alles gleich an.

Moderator: Die haben alle die gleichen Trainer. Beim Radio gibt es die Yvonne Malak, die coacht jeden Moderator, die coacht jeden Radiosender. Deswegen hören sich die Radiosender in Deutschland auch gleich an. Die Bundesligaspieler lernen zuerst einmal, niemanden anzuschauen. Ist Dir das schon aufgefallen? Die schauen überall hin, nur nicht in die Kamera oder zu dem, der sie interviewt.

O.k. Wir hatten das Manipulieren der Musikcharts behandelt. Ist das beim Film genauso?

Schauspieler: Ich weiß es nicht, aber es gibt etwas Interessantes: Es gibt die berühmten Einschaltquoten beim Fernsehen, nach denen alles beurteilt wird, wie viele Millionen Zuschauer der *Tatort* angeblich hatte usw. Ich kann nur sagen, jeder Produzent, mit dem Du sprichst, sagt Dir: *„Wenn Du mir einen bringen kannst, der solch eine Box zu Hause hat, mit der diese Stimmen gezählt werden, zahle ich Dir viel Geld."* Niemand in der Branche hat jemals einen getroffen, der solch eine Box zuhause hat, mit der die offiziellen Einschaltquoten gemessen werden.

Das sind angeblich 5.000 Haushalte, die rund um die Uhr überwacht werden und deren Einschaltverhalten gemessen wird. Anhand dieser Daten wird die Einschaltquote aufs ganze Land hochgerechnet, und daran wird dann bemessen, was die Werbung zwischen den einzelnen Formaten kostet. Das bedeutet: Je höher die Quote, desto mehr bringt die Werbung ein, desto beliebter ist eine Sendung beim Sender und natürlich auch die Macher der Sendung. Das heißt, die Quote basiert auf einer Hochrechnung. Dabei haben Mathematiker belegt, dass Hochrechnungen immer eine Ungenauigkeit haben, die in dem Fall bei mehreren Prozent liegen kann.

Moderator: Außerdem: Je kleiner der Sender, desto mehr ist er von der Ungenauigkeit betroffen.

Und wie genau wird das gemessen?

Schauspieler: Na ja, das weiß im Grunde keiner, weil die *GfK* (ein Marktforschungsinstitut; A.d.V.), die das macht, angeblich 5.000 digitale Boxen an 5.000 Haushalte verteilt hat, die angeblich repräsentativ für ganz Deutschland sind. Nur, weil außer der GfK keiner weiß, wer die sind, kann das auch keiner überprüfen. Man muss aber anzweifeln, dass das Ganze repräsentativ ist, denn wer lässt sich schon gerne von einer Firma rund um die Uhr in seiner Wohnung auf die Finger schauen? Wenn jemand gut situiert ist und einigermaßen gebildet, dann will er doch nicht seine Fernsehgewohnheiten lückenlos überwacht haben, oder? Wenn einer etwas radikaler ist oder vielleicht ungewöhnliche Meinungen oder Vorlieben hat, dann wird er sich doch nicht beobachten lassen, oder? Das ist doch vermutlich eher etwas für jemand, der dringend das Geld braucht oder der vielleicht das Gefühl haben will, auch mal wichtig zu sein.

Und das kann man nicht überprüfen?

Schauspieler: Offenbar ist das geheimer als geheim. Aber die interessante Frage ist doch: Wenn ich weiß, dass mein Fernsehverhalten lückenlos überprüft wird, bin ich dann nicht eher geneigt, es dem allgemeinen politischen und gesellschaftlichen Konsens anzupassen, also mich so zu verhalten, wie ich glaube, dass es richtig wäre? Jeder, der überprüft wird, verstellt sich doch ein wenig...

Warum macht man nicht einmal einen Internetaufruf, wer solch eine Box zuhause hat?

Schauspieler: Die dürfen sich ja nicht melden, sie unterschreiben ja einen Vertrag, dass sie das nicht sagen dürfen. Das ist, als wenn Du einen Aufruf startest, dass sich Geheimagenten bei Dir melden sollen...

Wie ist es dann möglich zu sagen, dass bei der WM soundsoviele Millionen das Deutschlandspiel gesehen haben?

Schauspieler: Das können sie eben nicht. Das wird anhand der 5.000 Boxen hochgerechnet. Du weißt auch in Wahrheit nicht, ob die das wirklich schauen oder ob das nur im Hintergrund mitläuft, während sie ganz andere Sachen machen. Manche Menschen lassen den Fernseher rund um die Uhr laufen, damit sie sich nicht so einsam fühlen. Manche schlafen, während die Kiste läuft... Aber spannender ist doch die Frage: Wer sagt mir denn, dass die Sender nicht die *GfK* bestechen, um die Haushalte so auszusuchen, dass ein bestimmter Sender davon profitiert? Das wäre dann vermutlich der mit dem größten Budget. Oder wer sagt mir, dass die *GfK* nicht einzelne Testpersonen extra dafür vergütet, wenn sie bestimmte Sendungen auf bestimmten Sendern öfter sehen oder zumindest so tun als ob? Als in der Schweiz 2013 die Firma, die das dort misst, gewechselt wurde, wichen die neuen Quoten von den alten Zahlen plötzlich um 20% ab. Keiner weiß also, ob diese Zahlen auch nur ansatzweise stimmen oder ob die Deutschen in Wahrheit nicht ganz anders fernsehen, als das von den Sendern selbst behauptet wird. Dennoch argumentieren die Sender immer damit, dass dieses oder jenes vom Publikum nicht gewollt wird, oder sie belegen mit ihren Quoten, dass eine bestimmte Sendung sehr beliebt ist. Aber egal, mit wem ich spreche, jeder schimpft darüber, dass im Fernsehen heute nur noch Mist läuft! Das passt doch alles nicht zusammen! Letztlich ist es so, dass die Fernsehsendungen nicht der Unterhaltung dienen, sondern als Rahmen, in die man die Werbung einbetten kann.

Moderator: Die Quote beim Radio ist auch gefaked. Heute hatte bei mir jemand von der Mediaanalyse angerufen zwecks Umfrage, und ich habe denen gesagt, dass ich selbst Medienschaffender bin und dazu erklärt, dass ich ihnen keine vernünftige Antwort geben kann, wenn es um die MA (Mediaanalyse) geht. Die rufen bei Dir an und fragen Dein Hörverhalten ab. Die Zahlen, die Du von einem Radiosender bekommst, wonach sich sein Umsatz bemisst, sind beliebig manipulierbar. Es geht hier darum: Je mehr Hörer Du hast – man nennt das *Stundennettoreichweite* –, desto mehr Geld bekommst Du für die national eingebuchten Werbespots, denn je mehr Hörer ich erreiche, desto mehr muss beispielsweise *Müller-Milch* auch für einen Werbespot bezahlen, weil er ja TKP pro Hörer, den ich erreiche, bezahlt.

Jetzt rufen die also an und fragen, welchen Sender ich morgens von 6 bis 8 Uhr höre und welchen von 8 bis 12 Uhr usw. *„Bei welchem Sender hören Sie nur 10 Minuten, bei welchem eine halbe Stunde? Wer ist für Sie musikalisch am relevantesten?"* Und das kann ich mir als Sender so hinrechnen, dass ich immer der Gewinner bin. Du wirst bei der MA nie einen Verlierer finden. Dafür, dass die Sender in der MA dabei sind, zahlen diese viel Geld – das ist im Prinzip nur ein Umfrageinstitut, eine Telefongesellschaft, das die MA für sie durchführt. Und dann gibt es zum Beispiel den Sender mit dem meisten Hörerzugewinn. Der sagt dann: *„Wir haben im Vergleich zum vergangenen Jahr die meisten Hörer dazugewonnen!"* Und der nächste Sender sagt: *„Wir sind der absolute Gewinner, denn wir haben die wenigsten Hörer verloren."* Der nächste Sender sagt: *„Nein, wir sind der Gewinner, denn wir haben die durchschnittlich längste Hördauer."* Der nächste Sender sagt: *„Nein, wir haben gewonnen, bei uns schalten pro Stunde 3.000 Leute ein."* usw. Also man kann sich diese MA's so hindrehen, wie man sie braucht.

Schauspieler: Wobei Du nie weißt, ob das, was sie veröffentlichen, überhaupt stimmt. Denn Du weißt ja nicht, ob das nicht auch eigene Mitarbeiter ausgefüllt haben.

Moderator: Oder schau Dir die Landesmedienanstalten an, die die Frequenzen vergeben. Einen großen Teil der in Bayern freiwerdenden Frequenzen kriegt sowieso ▮▮▮▮▮▮▮▮▮. Da brauchst Du Dich gar nicht zu bewerben. Ich habe mir ja auch schon mal die Frage gestellt, wie ich selbst einen Radiosender aufmachen kann. Den kannst Du aufmachen, indem Du ganz viel Kohle mitbringst – also wenn Du auf UKW senden willst. Ich meine nicht Internet- oder Satellitenradio, sondern das richtige auf UKW. Hier muss man sich auf eine Ausschreibung bewerben, also auf eine freigewordene Frequenz, die es gerade gibt, und die teilt Dir die Landesmedienzentrale zu und ermittelt nach Bedarf. Ich bezweifle, dass ▮▮▮▮▮▮▮ den Bedarf erfüllt, dass sie in jedem Landkreis mindestens 15 verschiedene Frequenzen bekommen.

Tja, so läuft das bei uns. Kurzer Themenschwenk: Du hattest mir mal eine interessante Geschichte erzählt. Du bist seit vielen Jahren mit einem der erfolgreichsten Filmmusikproduzenten befreundet. Der ist einer der Großen in Hollywood. Den Namen lassen wir jetzt mal weg…

Musiker: Ja, der rief mich eines Abends an und meinte, dass er keinen Bock mehr habe, da nicht nur in Hollywood, sondern auch im Bereich der Filmmusik *„nur noch eine ganz bestimmte ‚Clique' das Sagen hat und dass es nur noch ums Geld geht".*

Schauspieler: Das ist nicht ganz falsch, geht aber aus meiner Sicht am Kern der Sache vorbei. Es ist aber eine Tatsache, dass in Hollywood immer weniger künstlerische Aspekte eine Rolle spielen und es fast nur noch ums Geld geht. Viele große Künstler leiden unter der Situation, dass nur noch das Kapital entscheidet, die „Suits", wie man in Hollywood sagt, also Menschen, die nichts von Film und Kunst verstehen, sondern nur von nackten Zahlen.

Musiker: Wie auch immer, der Produzent hat auch gesagt, dass die Bezahlung auch immer schlechter würde in Hollywood. Ich meine, ihm tut es nicht weh, aber den Leuten, die dort generell tätig sind – auch den Schauspielern. Es gibt ein paar Größen, die richtig Asche machen, aber all die anderen werden schlecht bezahlt.

Schauspieler: In Deutschland ist das ja noch viel schlimmer. Da werden die Schauspieler mittlerweile wahnsinnig schlecht bezahlt. Jeder Fußballer verdient das Hundertfache. Aber auch andere Gewerke, wie Maskenbildner oder Kostümbildner, werden bei den Gagen immer weiter gedrückt. Die meisten Schauspieler können von den schlechten Gagen nicht mehr leben, sie machen nebenbei etwas anderes, um über die Runden zu kommen, oder sie hören ganz auf, so wie ich. Nach außen hin versuchen sie, den Schein aufrechtzuerhalten. Sie laufen über einen roten Teppich nach dem nächsten, nur damit sie sich dort beim kostenlosen Buffet satt essen können. Das wird aber leider auch immer spärlicher. Dabei muss man sich vorstellen, dass die Öffentlich-Rechtlichen, die überall ihre Finger mit drin haben, allein 30.000 festangestellte Mitarbeiter beschäftigen, und wer weiß, wie viele freie. Das ist der größte mir bekannte Selbstbedienungsladen. Die erwirtschaften 1,5 Milliarden Überschuss mit ihren Zwangsabgaben, die sie dann irgendwie anlegen, an den Finanzmärkten oder was weiß ich. Redakteure haben oft mehr als 80.000 Euro im Jahr und beschweren sich, dass sie schlecht bezahlt werden. Die Intendanten verdienen oft sogar mehr als 300.000 im Jahr, aber die Kreativen, die ihr Programm mit ihrem Talent und Engagement füllen und das Gesicht für den Sender hinhalten, werden zum allergrößten Teil extrem schlecht bezahlt – bis auf wenige Ausnahmen. Die meisten Schauspieler verdienen nicht einmal ein Zehntel eines Intendanten.

Aber wenn Du länger dabei bist, muss doch schon allein durch die Wiederholungen der Sendungen einiges rausspringen?

Schauspieler: Das ist leider ein Irrtum. In Deutschland und Österreich sind die Gagen immer Buy-Out, also eine Einmalzahlung, mit der Du alle Rechte an den Produzenten oder den Sender abtrittst, was bei uns hier oft dasselbe ist, weil jeder Kinofilm mit Fernsehgeld co-finanziert wird und die meisten großen Produktionsfirmen ohnehin Töchter der Öffentlich-Rechtlichen sind. Du kannst als Schauspieler einen tollen Film machen, der dann über die Jahre hundertmal wiederholt wird, aber Du bekommst dafür keinen Cent. Der Sender lukriert mit Deiner Leistung immer und immer wieder neue Werbeeinnahmen aufgrund zweifelhafter Angaben. Er gibt davon aber nichts an die Schauspieler oder Kameraleute oder sonst wen weiter. Zudem wird weniger Fiktion gedreht als früher und mehr wiederholt. Es kommt hinzu, dass ein Film heute an weniger Drehtagen gedreht wird und an weniger Drehorten. Was früher an drei Tagen abgedreht wurde, geschieht heute an einem einzigen Tag. So gesehen bekommen Schauspieler heute nur noch ein Zehntel von dem, was sie früher bekamen.

Wann war „früher"?

Schauspieler: Vor zirka zehn, fünfzehn Jahren. Der Einschnitt war die Euro-Einführung, das hat alles verändert. Der erste Knick war im Jahr 2000 und der nächste zwei Jahre später durch die Euro-Einführung. Damals hat man noch das drei- bis vierfache an Tagesgage bekommen im Vergleich zu heute. Und früher hattest Du als Episodenhauptrolle in einer Fernsehserie zwischen fünf und zehn Drehtage. Heute hat eine Episodenhauptrolle ein bis zwei Drehtage, und pro Tag kriegst Du deutlich weniger als früher. Dafür arbeitet man heute länger als früher. Zwölf bis vierzehn Stunden pro Tag bei einem Film sind nicht ungewöhnlich. Das ist mittlerweile reine Ausbeutung.

Liegt das nicht auch ein bisschen an *YouTube*, dass jeder ein wenig Schauspieler sein kann?

Schauspieler: Nein, es liegt einfach am Geld. Die Sender haben irgendwann gemerkt, dass man die Kreativen drücken kann und ziehen das knallhart durch, weil Schauspieler, Drehbuchautoren, Maskenbildner und so weiter eben nicht wirtschaftlich denken. Sie haben sich jahrelang über den Tisch ziehen lassen, ohne sich zu organisieren und zusammen dagegen aufzustehen. Für Sport wird im Fernsehen jedes Jahr immer mehr Geld ausgegeben, für die Fiktion immer weniger. Dafür hat die *Deutsche Welle* ein Budget von mehreren hundert Millionen, um auf der ganzen Welt in allen möglichen Sprachen zu senden und ein Bild von Deutschland zu vermitteln, das mit meinem Bild nur wenig zu tun hat. Die verbreiten die Regierungsmeinung als offizielle deutsche Meinung, und jeder Deutsche muss dafür zahlen. Du musst als Schauspieler zuschauen, wie die Sender Milliarden in den Sand setzen, hundert Millionen ausgeben für die Bundesliga, ein paar hundert Millionen für die Auslandssender, hunderte Millionen für die Renten der Mitarbeiter, aber die Schauspieler sollten am besten noch dafür zahlen, dass sie irgendwo mitspielen dürfen...

Und wie ist es mit den Laiendarstellern, die bei *Richterin Barbara Salesch* auftreten? Wurde nicht auch dadurch der Preis verändert?

Schauspieler: Nein das ist was anderes, das sind ja keine wirklichen Schauspieler, das ist Laien-TV. Aber natürlich haben diese Formate Sendeplätze weggenommen, weil sie billiger zu produzieren sind. Und angeblich sehen das ja ganz viele Menschen. Deswegen gibt es halt immer mehr Reality-Formate und immer weniger fiktive.

Aber es werden doch viele Sendungen durch Laiendarsteller besetzt.

Schauspieler: Ja, aber es gibt auch noch normale Serien. Da wird einfach jedes Jahr weniger bezahlt. Die werden jedes Jahr um ein paar Prozent runtergekürzt – und das, obwohl sie über die GEZ-Zwangssteuer jedes Jahr mehr einnehmen.

Musiker: Wusstet ihr, dass die Öffentlich-Rechtlichen ein dreihundertköpfiges Orchester haben, das Monat für Monat fürs Musikmachen bezahlt wird, obwohl man es gar nicht braucht? Das kommt dann irgendwann nachts auf *Bayern 4* oder so. Oder es wirkt bei irgendwelchen Hörspielen mit, die die öffentlich-rechtlichen Sender machen.

Und jetzt ist sogar noch der Musikantenstadel gefloppt, seit sie den Andi Borg rausgehauen haben.

Musiker: Ja, das ist wirklich schlimm... (lacht)

Ende des Mitschnitts

Fazit des Gesprächs:
Es handelt sich bei meinen Interviewpartnern zwar nicht um „Whistleblower" im klassischen Sinne, aber dennoch ist Brisantes und Neues ins Tageslicht gerückt, denn es zeigt auf, wie sich die komplette Gesellschaft verändert. Die Art der Musik hat sich verändert, das Verhalten der Produzenten sowie der Zuhörer. Ich weiß nicht, wie es Ihnen geht, aber ich habe Kinder, die musikalisch oder beim Fernsehschauen genau das konsumieren, wovon hier die Rede war. Und ich möchte meine Kinder darüber informieren, wie es in der Musik- und TV-Szene abläuft und wie viel Schwindel betrieben wird mit den „Stars" und „Promis". Ich möchte, dass meine Kinder sich bewusster mit diesen Medien auseinandersetzen und sich darüber klar werden, WAS sie da konsumieren und WIE das entstanden ist – und dass da eine gewaltige Maschinerie dahintersteckt. Und es werden offenbar nicht nur die Abgaswerte von Autos durch Autohersteller und die Beliebtheit von Autos in der Bevölkerung durch Automobilclubs manipuliert, sondern auch die Musikcharts und die Fernsehquoten. Doch hilft es nicht,

zu verzweifeln. Vielmehr müssen diese Zustände offengelegt, angeprangert und verändert werden.

Es ist für mich auch absolut schleierhaft, dass der heftige Drogenkonsum in der Musikbranche toleriert wird. Es wäre doch ein Leichtes, bei einem der großen Rockkonzerte, aber auch bei anderen Aufführungen mal hinter die Bühne zu gehen und eine Durchsuchung durchzuführen. Das wird aber nicht getan. Wieso?

Auch die Qualität des deutschen Fernsehens hat massiv nachgelassen. Kein Wunder, dass die Schauspieler immer schlechter bezahlt werden. Wir leben in einer scheinheiligen Welt, und die Zuhörer und Zuschauer lassen sich von Volksmusik-Stars blenden, die wohl ihre eigene Musik nicht anhören. Darüber sollten wir nachdenken und unser Konsumverhalten entsprechend ändern.

Außerirdische oder Zeitreisende?
Ein Freimaurer erklärt geheimes Wissen!

Gordon H. ist Südafrikaner, war im IT-Bereich für diverse Sicherheitsfirmen tätig und hat einen Schwiegervater, der 33. Grad Schottenritus-Freimaurer ist. Gordon kenne ich seit 2012, und wir sind freundschaftlich und geschäftlich verbunden, da wir zusammen in ein Energieprojekt in Pretoria investiert haben. Auch Gordons Geschäftspartner vor Ort ist Schottenritus-Freimaurer und dessen Vater war der Großmeister der Loge in Witbank. Gordon kennt nicht nur meine Geheimgesellschaften-Bücher, sondern ist auch recht belesen, was das Thema Freimaurerei angeht. Mit seinem Geschäftspartner hat er demzufolge heiße Diskussionen über die Weltpolitik usw. Was mich interessierte, waren nicht die Riten und Glaubensgebäude der Freimaurerei, denn die hatte mir ja der deutsche Hochgradfreimaurer des York-Ritus in meinem Buch „Geheimgesellschaften 3" erklärt. Der Freimaurer, mit dem Gordon geschäftlich verbunden ist, erzählte ihm eine ganz andere wilde Geschichte, was die UFO-Thematik betrifft. Ich bat Gordon, ihm diesbezüglich zu entlocken, was er darüber weiß und erhielt den mündlichen Bericht von Gordon via *skype* am 12.11.2015 (eine Tonbandaufzeichnung des auf Englisch geführten Gesprächs liegt vor).

Gordon, berichte mir, was Du dem Schotten-Maurer entlocken konntest bezüglich seines Insiderwissens.

Was dieser Freimaurer erzählt, ergibt eine Menge Sinn bezüglich unserer Vergangenheit, Gegenwart und Zukunft. Er beschreibt, dass die südafrikanische Regierung in diverse cover-ups involviert ist, die alle in die gleiche Richtung gehen bzw. dasselbe Ziel haben...

Du meinst die Weltherrschaft?

Ja, in einem gewissen Sinne, aber er sieht es nicht so negativ wie manche „Verschwörungsautoren" es beschreiben. Er spricht von einer Zukunft, in der die Menschen in einer Gesellschaft auf einem Planeten leben – ähnlich wie in der Filmserie Buck Rogers. Wir gehen auf ein Utopia zu, in dem für jeden Menschen gesorgt ist, in dem keiner mehr Hunger leidet und jeder seinen Platz in der Gesellschaft findet.

Das sagen sie alle, dass es allen gut gehen wird...

Ja, ich kenne das auch. Aber es war die Art, wie er es beschrieben hatte, die mich irgendwie beeindruckte. Es ging um Ereignisse in unserer Vergangenheit, die unsere Zukunft beeinflussen. Er sagt, die Menschen sehen Dinge, verstehen sie aber nicht – ihre Botschaft. Wir reden von Dingen, Monumenten beispielsweise, die direkt vor unseren Augen sind, oder Dingen, die eigentlich offensichtlich sind.

Zum Beispiel fragte er mich, wieso wir noch nie direkt von Außerirdischen kontaktiert worden sind. Warum haben die seit jeher mit Regierungen Kontakt aufgenommen oder sind in der Nähe militärischer Anlagen gelandet? O.k., es gibt den einen oder anderen Bericht, dass Menschen von Aliens entführt worden sind usw. Aber er meint, dass es in der Realität viel, viel mehr Kontakte mit Regierungen und entsprechenden Autoritäten gibt als mit sog. „gewöhnlichen" Menschen.

Und dafür muss es einen Grund geben.

Genau. Und er sagt, dass der Grund folgender ist: Wir Menschen suchen immer nach komplizierten Lösungen, obwohl diese viel einfacher sind. Er sagt, dass Erich von Däniken in seinen Büchern die Figuren in der Wüste von Nazca beschreibt und abgebildet hat. Und Du, Jan, hast die Menschen beschrieben, die seit Jahrhunderten oder noch länger in den Höhlen im Himalaya in dem Samadhi-Zustand verweilen. Er sagt nun, dass all dies zusammenhängt und zusammenpasst. Auch der Überfall Chinas auf Tibet. Er beschreibt, dass all dies – eigentlich nicht zusammenhängende Ereignisse an verschiedenen Orte der Erde – miteinander verbunden ist.

Also was ist seine Theorie bzw. Erklärung?

Also, es ist so: Wenn man sich beispielsweise Südamerika anschaut, das ist der Platz auf der Erde, an dem so ziemlich alle Mineralien, die auf der Erde vorkommen, auch in Minen abgebaut werden können. Und wir sollen uns betrachten, wie wir heute mit den natürlichen Ressourcen umgehen und wie weit wir technologisch gereift sind. Man sieht dann diverse Artefakte wie den kleinen Zahnrad-Computer, den man im Mittelmeer fand; die kleine Uhr, die man aus einem Bergwerk in China grub oder andere Artefakte, die zeitlich „nicht passen". Das sind Objekte, die Jahrtausende vergraben waren, die aber aus unserer heutigen Zeit stammen. Wie ist das möglich? Oder betrachte die Bauwerke in Baalbek, Ägypten, Südamerika oder Indien, bei denen kein Mensch erklären kann, wie sie gebaut wurden. Er sagt: In der Zukunft der Menschheit wird man aufgrund des technologischen Fortschritts immer mehr Ressourcen, sprich Rohstoffe benötigen. Sollten wir also in unserer Zukunft, aus welchen Gründen auch immer, nicht in der Lage sein, andere Planeten zu besuchen, um dort Rohstoffe abzubauen (Strahlengürtel um die Erde, zu weite Entfernungen, Bergbau-Maschinen zu groß, um sie zu transportieren…), so gibt es nur eine einzige Möglichkeit, Mineralien abzubauen: in der Zeit zurückzureisen, um sie in der irdischen Vergangenheit abzubauen.

Das würde einen Sinn ergeben…

Man muss davon ausgehen, dass die Menschheit der Zukunft in der Lage ist, die Zeit zu bereisen. Man hat ja bereits beim Philadelphia-Experiment 1943 und später beim Montauk-Projekt 1983 die Zeit bereist, daher kann man davon ausgehen, dass diese Technik in 200 oder 500 Jahren noch viel fortgeschrittener ist.

Dann stellt sich natürlich die Frage, welche die beste Zeitperiode wäre, in die man zurückreisen würde, um diese Mineralien abzubauen? Würdest Du nach 1950 reisen oder nach 2014? Nein? Warum nicht? Weil die Erde viel zu sehr bevölkert ist, da kann man ja nicht in Ruhe Rohstoffe abbauen. Es wird also eine Zeit sein um zirka 5000 v.Chr., da man weiß, dass damals in diesen Regionen keine Menschen lebten. Es ist eine Zeit, zu der es möglich ist, aktiv zu sein, ohne der Entwicklung der Menschen in die Quere zu kommen. Würdest Du auf Menschen treffen, so könnte dies die historische Entwicklung der gesamten Menschheit verändern. Deswegen geht man an einen Ort in der Zeit zurück, wo man ungestört abbauen kann, um die Rohstoffe mit in die Zukunft zurückzunehmen, wo sie dringend benötigt werden.

Das ist interessant. Du weißt ja nicht, was ich in meinem erst vor Kurzem in Deutschland erschienenen Buch veröffentlicht habe. Ich zitiere: *„Der Redakteur des ‚UFO-Magazine', Bill Birnes, hatte ein Gespräch mit dem 1998 verstorbenen Admiral George Hoover geführt, der im Marine-Nachrichtendienst der US-NAVY tätig war. Es ging darin um den sogenannten Roswell-Absturz im Jahre 1948 in der Wüste von Nevada, bei dem angeblich ein außerirdisches Raumschiff abgestürzt ist und mindestens einer der Insassen – zirka 1,20 Meter groß und humanoid aussehend – überlebt haben soll. So ziemlich jeder Ufo-Forscher hat darüber geschrieben und spekuliert, und auch Hollywood hat sich der Thematik angenommen. Vor diesem Hintergrund finde ich gerade deshalb die Aussage Admiral Hoovers spannend, der nämlich eine ganz andere Variante mit ins Spiel bringt: Admiral George Hoover erklärte gegenüber Bill Birnes, dass ‚es das größte Geheimnis der NAVY wäre, dass die Roswell-Besucher WIR selbst aus der Zukunft waren'. Es wären angeblich Zeitreisende und keine Außerirdischen gewesen. Hierbei war jedoch nicht das größte Geheimnis, dass es Zeitreisen und Zeitreisende gab, sondern es waren ‚die Fähigkeiten und die Macht des Bewusstseins' dieser Reisenden. Das wirklich Beängstigende für das Militär war die Erkenntnis, wozu der Mensch tatsächlich in der Lage ist. Admiral Hoover erklärte weiter, dass dieses Wissen wirklich ‚sehr streng unterdrückt wurde', denn wenn wir wüssten, wie machtvoll wir wirklich sind, wie machtvoll wir wirklich sein können, dann ‚könnten wir Chaos um uns herum verursachen', und das könnte nie zugelassen werden. Wir könnten die Wirklichkeit um uns herum so umgestalten, wie wir dies möchten, auf eine Art – und das ist real –, wie das die zukünftigen Menschen gelernt hatten, was ihnen den Zugang zu dieser Art unglaublicher Möglichkeiten erlaubte, wie zum Beispiel das Zeitreisen.*

Ein weiterer Zeuge des Roswell-Absturzes war der ehemalige Pentagon-Mitarbeiter Oberst a.D. Philip Corso. Er beschreibt in seinem Buch ‚The Day After Roswell', was man über das dort abgestürzte Raumschiff und die darin verwendete Technologie herausgefunden hatte. Das Raumschiff funktionierte, indem es das Bewusstsein des Piloten verstärkte. Es war das Bewusstsein des Piloten und dessen Fähigkeit, durch Gedankenkraft zu reisen und sich zu superpositionieren und gleichzeitig an verschiedenen Orten zu sein, die vom Schiff verstärkt wurde. Das bedeutet, dass die Fähigkeiten des Raumschiffs in Wirklichkeit mit dem Bewusstsein der Wesen selber ver-

bunden war. Und diese Wesenheiten, diese Piloten waren demnach WIR –
wir Menschen! Wir aus der Zukunft!"[10]

Ist das nicht interessant?

Absolut. Und nun sagte der Freimaurer: *„Jetzt pass auf. Hast Du den*
Film über Ancient Aliens auf dem History Channel gesehen, in dem es um
die alten Monumente von Machu Picchu, Ägypten, die Pyramiden von
Südamerika usw. geht?" Dabei handelt es sich meist um riesige Gebäude,
von denen die meisten glauben, dass sie einst von Außerirdischen er-
baut wurden, die dann die Erde wieder verlassen hatten. Wenn wir aber
in der Zukunft die Technologie hätten, diese zu bauen, und aus der Zukunft in die Vergangenheit reisen würden, um genau das zu tun, dann
würde das alles plötzlich Sinn ergeben. Wir schauen uns heute die
1.000-Tonnen-Blöcke in Baalbeck an oder die gigantischen Granitqua-
der in Ägypten, deren Kanten so exakt geschnitten sind, dass keine Ra-
sierklinge dazwischenpasst. Das ist von einer Technologie erschaffen
worden, die entweder nicht von dieser Welt ist oder nicht aus dieser
Zeit. Verstehst Du?

Klar. Das würde dann auch die Ergebnisse von Stefan und mir, aber
auch von Forschern wie Christopher Dunn oder Herrmann Waldhauser
bestätigen, dass die Pyramiden technische Anlagen waren. Und es wur-
den ja in verborgenen Kammern auch technische Gerätschaften gefun-
den, die sich die Freimaurer unter den Nagel gerissen hatten...

So ist es.

Nun, das muss nun gar nicht so weit in der Zukunft sein. Ich hatte ja
nicht nur die ersten beiden Montauk-Bücher in deutscher Sprache ver-
legt, sondern war mit den beiden Überlebenden des Philadelphia-Expe-
riments, Al Bielek und Duncan Cameron sowie Preston Nichols vom
Montauk-Projekt auf der Montauk-Basis auf Long Island, New York. In
diesen Büchern wird beschrieben, dass sie 1943 aus Versehen das Kriegs-
schiff *USS Eldridge* **in der Zeit und im Raum versetzt hatten. Auf dieser**
Sache aufbauend begannen sie gezielt, an dieser Technologie zu arbeiten
und auf der Montauk-Basis eine Zeitreisestation zu errichten, von wo

aus sie die Zeit bereisten und die Vergangenheit und Zukunft erforschten. Al und Duncan waren ja ins Jahr 2137 gereist und hielten sich dort knapp einen Monat auf. Sie beschrieben, wie es in dieser Zeit zuging und wie weit man entwickelt war. In dieser Zeit konnten sie Geschichtsbücher lesen. Von daher ist es durchaus möglich, dass es sich bei einigen der Besucher mit Fliegenden Untertassen um Zeitreisende handelt. Es müssen ja nicht alle sein. Aber tatsächlich werden ja die meisten der Piloten solcher Flugkörper als menschlich aussehend beschrieben. Fakt ist nun auch, dass keiner dieser Besucher ohne Grund zu uns kommt. Sie kommen, weil sie Rohstoffe benötigen. Wenn wir die alten Schriften der Sumerer oder auch von Südafrika anschauen, dann wird immer beschrieben, dass die „Götter" irgendetwas in den Minen abgebaut hatten. Und Du hast recht damit, dass bis heute kein einziger Außerirdischer hier gelandet ist und sich vorgestellt hat. Es gibt offenbar keinen Grund dafür. Und warum machen sie irgendwelche Deals mit Regierungen – wie es ja nun von etlichen Whistleblowern beschrieben wurde? Weil sie etwas wollen! Technologie kann das nicht sein, denn sie sind uns ja voraus. Also bleiben nur Rohstoffe mineralischer Art oder Rohstoffe menschlicher Art, sprich Genetik.

Vor fast zwanzig Jahren traf ich einmal einen Mann vom südafrikanischen Geheimdienst – einen Buren – am Frankfurter Flughafen, und dieser erzählte mir zwei spannende Geschichten. Die erste war: Als Kind lebte er mit seinen Eltern auf einem großen Anwesen. Eines Nachmittags war er im Garten und nur seine Amme, eine Schwarze, war mit dabei. Plötzlich kam ein zigarrenförmiges Raumschiff vom Himmel, landete etwas entfernt vom Haus, und es trat ein Mann heraus, den der Bure folgendermaßen beschrieb: *„Er hatte die blauesten Augen, die ich je gesehen hatte und hatte blonde Haare."* Die Amme hatte schreiend die Flucht ergriffen, und der Blonde winkte mit der Hand und bat den Jungen zu sich. Was gesagt wurde, weiß ich nicht mehr.

Aber die zweite Geschichte ist noch spannender. Er kannte einen Mann, einen Viehbauern, der ein so großes Land hat, dass er mit dem Pferd ausreitet, um nach dem Rechten zu sehen. Das tat er eines Nachmittags und schaute, ob sein Zaun überall in Ordnung war, als er eine Fliegende

Untertasse sah, die etwas weiter entfernt landete. Er legte sich auf die Lauer und beobachtete, wie kleine, humanoide Wesen in einen zu diesem Zeitpunkt ausgetrockneten, kleinen See stiegen, von wo aus es wohl in eine unterirdische Höhle ging. Er wartete mehrere Stunden und beschrieb dann dem Buren, dass er die Wesen mit irgendwelchem Material, irgendwelchen Mineralien oder Rohstoffen aus dem Untergrund zurückkommen sah, die sie in ihr Raumschiff luden, bevor sie wieder wegflogen. Es geht also immer um irgendwelche Rohstoffe, die diese Wesen oder Besucher für irgendetwas brauchen.

Des Weiteren gibt es noch die Geschichte von dem Anwalt, den ich Anfang der 1990er-Jahre in Houston, Texas sprach, der behauptete, dass reptiloide Wesen auf dem Grundstück der Rockefeller-Familie gelandet seien und mit Koffern voll Geld ankamen, um irgendeinen Tausch zu vollziehen. Auch hier ging es vermutlich um Rohstoffe.

Es muss also irgendeinen Deal zwischen diesen Besuchern und den Herrscherfamilien, den Illuminati wie auch verschiedenen Regierungen der Welt geben. Und Du hast recht bzw. dieser Freimaurer, dass es stutzig macht, dass es eigentlich fast nur Kontakte zu Regierungen gibt und keine öffentlichen Landungen.

Ja, die wollen bzw. können wohl gar nicht landen, wenn es Zeitreisende sind – zumindest einige von denen. Die würden in unsere Zeit eingreifen, und das dürfen sie gar nicht, auch wenn sie wollten.

O.k., was erzählte der Schottenmaurer noch?

Nun, wenn man sich die Entwicklung der Menschheit der letzten 300 Jahre anschaut: Wo sind wir in 3.000 Jahren von heute aus – zum einen technologisch, aber auch genetisch-menschlich? Gehen wir davon aus, dass wir immer mehr Maschinen haben werden, die für uns die Arbeit verrichten, höchstwahrscheinlich Roboter, dann werden wir umso weniger physische Arbeit verrichten. Das heißt, dass sich auch unsere Körper über die Generationen verändern werden. Und wenn wir nun Deine Aussage von dem General betrachten, der meint, dass das beim Roswell-Absturz ein Mensch aus der Zukunft gewesen sei, dann kann das durchaus möglich sein. Unsere Genetik würde sich auf eine Art verändern, dass wir tatsächlich wie diese grauen Aliens aussehen könnten:

die größeren Augen und das größere Gehirn, weil mehr gedacht und weniger gearbeitet wird.

Erinnere Dich nochmals an den Bericht des Generals. Sie hatten die Möglichkeit, die Flugscheiben mit ihren Gedanken zu steuern, sie hatten also gigantische mentale Kräfte. Daher auch die großen Köpfe – kaum mehr physische Arbeit, aber dafür große mentale Kräfte. Es verändern sich dann auch die Körper. Das ergibt Sinn.

Diese Wesen, also wenn das wir aus der Zukunft waren, haben ein genetisches Problem – schau sie Dir an. Die können also durchaus auch ein Interesse daran haben, „Frischfleisch", also gute Genetik von uns zu holen, um sie der Menschheit der Zukunft zukommen zu lassen.

Gordon, es ist ja nun die Frage, ob das, was Dir der Freimaurer erzählt hat, seine persönliche Meinung ist, oder ist es etwas, was in seiner Loge oder auf einem gewissen Level der Logen berichtet wird?

Das ist wirklich eine interessante Frage, denn nachdem er mir dies erzählt hatte und ich mehr wissen wollte, sagte er zu mir: *„Frage Dich, worum es in diesen ganzen Geheimgesellschaften überhaupt geht. Was ist deren Grundhaltung, das Grundbasiswissen, und was genau wollen sie tun?"* Er sagte, dass es nicht darum geht, dass alte Männer zusammensitzen und sich überlegen, was sie mit ihrem Geld machen und nebenbei irgendwelche Sexorgien feiern. Diese Logen kontrollieren Regierungen, sie kontrollieren im Speziellen Technologien. Er sagte: *„Was glaubst Du, wieso Erfinder aus Dritte-Welt-Ländern nicht dort bleiben, sondern in westliche Länder abhauen? Und wieso werfen diverse Konzerne diesen Erfindern das Geld hinterher, damit sie an deren Entwicklungen kommen?*

Abb. 26 und 27: Links sieht man die *Area 51*. Der Whistleblower Bob Lazar und andere behaupten, dass die „Grauen" ein Abkommen mit der US-Regierung geschlossen haben: Sie dürften Versuche an Menschen durchführen und würden den USA im Gegenzug Technologie zur Verfügung stellen. Aber sind dies womöglich unsere Nachfahren?

Das ist, weil sie genau wissen, wohin die Reise geht und wie sie enden wird. Die bereiten sich auf das vor, was auf uns zukommt."

Das heißt, die wissen, dass es zu Naturkatastrophen usw. kommt und bereiten sich dergestalt vor, dass sie überleben. Und das geht nur mit entsprechender Technologie...

Also dieser Freimaurer meinte, dass es auch die nächsten hundert Jahre oder länger noch Kriege geben werde, weil dadurch Geld verdient wird. Und erst dann werde es einen großen Bumms tun, und danach würde sich die Menschheit recht flott in eine Richtung entwickeln, die ich als „Buck-Rogers-Zukunft" beschreibe – Utopia.

Ich möchte hier kurz Karen Hudes ansprechen. Ich weiß nicht, ob wir beide schon mal darüber sprachen. Sie ist die Dame, die einst für den IWF tätig war und behauptet, dass es eine weitere Spezies auf Erden gibt, die Langschädel, die sie als blond und blauäugig beschreibt und von denen de facto heute noch welche hier sind. Auch hier stellt sich die Frage, wer das wirklich ist. Sind das Außerirdische, sind das Leute, die aus der Zukunft kamen, in der Vergangenheit blieben und sich nochmals, parallel zu unserer Menschheit entwickelten – eine Art Wächterrasse –, die möglicherweise die Chefs aller Geheimgesellschaften sind? Angeblich sollen die sich im Vatikan aufhalten, da sie mit ihren langen Eierköpfen ja nicht ohne eine spezielle Kopfbedeckung in der Öffentlichkeit auftreten können – allerhöchstens mit einer Tiara, also einer der Kopfbedeckungen aus dem Vatikan...

Das kann durchaus sein. Ich weiß es aber nicht. Ich werde den Freimaurer darauf ansprechen. Man muss sich wirklich die Frage stellen, was diese Langschädel mit dem Vatikan zu schaffen haben und eben mit den mächtigen Illuminati-Familien. Das scheint wohl das wirkliche Geheimnis der Logen zu sein. Es gibt eine Gruppe – wer immer das nun sein mag, Außerirdische, Zeitreisende oder eine zweite Spezies –, die hier etwas holt, etwas von diesem Planeten braucht. Dazu hat sie Deals mit den Regierungen ausgehandelt. Es geht wohl seit Jahrhunderten, wenn nicht sogar seit Jahrtausenden darum, dass diese Wesen/Menschen hier weiterhin ihre Rohstoffe holen können – egal, wer an der

Macht ist, wie die Regierungsform heißt usw. Und die haben natürlich ein Interesse an einer *Neuen Weltordnung*, also an einer Weltregierung mit absoluter Kontrolle, da sie dann noch ungestörter ihrem Tun nachgehen können.

Fakt ist, dass über die letzten Jahrhunderte immer die gleichen Familien über die Rohstoffe geherrscht haben. Das hat sich weder durch die Weltkriege noch durch sonst etwas geändert. Diamanten, Gold usw. sind bei den gleichen Familien wie vor 200 Jahren. Die Welt verändert sich außen herum, Länder vereinigen sich zu EU, NATO, UNO usw., aber diese Familien und auch die Struktur des Vatikans bleiben beständig. Das ist wirklich interessant, das zu beobachten.

Ja. Er sagte noch, man soll sich einmal die Geschichte von Henoch im Alten Testament anschauen. Das, was man heute in der Bibel findet, ist nur ein kleiner Teil der kompletten Geschichte Henochs. Die komplette Schrift hat um die 3.000 Seiten und ist dicker als die gesamte Bibel. Wieso wurde das entnommen? Was stand bzw. steht da drin, das die Menschen nicht wissen sollen? Henoch war ja derjenige, der von Gott mitgenommen wurde – in einem Raumschiff!

Der Freimaurer sagt, dass der Vatikan mit diesen Illuminati-Strukturen arbeitet, ja selbst Teil derer ist. Er erklärte es mir folgendermaßen: Die Geschichte von Henoch war sozusagen der Startschuss für die moderne Technologie – und für das moderne Denken, die Medizin, Architektur, Wissenschaft, Kultur.

Und er meinte: Wir aus der Zukunft, die wir in unsere eigene Vergangenheit zurückgehen, dort Rohstoffe abbauen, möglicherweise auch Früchte oder Getreide aussäen, um dadurch unsere eigene Welt neu zu befruchten – wir kommen aber nicht weiter in der Entwicklung. Es dreht sich sozusagen im Kreis. Deswegen war Henoch das Wissen gegeben worden, nicht von Aliens oder Engeln, sondern von uns selbst aus der Zukunft, um uns selbst den Kickstart oder Startschuss zu unserer eigenen Evolution zu geben. Aber die katholische Kirche, sprich der Vatikan, will das kontrollieren, ebenso die Illuminati. Aber so war das eigentlich nicht gedacht. Dieses Wissen war für uns alle gedacht. Wir aus der Zukunft wollten das damals uns allen zukommen lassen.

Dann müsste jetzt wohl auch wieder jemand kommen, um uns das zu geben, was uns an und für sich zusteht, oder?

Nun, vielleicht glauben die auch, sie müssten uns kontrollieren bzw. dieses Wissen kontrollieren, weil es sonst Chaos geben würde.

Das ist Käse. Man muss die Menschen nur richtig heranführen.

Jan, kennst Du den Fußabdruck eines Riesen hier in Transvaal?

Ja, kenne ich.

Wenn man sich diese Fußabdrücke anschaut oder die Skelette von Riesen, die sie jetzt im Irak gefunden haben, dann muss man sich doch fragen, wieso die größten biblischen Örtlichkeiten sich in der größten Kriegszone der Welt befinden – in Israel, im Nahen Osten und im Bereich der einstigen Sumerer. Zufall? Vergiss es! Und warum lässt die Regierung niemanden dort rein und sich frei bewegen?

Nun, die Amerikaner hatten direkt nach dem Einmarsch in Bagdad damit begonnen, alte Tempelanlagen zu untersuchen und sie danach zu zerstören. Dies ist der Bereich, wo die sog. Anunnaki vor Jahrtausenden gelebt und Rohstoffe abgebaut hatten – wer auch immer die waren. Das war der Ort, an dem den sumerischen Schrifttafeln zufolge der Homo sapiens gezüchtet wurde. Und dort muss sich noch eine ganze Menge Material der Anunnaki in den Minen befinden.
Ähnlich ist es doch mit den Samadhi-Höhlen im Himalaya und den Wesen, die sich darin befinden. Sie tragen das Wissen von Jahrhunderten in sich. Sind sie der Grund, wieso die Chinesen in Tibet einmarschiert sind? Diese Wesen sind eine Gefahr für die Dummheit!

Ja, das sehe ich auch so. Schaue Dir doch mal an, was so alles aus Hollywood kommt. Das wird immer blöder. Die Filme kosten immer mehr, werden mit Effekten usw. aufgebläht, aber inhaltlich immer leerer. Es wird keine Botschaft vermittelt. Menschen – vor allem Jugendliche – werden ihrer kostbaren Lebenszeit beraubt.
Bei alledem muss man sich immer die Frage nach dem „*Was, wenn..?*" stellen, nach dem größeren Bild. Ich meine, was der Freimaurer erzählt

hat, ergibt unglaublich viel Sinn. Wenn es tatsächlich in der Zukunft die notwendigen Ressourcen nicht mehr geben sollte, und wir würden diese in unserer Zukunft benötigen, um als Menschheit zu überleben, was kann man dann tun? Es bleibt wohl nur diese Möglichkeit.

Diesbezüglich darf man nicht das gigantische Netz unterirdischer Städte vergessen, das weltweit aufgebaut wurde und untereinander mit Tunneln verbunden ist. Eine unterirdische Stadt ist ja in Transvaal in Südafrika.

Ja, ich weiß. Die wurden gebaut, um Armageddon zu überstehen.

O.k. Und hast Du ihn gefragt, ob er sich diese Gedankengänge selbst angeeignet hat oder das aus seiner Loge hat?

Ja, er sagt, er hat es aus der Loge und er macht sich deswegen fast in die Hosen.

O.k., ich sehe schon, ich muss wieder runterfliegen, um mehr zu erfahren. Vielen Dank, Gordon, für diese ersten Infos. Ich bin davon überzeugt, dass an der Geschichte etwas dran ist. Die Frage ist nur, wer von den Insassen der UFOs alles aus der Zukunft ist, wer irdisches Militär ist, wer Reichsdeutscher oder Außerirdischer. Es scheint so komplex, wie das Leben selbst. Aber wir werden nach und nach dahinterkommen.

Alles klar!

Nun, für Viele mag das eben Gelesene weit hergeholt sein. Dem widersprechen jedoch die beiden Aussagen der beiden US-Militärs, die genau davon überzeugt sind. Meine Meinung: Diese Idee weiter beobachten und schauen, was ansonsten noch in nächster Zeit in dieser Hinsicht veröffentlicht wird.

Nachwort

Liebe Leserinnen und Leser,
was ist nun das Fazit aus all den Informationen, die wir ohne diese Whistleblower vermutlich nicht kennen würden? Ich weiß, es sind teilweise ganz furchtbare Ereignisse, die sich auf unserem Planeten vollziehen. Es gibt Agitatoren, die man – hätten sie nicht eine menschliche Gestalt – eher als Monster bezeichnen könnte. Alleine die Kriege in Ruanda und im Kongo wurden einzig und allein wegen Rohstoffen angezettelt und haben mehrere Millionen Menschen das Leben gekostet. Das zeigt, wie skrupel- und völlig gewissenlos gewisse „Unternehmer" ihre Ziele umsetzen. Ja, im Endeffekt werden wohl alle Kriege – außer den Religionskriegen – aus wirtschaftlichen Gründen geführt – wegen Öl, Ressourcen oder um wirtschaftlich konkurrierende Staaten zu vernichten.

Auf der anderen Seite zeigt die Aussage von Zbigniew Brzezinski vor dem *Council on Foreign Relations* (CFR) im Jahre 2010, dass die Illuminaten mit ihrem Zeitplan kräftig hinterher sind – wenn dieser überhaupt noch eintreffen sollte.[11] Als Grund nannte er das „*globale politische Erwachen*" der Menschen als Verhinderer der illuminierten Ziele. Von dem Schweizer Geheimdienstmann erfuhren wir zudem, dass es bei allen kriegführenden Parteien hohe Militärs gibt, die einfach den Befehl verweigern und den einen oder anderen Angriff nicht ausführen. In Deutschland gehen ganz normale Bürger auf die Straße und demonstrieren. Sogar eine neue Partei ist entstanden. Egal wie man zu dieser stehen mag, Fakt ist, dass sie die verpennte deutsche Parteienlandschaft kräftig in Aufruhr versetzt hat. Das hätte 2010 noch keiner für möglich gehalten.

Zu der Erkenntnis, dass die Welt von den bekannten „Ländern" in „Nationen" bzw. „Firmen" umgewandelt wird, möchte ich Folgendes bemerken: Es ist wichtig zu wissen, dass die Machthabenden eine *Neue Weltordnung* anstreben, deren juristisch-wirtschaftlich-bürokratisches Konstrukt auf dem Handelsrecht basiert. Das ist gut zu wissen. Aber ob wir nun in einem „Firmenkonstrukt" leben oder in einem „Kartell" oder wie man es sonst noch nennen mag, sehe ich als eher zweitrangig. Wir alle sind Seelen, die es frei gewählt haben, zu dieser Zeit auf diesem Planeten zu verweilen. Wir sind in dieses Spiel hineingeboren worden und erkennen nun, was hier läuft und wer dahintersteckt. Aber dieses System wird nicht von Bestand sein – ich meine die *Neue Weltordnung*. Auch wenn diese in allen Facetten umgesetzt werden sollte, so ist sie doch schon morgen wieder kippbar. Alles ist veränderbar. Wir sollten uns daher nicht in diese Staatsangehörigkeitssache verbeißen – so wichtig sie auch ist. Auch ich besitze den *Gelben Schein*. Aber mein Leben geht weiter, und ich werde noch viel reisen und viel erleben. Deswegen ist es mir im Endeffekt gleichgültig, ob ich einen *Personalausweis* mit mir führe oder eine *Nationale Geburtsurkunde* oder was auch immer. All das kann sich bereits morgen wieder ändern.

Wie wir aus dem Interview mit dem Ruanda-Mediziner erfahren haben, gibt es in Griechenland eine Untergrundbewegung, die auch ins Militärische geht. Das gibt es inzwischen auch in Österreich, in Deutschland sowie in Dänemark, Schweden und England – und natürlich anderswo auch. Ich weiß von Bundeswehrgenerälen, die von unserer Bundesregierung die Schnauze gestrichen voll haben, ebenso von Richtern, Anwälten oder Polizisten. Schon morgen kann alles anders sein. Schon morgen kann geputscht oder ein wichtiger Befehl verweigert werden. Wissen wir, ob nicht der eine oder andere Politiker nur auf seine Chance wartet, genau das zu tun, weil er sich auch schon längst über die Zustände im Klaren ist und konkrete Lösungen parat hat? Deswegen sollten wir nicht unsere kostbare Lebenszeit mit irgendwelchen Dokumenten vergeuden oder zu viel in Angstszenarien verweilen. Daher: Besorgen Sie sich die wichtigen Dokumente, aber dann bitte wieder nach vorne schauen!

Es passiert unheimlich viel im Moment. Was ich die letzten drei Jahre erlebt habe, ist fast unglaublich. Ich selbst stürzte 2012 in eine tiefe Sinnkrise, was meine Publikationen und die aufklärerische Arbeit an sich anging. Ich sah keinen Sinn mehr darin. Seit ich aber mein Augenmerk von den vielen negativen Ereignissen abgewandt und mich wieder bewusster dem Fluss des Lebens hingegeben habe und mich auf das konzentriere, was direkt vor mir ist, haben sich erstaunliche Dinge ereignet. Völlig neue Menschen kamen in mein Leben – und so entstand schließlich auch dieses vorliegende Buch.

Manchmal genügt es, den Blickwinkel zu ändern. Sehen wir beispielsweise die sog. „Flüchtlingskrise", die andere Autoren eine „Migrationswaffe" nennen. Nun, wenn ich auf den Sommer 2015 zurückblicke und mich daran erinnere, worum sich die Gespräche der Menschen bei uns im Dorf z.B. drehten, dann ging es oft um den Urlaub oder darum, wie hoch der FC Bayern wieder gewonnen hat, um die neuen Silikonbrüste der Nachbarin oder anderen, eher unwichtigen Krimskrams. Wenn ich heute – in diesem Moment, als ich dies schreibe, sitze ich im Skigebiet in Hochgurgl (9.1.2016) – mit irgendwem ins Gespräch komme, so geht es Ruckzuck zum Thema „Lügenpresse", „Scheiß-Regierung", AfD – egal, ob das im Supermarkt die Frau an der Kasse ist, der Hotelwirt oder die Gäste, mit denen man abends an der Bar ins Gespräch kommt. Der Deutsche – und in diesem Fall auch tatsächlich der Europäer – ist plötzlich aufgewacht, er ist politisch wach geworden. Es passiert was bei uns, endlich kommt Bewegung ins Spiel. Ich finde das spannend. Wenn ich mit unserem Jüngsten zum Fußballturnier gehe und mit anderen – eher unpolitischen Vätern – ins Gespräch komme, wird es heute sofort politisch. Und das geht nicht von mir aus! Das hat es vor 2015 überhaupt nicht gegeben. Ist Ihnen das auch aufgefallen?

Das Bewusstsein ändert sich. Klar ärgert man sich am Anfang und regt sich über die jetzigen Zustände auf. Doch wir in unserem Kulturraum sind dafür bekannt, dass wir schnell nach Lösungen suchen. Und die finden wir! Ganz wichtig ist, dass wir uns vernetzen, mit anderen austauschen: mit den Nachbarn, mit dem Gemeinderat, den Leuten im Umfeld – und natürlich über das Internet. Andere haben bei uns in der Gegend Bürgerwehren gegründet. Wir hoffen natürlich alle, dass diese nie wirklich zum Einsatz kommen müssen, aber die Menschen tun sich zusammen, sie treffen sich, sie reden (wieder) miteinander, anstatt bloß vor der Glotze zu sitzen oder mit dem Smartphone beschäftigt zu sein. Und das macht etwas mit den Menschen. Sie gehen vom Konsum in die Aktion, sie lassen sich nicht mehr nur berauschen vom Mainstream und dem Materiellen – man kommt wieder zum Wesentlichen.

Also: Treffen wir klare Entscheidungen und schreiten wir dann voran. Das jetzige, das alte System zu bekämpfen, halte ich für keine kluge Idee. Ganz ehrlich gesagt habe ich auch gar keine Lust, mich mit verbohrten alten Männern und teilweise auch Frauen auseinanderzusetzen. Dafür ist mir meine Zeit zu schade.

Ich sage Ihnen, wofür es sich zu kämpfen lohnt: Nicht nur in meinen vorherigen Büchern habe ich darüber berichtet, sondern auch hier haben wir wieder von mindestens einem Erfinder erfahren, der eine fertige Entwicklung vorliegen hat, um einen Stromgenerator oder ein Auto mit Wasser zu betreiben. Wenn es uns gelingt – und nicht nur ich bin an dieser Sache dran –, dann können wir diesen alten, verbitterten Knackern in ihren Geheimlogen, Privatbankenimperien und Satanistenclubs so richtig Feuer unterm Hintern machen. Wollen Sie gegen dieses verhunzte System kämpfen und wegen irgendwelcher Paragrafen herumstreiten, oder Gas geben und mit solch einer Idee oder Erfindung mit in eine neue Zukunft reisen? Bis jetzt war es Jahrhunderte so, dass die Illuminaten uns an der Nase herumgeführt haben, uns die Möhre vors Gesicht gehalten haben und uns steuerten und lenkten. Jetzt drehen wir den Spieß herum. Jetzt bringen wir Technologie und neue Gesellschaftsideen nach vorne, und dann beschäftigen WIR diese Jungs.

Ich könnte hier noch so einiges über diverse Entwicklungen ausplaudern, aber damit würde ich diese Projekte und Erfinder unnötig in Gefahr bringen. Aber glauben Sie mir: Es gibt im Moment eine ganze Reihe richtig spannender Entwicklungen – und das weltweit! –, die die Illuminaten nicht mehr aufhalten können. Und an denen werden sie sich die Zähne ausbeißen.

Betrachten wir uns aber noch einen weiteren Aspekt: In meinem letzten Buch „Bevor Du Dich erschießt, lies dieses Buch!" hatte ich einen jungen Mann interviewt, den ich bereits 1998 in meinem Buch „Die Kinder des neuen Jahrtausends" erwähnt hatte und der seit seiner Kindheit hellsichtig ist. Dies bedeutet, dass er Energien und Wesenheiten wahrnehmen und mit diesen kommunizieren kann, was den allermeisten Menschen ansonsten verborgen bleibt. Er sieht auch Verstorbene. Und er berichtet, wie sich das, was er seit seiner Kindheit feinstofflich wahrnimmt, in den letzten zehn Jahren, aber vor allem seit dem Jahr 2012, gravierend verändert hat. Auf der feinstofflichen, seelisch-geistigen Ebene tut sich etwas, so wie auch auf der physischen Ebene. Die einen sprechen von einem Krieg auf der Astralebene, er hingegen von einer Intensivierung beider Kräfte, der lichten und der dunklen.

Was zudem Hoffnung macht, sind die Berichte der verschiedenen Therapeuten, die von neuartigen und teilweise alternativen Heilmethoden erzählten. Diese Therapien sind ja schon da! Die werden nur unterdrückt! Es ist ja nicht so, dass wir all das noch neu erfinden oder entdecken müssten, es ist schon vorhanden! Wir brauchen es nur in die breite Öffentlichkeit zu bringen. Und dazu dient die Macht des Internets, dazu tragen all die vielen kleinen oder größeren Verlage bei, die solche Themen behandeln und auch Autoren die Möglichkeit einräumen, ihre brisanten Erkenntnisse und neuartigen Heilmethoden mit der Öffentlichkeit zu teilen.

Was können wir nun tun? Im eigenen Leben aufräumen, in der Familie, am Arbeitsplatz, mit der Ernährung, vor allem aber mit unseren Gedanken. Anstatt auszuflippen, sollten wir uns zurücknehmen, gedanklich auf einen Berg steigen und von oben mit Abstand hinuntersehen. Nehmen wir uns aus der Emotion und der Angst heraus, und nehmen wir die Beobachterposition ein. Dann wird man neutraler und kann auch bewusster entscheiden.

Und was man am allerwenigsten vergessen darf, ist unsere geistige Führung, sei es der persönliche Schutzengel, den jeder bei sich hat, oder lichte, uns wohlwollende Kräfte, die uns bei unserem Tun unterstützen, uns Ideen geben und auch Hindernisse aus dem Weg räumen. Dies kam in diesem Buch weniger zu Wort, war aber Hauptbestandteil meines letzten Werkes. Darüber sollten wir uns immer bewusst sein, nämlich dass wir NIE alleine sind!

So viel für heute. Ich bin schon kräftig am Sammeln für Band 2, und ich bin mir sicher, dass sich als Reaktion auf dieses Buch auch noch andere „Whistleblower" melden. Nur her damit! Die Menschen sind reif für die Wahrheit!

In diesem Sinne verbleibe ich von Herzen grüßend.

Ihr

Jan van Helsing

Abb. 28: Diese Abbildung hat Daniel Prinz erstellt. Sie ist schlicht, aber sie bewirkt bei mir jedes Mal, dass ich mich darauf besinne, wieso ich eigentlich auf diesen Planeten gekommen bin. Wir alle sind kosmische Wesen, die diesen speziellen Ort in einer unendlichen Zahl von Planeten im Universum gewählt haben, um neue Erfahrungen zu sammeln und die uns innewohnenden Gaben und Talente zur Entfaltung zu bringen. Wir haben gigantische Möglichkeiten, die in uns schlummern, die gelebt werden möchten. Tun wir das auch? Oder verplempern wir unsere kostbare Lebenszeit mit eher unwichtigen Dingen? Sobald uns bewusst geworden ist, dass *wir* der Kapitän unseres eigenen Lebens sind, sollten wir das Steuerruder wieder in die Hand nehmen und den Kurs unserer Zukunft neu und vor allem selbst bestimmen. Wenn dies jeder für sich tut, ändern und gestalten wir Stück für Stück diese Welt nach unseren Vorstellungen!

Jan van Helsing

Jan Udo Holey alias **Jan van Helsing** (geb. 1967) ist Autor mehrerer Sachbücher und Inhaber des *Amadeus Verlags*. Seit 1985 bereist er kreuz und quer unseren Planeten und machte vor allem bei Expeditionen in den USA, Ägypten, Südamerika, Afrika und in Asien Entdeckungen, die unsere „aufgeklärte" Sicht der Welt sehr in Frage stellen. Auf seinen Reisen begenete er aber auch interessanten Personen aus Geheimdienstkreisen, aus Tempelritter- und Freimaurerlogen sowie Menschen, die magischen Verbindungen angehörten, wobei diese Begegnungen und der erfolgte Wissensaustausch schließlich dazu führ-  ten, dass er 1993 sein erstes Buch über Geheimgesellschaften schrieb. Dieses entwickelte sich innerhalb zweier Jahre – mit weit über 100.000 verkauften Exemplaren und Übersetzungen in acht Sprachen – zum Bestseller. 1995 folgte Band 2 der Geheimgesellschaften, dessen Inhalt aber diverse Interessenkreise in der Schweiz wie auch in Deutschland dazu bewog, die größte Buchbeschlagnahme in der BRD seit 1945 durchzuführen, um die Bevölkerung vor seinen brisanten Recherchen zu „schützen".

Noch erfolgreicher ist jedoch sein Werk *„Hände weg von diesem Buch!"*, welches im Mai 2004 erschien und offenbar wieder einmal den Nerv der Zeit getroffen hatte, denn es wurde bereits über 200.000 Mal verkauft.

In seinen (bisher insgesamt sechzehn) Büchern hatte er nicht nur viele Jahre im voraus die politische wie auch wirtschaftliche Entwicklung vorhergesagt, sondern auch schlüssig erklärt, wie die Welt über den (gezielt herbeigeführten) globalen Terrorismus und die dadurch gerechtfertigte Überwachung der Bürger in eine *Neue Weltordnung* geführt werden soll.

2007 stieg er mit einem eigenen Fernsehsender (www.secret.tv) ins Filmgeschäft ein und landete mit seinem Spiel-Dokumentarfilm „Die Cheops-Lüge", bei dem er selbst eine der beiden Hauptrollen spielt, auf Anhieb einen großen Erfolg. Den Sender secret.TV übergab er am 1.1.2010 an nexworld.TV, um sich wieder neuen Aufgaben widmen zu können.

Besuchen Sie Jan van Helsing auch im Internet unter:

www.amadeus-verlag.com

Stefan Erdmann

Der Pyramidenforscher und Sachbuch-Autor **Stefan Erdmann** (geb. 1966 in Hannover) begann Ende der 1980er-Jahre mit seiner Privatforschung in Form umfassender Recherchen und zahlreicher Expeditionen auf der Suche nach den Ursprüngen und der Geschichte des weltweiten Pyramiden-Phänomens und den Spuren einer von ihm vermuteten, weltweiten Pyramidenbauer-Kultur der vordynastischen Zeit. Im Mittelpunkt seiner Arbeit stand von Anfang an der Pyramidenbau des alten Pharaonenreiches, speziell die Große Pyramide von Gizeh. Durch seine Untersuchungen 2006/2007, die mit Laboranalysen von Schlamm- und Gesteinsproben beim Institut Fresenius in Dresden einherging, konnte er wissenschaftlich nachweisen, dass über den Herodot-Kanal über einen längeren Zeitraum Wasser direkt vom Nil in den unteren Bereich der Großen Pyramide geflossen sein muss. Erdmann geht davon aus, dass die Große Pyramide ursprünglich als technisches Bauwerk errichtet wurde, in dem Wasser eine zentrale Rolle spielte. Bei seinen Untersuchungen 2007/2007 entdeckte er regelmäßigen schwarzen Zungen an den Deckenbalken der Königskammer in der Großen Pyramide. Im Jahr 2013 lösten Erdmann und Dr. Dominique Görlitz durch ihre sensationellen Entdeckungen in der Großen Pyramide den weltweit bekannten *Cheops-Skandal* aus.

Erdmann publizierte aber auch schon vor über 10 Jahren mit seinem bekannten Zweibänder „Banken, Brot und Bomben" ein hochbrisantes und vielgelesenes politisches Werk. Als Co-Autor wirkte er auch in „Politisch unkorrekt" und „Hitler überlebte in Argentinien" mit.

Durch die Recherche für sein Buch „Geheimakte Bundeslade" traf er sich mit Vertretern verschiedener Logengemeinschaften und fand erstmals Verbindungen zwischen den Templern, den Freimaurern, den Zisterziensern und der Thule-Gesellschaft. Dadurch gelangte er an bisher unveröffentlichte und hochbrisante Informationen, die nicht nur weitere Hinweise für das sagenumwobene Atlantis und die weltumspannende Pyramidenkultur liefern, sondern die Spur führt direkt in die gegenwärtige Weltpolitik.

**Schreiben Sie Stefan Erdmann: s.erdmann-forschung@t-online.de
oder besuchen Sie seine Homepage: www.erdmann-forschung.de**

Quellen- und Fußnotenverzeichnis

(1)   Erdmann, Stefan; Görlitz, Dominique: „Das Cheops-Projekt", Kopp-Verlag 2015
      Erdmann, Stefan; Görlitz, Dominique: „Das Cheops-Projekt – DVD", Kopp-Verlag

(2)   www.rollingstone.com/politics/news/snowden-and-greenwald-the-men-who-leaked-the-secrets-20131204?page=4

(3)   „Telecom Insider: Everyone Is Wiretapped!"
      https://youtu.be/GS6qwY9VJLE

      „Michael Calls in About Israeli Telecom Company Convers and There Spy System"
      https://youtu.be/IuHEX8JeHZk

      „iPhone, Blackberry and Gmail users are all screwed – A must watch video"
      https://youtu.be/pM0YWRYaB_c

      www.chip.de/news/Handynetz-hat-fiese-Luecke-Handygespraeche-koennen-abgehoert-werden_75092648.html

      www.golem.de/news/direkt-zur-cia-bnd-soll-deutsche-telefonate-in-die-usa-geroutet-haben-1509-116141.html

      Tipps dagegen:
      http://de.m.wikihow.com/Erkennen-ob-das-eigene-Telefon-abgeh%C3%B6rt-wird

(4)   Jan van Helsing & Co., „Politisch unkorrekt", Amadeus Verlag 2012, S. 243-268

(5)   Thomas P. M. Barnett: The Pentagon's New Map. Berkley Books New York, 2004
      Thomas P. M. Barnett: Blueprint for Action. Berkley Books New York, 2005

(6)   Video: „Barbara Lerner Spectre calls for destruction of Christian European ethnic societies"
      www.youtube.com/watch?v=MFE0qAiofMQ

(7)   UNO-Botschafter: www.krone.at/Nachrichten/.-Story-267689
      www.julienews.it/notizia/dal-mondo/il-rappresentante-congolese-dellonug-duro-contro-alcuni-africani-residenti-in-italia/206125_dal-mondo_2.html

(8)   https://de.wikipedia.org/wiki/Rastatter_Prozesse

(9)   Daniel Prinz, „Wenn das die Deutschen wüssten…", Amadeus Verlag 2014, S. 170ff

(10) Jan van Helsing, „Bevor Du Dich erschießt, lies dieses Buch!", Amadeus Verlag 2015, S. 353ff

(11) CFR Meeting: Zbigniew Brzezinski Fears The Global Awakening
      www.youtube.com/watch?v=HEHsUojUgzk

Bildquellenverzeichnis

(1)   Privatarchiv Jan van Helsing

(2)   Privatarchiv Jan van Helsing

(3)   Privatarchiv Jan van Helsing

(4)   Privatarchiv Jan van Helsing

(5)   Privatarchiv Stefan Erdmann

(6)   http://joconrad.de/bilder/ZollPolizei.JPG

(7)   Dr. Mike S.

(8)   Privatarchiv Stefan Erdmann

(9)   wie (3)

(10)   www.mysteriousworld.com

(11)   https://pranarupa.files.wordpress.com/2014/05/star-child-and-human-skulls-1.jpg

(12)   www.wikipdia.de

(13)   www.bibliotecapleyades.net

(14)   http://thespiritscience.net/wp-content/uploads/2015/11/e4.jpg

(15)   www.atlantisawake.com/modern-genetic-remnant-elongated-heads.jpg

(16)   https://i.ytimg.com/vi/xT8DwjbgBMc/hqdefault.jpg

(17)   Jörg W.

(18)   www.desert-greening.com

(19)   Adam Jakob

(20)   https://upload.wikimedia.org/wikipedia/commons/7/7c/Fritz_Koenig_Denkmal_fue r_die_Opfer_des_Olympiaattentats_1972_1995_Olympiapark-2.jpg

(21)   https://de.wikipedia.org/wiki/Xewkija

(22)   https://upload.wikimedia.org/wikipedia/commons/c/c1/Washington_Monument_Du sk_Jan_2006.jpg

(23)   Adam Jakob (Erich Neumann)

(24)   Adam Jakob (Erich Neumann)

(25)   Privatarchiv Jan van Helsing

(26)   http://vignette1.wikia.nocookie.net/metalgear/images/a/a4/Area_51.jpg/revision/late st?cb=20090710100354

(27)   http://vignette4.wikia.nocookie.net/alienfilm/images/e/ee/Grey_Alien_head.jpg/revis ion/latest?cb=20130501012734

(28)   Daniel Prinz, „Wenn das die Deutschen wüssten…", Amadeus Verlag 2014, S. 259

POLITISCH UNKORREKT

Jan van Helsing & Co.

Mit der Schere im Kopf müssen viele Autoren, Journalisten und Verleger arbeiten und schreiben nicht das, was sie gerne möchten und was auch die Bürger interessieren würde, sondern sie unterliegen einem unsichtbaren Diktat – der *Politischen Korrektheit*! Wenn Sie bislang meinten, dass *„man in Deutschland doch alles sagen darf"*, dann liegen Sie falsch. Bei uns darf man bestimmte Themen nicht ansprechen oder gar publizieren. Ansonsten folgt eine gesellschaftliche – meist durch die Medien angezettelte – Hetze und im Regelfall dann auch eine Bestrafung. Fakt ist, dass den Bürgern entweder Teile einer Nachricht vorenthalten werden, weil sie „politisch unkorrekt" sind und eventuell den „öffentlichen Frieden" stören könnten, oder es tauchen in vielen Fällen die Ereignisse überhaupt nicht in den Nachrichten auf, man hält sie einfach von der Öffentlichkeit fern, um das Volk nicht zu beunruhigen!

ISBN 978-3-938656-60-0 • 24,00 Euro

HITLER ÜBERLEBTE IN ARGENTINIEN

Jan van Helsing & Abel Basti

Augenzeugen kontra Geschichtsbücher

„So ein Unsinn", werden Sie über den Titel denken. *„Hitler ist im Berliner Bunker gestorben. Man hat die verkohlten Leichen von ihm und Eva Braun gefunden, und das dort aufgefundene Gebiss wurde als das von Hitler identifiziert."*

Nun ja, diese Darstellung des Ablebens von Adolf Hitler ist zwar offiziell anerkannt und wurde kürzlich auch recht aufwendig verfilmt, ist aber selbst unter Historikern umstritten – nicht zuletzt deshalb, weil das angebliche Schädelfragment Hitlers im Jahre 2010 untersucht wurde und sich nach einem DNS-Test als das einer Frau herausstellte. Und wieso berichten die größten Tageszeitungen Paraguays im Jahre 2010, dass Hitler lange in Südamerika gelebt hat und auch dort gestorben ist? Nun stellen Sie sich bestimmt die Frage: *„Ja und, was soll's? Jetzt ist er aber bestimmt tot! Was soll ich mich damit noch beschäftigen?"* Richtig, genau das sollte man meinen. Allerdings werden in diesem Buch Personen präsentiert – die namentlich genannt werden –, die nicht nur behaupten, Adolf Hitler persönlich in Südamerika angetroffen zu haben und das über einen längeren Zeitraum hinweg – bis ins Jahr 1964 –, sondern auch, dass er die letzten zwanzig Jahre seines Lebens nicht untätig war – ganz im Gegenteil!

ISBN 978-3-938656-20-4 • 26,00 Euro

DER VERHÄNGNISVOLLSTE IRRTUM UNSERER ZEIT

Rudolf Passian

Erfahrungen an der Schwelle zum Jenseits

Wussten Sie, dass der Tod des Körpers kein Ende der Persönlichkeit bedeutet, sondern nur eine Wende in unseren Lebensbedingungen? War Ihnen bekannt, dass zum Sterbevorgang ein riesiges Forschungs- und Erfahrungsmaterial von rund 150 Jahren vorliegt? Und dass wir offenbar eine Art Computer-Festplatte in uns tragen, die all unser Denken und Tun genauestens abspeichert?

Der mehrfach ausgezeichnete Forscher Rudolf Passian beschreibt in diesem Buch, was Menschen bei ihren faszinierenden „Grenzübertritten" ins Jenseits erlebt haben, was dies in ihrem Leben zur Folge hatte, und erklärt auch, wieso die momentanen Weltreligionen sowie die Wissenschaften und Mediziner kein großes Interesse daran haben, dass die Menschen von dieser „anderen Welt" erfahren.

ISBN 978-3-938656-93-8 • 21,00 Euro

DAS GEHEIMNIS INTELLIGENTER ZELLEN

Klaus Medicus

Jedes Symptom ist eine Botschaft!
Neue Perspektiven zu Stress, Burnout, Kranksein und Gesundheit

Wir sind weder unseren Genen noch den äußeren Umständen ausgeliefert – im Gegenteil: Jeder Mensch besitzt ungeahnte Fähigkeiten und ein einzigartiges Potenzial zu Gesundheit, Erfüllung und Lebenskraft. Die heutige Überfokussierung auf Krankheit, Medikation und Heilung in der westlichen Gesellschaft treibt die Renditen der Krankheitsindustrie in die Höhe und bringt ganze Bevölkerungen dazu, sich damit zufriedenzugeben, auf einer niedrigen Stufe persönlicher Gesundheit lediglich zu überleben.

Klaus Medicus zeigt in seinem Buch einen Weg auf, Symptome auf eine ganz andere Art und Weise zu verstehen und bringt aus seiner jahrzehntelangen Erfahrung mit der Veränderung von Überzeugungen auf der zellulären Ebene zahlreiche Praxis-Beispiele dieses Paradigmenwechsels. Zum einen vermittelt dieses Buch leicht verständlich die Hintergründe und Zusammenhänge über die Nebenwirkungen unseres heutigen „Gesundheitswesens", in dem es um das „Wegmachen" von Symptomen geht. Gleichzeitig ist es ein wundervolles Buch voller praktischer Beispiele und konkreter Anleitungen, die Methode der *Quanten-Intelligenz* (*Q!*) selbst zu erleben.

ISBN 978-3-938656-29-7 • 21,00 Euro

GEHEIMGESELLSCHAFTEN 3

Jan van Helsing

Halten Sie es für möglich, dass ein paar mächtige Organisationen die Geschicke der Menschheit steuern? Jan van Helsing ist es nun gelungen, einen aktiven Hochgradfreimaurer zu einem Interview zu bewegen, in dem dieser detailliert über das verborgene Wirken der weltgrößten Geheimverbindung spricht – aus erster Hand! Dieser Insider informiert uns darüber: Was die Neue Weltordnung darstellt, wie sie aufgebaut wurde und seit wann sie etabliert ist – weshalb die Menschen einen Mikrochip implantiert bekommen – dass die Menschheit massiv dezimiert wird – welche Rolle Luzifer in der Freimaurerei spielt – dass der Mensch niemals vom Affen abstammen kann – welche Rolle die Blutlinie Jesu spielt – dass es eine Art Meuterei in der Freimaurerei gibt und was im Jahr 2012 aus Sicht der Freimaurer auf die Menschheit zukommt.

ISBN 978-3-938656-80-8 • 26,00 Euro

GEHEIMAKTE BUNDESLADE

Stefan Erdmann

Was wissen Sie über die Bundeslade? War Ihnen bekannt, dass es sich hierbei um den bedeutendsten Kultgegenstand der Juden und Christen handelt? Doch was verbirgt sich in ihr, was genau ist sie? Waren die zehn Gebote darin aufbewahrt? War es eine technische Apparatur oder gar ein Gerät zur Kommunikation mit den Göttern? Offiziell ist sie nie gefunden worden. Einige Quellen behaupten, sie sei spurlos verschwunden.

Stefan Erdmann enthüllt in diesem Buch erstmals Details über einen geheimnisvollen Fund der Tempelritter im Jahre 1118, den diese aus Jerusalem nach Frankreich brachten und der die Grundlage für ihren unermesslichen Reichtum wurde. Auf seiner Spurensuche traf er sich unter anderem auch mit Vertretern verschiedener Logengemeinschaften und fand erstmals Verbindungen zwischen den Templern, den Freimaurern, den Zisterziensern und der Thule-Gesellschaft. Diese Verknüpfungen waren die Grundlage für geheime militärische wie auch wissenschaftliche Operationen, und es wurde offenbar, dass das Grundlagenwissen für den Bau deutscher Flugscheiben während des Zweiten Weltkriegs wie auch für das US-amerikanische Philadelphia Experiment im Jahre 1943, zum Teil aus Geheimarchiven der Zisterzienser stammte.

ISBN 978-3-9807106-2-6 • 21,00 Euro

GEFÄHRLICH!

Stefan Müller

Du bist viel mächtiger, als Du denkst!

Es gibt Strukturen in unserer Gesellschaft – sei es in Politik, Wirtschaft oder Religion –, die haben ein starkes Interesse, dass Du Dich für einen unbedeutenden und hilflosen Menschen hältst. Dieses Buch ist für diese Kreise äußerst gefährlich, denn es enthält Geheimnisse, die Du nicht kennen sollst. Diese Informationen können Dich befreien! Vor allem machen sie Dich stark und selbstbewusst. Das Leben ist einfach zu kurz, um es unbewusst und vor dem Karren einer anderen Autorität zu verbringen. Es ist Dein Leben! Lebe dieses Leben „Like a Boss", nicht wie ein Bittsteller. Gehe erhobenen Hauptes durch die Welt, denn dazu hast Du jede Berechtigung: Du bist ein unglaublich machtvoller Schöpfer! Willst Du Deine körperlichen und geistigen Fesseln sprengen und endlich das Leben führen, das Dir zusteht? Dann triff eine Entscheidung. Und ich helfe Dir dabei.

ISBN 978-3-938656-08-2 • 17,80 Euro

VERRATEN – VERKAUFT – VERLOREN?

Gabriele Schuster-Haslinger

Der Krieg gegen die eigene Bevölkerung

Wir Menschen werden – speziell in der westlichen Welt – gezielt manipuliert. Wir wissen, dass die Politiker unfrei sind und selten zum Wohle des Volkes entscheiden. Medien werden für Propaganda genutzt. Es ist mittlerweile auch bekannt, dass Konzerne politische Entscheidungen diktieren. Dass wir jedoch in sämtlichen Alltagsbereichen absichtlich verraten, belogen und betrogen werden, ist der Bevölkerung meist nicht bekannt. Wussten Sie beispielsweise, dass Ex-Papst Benedikt vom *Internationalen Tribunal für die Aufklärung der Verbrechen von Kirche und Staat* (ITCCS) wegen angeblichem rituellen Kindesmord angezeigt wurde? Oder dass Fluorid bereits vor 75 Jahren eingesetzt wurde, damit die Menschen stumpfsinnig wurden und nicht auf die Idee kamen, zu rebellieren? Es ist ein unvorstellbar großes Netzwerk, das alle Lebensbereiche durchdringt und beeinflusst. Wer sind die Drahtzieher?

ISBN 978-3-938656-32-7 • 26,00 Euro

Alle hier aufgeführten Bücher erhalten Sie im Buchhandel oder bei:

ALDEBARAN-VERSAND
Tel: 0221 – 737 000 • Fax: 0221 – 737 001
Email: bestellung@buchversand-aldebaran.de
www.amadeus-verlag.de